आलोचक
का
आत्मावलोकन

आलोचक का आत्मावलोकन

गोपेश्वर सिंह

वाणी प्रकाशन

वाणी प्रकाशन

4695, 21-ए, दरियागंज, नयी दिल्ली 110 002

फ़ोन : +91 11 23273167 फ़ैक्स : +91 11 23275710

शाखाएँ

अशोक राजपथ, पटना 800 004, बिहार

कॉफ़ी हाउस कैम्पस, महात्मा गांधी मार्ग, इलाहाबाद 211 001, उत्तर प्रदेश

महात्मा गांधी अन्तरराष्ट्रीय हिन्दी विश्वविद्यालय, वर्धा 442 001, महाराष्ट्र

www.vaniprakashan.com
marketing@vaniprakashan.in
sales@vaniprakashan.in

Aalochak ka Aatmavlokan
by Gopeshwar Singh

ISBN : 978-93-5518-354-5
Criticism

प्रथम संस्करण 2022

मूल्य : ₹ 595

आर. टेक ऑफ़सेट प्रिंटर्स, दिल्ली-110 032 में मुद्रित

वाणी प्रकाशन का लोगो मक़बूल फ़िदा हुसेन की कूची से

आलोचक

शंभुनाथ जी

के लिए

पुस्तक के बारे में

प्रस्तुत पुस्तक मेरे आलोचनात्मक लेखों और टिप्पणियों का संग्रह है। इसमें 'नामवर सिंह : आलोचक का आत्मावलोकन' शीर्षक से सिर्फ़ एक लेख है; जबकि पुस्तक का नाम 'आलोचक का आत्मावलोकन' है। ऐसा इसलिए कि आलोचना लिखते समय तमाम बातों के साथ आत्मावलोकन की कोशिश इस पुस्तक के प्रायः सभी लेखों और टिप्पणियों में है। साहित्य को विचार के साथ आत्मानुभव के धरातल पर देखना मुझे हमेशा ज़रूरी लगता रहा है। साहित्य-रचना में जितनी भूमिका विचार की है, उससे कम आत्मानुभव की नहीं है। यह बात जितनी रचना के लिए सही है, उतनी ही आलोचना के लिए भी। जब हम अपने इतिहास पर नज़र डालते हैं तो कबीर याद आते हैं। वे कहते हैं, 'आतम ज्ञान बिना सब सूना, क्या मथुरा क्या कासी'। यहाँ मथुरा और काशी ज्ञान के प्रतीक हैं। उस ज्ञान का महत्त्व आत्म-ज्ञान के बिना अधूरा है। आत्म-ज्ञान के लिए आत्मावलोकन ज़रूरी है। तुलसीदास कहते हैं : 'श्रीगुरु चरन सरोज रज निज मनु मुकुरु सुधारि'। गुरु के चरण-रज से मन-मुकुर को साफ करना ज़रूरी है। गुरु यहाँ ज्ञान का प्रतिरूप है। ज्ञान का संयोग मन से ज़रूरी है। आधुनिक युग में मुक्तिबोध अन्तःकरण की ज़रूरत पर बल देने वाले सबसे बड़े कवि हैं। विचारधारा के साथ आत्मावलोकन पर उनके यहाँ जोर सबसे अधिक है। यही कारण है कि वे अन्य मार्क्सवादी कवियों से अलग हैं और अन्तरात्मा/अन्तःकरण की ओर बार-बार लौटते हैं।

किसी विचारधारा का समर्थक रचनाकार अपनी ही विचारधारा के किसी अन्य रचनाकार से अलग क्यों होता है? इसलिए कि विचारधारा को जब वह आत्मा की भट्ठी में पकाता है, तब रचना उसकी आत्म-छवि बनकर निकलती है। किसी युग के सत्य को रचनाकार के आत्मावलोकन की प्रक्रिया ही भिन्न आकार देती है।

इसी कारण एक समय में एक ही विचारधारा के रचनाकारों में बुनियादी अन्तर होता है। एक आलोचक जब किसी पाठ की पड़ताल करता है तो उसकी अपनी विचारधारा की आँख उसके साथ होती है। लेकिन उस रचना का आत्मा पर पड़ने वाला प्रभाव भी उसके साथ होता है, जिसके आधार पर वह रचना के मर्म को उद्घाटित करने का प्रयास करता है। उसका आत्म उसे अपनी ही विचारधारा के अन्य आलोचकों से भिन्न बनाता है और उसकी आलोचना-दृष्टि के निर्माण में सहायक होता है। एक आलोचक की विचारधारा और आत्मावलोकन के बीच द्वन्द्व उसके आत्मसंघर्ष को तीव्र करता है। आलोचना-दृष्टि के निर्माण में उसके इस आत्मसंघर्ष की बड़ी भूमिका है। किसी भी आलोचक की आलोचना-यात्रा इसी कारण अपने समकालीन अन्य आलोचकों से अलग होती है।

आत्मावलोकन किसी विचारधारा की सीमा/संकीर्णता के प्रति रचनाकार और आलोचक को आलोचनात्मक बनाता है। आत्मावलोकन के कारण वह अपनी विचारधारा की सीमाओं से ऊपर उठ पाता है और रूढ़ियों का शिकार होने से बचता है। इधर के वर्षों में रचना और आलोचना की दुनिया विस्तृत हुई है। विषयवस्तु और कहने के ढंग में जबर्दस्त बदलाव आया है। इस कारण रचना और आलोचना का स्वरूप वैसा नहीं रह गया है, जैसा कुछ ही दशक पहले था। एक तरह से हाशिए के समाज के साहित्य की प्रमुखता बढ़ी है। इस बदलाव से अब तक अनछुए विषय सामने आये हैं। सच को व्यक्त करने के तरीक़े में नयापन आया है। आलोचना में अस्मिता की पहचान का आग्रह प्रमुख हो गया है और भाषा, शैली-शिल्प, आत्मानुभूति आदि की चर्चा गौण हो गयी है। यह एक तरह से साहित्यिक आलोचना में हस्तक्षेप है। लेकिन इसी के साथ एक और नयी बात हुई है। जब से अस्मितावादी विमर्श का चलन बढ़ा है, रचना-आलोचना में आत्मावलोकन का भाव ज़रूरी नहीं रह गया है। बाइनरी में रचना को देखने-दिखाने का चलन जोरों पर है। अपने विरोधी पर प्रहार और उसकी आलोचना का भाव जितना तीव्र है, आत्मावलोकन की प्रक्रिया उतनी ही मन्द है। कुल मिलाकर साहित्यालोचन राजनीतिक दलों के आरोप-प्रत्यारोप का सहोदर होता गया है और साहित्य पढ़ने के इकहरे प्रतिमान के कारण किसी पाठ को समग्रता में देखने की प्रवृत्ति घटती गयी है; जबकि साहित्य पढ़ने की कोई एक विधि नहीं है।

पिछले वर्षों में लिखे हुए अपने लेखों और टिप्पणियों का यह संग्रह प्रस्तुत करते हुए ये कुछ बातें ध्यान में आयीं। इन्हें लिखते हुए अपने वैचारिक आग्रह के साथ आत्मावलोकन की कोशिश हमेशा मेरे साथ रही है। 'जनसत्ता','वागर्थ', 'आजकल','उत्तर प्रदेश','कथादेश', 'परिन्दे', 'मुक्तांचल', 'सामयिक वार्ता', 'माटी' 'ऋतुगंध', 'ककसाड़' आदि पत्र-पत्रिकाओं में छपकर तथा 'समालोचन', 'पक्षधर' और 'समतामार्ग' वेब पोर्टल पर प्रकाशित होकर ये लेख और टिप्पणियाँ पाठकों तक पहुँचीं। इन्हें पढ़ने के बाद पाठकों से मिलीं उत्साहवर्द्धक आलोचनात्मक प्रतिक्रियाओं ने लिखने के क्रम में मुझे अनेक बार पुनरवलोकन का अवसर मुहैया कराया। सभी सम्पादक मित्रों और पढ़कर अपनी प्रतिक्रिया देने वाले पाठक साथियों का आभारी हूँ। 'आत्मावलोकन' पद के लिए आलोचक शंभुनाथ का आभारी हूँ। नामवर सिंह की आलोचना पर विचार के क्रम में यह पद उन्हीं के सुझाव पर आया है। शंभुनाथ जी हमारे समय के श्रेष्ठ आलोचक और सम्पादक हैं। रचनात्मक रूप से मेरी जो थोड़ी-सी क्रियाशीलता है उसे बनाये रखने में उनके सुझावों और फोन की बड़ी भूमिका है। यह पुस्तक उन्हें समर्पित करते हुए मुझे खुशी हो रही है। इन लेखों और टिप्पणियों के लिखे जाने और पुस्तक रूप में प्रकाशन योग्य बनाने में मेरे दो शोध छात्रों—डॉ. सुनील कुमार मिश्र और रमेश ठाकुर—का अनेक तरह से सहयोग रहा है। इन दोनों को मेरा स्नेहाशीष। वाणी प्रकाशन, नयी दिल्ली के अरुण माहेश्वरी को धन्यवाद, जिन्होंने इस पुस्तक के प्रकाशन में रुचि ली और तत्परता दिखायी।

26 जनवरी, 2022

—गोपेश्वर सिंह

अनुक्रम

प्रवृत्ति, रचनाकार और आलोचक

आज़ादी के बाद की हिन्दी कविता	15
रामविलास शर्मा की आलोचना-दृष्टि	29
नलिन विलोचन शर्मा की इतिहास-दृष्टि	40
नलिन विलोचन शर्मा का महत्त्व	46
रेणु : कथा-शिल्प का नया नैरेटिव	56
विजयदेव नारायण साही की कविता	64
साही : एक कुजात मार्क्सवादी आलोचक	76
नामवर सिंह : आलोचक का आत्मावलोकन	84
नन्दकिशोर नवल : आधुनिक कविता के आलोचक	92
अशोक वाजपेयी : सृजनात्मक आलोचना के पक्ष में	101
आलोचना इन दिनों	113
छायावाद की अर्थवत्ता	119

विविध विधाएँ

रामकथा का बहुवचनात्मक पाठ	127
भीमराव आम्बेडकर : विचार यात्रा की पड़ताल	133
तुम्हीं से मोहब्बत, तुम्हीं से लड़ाई	150

रेणु जी का कोना 162
राजकिशोर : पत्रकारिता की योग्य और नैतिक आवाज़ 170
पंकज सिंह : एक आत्मीय दोस्त 175
साहित्य का अनुवाद नहीं है सिनेमा 182
हिन्दी आलोचना का नैतिक पक्ष 186
सादगी और सचाई का राग 190
लोक-जागरणवादी व्याख्या 194
हिन्दी में शोध : दशा और दिशा 197
जानकीवल्लभ शास्त्री से बातचीत 203
साहित्य की संसद में आलोचना प्रतिपक्ष की आवाज़ है 229

प्रवृत्ति, रचनाकार और आलोचक

आज़ादी के बाद की हिन्दी कविता

लगभग दो सदी के बाद भारत का आज़ाद होना भारतीय इतिहास की बहुत बड़ी घटना थी। जिस आज़ादी के लिए भारत की जनता ने लम्बा संघर्ष किया था, वह मिली तो सही, लेकिन खण्डित होकर। एक तरफ़ आज़ाद होने की ख़ुशी तो दूसरी तरफ़ विभाजन से उपजा दर्द। उर्दू के शायर फ़ैज़ अहमद फ़ैज़ ने इस दर्द को महसूस किया और लिखा—

ये दाग़ दाग़ उजाला, ये शब गजीदा सहर।
हमें इन्तज़ार था जिसका ये वो सहर तो नहीं।

हिन्दी कविता में विभाजन की यह त्रासदी अनसुनी-सी रह गयी। विश्व-वेदना की चिन्ता करने वाली हिन्दी कविता अपने ही देश की इस महात्रासदी से आँख मूँदे रही। हिन्दी के किसी कवि ने विभाजन की विभीषिका को मानो देखा ही नहीं। अपवाद सिर्फ़ 'अज्ञेय' हैं जिन्होंने विभाजन पर 'शरणार्थी' सीरीज़ में ग्यारह कविताएँ लिखीं। 'शरणार्थी-2' के अन्तर्गत अज्ञेय की 'पक गयी खेती' शीर्षक कविता देखने लायक है—

वैर की प्रणालियों से हँस-हँस के
हमने जो सींची राजनीति की रेती
उसमें बह रहीं खूँ की नदियाँ हैं
कल ही जिसमें 'खाक-मिट्टी' कह के हमने थूका था
घृणा की आज उसमें पक गयी खेती
फ़सल काटने को अगली सदियाँ हैं।

आज़ादी को लेकर 'तार सप्तक' के कवि गिरिजा कुमार माथुर यदि आज़ादी के पहरेदारों को सतर्क और सावधान कर रहे थे—'आज विजय की रात, पहरुए सावधान रहना', तो उत्तर छायावाद काल के कवि रामधारी सिंह 'दिनकर' उस

लोकतन्त्र का स्वागत कर रहे थे जिसमें राज सिंहासन को जनता के लिए खाली करने का आस्वान है—

सदियों की ठण्डी-बुझी राख सुगबुगा उठी,
मिट्टी सोने का ताज पहन इठलाती है।
दो राह, समय के रथ का घर्घर-नाद सुनो,
सिंहासन खाली करो कि जनता आती है।

कुल मिलाकर आज़ादी का यही रूप हिन्दी कविता में दिखायी देता है, जबकि कथा-साहित्य में विभाजन की त्रासदी बड़े स्तर पर महसूस की जाती है।

आज़ादी के बाद आज़ाद भारत की बागडोर सँभालने वाले नेताओं पर कवियों की नज़र है। उनके द्वारा बनाये जा रहे स्वतन्त्र भारत की तस्वीर भी उनके सामने है। गाँधी के नाम पर चलने वाली राजनीति और उसे संचालित करने वाले नेताओं पर व्यंग्य करते हुए नागार्जुन ने लिखा—

बापू के भी ताऊ निकले तीनों बन्दर बापू के!
सरल सूत्र उलझाऊ निकले तीनों बन्दर बापू के......!

इस काव्य-परिदृश्य से हटकर देखें तो इस दौर में तीन तरह के कवि सक्रिय हैं। उत्तर छायावाद काल के बच्चन-दिनकर आदि सक्रिय हैं तो प्रगतिशील नागार्जुन, केदारनाथ अग्रवाल, त्रिलोचन आदि भी। लेकिन सबसे ताज़ा और नयी जमात उन कवियों की है जो 'तार सप्तक' (1943) और 'दूसरा सप्तक' (1951) के ज़रिये प्रकाशित हुए। शुरू में इन्हें 'प्रयोगवादी' कहा गया लेकिन आज़ादी के बाद 'नयी कविता' के नये कलेवर में नये मिज़ाज की कविताओं का नया दौर शुरू हुआ जिसके शीर्ष कवि अज्ञेय और मुक्तिबोध हैं। इस दौर की लगभग सारी बहस इन शीर्ष कवियों को केन्द्र में रखकर हुई। 'अज्ञेय बनाम मुक्तिबोध' के साथ ही 'असाध्य वीणा' बनाम 'अँधेरे में' की बहस हुई, जिसमें एक को उठाने और दूसरे को गिराने के आलोचनात्मक प्रयत्न इस बीच ख़ूब हुए। लेकिन कविता और आधुनिकता सम्बन्धी हुई इस दौर की बहस का इतिहास भी बहुत शानदार है। इस बहस ने हिन्दी पाठक के बौद्धिक क्षितिज का जैसा विस्तार किया, वैसा दूसरा उदाहरण हिन्दी कविता के इतिहास में नहीं मिलता।

नयी कविता का सूर्य जब मध्याह्न में तप रहा था तब उत्तर छायावाद काल के कवि दिनकर की 'उर्वशी' (1961) प्रकाशित हुई। 'उर्वशी' ने जैसी लोकप्रियता हासिल की, वैसी किसी कृति को न मिली थी। 'उर्वशी' पर जितनी बहस हुई वह अपने आप में एक इतिहास है। उस बहस को नामवर सिंह ने 'काव्य-मूल्यों की टकराहट' कहा। इसकी एक काव्य पंक्ति—'उर्वशी अपने समय का सूर्य हूँ मैं'

पाठक के मानस में देर तक गूँजती रही। यह कम आश्चर्यजनक नहीं था कि अपेक्षाकृत पुरानी काव्य-भाषा और पुराने मिज़ाज का एक कवि नये कवियों के बीच इस तरह अपनी उपस्थिति दर्ज कराने में सफल हो जाये! इससे ज़ाहिर होता है कि एक ही समय में कई काव्य-धाराएँ समानान्तर रूप से सक्रिय होती हैं और अपनी-अपनी तरह से कविता के इतिहास को समृद्ध करती हैं। इसी के समानान्तर एक धारा प्रगतिशील कवियों की थी जिसमें नागार्जुन, केदारनाथ अग्रवाल, त्रिलोचन आदि किसान-मज़दूरों के साथ गाँव-गँवई की पगडण्डी से उड़ने वाली धूल की कविताएँ लिख रहे थे। ये कविताएँ भी अपनी नयी विषय-वस्तु, भाषा और विन्यास के कारण हिन्दी कविता को नया बना रही थीं। नागार्जुन की इन कविता-पंक्तियों पर ध्यान दीजिए–

1. *नये गगन में नया सूर्य जो चमक रहा है*
यह विशाल भू-खण्ड आज तो दमक रहा है
मेरी भी आभा है इसमें।

2. *बहुत दिनों के बाद*
अबकी मैंने जी भर देखी
पकी-सुनहरी फसलों की मुस्कान
...बहुत दिनों के बाद

गाँव की धूल को चंदनवर्णी बताने वाले नागार्जुन और उनके साथी कवियों ने नयी कविता के समानान्तर नया काव्य-लोक बनाया। हिन्दी कविता के विकास में इनका भी योगदान उतना ही बड़ा है जितना नयी कवितावादियों का।

इन्हीं के साथ उभरे और 'दूसरा सप्तक' से प्रकाश में आये भवानी प्रसाद मिश्र की कविताएँ नयी कविता के बीच की होने के बावजूद अपने नये लोकस्पर्शी मिज़ाज के कारण अलग से पहचानी गयीं। 'कवि' शीर्षक की उनकी यह कविता उनकी अपनी पहचान बन गयी–

कलम अपनी साध
और मन की बात बिल्कुल ठीक कह
एकाध

यह कि तेरी भर न हो तो कह
और बहते बने सादे ढंग से तो बह
जिस तरह हम बोलते हैं उस तरह तू लिख
और उसके बाद भी हमसे बड़ा तू दिख।

नयी कविता के साथ ही गीतकारों की एक जमात भी सक्रिय थी, जिसने नये भावबोध के नये गीत लिखे। उन गीतों को 'नवगीत' कहा गया। नयी कवितावादियों ने अपने बीच उन्हें जगह न दी। बावजूद इसके उनके नवगीतों ने अपने लिए नयी जगह बनायी। शम्भुनाथ सिंह, ठाकुर प्रसाद सिंह आदि को हिन्दी कविता के पाठक ने प्रशंसित करने में कोताही न की। भले ही आलोचकों ने उनकी उपेक्षा की हो। शम्भुनाथ सिंह का यह गीत हिन्दी पाठक के मन में अब भी गूँजता है—*मन का आकाश उड़ा जा रहा, पुरवैया धीरे बहो*। कहने का अर्थ यह कि आज़ादी के बाद यह हिन्दी कविता का वह संसार था जो नयी कविता के समानान्तर रचा गया और नये कवितावादियों की अनदेखी-उपेक्षा के बावजूद विकसित हुआ।

नयी कविता आन्दोलन नये काव्य बोध के साथ जितना विस्तृत हुआ, वह अपने आप में इतिहास है। उसके साथ 'लघु मानव' यानी सामान्य मनुष्य की चर्चा चली और सामान्य मनुष्य और उसका सुख-दुःख हिन्दी कविता के केन्द्र में आया। यूँ तो शमशेर बहादुर सिंह, धर्मवीर भारती, रघुवीर सहाय, सर्वेश्वर दयाल सक्सेना, कुँवर नारायण, विजयदेवनारायण साही आदि दर्जनों कवियों ने हिन्दी कविता को अपने-अपने ढंग से समृद्ध किया। लेकिन शीर्ष कवि की मान्यता अज्ञेय और मुक्तिबोध को ही मिली। 'असाध्य वीणा' और 'अँधेरे में' जैसी कालजयी रचनाएँ इसी दौर में रची गयीं जिनका आगे की हिन्दी कविता पर व्यापक प्रभाव पड़ा। 'सप्तक' परम्परा से आये और अज्ञेय के अधिक क़रीबी रघुवीर सहाय ने भारतीय लोकतन्त्र की विडम्बनाओं को चिह्नित करने के साथ इसमें आम आदमी की हालत को बड़े ही मार्मिक अन्दाज़ में कविता का विषय बनाया। कुँवर नारायण इस दौर के ऐसे कवि रहे जिन्होंने भारतीय मिथकों को आधुनिक आयाम देने में अद्भुत सफलता हासिल की। 'तीसरा सप्तक' के कवि केदारनाथ सिंह 1980 के बाद के दौर के सबसे लोकप्रिय कवि रहे। कहा जा सकता है कि छायावाद के बाद अगर कोई उतना प्रतापी काव्य आन्दोलन हुआ तो वह नयी कविता का ही था। जैसे छायावाद की स्वीकृति सहज नहीं थी वैसे ही नयी कविता के कवियों को भी स्वीकृति पाने में संघर्ष करना पड़ा। छायावादी काव्य-बोध को पाठक तक ले जाने में उस दौर में जैसी वैचारिक बहस हुई, वैसी ही बहस नयी कविता के दौरान भी हुई। नयी कविता के कवियों के सामने विश्व कविता का मॉडल और प्रतिमान था। उन्होंने हिन्दी कविता को वैश्विक ऊँचाई तक ले जाने की सफल कोशिश की। यह अकारण नहीं है कि व्यंग्य, विडम्बना, तनाव आदि पश्चिमी कविता के प्रतिमान नयी कविता के भी प्रतिमान बने और इन्हीं आधारों पर कविता की विशिष्टता की जाँच होने लगी।

नयी कविता ने जिन नये विषयों को आधार बनाकर नया काव्य-संसार निर्मित किया उनमें प्रायः नागरिक रुचि की प्रधानता थी। गाँव, किसान, मज़दूर आदि को नयी कविता से बाहर के प्रगतिशील कवि वाणी दे रहे थे। प्रगतिशील कवियों और नयी कविता के कवियों से होड़ करते हुए और उनको अतिक्रमित करते हुए कविता में एक नयी पीढ़ी सामने आयी जिनमें प्रमुख थे—राजकमल चौधरी, धूमिल आदि। इन कवियों ने, ख़ासकर धूमिल ने नयी काव्य-भाषा, नयी विषय-वस्तु और नयी काव्य-शैली के साथ ऐसा धमाका किया कि नयी कविता का नयापन फीका पड़ने लगा और नयी काव्य-चेतना का नया काव्य-संसार सामने आया। उनकी कविताओं ने नयी कविता के प्रभाव से हिन्दी कविता को बाहर ला खड़ा किया। धूमिल ने जब लिखा—

एक आदमी रोटी बेलता है,
दूसरा आदमी रोटी खाता है,
तीसरा आदमी है
जो रोटी न बेलता है और न ही रोटी खाता है,
बल्कि रोटी से खेलता है,
मैं पूछता हूँ,
यह तीसरा आदमी कौन है,
मेरे देश की संसद मौन है।

तब सब ने महसूस किया कि नयी काव्य-पीढ़ी सामने आ चुकी है। धूमिल ने अपने संग्रह 'संसद से सड़क तक' के ज़रिये इस जनतन्त्र पर तरह-तरह से सवाल उठाये—

वह कौन-सा प्रजातान्त्रिक नुस्ख़ा है
कि जिस उम्र में
मेरी माँ का चेहरा
झुर्रियों की झोली बन गया है
उसी उम्र की मेरे पड़ोस की महिला
के चेहरे पर
मेरी प्रेमिका के चेहरे-सा
लोच है।

इस समय की कविता के साथ भूखी, नंगी पीढ़ी आदि की भी चर्चा होती है लेकिन जिस घटना का सबसे अधिक प्रभाव हिन्दी कविता पर पड़ा वह नक्सलबाड़ी आन्दोलन था। नक्सलबाड़ी आन्दोलन के प्रभाव से कवियों की नयी

जमात सामने आयी जिनमें प्रमुख थे–कुमारेन्द्र पारसनाथ सिंह, वेणु गोपाल, आलोक धन्वा आदि। नक्सलबाड़ी आन्दोलन की चेतना से पैदा हुई कविता में प्रतिरोध की नयी चमक थी। वेणु गोपाल की यह छोटी कविता नयी पीढ़ी की ज़ुबान पर चढ़ गयी–

यहाँ अँधेरे में हो
इसलिए
अकेले हो
रोशनी में आओगे
तो कम से कम
अपने साथ
एक परछाईं
तो
जुड़ी पाओगे

आलोकधन्वा की 'जनता का आदमी' और 'गोली दाग़ो पोस्टर' जैसी कविताओं की तो धूम मच गयी। 'जनता का आदमी' के इस काव्यांश के साथ उस बदलते काव्य मिज़ाज का पता चलता है–

जब कविता के वर्जित प्रदेश में
मैं एकबारगी कई करोड़ आदमियों के साथ घुसा
तो उन तमाम कवियों को
मेरा आना एक अश्लील उत्पात-सा लगा
जो केवल अपनी सुविधा के लिए
अफ़ीम के पानी में अगले रविवार को चुरा लेना चाहते थे
अब मेरी कविता एक ली जा रही जान की तरह बुलाती है,
भाषा और लय के बिना, केवल अर्थ में–
उस गर्भवती औरत के साथ
जिसकी नाभि में सिर्फ़ इसलिए गोली मार दी गयी
कि कहीं एक और ईमानदार आदमी पैदा न हो जाय।

नक्सलबाड़ी आन्दोलन का प्रभाव धूमिल आदि पर भी था और नये कवियों की नयी जमात भी उसके प्रभाव में थी। यह जमात नयी कविता के प्रभाव से पूरी तरह मुक्त थी। लेकिन उन सबके समानान्तर सक्रिय नयी कविता के गर्भ से बाहर आये कवियों में विशिष्ट नाम श्रीकान्त वर्मा का है। नये भावबोध की उनकी कविताएँ 'भटका मेघ', 'जलसाघर' आदि के ज़रिये हिन्दी पाठक का ध्यान

आकृष्ट कर चुकी थीं। लेकिन बाद के वर्षों में उनका काव्य-संग्रह 'मगध' आया। आते ही उसकी धूम मच गयी। सत्ता के चरित्र को इस संग्रह की कविताओं ने ऐसा काव्यमय चित्र दिया, जो हिन्दी कविता में बिल्कुल नया था। उस दौर के सबसे लोकप्रिय संग्रह के रूप में 'मगध' की कविताएँ याद की जाती हैं—

तुम भी तो मगध को ढूँढ़ रहे हो
बंधुओ,
यह वह मगध नहीं
तुमने जिसे पढ़ा है
किताबों में,
यह वह मगध है
जिसे तुम
मेरी तरह गँवा
चुके हो।

नयी कविता के ही गर्भ से निकले, लेकिन भिन्न मिज़ाज के दूसरे कवि अशोक वाजपेयी का काव्य संग्रह 'शहर अब भी सम्भावना है' भी पर्याप्त चर्चा में रहा। अपने समय के सच से टकराकर निकलती इन कविताओं में ऐसी ईमानदारी थी जिसे पाठक ने अपने भीतर की आवाज़ समझा—

एक ऊँची इमारत की पाँचवीं मंज़िल की
एक खिड़की से
एक आदमी ने अपने को बाहर फेंक दिया है
मेरे शब्द उछलकर
उसे बीच में ही झेल लेना चाहते हैं
पर मैं हूँ
कि दौड़ कर लिफ़्ट में चढ़
दफ़्तर तक जाता हूँ
पता लगाने
कि नयी जगह पर नियुक्ति कब होगी!

इस समय के एक ज़रूरी कवि विष्णु खरे हैं जिनकी गद्यधर्मी कविताओं ने अपनी अलग पहचान बनायी और वे भिन्न मिज़ाज के कवि के रूप में पहचाने गये। 'सबकी आवाज़ के पर्दे में' उनके संग्रह की ख़ूब चर्चा हुई और यथार्थ का नया रूप हिन्दी कविता में उनके ज़रिये नये ढंग से व्यक्त हुआ। 'लड़कियों के बाप' का एक चित्र देखा जा सकता है—

वे अक्सर वक़्त के कुछ बाद पहुँचते हैं
हड़बड़ाये हुए बदहवास पसीने-पसीने
साइकिल या रिक्शों से
अपनी बेटियों और उनके टाइपराइटरों के साथ
क़रीब-क़रीब गिरते हुए उतरते हुए
जो साइकिल से आते हैं वे गेट से बहुत पहले ही पैदल आते हैं

उनकी उम्र पचपन से साठ के बीच
उनकी लड़कियों की उम्र अठारह से पच्चीस के बीच
और टाइपराइटरों की उम्र उनके लिए दिये गये किराये के अनुपात में

क्लर्क टाइपिस्ट की जगह के लिए टैस्ट और इंटरव्यू है
सादा घरेलू और बेकार लड़कियों के बाप
अपनी बच्चियों और टाइपराइटरों के साथ पहुँच रहे हैं

आठवें दशक में उभरे राजेश जोशी, मंगलेश डबराल, अरुण कमल, ज्ञानेन्द्रपति, गिरिधर राठी, वीरेन डंगवाल आदि कवियों ने लम्बी काव्य-यात्रा की। इनकी कविताओं में नये प्रगतिशील सामाजिक-राजनीतिक मूल्यों के साथ वह आत्मीय संसार भी था जो हिन्दी पाठक को नयी ताज़गी देता था। इन कवियों ने हिन्दी पाठक के बीच सहज ही अपनी जगह बना ली। अरुण कमल की यह काव्य पंक्ति आज किसे याद नहीं होगी—

अपना क्या है इस जीवन में
सब तो लिया उधार
सारा लोहा उन लोगों का
अपनी केवल धार

लेकिन इस बीच जिस कवि ने अपने शिल्प विधान और नये यथार्थ बोध से हिन्दी कविता को नये ढंग से समृद्ध किया, वे हैं विनोद कुमार शुक्ल। 'वह आदमी नया गरम कोट पहिनकर चला गया विचार की तरह' नामक उनका काव्य संग्रह अपने नयेपन के कारण सबसे अधिक चर्चा में रहा। उनकी कविताओं का नया शिल्प विधान नये यथार्थ के साथ पाठक का ध्यान आकृष्ट करने में सफल हुआ—

वह आदमी नया गरम कोट पहिनकर चला गया विचार
की तरह।

रबर की चप्पल पहिनकर मैं पिछड़ गया।
जाड़े में उतरे हुए कपड़े का सुबह छह बजे का वक़्त
सुबह छह बजे का वक़्त, सुबह छह बजे की तरह।
पेड़ के नीचे आदमी था।
कुहरे में आदमी के धब्बे के अन्दर वह आदमी था।
पेड़ का धब्बा बिल्कुल पेड़ की तरह था।
दाहिने रद्दी नस्ल के घोड़े का धब्बा,
रद्दी नस्ल के घोड़े की तरह था।

हिन्दी कविता में प्रगतिशीलता बनाम ग़ैर-प्रगतिशीलता की जो खींचतान थी उसकी चिन्ता किये बग़ैर 1980-90 के वर्षों में स्त्रियों, दलितों और आदिवासियों ने पुराने सारे काव्य विमर्शों को नकारते हुए कविता का नया दरवाज़ा खोल दिया। ये कविताएँ अज्ञेय, मुक्तिबोध, रघुवीर सहाय, धूमिल, आलोक धन्वा, अरुण कमल, अशोक वाजपेयी आदि की परम्परा की चिन्ता किये बग़ैर अपनी पहचान की ज़मीन पर खड़ी थीं। स्त्री रचनाकारों में अनामिका, गगन गिल, सविता सिंह, कात्यायनी, नीलेश रघुवंशी आदि की कविताएँ स्त्री-संसार का नया चेहरा लेकर सामने आयीं। अनामिका कहती हैं—

मैं एक दरवाज़ा थी
मुझे जितना पीटा गया
मैं उतना ही खुलती गयी।
अन्दर आये आने वाले तो देखा—
चल रहा है एक वृहद्‌चक्र-चक्की रुकती है तो चरखा चलता है
चरखा रुकता है तो चलती है कैंची-सूई
गरज यह कि चलता ही रहता है अनवरत कुछ-कुछ!

यह काव्य-स्वर बिल्कुल नया है। यह एक तरह से हिन्दी कविता में नये प्रस्थान की तरह है। मुक्ति का स्वप्न यहाँ भी है लेकिन उसका स्वर पूर्ववर्ती कविताओं में अभिव्यक्त मुक्ति से भिन्न है। स्त्री मुक्ति का कुछ ऐसा ही स्वर लेकर गगन गिल आयीं। उनकी एक कविता है 'वह सचमुच'। इस कविता में बिना स्त्री के अपनी मुक्ति खोजने वाले पुरुष के एकान्त में स्त्री अपने को भी शामिल करती है—

दरवाज़ा भड़भड़ा रहा है
जाने कब से

घण्टी बज रही है
फ़ोन की
तुम्हारे खाली कमरे में

वह खड़ी है
तुम्हारी खिड़की के बाहर
पिछले कई दिन-रात से

मँडरा रही है
तुम्हारी सोयी आँखों के पास
देख रही है
निकाल कर
तुम्हारा दिल
रात के इस सन्नाटे में

रोक रही है रास्ता
पकड़कर तुम्हारा चीवर

मैं तुम्हें जाने नहीं दूँगी
मैं तुम्हें जाने नहीं दूँगी

नहीं
यह
हवा नहीं है

भ्रम नहीं है
वह
सचमुच आन पहुँची है
तुम्हारे एकान्त में

दलित कवयित्री रजनी अनुरागी ने स्त्री मुक्ति का जो स्वप्न देखा है वह इनसे अलग है। उनकी कविता का एक टुकड़ा है—

अगर पढ़ सको तो पढ़ो
हमको ही
हमारी कविता की तरह
हम औरतें भी
एक कविता ही तो हैं।

सविता सिंह की कविताओं में स्त्री जीवन का यथार्थ सघन बौद्धिक बुनावट के साथ दिखायी देता है। उनकी एक कविता है 'मैं किसकी औरत हूँ'। वह यहाँ याद की जा सकती है—

मैं किसकी औरत हूँ?
कौन है मेरा परमेश्वर?
किसके पाँव दबाती हूँ?
किसका दिया खाती हूँ?
किसकी मार सहती हूँ?
ऐसे ही थे सवाल उसके
बैठी थी जो मेरे सामने वाली सीट पर
रेलगाड़ी में
मेरे साथ सफ़र करती।

इस बीच दलित कवियों का हिन्दी कविता में आना नयी परिघटना है। उन्होंने पुरानी हिन्दी कविता की विषय-वस्तु, शिल्प आदि सबको नकार दिया और पीड़ा का नया संसार लेकर कविता में उपस्थित हुए। उनकी कविताओं में अनुभूति से अधिक स्वानुभूति पर ज़ोर है। ओमप्रकाश वाल्मीकि अपनी 'किष्किन्धा' कविता में दलित-आकांक्षा को यूँ व्यक्त करते हैं—

हज़ारों वर्ष का अँधेरा
छिपा बैठा है मेरी साँसों में
काँपता है दिये की लौ-सा
और तब्दील हो जाता है कविता में।

ओमप्रकाश वाल्मीकि 'ठाकुर का कुआँ' कविता में अपने हक़ का प्रश्न उठाते हैं और पूछते हैं कि इस देश में उन जैसे दलितों का क्या है—

कुआँ ठाकुर का
पानी ठाकुर का
खेत-खलिहान ठाकुर के
गली-मोहल्ले ठाकुर के

फिर अपना क्या?
गाँव?
शहर?
देश?

जयप्रकाश कर्दम अपनी कविता 'तिनका-तिनका आग' में अपनी कविता के लिए नया एजेंडा रखते हैं और उसे दलित आकांक्षा से जोड़कर देखते हैं–

कविता नहीं है ज़िन्दगी
कि उसमें
प्रणय और सौन्दर्य की
रसधार ढूँढ़ी जाये
रंगमंच नहीं है ज़िन्दगी
कि उस पर
कल्पनाओं का संसार
सजाया जाये
विषमताओं के विशाल जंगल में
तिनका-तिनका सुलगती
आग है।

दलित कविता के साथ ही आदिवासी कविता भी इस बीच सामने आयी। यह हिन्दी कविता का नये रूप में विस्तार था। नया अनुभव, नयी भाषा और नया सौन्दर्य-बोध हिन्दी कविता में पहली बार देखने को मिला। निर्मला पुतुल का नाम आदिवासी कविता में सबसे ऊँचा दिखायी पड़ता है जो सन्थाली और हिन्दी दोनों में लिखती हैं। उनकी एक कविता 'उतनी दूर मत ब्याहना बाबा' का एक अंश देखा जा सकता है–

बाबा!
मुझे उतनी दूर मत ब्याहना
जहाँ मुझसे मिलने जाने ख़ातिर
घर की बकरियाँ बेचनी पड़ें तुम्हें

मत ब्याहना उस देश में
जहाँ आदमी से .ज्यादा
ईश्वर बसते हों

जंगल नदी पहाड़ नहीं हों जहाँ
वहाँ मत कर आना मेरा लगन

वहाँ तो कतई नहीं
जहाँ की सड़कों पर
मान से भी .ज्यादा तेज़ दौड़ती हों मोटर-गाड़ियाँ
ऊँचे-ऊँचे मकान
और दुकानें हों बड़ी-बड़ी

नौवें दशक में कवियों की जो जमात सामने आयी उसमें हरिश्चन्द्र पाण्डेय, कुमार अम्बुज, अष्टभुजा शुक्ल, देवीप्रसाद मिश्र, बद्रीनारायण, चन्दन सिंह, पवन करण आदि कवियों ने हिन्दी कविता को अलग ढंग से बदलने की कोशिश की। ये कवि राजेश जोशी और अरुण कमल सरीखे नव-प्रगतिशील कवियों से भिन्न हैं। अष्टभुजा शुक्ल छन्द में भी लिखते हैं और बे-छन्द भी। उनका अन्दाज़ निराला है। उनकी कविता 'बहुत डाँटूँगा' यहाँ देखी जा सकती है—

मैं अन्तरिक्ष में मशरूम बोऊँगा
और द्वितीया के चन्द्रमा से काटूँगा

मैं पाताल से अमृत खनूँगा
और औरतों में जमकर बाँटूँगा

मैं अग्नि-स्नान करूँगा
और हिमालय को बार-बार चाटूँगा

इस कविता में बहुत ही सहज ढंग से हमारे समय की विडम्बना का चित्रण किया गया है। इसी तरह की विडम्बना चन्दन सिंह की कविता 'बसना' में देखी जा सकती है—

यह शहर का नया बसता हुआ इलाक़ा है
यहाँ सब्ज़ियों से अधिक अभी सीमेंट छड़ की दुकानें हैं
म्युनिसिपैलिटी ने भी इसे अपना पानी नहीं पिलाया है

इस नये बसते हुए इलाक़े में अभी भी खेत है, खेतों में ढेले हैं, चलता हुआ हल है, बीहन रोपती हुई औरतें हैं। मतलब यह कि अभी भी इस इलाक़े में जीवन है। जैसे-जैसे यह बसता जायेगा इससे जीवन की हलचल समाप्त होगी

और नयी दुनिया का यह नया इलाक़ा हो जायेगा। यह बसता हुआ इलाक़ा अपना देश भी हो सकता है—

यह शहर का नया बसता हुआ इलाक़ा है
जैसे-जैसे यह बसता जायेगा
वैसे-वैसे नींवों के नीचे दबते चले जायेंगे
इसके साँप
इसके बिच्छू
बरसात की रातों में रात-रात भर चलने वाली
झींगुरों की तीखी बहस
यहाँ सड़कें होंगी
कार और स्कूटर होंगे
बाज़ार होगा
स्कूल होगा।

भूमण्डलीकरण के इस दौर में हमारा समाज और हमारा देश जैसा बन रहा है उसे नौवें दशक तथा उसके बाद के अनेक नये कवियों ने कविता का विषय बनाया है। इन कवियों की कविताओं में प्रतिरोध की जगह अपने समय की विडम्बना पर अधिक ज़ोर है। उनकी कविताओं में हमारे समय की सचाई है, विडम्बना है। लेकिन उसमें जनवाद और कलावाद की पुरानी फ़ौजदारी नहीं है।

('आजकल', जनवरी-फरवरी 2020)

रामविलास शर्मा की आलोचना-दृष्टि

सुनते हैं कि रूसी भाषा के महान लेखक लियो तोलस्तोय का सम्पूर्ण साहित्य 90 खण्डों में प्रकाशित है। इधर चर्चा है कि रामविलास शर्मा का सम्पूर्ण लेखन 45 खण्डों में प्रकाशित हो रहा है। हिन्दी में इतने अधिक खण्डों में किसी भी लेखक-आलोचक की ग्रन्थावली नहीं है। इतनी विपुल संख्या में लिखा हुआ साहित्य न सिर्फ़ रामविलास जी की लेखकीय प्रतिबद्धता का; बल्कि उनके व्यापक मानवीय-साहित्यिक सरोकार का द्योतक माना जायेगा।

कविता, आलोचना, निबन्ध, जीवनी, आत्मचरित आदि कई विधाओं में रामविलास शर्मा का साहित्यिक लेखन दिखायी देता है। साहित्य के अलावा भाषा विज्ञान, इतिहास, दर्शनशास्त्र, संगीत आदि अन्य अनुशासनों में भी उन्होंने लेखन कार्य किया है। उनके लिखे हुए ग्रन्थों को देखने से पता चलता है कि उनका अध्ययन बहुत व्यापक था। वे बहु-अनुशासनात्मक ज्ञान के धनी लेखक थे। हालाँकि उनके लेखन कार्य को उन अनुशासनों के विद्वान वह महत्त्व नहीं देते जो उन्हें दिया जाना चाहिए। रामविलास शर्मा उनके लिए लिख भी नहीं रहे थे। उनके सामने हिन्दी भाषी जनता थी जिसे शिक्षित करने का काम उन्होंने अपने पूर्ववर्ती कई हिन्दी लेखकों की तरह किया। वे अकादमिक जगत् के विद्वानों के नहीं, हिन्दी भाषी जनता के लेखक थे।

कई विधाओं और कई अनुशासनों में लिखने के बावजूद रामविलास शर्मा की मूल पहचान हिन्दी साहित्य के इतिहासकार-आलोचक की है। उन्होंने हिन्दी साहित्य का इतिहास नाम से कोई पुस्तक नहीं लिखी, लेकिन जो उनका व्यापक आलोचना-कर्म है वह हिन्दी साहित्य के इतिहास की नयी प्रस्तावना प्रस्तुत करता है और रामचन्द्र शुक्ल की इतिहास-दृष्टि को विस्तृत करते हुए मज़बूती प्रदान करता है। उन्होंने अनेक अवधारणात्मक पद दिये हैं जो हिन्दी साहित्य के इतिहास को देखने का नया आधार प्रदान करते हैं। आज हिन्दी पाठक का अपने साहित्य-इतिहास के सम्बन्ध

में जो कॉमनसेंस है, वह बहुत हद तक रामविलास शर्मा का बनाया हुआ है। 'लोक जागरण', 'हिन्दी नवजागरण', 'हिन्दी जाति' आदि पद प्रचलित करने वाले और इन दृष्टियों से हिन्दी साहित्य को देखनेवाले रामविलास शर्मा ने न सिर्फ़ हिन्दी आलोचना साहित्य को समृद्ध किया है, बल्कि हिन्दी साहित्य के इतिहास को नया आधार भी दिया है।

भक्तिकाल से लेकर छायावाद तक साहित्य का जो विस्तृत काल खण्ड है, उसको देखने की व्यापक दृष्टि रामविलास शर्मा ने तैयार की है। इस दृष्टि के निर्माण में 'लोक जागरण' और 'नवजागरण' जैसी दृष्टियों का बड़ा हाथ है। वे भारतेन्दु युग से पहले के साहित्य को 'लोक जागरण' की दृष्टि से देखते हैं तो भारतेन्दु युग से लेकर महावीर प्रसाद द्विवेदी, प्रेमचन्द, रामचन्द्र शुक्ल, निराला, प्रसाद, माखनलाल चतुर्वेदी, रामवृक्ष 'बेनीपुरी' आदि के साहित्य को नवजागरण के आधार पर देखने की ज़मीन तैयार करते हैं। 'लोक जागरण' और 'नवजागरण' की चेतना से सम्पन्न होकर हिन्दी समाज विकास की दिशा में आगे बढ़ा है और बढ़ेगा, यह आलोचक रामविलास शर्मा की मुख्य चिन्ता है। 'लोक जागरण' के भीतर मूल रूप से सामन्तवाद विरोधी और 'नवजागरण' के भीतर साम्राज्यवाद और पूँजीवाद विरोधी चेतना भरी हुई है। इनके आधार पर शोषण मूलक व्यवस्थाओं को हटाकर समतामूलक समाज निर्मित किया जा सकता है, यह उनकी मूल स्थापना है।

लोक जागरण की चेतना आगे चलकर नवजागरण की चेतना में परिवर्तित होती है और उसकी चिन्ताधारा अधिक व्यापक हो जाती है। लोक जागरण का सम्बन्ध मुख्य रूप से भक्ति साहित्य से है, जबकि हिन्दी नवजागरण का सम्बन्ध भारतेन्दु युग और उसके बाद के साहित्य से है। अपनी प्रसिद्ध पुस्तक 'भारतेन्दु हरिश्चन्द्र और हिन्दी नवजागरण की समस्याएँ' में रामविलास जी ने लिखा है : "भारतेन्दु युग उत्तर भारत में जनजागरण का पहला या प्रारम्भिक दौर नहीं है। वह जनजागरण की पुरानी परम्परा का एक ख़ास दौर है। जनजागरण की शुरुआत तब होती है जब यहाँ बोलचाल की भाषाओं में साहित्य रचा जाने लगता है, जब यहाँ के विभिन्न प्रदेशों में आधुनिक जातियों का गठन होता है। यह सामन्त विरोधी जनजागरण है।" (पृ.13) सामन्त विरोधी इस जनजागरण का सम्बन्ध भक्तिकाल से है जिसे रामविलास जी लोक जागरण कहते हैं। भारतेन्दु युग उसी पुराने जनजागरण का 'एक ख़ास दौर' है। इसके ख़ास होने का सबसे बड़ा कारण यह है कि इसका सम्बन्ध प्लासी युद्ध से शुरू होकर 1857 के व्यापक स्वतन्त्रता संग्राम से है।

रामविलास जी के शब्दों में, "यह साम्राज्यवाद विरोधी जनजागरण है। भारतेन्दु युग इस जागरण से जुड़ा हुआ है।" (वही)

कुछ लोग मानते हैं कि 1857 का संघर्ष देशी सामन्तों का अपने स्वार्थ के लिए किया गया संघर्ष था। ऐसे लोग 1857 के संघर्ष को स्वतन्त्रता संग्राम नहीं मानते। ऐसे लोग यह भी मानते हैं कि "भारतेन्दु युगीन साहित्य की मुख्यधारा अंग्रेज़ी राज के प्रति भक्ति भाव से प्रेरित थी; ऐसे लोगों के लिए 1857 से भारतेन्दु युग को जोड़ने वाला कोई सूत्र हो ही नहीं सकता।" (वही) ऐसे लोगों को जवाब देते हुए रामविलास शर्मा ने अपनी पुस्तक में विस्तार से 1857 के प्रथम स्वतन्त्रता संग्राम का सम्बन्ध नये जनजागरण से जोड़ा है और उसे 'हिन्दी नवजागरण' का नाम दिया है। उनका मानना है कि 1857 की लड़ाई आमजन ने, ख़ासतौर से किसानों ने लड़ी। उस संघर्ष के दौरान विकसित हुई साम्राज्यवाद विरोधी चेतना भारतेन्दु और उस काल के लेखकों के चिन्तन का मुख्य आधार बनी। यही दौर है जब हिन्दी भाषा का जातीय भाषा के रूप में पूर्ण विकास हुआ और हिन्दी जाति का गठन मज़बूत हुआ। इस प्रक्रिया का गहरा सम्बन्ध हिन्दी नवजागरण से है।

भक्तिकाल सम्बन्धी रामचन्द्र शुक्ल की दृष्टि निर्गुण और सगुण जैसी परस्पर विरोधी भक्ति धाराओं के आधार पर बनी है। वे निर्गुण पन्थ और निर्गुण पन्थियों के प्रति किंचित अनुदार हैं। उनके 'लोकमंगल' के दायरे में सगुणपन्थ और तुलसीदास का ही महत्त्व है। रामविलास शर्मा भक्तिकाल के उदय में 'लोक जागरण' की महत्त्वपूर्ण भूमिका मानते हैं जो मूल रूप से सामन्त विरोधी है और जिसकी मूल चेतना प्रेम की है। इसलिए रामविलास शर्मा किसी निर्गुण-सगुण और कबीर-तुलसी सम्बन्धी विवाद में नहीं पड़ते। वे मानते हैं कि भक्ति-काव्य की केन्द्रीय धारा प्रेम की है और इस कारण कबीर और तुलसी दोनों 'प्रेममार्गी' कवि हैं। रामविलास शर्मा कबीर और तुलसी को आमने-सामने करके भिड़न्त करानेवाली जो विमर्शजनित आलोचना है उससे इत्तेफ़ाक़ नहीं रखते। भक्त कवियों में मानवमात्र को जोड़ने वाले एकता के जो सूत्र हैं वे उन पर ज़ोर देते हैं। एकता के वे सूत्र व्यापक रूप में प्रेम की भावधारा से सिंचित हैं। रामविलास जी के अनुसार भक्ति आन्दोलन के केन्द्र में यही भावधारा सबसे मज़बूत है। उसमें कुछ भिन्नता भी है, लेकिन उससे अधिक महत्त्वपूर्ण और मज़बूत आधार प्रेम का है, यह भक्ति आन्दोलन की केन्द्रीय चिन्ता धारा है। इसलिए रामविलास शर्मा भक्ति आन्दोलन को निर्गुण-सगुण विभाजनों के ज़रिये समझने वाली इतिहास और आलोचना-दृष्टि का विरोध करते हैं और उसकी जगह नया

आधार प्रस्तावित करते हैं। वह आधार—'योग बनाम भक्ति' का है। इसी के साथ वे भक्ति आन्दोलन जैसे महान सांस्कृतिक आन्दोलन को 'कनफटे योगियों का मोहताज' बताई जाने वाली धारणा का विरोध करते हैं।

भारतीय नवजागरण के सन्दर्भ में बंगला नवजागरण, मराठी नवजागरण आदि की चर्चा होती है। यह मानकर चला जाता है कि हिन्दी प्रदेशों में नवजागरण की जो छिटपुट चेतना आयी, वह बंगाल से होकर आयी और वह उसकी शाखा मात्र है। यह धारणा व्यापक स्तर पर फैली हुई थी। रामविलास शर्मा ने उसका प्रत्याख्यान किया और 'हिन्दी नवजागरण' जैसी अवधारणा की बात की। इस हिन्दी नवजागरण का सम्बन्ध उन्होंने 1857 के 'प्रथम स्वतन्त्रता संग्राम' से जोड़ा और हिन्दी की आधुनिक मनीषा को स्वतन्त्र पहचान दी। रामविलास शर्मा का मानना है कि 1857 का 'प्रथम स्वतन्त्रता संग्राम' मुख्य रूप से हिन्दी प्रदेशों की जनता ने लड़ा, जिसमें साम्राज्यवाद विरोधी और सामन्तवाद विरोधी चेतना सक्रिय रूप से काम कर रही थी। इस चेतना के आलोक में ही हिन्दी नवजागरण का विकास हुआ और भारतेन्दु हरिश्चन्द्र इसी हिन्दी नवजागरण के अग्रदूत थे। अपने प्रिय कवि सूर्यकान्त त्रिपाठी 'निराला' के बारे में रामविलास शर्मा का कथन है : "जैसे 1857 का कोई वीर सेनानी युद्ध छोड़कर साहित्य के मैदान में चला आया हो।" इस पर टिप्पणी करते हुए नामवर सिंह ने लिखा है : "ज़्यादा सही है कि यह वीर सेनानी रामविलास शर्मा स्वयं हैं। योद्धा के रूप उनकी ख्याति तो है ही, विशेष रूप से उल्लेखनीय है 57 के स्वाधीनता संग्राम से उनका गहरा लगाव। सन् '57 जैसे उनके समस्त चिन्तन की धुरी है और है उनके वैचारिक संघर्ष का बीजभाव।" (केवल जलती मशाल, संकलित निबन्ध, पृ.194) अपने वैचारिक संघर्ष के इस बीजभाव को लेकर रामविलास शर्मा ने महावीर प्रसाद द्विवेदी, प्रेमचन्द, रामचन्द्र शुक्ल, प्रसाद, निराला, माखनलाल चतुर्वेदी, रामवृक्ष 'बेनीपुरी' आदि का मूल्यांकन किया है। महावीर प्रसाद द्विवेदी और प्रेमचन्द तक आकर सामन्तवाद और साम्राज्यवाद विरोधी जो हिन्दी नवजागरण की चेतना है, उसमें वर्ग दृष्टि का समावेश होता है और पूँजीवाद विरोध भी उसमें शामिल हो जाता है। रामविलास शर्मा के सम्पूर्ण लेखन में यह चेतना काम करती है।

रामविलास शर्मा मार्क्सवादी हैं। जीवन और जगत् को देखने का उनका नज़रिया भौतिकवादी है। वे अपने सम्पूर्ण लेखन के ज़रिये भौतिकवाद को प्रतिष्ठित करते हैं, भारतीय वाङ्मय में भौतिकवादी चिन्तन और साहित्य की परम्परा को रेखांकित करते हुए भाववाद को ख़ारिज करते हैं। वे किसी भी धार्मिक,

आध्यात्मिक और दैवी शक्ति में भरोसा नहीं करते और भौतिकवादी दृष्टि से साहित्य, समाज और संसार की व्याख्या करते हैं। उनका कथन है : "वैज्ञानिक भौतिकवाद के अनुसार मनुष्य प्रकृति की उपज है और विचार चेतना मानव-मस्तिष्क की उपज। मस्तिष्कहीन विचार और चेतना का अस्तित्व केवल कल्पना की वस्तु है। भौतिकता से परे चेतना का निवास नहीं है।" (यथार्थ जगत् और साहित्य, 'आस्था और सौन्दर्य', पृ.-15) वे 'गोचर सौन्दर्य' की सत्ता स्वीकार करते हैं। उसमें रूप, रस, गन्ध, स्पर्श आदि की भूमिका को भी स्वीकार करते हैं, जिससे मनुष्य का ऐन्द्रिय बोध निर्मित होता है। इसी ऐन्द्रिय बोध के साथ मनुष्य का भाव जगत् है। रामविलास जी के अनुसार : "भाव जगत् व्यक्ति के मन में ही होता है, किन्तु उसका परिष्कृत और समृद्ध रूप सामाजिक विकास और सामाजिक जीवन में ही सम्भव हुआ है। भाव जगत् का आधार व्यक्तिगत और सामाजिक–दोनों ही कोटि की अनुभूतियाँ हैं। इन दोनों ही कोटि की अनुभूतियों का आधार मनुष्य का सामाजिक जीवन है। यह वस्तुगत आधार होने से ही हम एक-दूसरे के अनुभव को जानते-पहचानते हैं; भिन्नता के होते हुए भी इस वस्तुगत आधार के कारण एक-दूसरे के निकट आते हैं। भारतीय काव्यशास्त्र ने साधारणीकरण के सिद्धान्त द्वारा इस भाव जगत् की सामान्य अनुभूति-भूमि की ओर संकेत किया, यह उसकी बहुत बड़ी विशेषता है।" (सौन्दर्य की वस्तुगत सत्ता और सामाजिक विकास, 'आस्था और सौन्दर्य', पृ.30)

मार्क्सवाद और भौतिकवाद में गहरी आस्था के कारण रामविलास जी भाववादी दर्शन का विरोध करते हैं और इसी कारण साहित्य में रहस्यवाद का भी। उनका यह भी मानना है कि भाववाद व्यक्तिवादी विचारधारा का उत्स है और भौतिक सचाई की प्रायः अनदेखी करता है। वे लिखते हैं : "व्यक्तिवादी विचारधारा क्षीण होकर निर्जीव, विकृत, अस्वस्थ, यथार्थ-विरोधी रचनाओं की सृष्टि कर रही है। यथार्थवादी विचारधारा मनुष्य के सर्वांगीण विकास के उद्देश्य से ऐसी रचनाएँ करने की ओर प्रवृत्त है जिससे हमारी सामाजिक चेतना प्रखर हो, और हमारी सौन्दर्यबोध की वृत्तियाँ भी सन्तुष्ट हों। आधुनिक हिन्दी साहित्य की मूल धारा भी हमें इसी ओर बढ़ने की प्रेरणा देती है।" (यथार्थ जगत् और साहित्य, 'आस्था और सौन्दर्य', पृ. 25)

भारत जैसे प्राचीन सभ्यता-संस्कृति वाले देश में अपनी परम्परा के मूल्यांकन की समस्या सबसे बड़ी है। बहु-धार्मिक, बहु-जातीय, बहु-भाषीय और बहु-सांस्कृतिक समाज के साहित्य की लम्बी परम्परा का मूल्यांकन कठिन काम है। प्रगतिशील आन्दोलन की शुरुआत में परम्परा को देखने की उसकी दृष्टि बहुत संकीर्ण थी। प्राचीन और मध्यकालीन साहित्य को लेकर

प्रगतिशील आन्दोलन का नकारात्मक रवैया था। उस नकारवादी माहौल के भीतर रामविलास शर्मा ने परम्परा के मूल्यांकन का काम शुरू किया और उसे अंजाम तक पहुँचाया।

प्रगतिशील आन्दोलन के प्रथम घोषणा-पत्र में पुराना साहित्य और भक्त कवि 'निस्तेज' और 'निष्प्राण' बताये गये थे। रामविलास शर्मा ने इस नकारवादी प्रवृत्ति के ख़िलाफ़ संघर्ष किया। उन्होंने कालिदास, भवभूति आदि संस्कृत कवियों के साथ भक्तिकाल के तुलसीदास एवं अन्य कवियों की सकारात्मक व्याख्या की। यही नहीं, ऋग्वेद का भी मूल्यांकन करते हुए उसमें उन्होंने 'श्रम संस्कृति' का महत्त्व प्रतिपादित किया। सम्भवतः रामविलास शर्मा के परम्परा सम्बन्धी मूल्यांकन को ही ध्यान में रखते हुए प्रगतिवाद की आलोचना करनेवाले आलोचक नलिन विलोचन शर्मा ने लिखा : "...प्रगतिवाद का नेतृत्व दूरदर्शी मनस्वी कर रहे थे और उन्होंने इस धारा को मरुभूमि में जाकर अपने को ख़त्म करने से बचा लिया। प्रगतिवाद की परम्परा हिन्दी के प्राचीन साहित्य से जोड़ी गयी। तुलसीदास भक्तों के या पुराणपन्थी आलोचकों के ही कण्ठाहार नहीं रह गये, आज के बुद्धिवादी प्रगतिशील समालोचकों ने भी उनकी महत्ता सादर, साभार स्वीकृत की और छायावाद की भी अपने समय की दृष्टि से सार्थकता मान ली। जो साहित्यिक अपने को आधुनिक कहते थे किन्तु जिनके पास कोई विशिष्ट ध्येय नहीं था, कला की कोई ख़ास कसौटी नहीं थी, उन्हें यह देखकर आश्चर्य हुआ कि प्रगतिवादियों ने यह कौन-सा रुख अख़्तियार कर लिया; जो लोग प्रगतिवाद से बहुत आशा रखते थे, किन्तु उसके वर्तमान रूप से क्षुब्ध हो गये थे, उन्हें इस रूप से सन्तोष हुआ और प्रगतिवाद को प्रतिष्ठित क्षेत्रों में भी प्रश्रय मिला।" (छायावाद और प्रगतिवाद, संकलित निबन्ध, पृ. 37-38) यह सब लिखने के बाद नलिन जी ने जब प्रगतिशील साहित्य को 'हिन्दी की जागरूकता का सन्देशवाहक' कहा तो उनके ध्यान में अवश्य ही रामविलास शर्मा जैसे प्रगतिशील आलोचक थे।

परम्परा के मूल्यांकन की समस्या आयी तो रामविलास शर्मा के सामने प्रश्न यह था कि परम्परा को देखने की दृष्टि क्या हो? उन्होंने लिखा : "...साहित्य की परम्परा का मूल्यांकन करते हुए सबसे पहले हम उस साहित्य का मूल्यांकन निर्धारित करते हैं जो शोषक वर्गों के विरुद्ध श्रमिक जनता के हितों को प्रतिबिम्बित करता है। इसके साथ हम उस साहित्य पर ध्यान देते हैं जिसकी रचना का आधार शोषित जनता का श्रम है। ...साहित्य का हर स्तर सम्पत्तिशाली वर्गों के हितों से

बँधा हुआ नहीं रहता।" (परम्परा का मूल्यांकन, पृ. 10-11) यह कहने के साथ ही रामविलास जी ने यह भी कहा : "साहित्य विचारधारा मात्र नहीं है। उसमें मनुष्य का इन्द्रिय-बोध, उसकी भावनाएँ, आन्तरिक प्रेरणाएँ भी व्यंजित होती हैं। साहित्य का यह पक्ष स्थायी होता है।" (वही) अपनी इसी सोच के तहत उन्होंने भक्ति साहित्य का मूल्यांकन किया और तुलसीदास को उसका सबसे बड़ा कवि घोषित किया। ऐसा करते हुए उनके ध्यान में तुलसी काव्य के सामन्त विरोधी मूल्य थे, न कि ब्राह्मण और शूद्र के बीच की भेदकारी नीति।

आलोचक के रूप में रामविलास शर्मा का महत्त्व कई कारणों से है। लेकिन उनकी ख्याति का बड़ा आधार छायावाद और निराला सम्बन्धी उनका मूल्यांकन है। छायावाद और निराला के प्रति हिन्दी आलोचना में अच्छी राय नहीं थी। नन्ददुलारे वाजपेयी जैसे आलोचक छायावाद को प्रतिष्ठित करने का आलोचनात्मक संघर्ष कर रहे थे। उस संघर्ष को व्यापकता प्रदान की रामविलास शर्मा ने। निराला, प्रसाद और पन्त की कविताओं को स्वाधीनता आन्दोलन के सन्दर्भ में और साम्राज्यवाद विरोधी चेतना के रूप में प्रतिष्ठित करने का काम उन्होंने व्यापक पैमाने पर किया। तीन खण्डों में 'निराला की साहित्य साधना' जैसा ग्रन्थ लिखकर उन्होंने न सिर्फ़ निराला को, बल्कि छायावाद को भी सही परिप्रेक्ष्य देने का काम किया। निराला का महत्त्व स्थापित करते हुए उन्होंने पाँच टुकड़ों में एक कविता लिखी है जो 'तार सप्तक' में संकलित है और जिससे निराला का कालजयी कवि-रूप दिखायी देता है। 'कवि' शीर्षक इस कविता का एक अंश है—

वह सहज विलम्बित मन्थर गति जिसको निहार
गजराज लाज से राह छोड़ दे एक बार;
काले लहराते बाल देव-सा तन विशाल
आर्यों का गर्वोन्नत, प्रशस्त, अविनीत भाल;
झंकृत करती थी जिसकी वाणी में अमोल,
शारदा सरस वीणा के सार्थक सधे बोल;

'छायावाद साम्राज्य-विरोधी चेतना के निखार का साहित्य है', यह बात रामविलास शर्मा ने व्यापक पैमाने पर प्रमाणित की और निराला के साहित्य का सम्बन्ध 'स्वाधीनता आन्दोलन के नवीन उत्थान' के साथ घोषित किया। कवि निराला का महत्त्व स्थापित करते हुए उन्होंने लिखा : "निराला का सहज स्वर उदात्त है; ओज उनके साहित्य का प्रधान गुण है। उनका माधुर्य अन्य कवियों के माधुर्य से भिन्न है; उनका शौक अन्य कवियों की वेदना से भिन्न है।

कोई भी कवि एक ही उदात्त स्तर पर कविता नहीं लिख सकता, न उसे लिखनी चाहिए। निर्माण सौन्दर्य के लिए उसे अनुदात्त या स्वरित स्तरों पर भी रचना करनी चाहिए। निराला एक ही कविता में भिन्न स्तरों पर अपने रचना-कौशल का परिचय देते हैं, अलग-अलग रचनाओं में भी। उनके श्रेष्ठ साहित्य में—भाव चाहे कोमल हो, चाहे कठोर—एक अन्तर्निहित शक्ति का परिचय मिलता है। यह शक्ति स्वाधीनता आन्दोलन के नये उत्थान की थी, यह शक्ति निराला के व्यक्तित्व की थी। दोनों के संयोग से ही निराला की साहित्य साधना पूरी हुई।" (निराला की साहित्य साधना, भाग-2 पृ.-552) निराला सम्बन्धी रामविलास शर्मा के इस मूल्यांकन को देखकर सम्भवतः कवि दिनकर ने कहा था कि भाग्यशाली है वह कवि जिसे रामविलास शर्मा जैसा आलोचक मिला। इस टिप्पणी से रामविलास शर्मा का आलोचकीय महत्त्व प्रकट होता है।

कहा जा सकता है कि रामविलास शर्मा मुख्य रूप से छायावाद के आलोचक हैं। इसे विस्तार देकर यह भी कहा जा सकता है कि वे छायावाद के पूर्व के साहित्य के भी महत्त्वपूर्ण आलोचक हैं। लेकिन प्रयोगवाद, नयी कविता और प्रेमचन्दोत्तर कथा-साहित्य के मूल्यांकन में उनकी आलोचकीय गति और मति शिथिल पड़ने लगती है। वे 'तार सप्तक' के कवियों में शामिल हैं, बावजूद इसके वे प्रयोगवाद, नयी कविता का महत्त्व ठीक-ठीक नहीं रेखांकित कर पाते हैं। 'नयी कविता और अस्तित्ववाद' नामक उनकी पुस्तक उनके असफल आलोचनात्मक लेखन का सुन्दर उदाहरण है। यथार्थवाद की आलोचनात्मक कसौटी पर साहित्य को जाँचने की उनकी कोशिश इस पुस्तक में आकर असफल हो जाती है। इसी तरह प्रेमचन्द और 'गोदान' की कसौटी पर जब वे फणीश्वरनाथ 'रेणु' और 'मैला आँचल' का मूल्यांकन करते हैं तो उस लेखक और उसकी कृति के साथ न्याय नहीं कर पाते।

'नयी कविता और अस्तित्ववाद' में यथार्थवाद की जिस कसौटी पर वे नयी कविता के कवियों को कसते हैं, वे हैं अज्ञेय, शमशेर, मुक्तिबोध आदि। इनके समानान्तर केदारनाथ अग्रवाल, नागार्जुन आदि को रखते हैं। इस तरह नयी कविता के कवियों के समानान्तर उन कवियों का पक्ष रखते हैं, जो प्रगतिशील आन्दोलन से जुड़े हुए हैं। रामविलास शर्मा की समझ यह है कि नयी कविता पर अस्तित्ववाद का प्रभाव है और हिन्दी की वास्तविक कविता केदारनाथ अग्रवाल, नागार्जुन आदि के माध्यम से परवान चढ़ती है। ये कवि यथार्थवादी हैं और इनकी कविताएँ यथार्थपरक हैं। रामविलास जी का निष्कर्ष है कि अज्ञेय, शमशेर आदि पर न सिर्फ़ अस्तित्ववाद का प्रभाव है; बल्कि उनकी कविताओं में 'नव रहस्यवाद' भी है। उनकी नज़र में मुक्तिबोध पर न सिर्फ़ अस्तित्ववाद

का प्रभाव है, बल्कि वे सिज़ोफ्रेनिक भी हैं और उनका कवि-व्यक्तित्व विभाजित है। वे यह भी कहते हैं कि मुक्तिबोध की प्रसिद्ध कविता 'अँधेरे में' विभाजित व्यक्तित्व की कविता है। रामविलास शर्मा की नज़र में नयी कविता दौर के सबसे बड़े कवि केदारनाथ अग्रवाल हैं। इस दौर की कविता के बारे में अपनी राय स्पष्ट करते हुए वे लिखते हैं : "नयी कविता का उत्थान और प्रसार कई तरह से प्रगतिशील काव्यधारा के इतिहास से जुड़ा हुआ है। प्रगतिशील और प्रगति विरोधी रुझानों के भेद को मिटाने का प्रयत्न तो किया ही गया है, प्रगति विरोधी कविता को भी प्रगतिशील बताकर अनेक बार प्रस्तुत किया गया है। प्रगतिशील कविता की चर्चा में यथार्थवाद पर यथेष्ट ज़ोर न देने के कारण इस कविता के इतिहास को समझने में भूलें होती हैं और अनेक कवियों के योगदान का सही मूल्यांकन नहीं होता।" (नयी कविता और अस्तित्ववाद, पृ. 256) यह कहने के साथ रामविलास शर्मा ने यथार्थवादी काव्यधारा के विकास में निराला का महत्त्व बतलाते हुए केदारनाथ अग्रवाल के योगदान पर विस्तार से लिखा है। उनके अनुसार निराला के बाद सबसे महत्त्वपूर्ण और बड़े कवि केदारनाथ अग्रवाल हैं। निराला और केदारनाथ अग्रवाल रामविलास शर्मा की दृष्टि में सही राजनीतिक दृष्टि से लिखनेवाले कवि हैं। रामविलास जी की स्पष्ट राय है : "ये दोनों कवि हिन्दी कविता में क्रान्तिकारी यथार्थवाद के संस्थापक हैं।" (वही, पृ. 279)

यथार्थवाद की साहित्यिक कसौटी पर जो कथाकार रामविलास शर्मा को सबसे उपयुक्त लगता है, वे हैं प्रेमचन्द। उनके अनुसार सामन्तवाद, साम्राज्यवाद और पूँजीवाद-विरोध की सारी शर्तें प्रेमचन्द का साहित्य पूरी करता है। इसलिए प्रेमचन्द को वे 'स्वाधीनता-संग्राम के सैनिक साहित्यकार' के रूप में याद करते हैं। लेकिन यथार्थवाद वाली उनकी साहित्यिक कसौटी 'मैला आँचल' और नये मिज़ाज के उपन्यासों के मूल्यांकन में असफल साबित होती है। प्रगतिशील परम्परा के मूल्यांकन में व्यापक और उदार दृष्टि का परिचय देनेवाला आलोचक यथार्थवाद की संकीर्ण गली में फँस जाता है। 'मैला आँचल' का मूल्यांकन करते हुए रामविलास जी ने कहा कि वह प्रेमचन्द की परम्परा का उपन्यास नहीं है। उन्होंने लिखा है : "... 'मैला आँचल' में नयी चीज़ है, लोक संस्कृति का वर्णन। लोक गीतों और लोक नृत्यों के वर्णन द्वारा लेखक ने एक अंचल-विशेष की संस्कृति का चित्र अंकित किया है। इसके साथ कथा कहने की उसकी नयी पद्धति है। वह सिनेमा के चित्रों के समान बहुत-से शॉट इकट्ठे कर देता है, ये शॉट एक-दूसरे से कितने विच्छिन्न हैं, इसका ध्यान नहीं रखता, एक ही अध्याय में तीन-चार बार 'कट' लगाकर पाठक को चौंधिया देता है। नतीजा यह है कि चलचित्र में जो सम्बद्धता

होती है, उसका यहाँ अभाव है। उसकी चित्रण-पद्धति यथार्थवाद से अधिक प्रकृतिवाद के निकट है।... 'मैला आँचल' का लेखक प्रेमचन्द की परम्परा से दूर जा पड़ा है।" (प्रेमचन्द की परम्परा और आँचलिकता, 'आस्था और सौन्दर्य', पृ.97) प्रेमचन्द उनके लिए वो निकष हैं, जिस पर वे जैनेन्द्र और रेणु समेत बहुतेरे कथाकारों को ख़ारिज कर देते हैं। जैनेन्द्र की गाँधीपन्थी सामाजिकता और उनकी अलग कथा शैली उन्हें यथार्थवादी नहीं लगती, बल्कि प्रतिक्रान्तिकारी लगती है। जैनेन्द्र की समूची उपलब्धि को वे 'देवर-भाभी वाद' तक सीमित कर देते हैं। इसी तरह यशपाल के कथा साहित्य का भी वे मूल्यांकन करते हैं और उसे भी 'चोली जंफर उतार' जैसी संज्ञा से चिह्नित करते हैं। यही आलोचनात्मक व्यवहार उन्होंने राहुल सांकृत्यायन, रांगेय राघव, अमृतराय आदि वामपन्थी लेखकों के साथ भी किया है। उनकी इस तरह की आलोचना को 'कुल्हाड़ी मार' आलोचना की संज्ञा वामपन्थी लेखकों ने ही दी है।

यह सही है कि रामविलास शर्मा ने प्रगतिशील आन्दोलन की प्रारम्भिक संकीर्णता से संघर्ष किया और उसे व्यापक रूप देते हुए हिन्दी साहित्य के लगभग एक हज़ार वर्षों के इतिहास का मूल्यांकन किया। लेकिन उनका यह मूल्यांकन कार्य अपने से पूर्व के लेखकों और साहित्य का था। अपने समय और बाद के लेखकों के साहित्य का मूल्यांकन करते हुए वे काफ़ी 'सब्जेक्टिव' रहे। कहा जाता है कि वे राजनीतिक सोच के स्तर पर स्टालिनवादी थे और उनके साहित्य चिन्तन पर प्लेखानोव, कॉडवेल आदि मार्क्सवादी साहित्य चिन्तकों का प्रभाव था, साथ ही यथार्थवाद वाली उनकी कसौटी घिस चुकी थी, जिसका पता उन्हें नहीं था। उन्होंने साहित्य मूल्यांकन के जो निकष बनाये, मसलन 'नवजागरण', 'यथार्थवाद' आदि वे बदलते समय में नाकाफ़ी हो चुके थे। छायावाद और निराला के बाद के साहित्य पर लिखी हुई उनकी आलोचना को इसी सन्दर्भ में देखना चाहिए।

हिन्दी नवजागरण सम्बन्धी उनकी अवधारणा को बाद के वर्षों में चुनौती दी गयी और उसे एक तरह से 'हिन्दू नवजागरण' की संज्ञा दी गयी। उनके हिन्दी नवजागरण सम्बन्धी तर्क को अति व्याप्ति दोष से ग्रसित माना गया और यह कहा गया कि जिसे रामविलास शर्मा 'हिन्दी नवजागरण' कहते हैं, वह सामाजिक नवजागरण नहीं है, वह साहित्यिक नवजागरण भर है। इसे बंगाल और महाराष्ट्र के नवजागरण के समानान्तर नहीं देखा जा सकता। हिन्दी नवजागरण जैसी किसी सचाई से इनकार करते हुए वीर भारत तलवार ने लिखा है : "हिन्दी नवजागरण एक भ्रामक नाम है। कुछ हिन्दी लेखकों द्वारा एक मुहावरे की तरह चलाये गये इस शब्द का, उनकी चर्चाओं से बाहर, कहीं कोई अस्तित्व नहीं।

जिसे हिन्दी नवजागरण कहा जाता है, वह दरअसल ब्राह्मण समाज और ख़ासकर आर्य समाज के धार्मिक सुधारों के ख़िलाफ़, उनकी प्रतिक्रिया में हुआ, सनातनी बुद्धिजीवियों का आन्दोलन था जिसमें उस समय के सभी बड़े हिन्दी लेखकों और सम्पादकों ने आगे बढ़कर हिस्सा लिया। ...उनके आन्दोलन को नवजागरण कहना धार्मिक-सामाजिक सुधारों वाली भारतीय नवजागरण की धारा से उन्हें गड्डमड्ड कर देना होगा।" (रस्साकशी, पृ. 342)

इन सब आलोचनाओं के बावजूद रामविलास शर्मा की मान्यताएँ अपनी जगह हैं और वे आज भी हिन्दी पाठक का सामान्य बोध बनी हुई हैं।

(2020)

नलिन विलोचन शर्मा की इतिहास-दृष्टि

नलिन विलोचन शर्मा (18 फ़रवरी 1916–12 सितम्बर 1961) बहुमुखी प्रतिभा सम्पन्न लेखक थे। वे हिन्दी कविता में 'प्रपद्यवाद' के प्रवर्तक कवि थे। उनकी और उनके साथी कवियों की 'प्रपद्यवाद' सम्बन्धी घोषणाओं और कविताओं ने हिन्दी संसार को एकबारगी चौंका दिया था। लेकिन इस काव्य-प्रवृत्ति का आगे विकास नहीं हो सका। नलिन जी की कविता से अधिक बड़ी देन कहानी लेखन के क्षेत्र में है। उनकी कहानियों में सामाजिकता और मनोवैज्ञानिकता का बड़ा ही सफल गुम्फन हुआ है। अपने शिल्प और विषय के कारण उन कहानियों का हिन्दी कहानी के इतिहास में विशेष महत्त्व है। लेकिन नलिन विलोचन शर्मा की विशेष देन आलोचना और इतिहास-दर्शन के क्षेत्र में है।

नलिन जी अपनी मौलिक दृष्टि और दुर्लभ वैदुष्य के कारण आलोचना के क्षेत्र में जाने जाते हैं। अपने चिन्तनपूर्ण लेखन के द्वारा उन्होंने आलोचना का नया मानदण्ड निर्मित किया। विषय-वस्तु से अधिक रचना के शिल्प पक्ष पर अधिक ज़ोर देने के कारण उन्हें रूपवादी कहा जाता है। लेकिन उनका रूपवाद रहस्यवाद का विरोधी और वैज्ञानिकता का आग्रही है। वे विज्ञान को कविता का पूरक मानते थे। उनकी मान्यता है कि रचना विषय के कारण नहीं, विषय के बावजूद अच्छी होती है। उन्होंने अपने आलोचनात्मक लेखन से हिन्दी संसार को नये ढंग से आन्दोलित किया। वे हिन्दी के बहु-उद्धृत तो नहीं, पर मान्य आलोचक हैं। आज वे जिस कारण सर्वाधिक याद किये जाते हैं, वह है साहित्य के इतिहास-दर्शन के क्षेत्र में उनका मौलिक योगदान।

हिन्दी साहित्य में जब इतिहास-दर्शन की चर्चा लगभग न के बराबर थी, तब उन्होंने 'साहित्य का इतिहास-दर्शन' (1960) पुस्तक लिखकर इस दिशा में सार्थक पहल की। हिन्दी में साहित्य के इतिहास-ग्रन्थ तो धड़ाधड़ आ रहे थे, लेकिन इतिहास लेखन के लिए जिस दृष्टि और दर्शन का आधार चाहिए,

वह एक सिरे से गायब था। रामचन्द्र शुक्ल और हज़ारी प्रसाद द्विवेदी को छोड़ दें तो 'आलोचनात्मक', 'वैज्ञानिक', 'नया' आदि विशेषणों से युक्त होकर 'हिन्दी साहित्य का इतिहास' नामक जो ग्रन्थ आ रहे थे, उनमें मौलिकता का नितान्त अभाव तो था ही, उनमें छात्रोपयोगिता का चाहे—अनचाहे बड़ा दबाव था। ऐसे समय में 'साहित्य का इतिहास-दर्शन' लिखकर नलिन विलोचन शर्मा ने हिन्दी साहित्य के इतिहास लेखकों के सामने नयी आधार-भूमि निर्मित की। इस पुस्तक के ज़रिये उन्होंने इतिहास-दर्शन का प्रश्न उठाया और इतिहास लेखन के लिए सन्तुलित भारतीय इतिहास-दृष्टि की ओर संकेत किया। उन्होंने कहा कि अब तक जो हिन्दी साहित्य के इतिहास-ग्रन्थ लिखे गये हैं, उनमें भारतीय दृष्टि का अभाव है। उन्होंने इतिहास लेखकों पर आरोप लगाते हुए कहा—"प्राच्यविद्या-विशारद पाश्चात्यों के अनुसार प्राचीन भारतीयों ने अपने अतीत का इतिहास प्रस्तुत नहीं किया, उनमें ऐतिहासिक विवेक था भी नहीं, हम जब आज के इतिहास-ग्रन्थ देखते हैं, तो हमारे मन में भी क्या कुछ ऐसा सन्देह उत्पन्न नहीं होता।"

नलिन जी का मत था कि यह इतिहास-विषयक पश्चिमी दृष्टि है। इस दृष्टि से भारतीय इतिहास-दृष्टि प्रभावित-संचालित है। नलिन जी का विचार था कि इसी दृष्टि के कारण हम भारतीय भी यह मानने लगे हैं कि भारतीय वाङ्मय में इतिहास और इतिहास-दृष्टि का नितान्त अभाव है। इस इतिहास विषयक पश्चिमी दृष्टि का नलिन जी ने ज़ोरदार खण्डन किया। उनका कहना था कि भारतीय साहित्य में न तो इतिहास की कमी है और न इतिहास-दृष्टि की। अपने मत पर ज़ोर देते हुए उन्होंने कहा : "वस्तुतः प्राचीन भारतीयों के द्वारा प्रस्तुत ऐतिहासिक सामग्री का अभाव नहीं है। इस सम्बन्ध में पाश्चात्यों की भ्रान्ति का कारण है भारतीयों की इतिहास विषयक विभावना। 19वीं सदी में इतिहास-लेखन की जो प्रणाली पश्चिम में प्रचलित थी, उससे भारतीय प्रणाली सर्वथा भिन्न थी। पश्चिम के तत्कालीन स्वीकृत प्रतिमानों के सहारे पाश्चात्य विद्वान न तो भारतीय साहित्य और कलाओं के साथ न्याय कर सके, न यहाँ की प्राचीन इतिहास-लेखन प्रणाली की विशेषता समझ पाये।"

पश्चिमी इतिहास-दृष्टि के अनुसार तिथि-क्रम, भूगोल आदि इतिहास की आँख हैं। इस तरह के मत से नलिन जी सहमत नहीं थे। वे तिथि-क्रम और भूगोल को इतिहास की आँख मानने के आत्यन्तिक रूप से समर्थक नहीं थे। उनका कहना था कि तिथि-क्रम और भूगोल का आग्रह भारतीय इतिहास-दृष्टि में समाहित नहीं है। वे कहते हैं कि हमारे अनेक प्राचीन ग्रन्थों, मसलन—अथर्ववेद, शतपथ ब्राह्मण, जैमिनीय बृहदारण्यक, छान्दोग्य उपनिषद् आदि ग्रन्थों में 'इतिहास'

शब्द का उल्लेख मिलता है। वे यह भी कहते हैं कि पुरुषार्थ चतुष्ट्य यानी धर्म, अर्थ, काम और मोक्ष—में मानव-जीवन तथा सभ्यता का हरेक क्षेत्र शामिल है। उनके अनुसार भारतीय इतिहास-दृष्टि का आधार यही है।

पश्चिमी प्राच्यविद् विद्वान पुराणों को इतिहास के लिए विश्वसनीय सामग्री नहीं मानते थे। वे पुराणों को इतिहास मानने से ही इनकार करते थे। नलिन जी ने पुराणों को इतिहास-सामग्री न मानने की पश्चिमी-दृष्टि का विरोध किया। वे मानते हैं कि प्राचीन भारतीय इतिहास की आधार सामग्री के सबसे बड़े स्रोत हमारे पुराण ही हैं। उनका मत है : "...पुराणों में राजवंशों, उनके समय और राजत्व-काल के स्पष्ट और निश्चित उल्लेख मिलते हैं, जिसे आधुनिक विद्वान प्रागैतिहासिक कहते हैं। उस काल से लेकर ऐतिहासिक युग तक की विस्तीर्ण अवधि के समस्त राजवंशों की तिथि क्रमानुसार जो तालिकाएँ पुराणों में सुलभ हैं, उनके अभाव में पुरातात्त्विक तथा मुद्राशास्त्रीय शास्त्र की प्रचुरता के बावजूद, प्राचीन भारतीय इतिहास का पुनर्निर्माण असम्बद्ध सिद्ध होगा।" नलिन जी पाश्चात्य प्राच्यविदों की इस बात के लिए आलोचना करते हैं कि वे पुराणों से इतिहास की सामग्री भी लेते हैं और उन्हें भरोसे लायक भी नहीं मानते। नलिन जी का कहना है : "भारतीय इतिहास के पाश्चात्य इतिहासकारों ने, पुराणों को अविश्वसनीय घोषित करते हुए भी उन्हीं के आधार पर राजाओं के नाम और उनका राजत्व काल निर्धारित किया है।"

नलिन विलोचन शर्मा कवियों के बारे में प्रचलित किंवदन्तियों को प्राचीन भारतीय साहित्य के इतिहास लेखन में महत्त्व दिये जाने के समर्थक हैं। उनका मत है कि साहित्य के इतिहास लेखन में किंवदन्तियों का बहुत महत्त्व होता है। उनके अनुसार किंवदन्तियाँ साहित्य-इतिहास की बड़ी आधार सामग्री हैं। इसी तरह नलिन जी प्राचीन सुभाषित संग्रहों को भारतीय साहित्य के इतिहास लेखन में उपयोग किये जाने पर ज़ोर देते हैं। उनके अनुसार सुभाषित संग्रहों का संस्कृत साहित्य के इतिहास लेखन में बहुत महत्त्व है। सुभाषित संग्रहों को वे आधुनिक काल का 'कवि-वृत्त' संग्रह कहते हैं। उनका कहना है : "जब प्राचीन परम्परा तथा गौण कवियों की कृतियों के नष्ट हो जाने की आशंका यहाँ के विद्वानों को हुई, तब उन्होंने सुभाषितों के ऐसे संग्रह तैयार किये, जिनमें मुख्यतः गौण कवियों की रचनाओं में दृष्टान्त-स्वरूप छन्द विभिन्न शीर्षकों के अन्तर्गत सुरक्षित हो गये।" उनका यह भी कहना है कि प्राकृत के सुभाषित संग्रहों से विस्मृतप्राय कवियों के बारे में सूचना मिलती है। वे पालि भाषा में रचित अनेक पुस्तकों का हवाला देते हैं जिनसे उनके अनुसार पालि भाषा और साहित्य का इतिहास निर्मित होता है।

उन्होंने संस्कृत के कुछ महत्त्वपूर्ण सुभाषित संग्रहों का उल्लेख करते हुए उनके आधार पर संस्कृत के गौण कवियों की तालिका भी प्रस्तुत की है।

नलिन विलोचन शर्मा अपनी पुस्तक 'हिन्दी साहित्य का इतिहास-दर्शन' में भारतीय इतिहास-दृष्टि पर ज़ोर देते हैं। इसका यह मतलब नहीं है कि वे पाश्चात्य इतिहास-दृष्टि की उपेक्षा के समर्थक हैं। इसका मतलब यह भी नहीं कि वे दकियानूस-पुराणपन्थी हैं। वे पदार्थवादी थे, अपादमस्तक आधुनिक थे। उन्होंने अपनी पुस्तक में अंग्रेज़ी, फ्रेंच, जर्मन, रूसी आदि भाषाओं के साहित्येतिहास-दर्शन का उल्लेख किया है। हिन्दी साहित्य के इतिहास लेखन के लिए वे जहाँ भारतीय इतिहास-दृष्टि को आवश्यक मानते हैं, वहीं पश्चिमी इतिहास-दृष्टि की आधुनिकता को भी आवश्यक मानते हैं। टी.एस. इलियट की 'परम्परा' सम्बन्धी अवधारणा का नलिन जी समर्थन करते हैं और मानते हैं कि वह अन्ततः इतिहास-दृष्टि ही है। इलियट की 'परम्परा' सम्बन्धी अवधारणा की चर्चा नलिन जी अपने आलोचनात्मक लेखों में तो करते ही हैं, इतिहास-दर्शन वाली पुस्तक में भी करते हैं। नलिन जी ने इतिहास, शोध और आलोचना में अन्तर करने पर ज़ोर दिया है। उनके अनुसार इस अन्तर को ध्यान में नहीं रखने के कारण साहित्य का अध्येता किसी के साथ न्याय नहीं कर पाता। उन्होंने लिखा है : "इतिहास सम्पूर्ण विस्तार का सर्वेक्षण, अनुशीलन और मूल्यांकन है, शोध विस्तार के खण्ड-खण्ड का उद्‌घाटन और विश्लेषण करता है; और आलोचना पथ-चिह्नों पर प्रकाश केन्द्रित करती है। तीनों एक-दूसरे के लिए आवश्यक और पूरक होते हुए भी स्वतन्त्र महत्त्व के अधिकारी हैं।"

भारतीय और पाश्चात्य साहित्य इतिहास दृष्टियों की चर्चा के बाद नलिन जी कहते हैं कि साहित्य का इतिहास वस्तुतः गौण लेखकों का इतिहास है। उनका मत है : "साहित्यिक इतिहास का विषय भी यदि विस्तार है, महान लेखकों से अधिक महत्त्व उन गौण का है जिनसे विस्तार निर्मित होता है। हिन्दी साहित्य के इतिहासों में इन महान गौणों की उपेक्षा हुई है और उसका कारण यह है कि शोध ने अपने वास्तविक कर्तव्य का पालन नहीं किया है; वह उन पथ-चिह्नों तक सीमित रहा है, जो वस्तुतः आलोचना के विषय हैं।"

नलिन जी का कहना था कि सौ-दो सौ साल पहले के सैकड़ों गौण लेखकों का नाम हमारे ही समय में लुप्त हो चुका है। इसी के साथ उनका यह भी कहना था कि आदिकाल, भक्तिकाल और रीतिकाल के बहुत-से गौण कवियों की रचनाएँ लुप्त हो गयी हैं और उनके बारे में तात्त्विक शोध की आवश्यकता है। जब तक हम इन गौण लेखकों की रचनाएँ सामने नहीं लाते तब तक इतिहास

लिखना पुराने का ही 'पिष्ट-पेषण' होगा। नलिन जी का यह भी मानना था कि बहुत-से कवियों ने सिर्फ़ मुक्तकों की रचना की जो पुस्तक रूप में संगृहीत नहीं हुए। उनके अनुसार जैसे संस्कृत में सूक्ति संग्रह बने वैसे ही हिन्दी में 'हजारा' साहित्य की रचना हुई। उनका कहना है कि हिन्दी के सैकड़ों कवियों के मुक्तक सिर्फ़ 'हजारा' साहित्य में ही मिलेंगे। वे 'हजारा' साहित्य को हिन्दी साहित्य के इतिहास के लिए महत्त्वपूर्ण आधार मानते हैं। परमानन्द सुहाने के 'नख शिख हजारा' के आधार पर उन्होंने गौण कवियों की एक लम्बी सूची प्रकाशित की।

नलिन जी साहित्य के इतिहास लेखन के लिए तात्त्विक शोध की आवश्यकता पर ज़ोर देते हैं। यह उनके साहित्य के इतिहास-दर्शन का ही दूसरा पहलू है। वे शोध के नाम पर आलोचना लिखने को अच्छा नहीं मानते थे। अपने एक प्रसिद्ध निबन्ध 'तात्त्विक शोध-समस्या' में उन्होंने लिखा है : "साहित्यिक विषयक तात्त्विक शोध न तो सर्वथा अज्ञात का आविष्कार होता है, न सुपरिचित का अनुशीलन; स्वल्प परिचित और गौण लेखक की उपेक्षित एवं दुर्लभ कृतियों का सश्रम सम्पादन और विश्लेषण ही तात्त्विक शोध माना जा सकता है।" इसी के साथ उनका यह भी कहना है : "तात्त्विक शोध तो हिन्दी के उन कवियों पर ही किया जा सकता है, जो साहित्य इतिहास में युग विशेष के गौण कवियों के रूप में अनिवार्यतः उल्लेख के भी योग्य माने जाते हैं और जिनके अध्ययन के लिए पाठ-सामग्री का अभाव भी बना हुआ है।" इससे स्पष्ट होता है कि इस तरह के शोधकार्य से आलोचना के लिए भी सामग्री मिलती है और साहित्येतिहास-लेखन के लिए भी।

साहित्य के इतिहास सम्बन्धी दर्शन की चर्चा करते हुए नलिन जी ने हिन्दी साहित्य के इतिहास-लेखन और इतिहास-लेखकों की भी चर्चा की है। विशेष रूप से रामचन्द्र शुक्ल और हज़ारी प्रसाद द्विवेदी के इतिहास-ग्रन्थों की उन्होंने चर्चा की है और दोनों का अन्तर भी बतलाया है। यह अन्तर मूलतः इतिहास-दृष्टियों का है। उन्होंने रामचन्द्र शुक्ल को 'सर्वप्रथम सुव्यवस्थित साहित्यिक इतिहास' लिखने का श्रेय दिया है। 'स्वकालीन पाश्चात्य वैदुष्य की उपलब्धि को विलक्षण सजगता' के साथ अपनाने के लिए उनकी प्रशंसा भी की है। लेकिन इसी के साथ उनकी इतिहास-दृष्टि को 'विधेयवादी' कहकर उसकी आलोचना भी की है। शुक्ल जी की इतिहास की सीमा नलिन जी की नज़र में यह भी है कि उसका 'स्वल्पांश ही प्रवृत्ति-निरूपण-परक है, अधिकांश विवरण-प्रधान' है। नलिन जी हज़ारी प्रसाद द्विवेदी के इतिहास-लेखन को महत्त्वपूर्ण मानते हुए उसकी प्रशंसा करते हैं।

उन्होंने लिखा है : "द्विवेदी जी अनेकानेक शुक्लोत्तर इतिहासकारों की तुलना में, हिन्दी में पहली बार—कदाचित समस्त भारतीय भाषाओं में सबसे पहले—आचार्य शुक्ल द्वारा प्रवर्तित, विधेयवादी साहित्येतिहास से भिन्न, साहित्यिक साहित्येतिहास लिखने के श्रेय के अधिकारी सिद्ध होते हैं। साहित्यिक प्रवृत्तियाँ और परम्पराओं की उद्‌गम-मीमांसा उनकी इसके पहले से गृहीत प्रणाली रही है।"

आगे चलकर नलिन विलोचन शर्मा की साहित्येतिहास दृष्टि की आलोचना भी हुई। मैनेजर पाण्डेय ने शुक्ल जी की इतिहास-दृष्टि को विधेयवादी मानने से इन्कार किया और नलिन जी के मत का खण्डन करते हुए उन्होंने शुक्ल जी के इतिहास सम्बन्धी दृष्टिकोण को 'ऐतिहासिक और वस्तुवादी' माना। उन्होंने यह भी कहा : "आलोचनात्मक विवेक उनकी इतिहास-दृष्टि की केन्द्रीय विशेषता है।" लेकिन विधेयवाद सम्बन्धी आरोप को छोड़ दें, तो भी नलिन जी जिस भारतीय इतिहास-दृष्टि की बात करते हैं और उसके उदाहरण के रूप में हज़ारी प्रसाद द्विवेदी के इतिहास को रखते हैं, वह क्या विचारणीय नहीं है? जब साहित्येतिहास के क्षेत्र में शुक्ल जी की दृष्टि की ही प्रधानता थी, तब नलिन जी ने साहित्येतिहास के क्षेत्र में भारतीय दृष्टि का प्रश्न उठाया। यह साहित्येतिहास की नयी दृष्टि थी। साहित्य के इतिहास-दर्शन की चर्चा जब हिन्दी में लगभग न के बराबर थी, तब उन्होंने 'साहित्य का इतिहास-दर्शन' जैसी गम्भीर पुस्तक लिखकर इस दिशा में सार्थक हस्तक्षेप किया और साहित्य के इतिहास-दर्शन की आधारशिला रखी। साहित्येतिहास दर्शन से सम्बन्धित उनकी उस पुस्तक का ऐतिहासिक महत्त्व है।

(2019)

नलिन विलोचन शर्मा का महत्त्व

आचार्य नलिन विलोचन शर्मा का जन्म 18 फ़रवरी 1916 को पटना में हुआ था और मृत्यु मात्र साढ़े पैंतालीस साल की उम्र में 12 सितम्बर 1961 को पटना में ही हुई। वे दर्शन और संस्कृत के महान विद्वान महामहोपाध्याय पं. रामावतार शर्मा के ज्येष्ठ पुत्र थे। कहावत है कि बरगद की छाया में उगा हुआ पौधा बड़ा वृक्ष नहीं बनता, लेकिन नलिन जी इसके अपवाद सिद्ध हुए। वे स्वनामधन्य पिता के स्वनामधन्य पुत्र थे। उनके व्यक्तित्व-निर्माण में पिता के पांडित्य और उनकी प्रगतिशील दृष्टि की महत्त्वपूर्ण भूमिका थी। रामावतार शर्मा संस्कृत और दर्शन के ख्यातिप्राप्त विद्वान तो थे ही, संस्कृत, अंग्रेज़ी, लैटिन, फ्रेंच, जर्मन आदि भाषाओं पर भी अधिकार रखते थे। नलिन जी को पिता का भाषा-ज्ञान विरासत में मिला। संस्कृत, अंग्रेज़ी और हिन्दी तीनों भाषाओं पर उनका एक-सा अधिकार था। कामचलाऊ ज्ञान जर्मन और फ्रेंच का भी था। लेकिन उनके व्यक्तित्व-निर्माण में पिता की पदार्थवादी दृष्टि की भी महत्त्वपूर्ण भूमिका थी। यूँ तो रामावतार शर्मा संस्कृत वाङ्मय के प्रकाण्ड पण्डित थे, लेकिन अन्य पण्डितों की तरह वे दकियानूस और पोंगापन्थी नहीं थे। वे पदार्थवादी थे और शास्त्र के नाम पर पोंगापन्थ और अन्धविश्वास का प्रचार करने वाले पण्डितों से बराबर लोहा लिया करते थे। वे हिन्दी नवजागरण के अग्रदूतों में से एक थे और 1916 में जबलपुर में सम्पन्न हिन्दी साहित्य सम्मलेन के 16वें अधिवेशन की उन्होंने अध्यक्षता की थी। नलिन जी के व्यक्तित्व-निर्माण में उस विद्वान पिता की पदार्थवादी और प्रगतिशील दृष्टि की भूमिका से इन्कार नहीं किया जा सकता।

नलिन जी ने पहले संस्कृत में एम.ए. किया और जैन कॉलेज, आरा में संस्कृत के प्राध्यापक हो गये। बाद में उन्होंने हिन्दी से एम.ए. किया और उनकी नियुक्ति पटना विश्वविद्यालय के हिन्दी विभाग में हो गयी, जहाँ वे प्रोफ़ेसर और अध्यक्ष हुए। आमतौर से हिन्दी अध्यापकों की

अंग्रेज़ी और संस्कृत में स्थिति अधिक मज़बूत नहीं होती, लेकिन नलिन जी इसके अपवाद थे। हिन्दी के साथ उनका समान अधिकार संस्कृत और अंग्रेज़ी भाषा पर भी था। यही कारण है कि युवा-काल में ही उनके नाम में आचार्य विशेषण लगाकर लोग सम्बोधित करने लगे।

संस्कृत भाषा पर अधिकार होने के कारण नलिन जी भारतीय वाङ्मय की प्राणधारा का संधान करने में सहज ही सक्षम थे। इसलिए उनके चिन्तन और लेखन में भारतीय वाङ्मय की पदार्थवादी परम्परा का प्रवाह है। अंग्रेज़ी ज्ञान के कारण पश्चिम के साहित्य और वहाँ की साहित्य-दृष्टि में आ रहे बदलावों का उन्हें अच्छा ज्ञान था। इस कारण उनकी रचना और आलोचना में विलक्षण नवीनता और मौलिकता प्रकट हुई, जिसे तब ठीक-ठीक समझा न गया। अब भी कम ही समझा जाता है।

नलिन विलोचन शर्मा को बहुत कम उम्र मिली। मात्र साढ़े पैंतालीस साल की उम्र में उनकी मृत्यु हो गयी, लेकिन कम उम्र के बावजूद कविता, कहानी, आलोचना, निबन्ध, जीवनी आदि विधाओं में उन्होंने भरपूर लेखन किया। उनके जीवन-काल में 'दृष्टिकोण' और 'साहित्य का इतिहास-दर्शन' शीर्षक पुस्तकें आलोचना और इतिहास की प्रकाशित हुईं। 'नकेन के प्रपद्य' शीर्षक से प्रपद्यवादी कविताओं का समवेत संग्रह प्रकाशित हुआ। 'विष के दाँत' तथा 'सत्रह असंगृहीत पूर्व छोटी कहानियाँ' नामक कहानी संकलन प्रकाशित हुए। अंग्रेज़ी में लिखी जगजीवन राम की जीवनी भी उनके जीवन-काल में प्रकाशित हुई। उनके निधन के बाद 'मानदण्ड', 'हिन्दी उपन्यास-विशेषतः प्रेमचन्द', 'साहित्य : तत्त्व और आलोचना' तथा 'नलिन विलोचन शर्मा : संकलित निबन्ध' नामक आलोचना पुस्तकें प्रकाशित हुईं। 'नकेन-2' शीर्षक से प्रपद्यवादी कविताओं का संग्रह भी छपा, लेकिन ये सारी किताबें आज भी ठीक से पाठकों के लिए उपलब्ध नहीं हैं। उनकी रचनाएँ पत्र-पत्रिकाओं में बिखरी पड़ी हैं, जिन्हें संगृहीत करना एक बड़ा काम है। उनकी पत्नी कुमुद शर्मा ने छह खण्डों में उनकी रचनावली तैयार की थी और एक प्रकाशक को प्रकाशनार्थ सौंपी भी थी, लेकिन उस प्रकाशक की लापरवाही और एक विश्वविद्यालय की कृपा से वह पाण्डुलिपि गायब हो गयी। इस तरह हिन्दी का एक बहुत ही महत्त्वपूर्ण आलोचक और रचनाकार अपनी सम्पूर्णता में हिन्दी जगत् के सामने नहीं आ सका। नलिन विलोचन शर्मा के मूल्यांकन में उनके साहित्य की अनुपलब्धता एक बड़ी चुनौती है।

नलिन विलोचन शर्मा ने अनेक विधाओं में लिखा है, लेकिन मुझे लगता है कि हिन्दी साहित्य को उनकी सबसे बड़ी देन आलोचना के क्षेत्र में है।

मौलिक दृष्टि, दुर्लभ वैदुष्य और चिन्तनपूर्ण लेखन के द्वारा उन्होंने आलोचना का नया मानदण्ड निर्मित किया। अपने चिन्तनपूर्ण और बहसतलब आलोचनात्मक लेखों, साहित्यिक टिप्पणियों और पुस्तक समीक्षाओं के द्वारा वे हिन्दी संसार को नये ढंग से आन्दोलित करते रहे। वे नये-पुराने सभी लेखकों के बीच आलोचक-रूप में समान रूप से प्रतिष्ठित थे। पुराने साहित्य पर यदि उनकी राय सुनी जाती थी तो नये साहित्य पर भी। उनकी दूसरी देन कहानीकार के रूप में है। नलिन विलोचन शर्मा हिन्दी के विलक्षण कहानीकार थे। उनका रचनाकार व्यक्तित्व कविता के साथ कहानी लेखन के क्षेत्र में भी समान रूप से सक्रिय था। उनकी साहित्यिक देन का तीसरा क्षेत्र कविता है, जिसमें उन्हें ज़्यादा प्रसिद्धि मिली। प्रपद्यवाद के प्रवर्तकों में से पहला नाम उन्हीं का आता है। नलिन विलोचन शर्मा की चौथी देन निबन्धों के क्षेत्र में है, जहाँ उनकी आधुनिक दृष्टि के दर्शन होते हैं। लेकिन आइए, सबसे पहले प्रपद्यवादी कवि के रूप में उनका परिचय प्राप्त करें।

प्रपद्यवाद को नकेनवाद भी कहा जाता है। प्रपद्यवादी कविताओं का पहला संकलन 'नकेन के प्रपद्य' शीर्षक से 1956 में प्रकाशित हुआ। जिसमें नलिन विलोचन शर्मा, केसरी कुमार और नरेश की कविताएँ संकलित थीं। नकेन इन तीनों कवियों के नामों के प्रथमाक्षरों को मिलाने से बना था। इसलिए इनकी कविताएँ प्रपद्यवाद और नकेनवाद दोनों नामों से पुकारी जाती हैं। पद्य में 'प्र' उपसर्ग लगाने से प्रपद्य बना है जिसका अर्थ किया गया है—प्रयोगवादी पद्य। प्रपद्यवादी अपने को वास्तविक प्रयोगवादी और अज्ञेय आदि को प्रयोगशील कवि मानते थे। प्रपद्यवादियों के अनुसार प्रयोग उनका साध्य है, जबकि अज्ञेय आदि के लिए साधन। प्रपद्यवाद छायावाद की तरह कोई स्वतःस्फूर्त आन्दोलन नहीं था। यह एक संगठित और सुविचारित काव्यान्दोलन था। यह संगठन मात्र तीन कवियों का था और ये तीनों कवि एक ही नगर पटना में रहते थे। तीनों सुशिक्षित थे और देश-विदेश के काव्यान्दोलनों के गहरे अध्येता थे। उन्होंने प्रपद्यवाद नाम से जिस काव्यान्दोलन का सूत्रपात किया उसका एक-एक शब्द और सिद्धान्त सुविचारित था। वे सचेत ढंग से हिन्दी कविता को अपनी प्रपद्यवादी कविताओं के ज़रिये विश्व कविता के बौद्धिक धरातल तक ले जाना चाहते थे। वे कविता में भावुकता के विरोधी थे और उसमें बौद्धिकता तथा वैज्ञानिकता के योग से नयापन पैदा करने के पक्षधर थे। नलिन विलोचन शर्मा ने विनोद-भाव से एक द्विपदी लिखी थी जो प्रपद्यवादी कविता के नये मिज़ाज की सूचना देती थी—

दिल तो अब बेकार हुआ जो कुछ है सो ब्रेन,
गाय हुई बकेन है, कविता हुई नकेन।

तात्पर्य यह कि कविता बौद्धिक रूप से सघन और गाढ़ी होनी चाहिए, उसमें भावुकता की मिलावट बिल्कुल नहीं होनी चाहिए।

प्रपद्यवाद या नकेनवाद आलोचकों की दी हुई संज्ञा नहीं है। ये दोनों नाम तीनों कवियों द्वारा अपने लिए अपनाये गये नाम हैं। 'नकेन के प्रपद्य' नामक काव्य संकलन में प्रपद्यवाद के सिद्धान्त-सूत्रों की घोषणा 'प्रपद्य द्वादश सूत्री' शीर्षक से की गयी है। यह 'प्रपद्य द्वादश सूत्री' उन कवियों के अनुसार 'प्रपद्यवाद के घोषणापत्र का प्रारूप' है। प्रपद्यवादी कविताओं को समझने के लिए इन सिद्धान्त-सूत्रों को समझना आवश्यक है। ये सिद्धान्त-सूत्र हैं–

1. प्रपद्यवाद भाव और व्यंजना का स्थापत्य है।
2. प्रपद्यवाद सर्वतन्त्र-स्वतन्त्र है, उसके लिए शास्त्र या दल निर्धारित करना अनुपयुक्त है।
3. प्रपद्यवाद महान पूर्ववर्तियों की परिपाटियों को भी निष्प्राण मानता है।
4. प्रपद्यवाद दूसरों के अनुकरण की तरह अपना अनुकरण वर्जित मानता है।
5. प्रपद्यवाद को मुक्त काव्य नहीं, स्वच्छन्द काव्य की स्थिति अभीष्ट है।
6. प्रयोगशील प्रयोग को साधन मानता है, प्रपद्यवादी साध्य।
7. प्रपद्यवाद की दृक्वाक्यपदीय प्रणाली है।
8. प्रपद्यवाद के लिए जीवन और कोष कच्चे माल की खान हैं।
9. प्रपद्यवादी प्रयुक्त प्रत्येक शब्द और छन्द का स्वयं निर्माता है।
10. प्रपद्यवाद दृष्टिकोण का अनुसन्धान है।
11. प्रपद्यवाद मानता है कि पद्य में उत्कृष्ट केन्द्रण होता है और यही गद्य और पद्य में अन्तर है।
12. प्रपद्यवाद मानता है कि चीज़ों का एकमात्र सही नाम होता है। बाद में 'नकेन-2' का जब प्रकाशन हुआ तो द्वादश सूत्रों के साथ छह और सूत्र जोड़कर 'प्रपद्य अष्टादश सूत्री' की घोषणा की गयी। बाद में जोड़े गये सूत्र थे–
13. प्रपद्यवाद आयाम की खोज है और अभिनिष्क्रमण भी, ठीक वैसे, जैसे वह भाव और व्यंजना का स्थापत्य है और उससे अभिनिष्क्रमण भी।
14. प्रपद्यवाद चित्रेतना है।
15. प्रपद्यवाद मिथक का संयोजक नहीं, स्रष्टा है।
16. प्रपद्यवाद बिम्ब का काव्य नहीं, काव्य का बिम्ब है।

17. प्रपद्यवाद सम्पूर्ण अनुभव है।

18. प्रपद्यवाद अविभक्त काव्य-रुचि है।

इन अठारह सूत्रों के अलावा 'नकेन के प्रपद्य' में 'पसूपशा' शीर्षक से केसरी कुमार ने प्रपद्यवाद की व्याख्या की। उन्होंने लिखा है—"प्रपद्यवाद प्रयोग का दर्शन है...प्रयोग के वाद से तात्पर्य यह है कि वह भाव और भाषा, विचार और अभिव्यक्ति, आवेश और आत्मप्रेषण, तत्त्व और रूप, इनमें से कई में या सभी में प्रयोग को अपेक्षित मानता है।" इस कथन के साथ केसरी कुमार ने यह भी दुहराया है कि सतत प्रयोग करना ही प्रपद्यवाद है। प्रपद्यवादियों का मानना था कि कविता भाव, विचार या दर्शन से नहीं लिखी जाती...वह नये विचारों या नये शब्दों से भी नहीं लिखी जाती। उनके अनुसार कविता नये विचारों, नये शब्दों के केन्द्रण से बनती है। दैनन्दिन की भाषा की व्यवस्था को व्यतिरेकित करके ही इसे प्राप्त किया जा सकता है। हमारे दैनंदिन जीवन की भाषा और अनुभव के आगे की भाषा तथा अनुभव को कविता प्रकट करती है। प्रपद्यवादी मानते हैं कि कविता के लिए जीवन की प्रतिष्ठित व्यवस्था आवश्यक नहीं है, बल्कि जीवन की जागृति आवश्यक है।

प्रपद्यवादियों के लिए साधारणीकरण कोई समस्या नहीं है। साधारणीकरण की प्रक्रिया में रचनाकार और पाठक का एक ही भाव-सत्ता में होना आवश्यक है। लेकिन प्रपद्यवादी न तो भाव-सत्ता को स्वीकारते हैं, न रसानुभूति को। उनके लिए कविता वैयक्तिक चीज़ है, सार्वजनिक नहीं। प्रपद्यवादी कविता में जिस वैयक्तिक अनुभूति, शब्द और अर्थ पर ज़ोर देते हैं, उसमें साधारणीकरण के लिए कोई जगह नहीं है। वे साधारणीकरण के स्थान पर विशिष्टीकरण को महत्त्वपूर्ण मानते हैं। विशिष्टीकरण का आधार विज्ञान है। जिस तरह से ज्ञान के अन्य क्षेत्रों में विशिष्टीकरण आवश्यक है, उसी तरह से कविता में भी। नलिन विलोचन शर्मा कवि के लिए 'वैज्ञानिक दृष्टिकोण' तथा 'विज्ञान-सम्मत दर्शन' की ज़रूरत पर बल देते हैं। वे मानते हैं कि कविता का उद्देश्य सत्य का सन्धान है।

प्रपद्यवादी काव्य-सिद्धान्त के अनुसार काव्य-रचना के लिए बुद्धि आवश्यक है। बौद्धिकता को कविता का आवश्यक गुण स्वीकार करते हुए केसरी कुमार ने लिखा है—"जब कविता अपने समय की बौद्धिकता से सम्पर्क-विच्छेद कर लेती है, तब भावप्रवण, जाग्रत-मति समाज की उसमें दिलचस्पी नहीं रह जाती। यह अत्यन्त खेदजनक स्थिति है, क्योंकि यह समाज यद्यपि अल्पसंख्यकों का होता है, पर यही बड़े समाज को गति देने वाला सिद्ध होता है।"

प्रपद्यवाद की काव्य-पूँजी थोड़ी है। नलिन विलोचन शर्मा की भी काव्य-पूँजी मात्रा रूप में कम ही है। प्रपद्यवादी काव्यधारा में दूसरे कवि शामिल नहीं हुए। वह इन्हीं तीन कवियों तक सीमित रही। कोई भी आन्दोलन तभी विस्तार और दीर्घ जीवन पाता है, जब उसमें अधिक-से-अधिक लोगों की समाही होती है। हिन्दी कविता के इतिहास में जगह बनाने के लिए जिस मात्रा की आवश्यकता होती है, वह मात्रा न तो प्रपद्यवाद के पास है, न नलिन जी के पास। लेकिन अल्पमात्रा के बावजूद अपनी विशिष्ट भंगिमा के कारण प्रपद्यवादी कविताओं ने 1960 के दशक में हिन्दी कविता को नयी चमक से भर दिया था। यह कविता की नयी भंगिमा और नयी ज़मीन थी। अज्ञेय ने नलिन विलोचन शर्मा और केसरी कुमार की काव्य-नवीनता को रेखांकित करते हुए लिखा है–"वैसी कविताएँ जैसी केसरी कुमार की 'साँझ' अथवा नलिन विलोचन शर्मा की 'सागर सन्ध्या' है, ऐसे बिम्ब उपस्थित करती हैं, जिनके लिए परम्परा ने हमें तैयार नहीं किया है और जो उस अनुभव के सत्य को उपस्थित करना चाहते हैं, जो उसी अर्थ में अनन्य है, जिस अर्थ में एक व्यक्ति अनन्य होता है।" नलिन जी की 'सागर सन्ध्या' शीर्षक कविता को उनके काव्य-उदाहरण के रूप में देखा जा सकता है–

बालू के ढूह हैं जैसे बिल्लियाँ सोयी हुईं,
उनके पंजों से लहरें दौड़ भागतीं।
सूरज की खेती चर रहे मेघ-मेमने
विश्रब्ध, अचकित।
मैं महाशून्य में चल रहा।...
पीली बालू पर जंगम बिन्दु एक–
तट-रहित सागर एवं
अम्बर और धरती के
काल-प्रत्न त्रयी-मध्य से होकर।
मेरी गति के अवशेष एकमात्र
लक्षित ये होते :
सिगरेट का धुआँ वायु पर;
पैरों के अंक बालू पर
टंकित, जिन्हें ज्वार भर देगा आकर।

कविता के अलावा लगभग चार दर्जन कहानियाँ नलिन जी की लिखी हुई मिलती हैं। कविता के क्षेत्र में उन्होंने जिस तरह मौलिक और विशिष्ट प्रयोग किये, उसी तरह कहानी के क्षेत्र में भी किये। उनकी कहानियों में सामाजिकता

और मनोवैज्ञानिकता का बड़ा ही सफल गुम्फन हुआ है। भाषा, भाव और शिल्प हर स्तर पर उनकी कहानियाँ उनकी कविताओं की ही तरह ठोस स्थापत्य की हैं। 'विष के दाँत तथा अन्य कहानियाँ' और 'सत्रह असंगृहीत पूर्व छोटी कहानियाँ' नामक संग्रहों में लगभग तीस कहानियाँ मिलती हैं, जबकि शेष कहानियाँ अभी भी पत्र-पत्रिकाओं में बिखरी पड़ी हैं। उन्होंने कुल 55 कहानियाँ लिखी थीं। नलिन जी कहानी में सामाजिक सत्य को मनोवैज्ञानिक सत्य के साथ प्रतिष्ठित करना चाहते थे। केसरी कुमार ने लिखा है—"वे विज्ञान और दर्शन के मिलन-बिन्दु के विरल कवि तथा दुर्लभ मनोवैज्ञानिक उपलब्धियों के कहानीकार थे।" विषय के आधार पर उनकी कहानियों को तीन श्रेणियों में रखा जा सकता है—1. सामाजिक विषयों से सम्बन्धित कहानियाँ, 2. मनोग्रन्थि से सम्बन्धित कहानियाँ, 3. प्रेम कहानियाँ। वैसे यह विभाजन ऊपरी है। कहानियों के भीतर व्याप्त कथा-चेतना एक-सी है। वह चेतना है मानव-मनोविज्ञान के अध्ययन की। इसकी कमी नलिन जी हिन्दी कहानी में महसूस करते हैं। 'विष के दाँत', 'ये बीमार लोग', 'बरसाने की राधा' और 'रोबोट' जैसी अमर कहानियाँ लिखने का श्रेय नलिन विलोचन शर्मा को ही जाता है। मेरा मानना है कि इनको शामिल किये बिना हिन्दी कहानी का इतिहास पूरा नहीं होगा।

नलिन विलोचन शर्मा की वास्तविक देन आलोचना के क्षेत्र में है। उसी के साथ उन्होंने महत्त्वपूर्ण हस्तक्षेप साहित्य के इतिहास-दर्शन के क्षेत्र में भी किया। प्रगतिवादी और ग़ैर-प्रगतिवादी आलोचना शिविर से अलग उन्होंने हिन्दी आलोचना की नयी ज़मीन तैयार की। शीतयुद्धकालीन राजनीतिक शब्दावली का इस्तेमाल करें तो कह सकते हैं कि नलिन विलोचन शर्मा का हिन्दी आलोचना में वही स्थान और महत्त्व है जो शीतयुद्ध काल में गुटनिरपेक्ष आन्दोलन का था। नलिन विलोचन शर्मा आलोचना लिखते समय भारतीय साहित्य की पाँच महान परम्पराओं की चर्चा करते हैं। उन्होंने भौतिकता को भारतीय साहित्य की पहली विशेषता घोषित किया। उनके अनुसार दूसरी परम्परा यथार्थता की है। मानवता यानी ह्यूमनिज़्म, नलिन जी के अनुसार भारतीय साहित्य की तीसरी परम्परा है। मानववाद यानी ह्यूमेनिटेरियनिज़्म को वे हिन्दी साहित्य की चौथी महान परम्परा मानते हैं। धार्मिकता, नलिन जी के अनुसार भारतीय साहित्य की पाँचवीं विशेषता है। भौतिकता को प्रथम और धार्मिकता को भारतीय साहित्य की अन्तिम विशेषता मानने वाले नलिन विलोचन शर्मा की आलोचना-दृष्टि को अलग से समझने की ज़रूरत है। वे प्रगतिवादी और आधुनिकतावादी आलोचनात्मक प्रत्ययों से भिन्न नये मानदण्ड का निर्माण करते हैं। नलिन जी की आलोचनात्मक कसौटी के

मुख्य आधार हैं—मुक्ति और स्वच्छन्दता। इन दोनों में भी मुक्ति को वे मुख्य आलोचनात्मक कसौटी मानते हैं। उनके अनुसार पाण्डेय बेचन शर्मा 'उग्र' और बर्नाड शॉ में स्वच्छन्दता के गुण हैं, जबकि निराला और वाल्ट व्हिटमैन में मुक्ति के। रचना में विषयगत नवीनता को नलिन जी स्वच्छन्दता का गुण मानते हैं, जबकि विषयगत और रूपगत नवीनता को वे रचना की मुक्ति से जोड़कर देखते हैं। स्वच्छन्दता और मुक्ति की अपनी आलोचनात्मक कसौटी पर वे निराला को आधुनिक युग का सबसे बड़ा कवि और प्रेमचन्द को आधुनिक युग का सबसे बड़ा कथाकार घोषित करते हैं।

नलिन विलोचन शर्मा की वास्तविक देन उपन्यास की आलोचना के क्षेत्र में है। उन्होंने अपने चिन्तनपरक आलोचनात्मक लेखों के ज़रिये हिन्दी उपन्यास का शास्त्र विकसित करने की कोशिश की। वे मानते थे कि उपन्यास साहित्य की 'अन्त्यज विधा' है। अन्त्यज शब्द से ही उनकी साहित्यिक और सामाजिक दृष्टि की नवीनता का पता चलता है। प्रेमचन्द को उपन्यास के कलाकार के रूप में प्रतिष्ठित करने का अथक संघर्ष नलिन विलोचन शर्मा ने हिन्दी आलोचना में किया। वे मानते थे कि प्रेमचन्द ने हिन्दी उपन्यास की दुनिया में अहिंसक क्रान्ति के ज़रिये उसके पूरे स्थापत्य को बदल कर रख दिया। मुझे लगता है कि प्रेमचन्द की कला का नलिन विलोचन शर्मा जैसा पारखी आलोचक हिन्दी में दूसरा नहीं हुआ।

उपन्यास का शास्त्र तैयार करते हुए नलिन जी ने कथा-भूमि को सभ्यता और संस्कृति से जोड़कर देखा है। उन्होंने लिखा है—"हिन्दी उपन्यास का इतिहास, किसी भी देश के इतिहास की तरह हिन्दी भाषी क्षेत्र की सभ्यता और संस्कृति के नवीन रूप के विकास का साहित्यिक प्रतिफलन है। समृद्धि और ऐश्वर्य की सभ्यता महाकाव्य में अभिव्यंजना पाती है, जटिलता, वैषम्य और संघर्ष की सभ्यता उपन्यास में...हमारे उपन्यास यदि आज पश्चिमी उपन्यासों के समकक्ष सिद्ध नहीं होते तो मुख्यतः इसलिए कि हमारी वर्तमान सभ्यता अपेक्षतया आज भी कम जटिल, कम उलझी हुई और कहीं ज़्यादा सीधी-सादी है।" नलिन जी उपन्यास को अन्त्यज कहते हैं। अन्त्यज का अर्थ सबसे अन्त में पैदा हुआ तो होता ही है, उसका अर्थ यह भी है कि उसका गहरा सम्बन्ध हाशिये पर रहने वाले समाज से है।

मुक्ति और स्वच्छन्दता की कसौटी पर नलिन विलोचन शर्मा का सारा आलोचना-साहित्य टिका हुआ है। इसीलिए वे साहित्य में किसी भी तरह की विषयगत और रूपगत रूढ़ि को स्वीकार नहीं करते। वे नवीनता के आग्रही आलोचक थे।

यही कारण है कि यदि उन्होंने अज्ञेय आदि के आधुनिकतावादी आग्रहों की आलोचना की तो प्रगतिवादी मान्यताओं पर भी प्रहार करने में वे पीछे नहीं रहे। उन्होंने साहित्य और समाज की रूढ़ियाँ तोड़ने के लिए और परम्परा का मूल्यांकन करने के लिए प्रगतिवादियों की प्रशंसा की तो उनकी निषेधकारी और एकांगी दृष्टि की कड़ी आलोचना भी की। 'प्रगतिवाद की मान्यताएँ' शीर्षक उनका एक प्रसिद्ध निबन्ध है, जिसमें उन्होंने प्रगतिवादियों की आलोचना करते हुए लिखा है–"उन्होंने पुरानी ज़ंजीरें तोड़ फेंकी हैं, लेकिन उन्होंने जिसे गले का हार समझकर प्रसन्नतापूर्वक पहना है, वह हाथ-पैर का नहीं, हृदय और मस्तिष्क का बन्धन बन गया है। उन्होंने गुरु-पूजा का त्याग किया है, पर वीर-पूजा अपनाने के लिए; मूर्ति-पूजा से छुटकारा पाया है, किन्तु जन-पूजा के कर्मकाण्ड में फँसने के लिए, और शास्त्र की संकीर्णता के विरुद्ध सफल विद्रोह किया है, लेकिन सिद्धान्त की चारदीवारी में क़ैद हो जाने के लिए।" इस टिप्पणी के साथ नलिन जी ने प्रगतिवादी लेखक पर चार आरोप लगाये–1. वह वीर-पूजा करता है, 2. वह जन-पूजा में अन्धविश्वास रखता है, 3. वह कुछ सुचिन्तित सिद्धान्तों में बँधा हुआ है, और 4. वह घृणा करता है। प्रगतिवाद के बारे में अपने इस निष्कर्ष के बाद उन्होंने सोवियत-व्यवस्था की आलोचना की, जहाँ नात्सी जर्मनी की तरह लेखकों को यातना दी जा रही थी।

इस तरह नलिन विलोचन शर्मा हिन्दी आलोचना में प्रगतिवादी और आधुनिकतावादी कसौटियों से भिन्न आलोचना का नया मानदण्ड निर्मित करते हैं। इस कसौटी पर वे रामचन्द्र शुक्ल, प्रेमचन्द और निराला को क्रमशः आलोचना, कथा-साहित्य और कविता का शिखर रचनाकार घोषित करते हैं। कहने की ज़रूरत नहीं कि रामचन्द्र शुक्ल, प्रेमचन्द और निराला के बारे में यही निष्कर्ष प्रगतिवादी आलोचक रामविलास शर्मा के भी हैं। लेकिन उसमें मुक्ति के अभाव के कारण रामविलास जी जहाँ 'मैला आँचल' का महत्त्व पहचानने से चूक जाते हैं, वहीं नलिन जी उसे 'गोदान' के बाद हिन्दी उपन्यास में आये गत्यवरोध को दूर करने वाला मानते हैं। लेकिन जब विषय और रूप का दुहराव वे उन्हीं फणीश्वरनाथ 'रेणु' की 'परती परिकथा' में पाते हैं, तो उनकी कड़ी आलोचना भी करते हैं। ऐसा इसलिए कि नलिन जी आलोचना को 'सृजन' मानते थे, ऐसा सृजन जो किसी 'कृति का निर्माण' करे। आलोचना को परिभाषित करते हुए उन्होंने यह भी कहा है कि 'आलोचना कला का शेषांश' है। यही कारण है कि उनकी आलोचना में भाषा-शिल्प आदि पर जितना ज़ोर है, उतना विषय-वस्तु पर नहीं। वे 'कला के धरातल पर उन्नीत' हो जाने वाली आलोचना के समर्थक थे।

नलिन जी की महत्त्वपूर्ण देन साहित्य के इतिहास-दर्शन के क्षेत्र में भी है। जब हिन्दी में इतिहास-दर्शन की चर्चा से प्रायः लोग अनजान थे, तब उन्होंने 'साहित्य का इतिहास-दर्शन' जैसी महत्त्वपूर्ण पुस्तक लिखकर इतिहास-लेखन की आधारभूमि को मज़बूती दी थी। वे मानते हैं कि साहित्य का इतिहास वस्तुतः गौण लेखकों का इतिहास है। बड़े लेखकों के आधार पर साहित्य का इतिहास लिखने वाली इतिहास-दृष्टि से भिन्न यह नयी इतिहास-दृष्टि थी। समाज या राष्ट्र का इतिहास राजाओं का इतिहास नहीं; बल्कि जनता का इतिहास है, इस कथन से नलिन जी के कथन को मिलाकर देखना चाहिए, तब उनकी इतिहास-दृष्टि की सामाजिकता और व्यापकता दिखायी देगी। इतिहासकार के रूप में अपने प्रिय आलोचक आचार्य शुक्ल को नलिन जी वह महत्त्व नहीं देते जो हज़ारी प्रसाद द्विवेदी को देते हैं। इसका कारण यह है कि नलिन जी शुक्ल जी में विधेयवाद और पश्चिमी इतिहास-दृष्टि का आभास पाते हैं। हज़ारी प्रसाद द्विवेदी की दृष्टि उन्हें ज़्यादा भारतीय लगती है, क्योंकि उसमें मिथकों, पुराकथाओं, किंवदन्तियों का आधार है, जो नलिन जी के अनुसार साहित्य के इतिहास-लेखन की ज़रूरी सामग्री है।

कोई कह सकता है कि नलिन जी रूपवादी थे, हालाँकि ऐसा कहना उनके साथ किंचित ज़्यादती होगी। रूपवादी लेखक जहाँ भाववादी और प्रायः अवैज्ञानिक तर्कों के कायल होते हैं, वहीं नलिन विलोचन शर्मा विज्ञान के समर्थक और किसी भी अलौकिक शक्ति में न विश्वास करने वाले अनीश्वरवादी थे। उनका विश्वास समाजवाद में था और वे एम.एन. राय के रेडिकल ह्यूमनिस्ट आन्दोलन को पसन्द करते थे।

(2016)

रेणु : कथा-शिल्प का नया नैरेटिव

'मैला आँचल' (1954) के प्रकाशन के कुछ महीनों बाद नलिन विलोचन शर्मा ने इस उपन्यास का महत्त्व पहचानते हुए 'आलोचना' पत्रिका में एक ज़ोरदार समीक्षा लिखी–रेणु जी का 'मैला आँचल'। उन्होंने लिखा : "यह ऐसा सौभाग्यशाली उपन्यास है, जो लेखक की प्रथम कृति होने पर भी उसे ऐसी प्रतिष्ठा प्राप्त करा दे कि वह चाहे तो फिर कुछ और न भी लिखे"। (नलिन विलोचन शर्मा : रचना -संचयन, पृ.508) उस समीक्षा के बाद हिन्दी संसार का ध्यान इस उपन्यास की ओर गया और इसकी धूम मच गयी। अपनी समीक्षा का अन्त करते हुए नलिन जी ने लिखा : "हिन्दी उपन्यास-साहित्य में, यदि गत्यवरोध था, तो इस कृति से वह हट गया है।"

नलिन जी 'गोदान' के बाद ही हिन्दी उपन्यास साहित्य में यह गत्यवरोध देख रहे थे। 'गोदान' का प्रकाशन 1936 में हुआ था। जब वे गत्यवरोध की बात कर रहे थे, तो इसका आशय क्या था? नलिन जी की मान्यता थी कि प्रेमचन्द ने, "बिना किसी साहित्येतर सिद्धान्त के आग्रह के, 'गोदान' जैसा महान समष्टिमूलक उपन्यास लिखा, जिसका मुख्य पात्र है तत्कालीन भारतीय जीवन।" इसके आगे उन्होंने लिखा : "... 'मैला आँचल' इसी प्रकार का, गोदान की परम्परा में, भारतीय भाषाओं का दूसरा उपन्यास है।" 1936 और 1954 के बीच जैनेन्द्र, अज्ञेय आदि लेखकों के उपन्यास आ चुके थे। वे 'गोदान' या प्रेमचन्द की परम्परा के उपन्यास नहीं थे। अपने शिल्प और कथानक के ज़रिये उन्होंने प्रेमचन्द से भिन्न ढंग के उपन्यास लिखे। उनकी पर्याप्त चर्चा भी हो चुकी थी। जैनेन्द्र नलिन जी के प्रिय कथाकारों में थे। लेकिन इन लेखकों के उपन्यासों का सम्बन्ध नागरिक जीवन से था। इसके बावजूद नलिन जी जब गत्यवरोध की बात कर रहे थे तब उनका आशय ग्राम आधारित उपन्यासों से था। इस बीच यशपाल के उपन्यास प्रकाशित हुए थे। लेकिन उनमें शिल्प की कोई नवीनता न थी। कुल मिलाकर उनका शिल्प

प्रेमचन्द का था और वे 'साहित्येतर आग्रह' से मुक्त न थे। भैरव प्रसाद गुप्त, नागार्जुन आदि के इस बीच उपन्यास आये थे। उनकी विषय-वस्तु गाँवों से उठायी गयी थी। लेकिन कोई शिल्पगत ताज़गी वहाँ भी नहीं थी। 'मैला आँचल' नयी कथा-भाषा और नये शिल्प में जब प्रकाशित हुआ तो लगा कि प्रेमचन्द से अलग एक ग्राम आधारित कथा-संसार पाठक के सामने खुल रहा है। यह ऐसा उपन्यास था जिसे 'गोदान' के बाद भारतीय उपन्यास जैसी संज्ञा दी जा सकती है। वाकई 'मैला आँचल' ने उपन्यास साहित्य में आये गत्यवरोध को दूर कर दिया था।

प्रेमचन्द के कथा-शिल्प का बाद की पीढ़ी के कथाकारों पर ज़बर्दस्त प्रभाव था। रेणु के पूर्व यथार्थ को देखने का एक ऐसा ढर्रा विकसित हो गया था, जिससे हटना कुफ्र जैसा था। फणीश्वरनाथ रेणु ने 'मैला आँचल' के ज़रिये प्रेमचन्द के कथा-शिल्प से हिन्दी कथा साहित्य को एक झटके में पूरी तरह मुक्त कर दिया। जिस भाषा और शिल्प में वे गाँव को लेकर 'मैला आँचल' में उपस्थित हुए, वह प्रेमचन्द के प्रभाव से पूरी तरह मुक्त ग्रामीण यथार्थ और उसकी चित्रण शैली थी। रेणु ने यह साबित कर दिया कि यथार्थ चित्रण की कोई एक शैली नहीं होती। 'मैला आँचल' के बारे में रेणु ने स्वयं लिखा था : "इसमें फूल भी हैं, शूल भी, धूल भी है, गुलाब भी, कीचड़ भी है, चन्दन भी, सुन्दरता भी है, कुरूपता भी—मैं किसी से दामन बचाकर निकल नहीं पाया।" यह अपने कथा-संसार के बारे में रेणु की अपनी ही घोषणा थी। गाँव में ग़रीबी है, अशिक्षा है, अन्धविश्वास है, जात-पाँत है, लेकिन उमंग-उल्लास भी है। लोक-लय और लोक-संगीत का रसमय संसार भी है, वहाँ ज़िन्दगी की धड़कन का संगीत भी है जिसमें पूरा ग्रामीण परिवेश झूमता है। 'तीसरी क़सम' का हीरामन अभावग्रस्त है, अशिक्षित है, लेकिन उसके भीतर ज़िन्दगी की उमंग है। वह अनपढ़ चरित्र पढ़े-लिखे चरित्रों से अधिक मानवीय और सभ्य है। यह प्रेमचन्द के गाँव से अलग तरह का गाँव है। प्रेमचन्द के गाँव से यह अधिक मुकम्मल है। कुल मिलाकर यह कि रेणु के पास गाँव की एक पूरी तस्वीर है जिसे अनेक तरह के लोक रंगों में उन्होंने पेश किया है। इसे निर्मल वर्मा रेणु की 'समग्र मानवीय दृष्टि' कहते हैं।

प्रेमचन्द भी गाँव में रहते हैं, लेकिन रेणु गाँव को जीते हैं। प्रेमचन्द किसान नहीं थे, वे किसान जीवन को जानते थे। रेणु स्वयं किसान हैं, वे किसानी करते हैं। जिन उँगलियों से कलम पकड़कर वे कथा बुनते हैं, उन्हीं उँगलियों से धान के बीचड़े भी लगाते हैं। उनकी चिन्ताएँ सिर्फ़ एक बौद्धिक मध्यवर्गीय व्यक्ति की नहीं हैं। उनकी चिन्ता में किसान जीवन की परेशानी भी शामिल है। वे कृषक जीवन की परेशानियों को स्वयं जीने वाले किसान हैं।

नामवर सिंह को अपने गाँव 'औराही हिंगना' से लिखे एक पत्र में वे बारिश न होने और फसलों के सूखने पर अपनी ख़ुशी गायब होने की बात करते हैं। इसलिए उनका गाँव ज़्यादा भरोसे का लगता है। प्रेमचन्द कथा-भाषा रचते हैं, जो पात्रानुकूल कथा-भाषा है, लेकिन रेणु ज़िन्दगी से कथा-भाषा छाँटकर उठाते हैं।

प्रेमचन्द के कथा-शिल्प से हिन्दी कथा-साहित्य को पूरी तरह मुक्त कर नया ढंग विकसित करने का ऐतिहासिक काम रेणु ने किया। अपने कहानी संग्रह 'ठुमरी' की भूमिका में रेणु ने कहा कि इस संग्रह की कहानियाँ 'ठुमरी धर्मा' हैं। यह कहने के साथ उन्होंने यह भी कहा : "एक स्वर को लेकर, विभिन्न स्वरों से उसकी क्रमिक संगति दिखला-दिखलाकर ही किसी राग के रूप को प्रकाशित किया जाता है।" 'ठुमरी' की भूमिका को रेणु ने 'स्वरलिपि' कहा। 'ठुमरी' एक गायन शैली है जिसमें एक राग या अनेक रागों का मिश्रण होता है। ठुमरी में रागों का कोई बन्धन नहीं होता। गायक को पूरी छूट रहती है। अपनी कहानियों को 'ठुमरी धर्मा' कहकर रेणु अपने कथा-शिल्प के बन्धन मुक्त होने और लोकधर्मी खुलेपन की ओर संकेत करते हैं। लोक किन्हीं नियमों से बँधा नहीं होता। उसमें नियमों से परे जाने की आज़ादी होती है। रेणु यथार्थवाद से भिन्न अपनी कहानियों को 'ठुमरी धर्मा' कहते हैं और कथा शिल्प का नया नैरेटिव बनाते हैं। नया नैरेटिव तब खड़ा होता है जब नये शिल्प के साथ नया यथार्थ रचा जाता है। नयी कथा-भाषा, कहन की नयी शैली, फूल और शूल से बिंधा सामाजिक यथार्थ, थोड़ा रूमानी अन्दाज़—यह सब प्रेमचन्द की परम्परा का नये युग में प्रवेश था जो रेणु के हाथों घटित हो रहा था। भूमिका की पूरी शब्दावली को देखिए, वह संगीत की है। रेणु के कथा-साहित्य में जो सांगीतिकता, लोक-लय है, वह हिन्दी कथा-परम्परा में बिल्कुल नयी चीज़ है। इस लोक-लय के भीतर से रेणु के चरित्र और कथानक पैदा होते हैं।

हिन्दी कथा साहित्य का यह नया नैरेटिव था जो रूमानी कलेवर के भीतर नये यथार्थ को व्यक्त कर रहा था। नामवर सिंह का एक कथन याद आ रहा है : "यथार्थवाद कोई शैली नहीं, बल्कि जीवन-दृष्टि है।" कहना यह है कि आँचलिकता भी कोई शैली नहीं, बल्कि नवीन जीवन-दृष्टि ही है। इस नवीन जीवन-दृष्टि से सम्पन्न रेणु का साहित्य प्रेमचन्द के बाद के समय की उपलब्धि है। उनके साहित्य के ज़रिये हमारे समाज का नया यथार्थ नये तरीक़े से व्यक्त हो रहा है।

इस युगान्तकारी नवीनता का स्वागत करने की जगह प्रगतिशील आलोचक रामविलास शर्मा को यह असफल कथा-प्रयोग लगा और उन्होंने 'मैला आँचल' को 'ग़ैर यथार्थवादी' घोषित कर दिया। प्रेमचन्द की परम्परा का यथार्थवाद की दृष्टि से

महत्त्व स्थापित करते हुए उन्होंने 'मैला आँचल' को प्रेमचन्द की परम्परा से दूर का उपन्यास घोषित करने में कोई संकोच न किया। उन्होंने लिखा है : "'मैला आँचल' में नयी चीज़ है, लोक संस्कृति का वर्णन। लोकगीतों और लोक नृत्यों के वर्णन द्वारा लेखक ने एक अंचल-विशेष की संस्कृति का चित्र अंकित किया है। इसके साथ कथा कहने की उसकी नयी पद्धति है। वह सिनेमा के चित्रों के समान बहुत-से शॉट इकट्ठे कर देता है, ये शॉट एक-दूसरे से कितने विच्छिन्न हैं, इसका ध्यान नहीं रखता, एक ही अध्याय में तीन-चार बार 'कट' लगाकर पाठक को चौंधिया देता है। नतीजा यह है कि चलचित्र में जो सम्बद्धता होती है, उसका यहाँ अभाव है। उसकी चित्रण-पद्धति यथार्थवाद से अधिक प्रकृतिवाद के निकट है। गतिशील यथार्थ में कौन-से तत्त्व अधिक प्रगतिशील हैं, कौन-से मरणशील, किन पर व्यंग्य करना चाहिए, किनका चित्रण सहानुभूति से करना चाहिए, वातावरण, घटनाओं आदि के चित्रण और वर्णन में कितनी बातें छोड़ देनी चाहिए और कितनी का उल्लेख होना चाहिए—कथा शिल्प की इन विशेषताओं में 'मैला आँचल' का लेखक प्रेमचन्द की परम्परा से दूर जा चुका है।" (प्रेमचन्द की परम्परा और आँचलिकता, 'आस्था और सौन्दर्य', पृ.97) इस तरह रामविलास शर्मा रेणु के कथा शिल्प को ग़ैर यथार्थवादी और प्रेमचन्द की परम्परा से दूर का घोषित करते हैं।

प्रेमचन्द की परम्परा का हिन्दी आलोचना में इतना ग़ैर रचनात्मक प्रयोग हिन्दी पाठक के गले नहीं उतर सका। प्रेमचन्द की परम्परा का इतना सरल-सपाट अर्थ भी हिन्दी पाठक नहीं ले रहा था। रेणु के कथा-साहित्य का जादू उसके सिर चढ़कर बोलने लगा। हिन्दी कथा-साहित्य में यह नये दौर की शुरुआत थी। इसी दौर के एक महत्त्वपूर्ण कथाकार शिवप्रसाद सिंह ने कहा था कि 'प्रेमचन्द हमारी मंज़िल नहीं, पाथेय हैं'। इस कथन में प्रेमचन्द से भिन्न कथा-मार्ग पर चलने का सचेत प्रयास दिखायी देता है। यह सही भी है कि जिन कथाकारों ने प्रेमचन्द को पाथेय माना उन्होंने ही नये मिज़ाज की कृतियों से हिन्दी को समृद्ध किया। यह काम 'मैला आँचल' के ज़रिये तो हुआ ही, 'राग दरबारी' (श्रीलाल शुक्ल), 'आधा गाँव' (राही मासूम रजा), 'अलग-अलग वैतरणी' (शिवप्रसाद सिंह) आदि नये कथा-शिल्प में आये उपन्यासों के ज़रिये भी हुआ। यह काम प्रेमचन्द की परम्परा का कीर्तन करने वालों ने नहीं, उन्हें पाथेय मानकर अलग परम्परा की नींव रखनेवाले कथाकारों ने किया। ऐसे कथाकारों में पहला नाम फणीश्वर नाथ 'रेणु' का है, जिनके उपन्यास 'मैला आँचल' के ज़रिये हिन्दी उपन्यास साहित्य में, यदि कोई गत्यवरोध था, तो दूर हो गया और नये कथा-शिल्प में नये यथार्थ का प्रवेश हुआ।

क्रान्ति और सृजन रेणु के कथाकार व्यक्तित्व के दो छोर हैं। औराही हिंगना की धरती और पटना का राजनीतिक परिवेश इन दो के बीच कथाकार

रेणु को ऊर्जा मिलती है। रेणु सिर्फ़ लिखनेवाले नहीं, आन्दोलनों में भाग लेने वाले और जेल जाने वाले क्रान्तिकारी लेखक थे। 1942 की क्रान्ति से लेकर 1974 की जेपी की सम्पूर्ण क्रान्ति में उनकी सक्रिय हिस्सेदारी थी। उन्होंने अपने क्रान्तिकारी चरित्र के ज़रिये साहित्यकार की सामाजिकता की नयी दुनिया बनायी। यह समानान्तर दुनिया प्रेमचन्द की परम्परा की दुहाई देने वालों की परिभाषा की मोहताज नहीं थी। साहित्यिक रूप से ख़ूब यश अर्जित करने के बावजूद औराही हिंगना और वहाँ की ज़िन्दगी से रेणु कभी दूर नहीं हुए और शोषण के ख़िलाफ़ लगातार संघर्ष करते रहे। अपनी निराशा व्यक्त करते हुए एक जगह उन्होंने लिखा है : "शोषण तो कभी बन्द नहीं हुआ, बल्कि सारी विकृतियाँ दिन दूनी रात चौगुनी होकर समाज को ग्रसती गयीं। ज़ाहिर है कि मेरे पाठकों ने इनमें काल्पनिकता और कल्पनाओं का आनन्द लिया और क्रमशः इन विकृतियों को जकड़ते गये। तो क्या हुआ यह सब लिख कर? मैं सोचता हूँ कि लिखने के बजाय अगर मैं किसी लड़के पर मोटी रकम तिलक में गिनाने वाले पड़ोसी के दरवाज़े पर सत्याग्रह करने बैठ जाऊँ, अछूतों को सही जगह दिलाने के लिए कम-से-कम अपने गाँव में प्रयत्न करता या जाति-पाँति के विरुद्ध अनशन करता तो अच्छा था। एक हज़ार से ज़्यादा पृष्ठ लिखने और उसकी भूरी-भूरी प्रशंसा और यश प्राप्त करने के बावजूद मुझे मिला यह सड़ा हुआ बिहार। सिर्फ़ कलम से ही नहीं, अपनी काया से भी लिखना ज़रूरी है।" अपनी काया और कलम से लड़ने वाले कथाकार रेणु की जो नयी कथा-भंगिमा है, उसे 'प्रगतिशीलों' ने भले महत्त्व न दिया हो, लेकिन भविष्य के कथाकारों के लिए रेणु-मार्ग उनका अपना हो गया।

जयप्रकाश नारायण और औराही हिंगना रेणु की राजनीतिक और साहित्यिक ऊर्जा के दो छोर हैं। वे अपने गाँव से भी ऊर्जा लेते हैं और जेपी की समाजवादी सोच और उनकी क्रान्ति से भी। रेणु की कथा-दृष्टि को 'समग्र मानवीय दृष्टि' कहनेवाले निर्मल वर्मा ने लिखा है : "...दोनों के भीतर एक रिश्ता है, जिसके एक छोर पर 'मैला आँचल' है, तो दूसरे छोर पर जयप्रकाश जी की सम्पूर्ण क्रान्ति। दोनों अलग-अलग नहीं हैं—वे एक ही स्वप्न, एक लालसा, एक 'विजन' के दो पहलू हैं। एक-दूसरे पर टिके हैं। कलात्मक 'विजन' और क्रान्ति दोनों की पवित्रता उनकी समग्र दृष्टि में निहित है, सम्पूर्णता की माँग करती है—एक ऐसी सम्पूर्णता जो समझौता नहीं करती, भटकती नहीं, सत्ता के टुकड़ों पर या कोरे सिद्धान्तों की आड़ में अपने को दूषित नहीं करती। वह एक ऐसा मूल्य है जो खुली हवा में साँस लेता है और इसलिए अन्तिम रूप से पवित्र और सुन्दर और स्वतन्त्र है।"

रेणु जन और जन-संघर्षों से सिर्फ़ सहानुभूति रखनेवाले लेखक नहीं थे। वे अपादमस्तक जन संघर्षों में डूबे हुए लेखक थे। 1970 के दशक में जब बिहार के गाँव में नक्सलवाद ने पैर पसारा और भूमिहीन किसानों का हिंसक संघर्ष भूमिपतियों के ख़िलाफ़ बढ़ने लगा तो जयप्रकाश नारायण ने नक्सलवाद की समस्या को समझने और भूमिहीन किसानों की दशा को जानने का एक सिलसिला शुरू किया। वे मुज़फ़्फ़रपुर के मुसहरी अंचल में गये और वहाँ अपने साथियों के साथ कैम्प करते हुए अपने साहित्यिक साथी फणीश्वरनाथ 'रेणु' को भी इस अभियान में शामिल होने का आह्वान किया। 5 दिसम्बर 1970 को जेपी ने रेणु जी को एक पत्र लिखा : "...गाँव की कठोर वास्तविकताओं को निकट से देखने का यहाँ अवसर मिला है। 23 वर्षों के स्वराज्य के बावजूद भारत माता का 'आँचल' सचमुच कितना 'मैला' है! इसमें नक्सलवाद नहीं तो और क्या पलेगा? मैं चाहता हूँ कि आप जैसे समर्थ साहित्यकार इन वास्तविकताओं को आकर देखें और उनकी तस्वीर साहित्य में उतारें। 'मैला आँचल' लिखकर आपने साहित्य-लेखन या उपन्यास-लेखन की जो परम्परा शुरू की थी, वह समाप्त हो गयी—सी लगती है। आज की पृष्ठभूमि में उसे पुनर्जीवित कर आगे बढ़ाने की ज़रूरत है। यह तो ज़ाहिर है कि इस देश में भावी क्रान्ति का क्षेत्र गाँव ही होगा, और नव निर्माण का आरम्भ भी वहीं से होगा। अतः क्रान्तिकारी नव साहित्य का सृजन गाँव में बैठकर ही किया जा सकता है।" (माटी के गौरव रेणु, सम्पादक—भारत यायावर एवं अन्य, पृ. 330)

क्रान्ति और साहित्य तथा गाँव की सचाई और राजनीति की सचाई से यह जीवन्त रिश्ता कथाकार रेणु का है। 12 अगस्त 1974 को पूर्णिया डिस्टिक जेल से रेणु ने जेपी को लम्बा पत्र लिखा जिससे उनके आन्दोलनधर्मी चरित्र का पता चलता है। पत्र का एक अंश है : "मैं पिछली 7 जुलाई से गाँव में था और आन्दोलन के पहले चरण की तैयारी कर रहा था। 1 अगस्त को सामूहिक उपवास के बाद शाम को फारबिसगंज जन-संघर्ष समिति के अध्यक्ष श्री दयानन्द साहु की अध्यक्षता में सभा हुई, जिसके माध्यम से आन्दोलन के सन्देश और संकल्प को दुहराया गया। इसी बीच सारे इलाक़े में अभूतपूर्व बाढ़ आ गयी। इस प्राकृतिक प्रकोप से पीड़ितों को राहत दिलाने के उद्देश्य से, लायंस क्लब, फारबिसगंज के सहयोग से क़रीब 50 हज़ार रुपये इकट्ठे किये गये। यह योजना बनी कि छात्र एवं जन-संघर्ष समिति के सदस्य संघर्ष के साथ-साथ राहत का भी कार्य करें। इस सिलसिले में मैं स्वयं छात्रों की एक टोली के साथ नरपतगंज, फारबिसगंज के संकटग्रस्त क्षेत्र को देख आया, और किस प्रकार राहत का कार्य किया जाये, इस सम्बन्ध में बैठकर फ़ैसला किया..." (रेणु रचनावली-5, पृ. 525-26)

ऐसे आन्दोलनधर्मी लेखक के दृष्टिकोण पर टिप्पणी करते हुए रामविलास शर्मा ने कहा है : "...कहना पड़ेगा कि जनता और उसकी राजनीतिक कार्यवाही में उसकी आस्था नहीं है। उसे लोक संस्कृति प्रिय है किन्तु इस संस्कृति के रचने वालों में उसे कहीं प्रकाश की किरणें नहीं दिखायी देतीं। उसे आँचल की मिट्टी से प्रेम है। किन्तु उस मिट्टी में मरने-खपने वाले उसे पशु से भी सीधे और पशु से भी ज़्यादा खूँखार दिखायी देते हैं।" (आस्था और सौन्दर्य, पृ.100) क्या यह रेणु और उनके उपन्यासों के साथ आलोचक का न्याय है? निश्चित रूप से नहीं। रामविलास जी आँचलिकता को ही ख़ारिज करते हैं और उसे यथार्थवादी नहीं मानते। उन्होंने लिखा है : "आँचलिकता के नाम पर जो कुछ लिखा जाये, वह सभी सच नहीं होता। जनता के अन्धविश्वासों को बढ़ा-चढ़ाकर दिखाया गया है, ज़मींदार के अत्याचारों को कम करके पेश किया गया है, राजनीतिक पार्टियों के दोषों को अतिरंजित और भूलों को नज़रअन्दाज़ किया गया है।" (वही, पृ. 101) इसी तरह विश्वनाथ त्रिपाठी ने 'तीसरी क़सम' कहानी पर टिप्पणी करते हुए कहा है कि रेणु के यहाँ 'दृष्टि या विचार लुप्त है'। त्रिपाठी जी को रेणु का गद्य विचारहीन लगता है। (कुछ कहानियाँ : कुछ विचार, पृ. 54-55)

रेणु की जो जीवन-दृष्टि है और उनके कथा-संसार का जो यथार्थ है, उसे यथार्थवाद की रूढ़ समझ के ज़रिये नहीं समझा जा सकता। निर्मल वर्मा ने रेणु के साहित्य को 'तनाव और उल्लास' के बीच का साहित्य कहा है। जो जीवन में सिर्फ़ संघर्ष देखते हैं, या जो जीवन में सिर्फ़ सौन्दर्य खोजते हैं, रेणु का साहित्य उनके लिए एक चुनौती है। उनके साहित्य में तनाव और उल्लास का जो द्वन्द्व है उसे समझे बिना रेणु को ठीक-ठीक नहीं समझा जा सकता। गाँव की ग़रीबी, राजनीतिक दलों की अवसरवादिता, लोगों का स्वार्थ आदि बातें दूसरे कथाकारों के यहाँ भी हैं और रेणु के यहाँ भी। लेकिन जो चीज़ रेणु को विशिष्ट बनाती है वह कुछ और है। 'परती परिकथा' पर टिप्पणी करते हुए निर्मल वर्मा ने जो बात की है, वह उनके सम्पूर्ण साहित्य के लिए सच है। निर्मल के कथन का एक अंश है : "किन्तु इस कलह-क्लेश के बावजूद परानपुर में पूर्णिमा का चाँद उगता है। लाजमयी और मलारी का गीत-स्वर परती की सफ़ेद बालू पर पंख फड़फड़ाता हुआ उड़ता है। पाँचों कुण्डों में पाँच चाँद रात-भर झिलमिलाते हैं, शरद की चाँदनी में पहाड़ से उतरनेवाले पक्षियों की पहली पाँत उतरती है। ...चाँदनी की यह स्वप्निल संगीतमयता 'परिकथा' में आद्योपान्त छायी रहती है। तनाव और उल्लास रेणु के कथा साहित्य के ये दो किनारे हैं। इस तनाव और उल्लास के बीच परानपुर के निवासियों की जीवन-धारा अविरल रूप में प्रवहमान है।"

तनाव जीवन की जद्दोजहद का है और उल्लास लोक-लय का। लोक और संगीत के बिना रेणु के साहित्य के वैशिष्ट्य को नहीं समझा जा सकता। लोक गीतों के बारे में रेणु ने लिखा है : "मैं लोक गीतों की गोद में पला। इसीलिए हर मौसम में मेरे मन के कोने में उस ऋतु के लोक गीत गूँजते रहते हैं। मैं कहीं भी हूँ—इन लोक गीतों की स्मृति-ध्वनियाँ मुझे अपने गाँव में—कुछ क्षण के लिए पहुँचा देती हैं।" किस मौसम में, किस समय में, कौन-सा गीत गाया जाता है, यह रेणु को पता है। उन्हें पता है कि किस गीत में 'फागुन की मस्ती की हल्की खुमारी और चैती की मीठी-मीठी उदासी मिली-जुली रहती है'। वे अपनी उसी टिप्पणी में लिखते हैं : "अगहन शुरू होते ही पके हुए धान-खेतों की अगहनी सुगन्ध के लिए मन मचलता है। अलाव तापते हुए—खलिहान में दौनी को आये हुए लोगों से बातें करने की बड़ी इच्छा होती है।" (रेणु रचनावली-5, पृ. 476)

अज्ञेय रेणु के प्रिय लेखक थे और 'शेखर एक जीवनी' उनका प्रिय उपन्यास। 1943 में भागलपुर जेल में 1942 की क्रान्ति के सिपाही के रूप में क़ैदी जीवन बिताते हुए रेणु ने यह उपन्यास पढ़ा। शेखर का क्रान्तिकारी चरित्र रेणु को इतना पसन्द आया कि वे जीवन-भर के लिए अज्ञेय के साथ हो लिए। अज्ञेय का सुन्दर व्यक्तित्व, उनका क्रान्तिकारी अतीत, लेखन के साथ उनकी सामाजिकता और उनके साहित्य से गहरा जुड़ाव रेणु के लिए जीवन-भर बना रहा। राजनीति में जेपी और साहित्य में अज्ञेय उनके दो अग्रज साथी रहे जिनसे सम्बन्धों को समझे बिना रेणु के साहित्य को भी नहीं समझा जा सकता।

रेणु का जनपद मिथिलांचल है। प्रेम और सौन्दर्य के कवि विद्यापति का भी यही क्षेत्र है। 'नित नित नूतन' होने वाले 'अपरूप' रूप के खोजी कवि हैं विद्यापति। इस 'अपरूप' को खोज लाने का कथा-प्रयत्न रेणु के यहाँ भी है। लेकिन एक फ़र्क़ के साथ। रेणु निम्नवर्गीय जीवन और पात्रों में इस 'अपरूप' को रेखांकित करते हैं। 'रसप्रिया' कहानी का एक वाक्य है : "चरवाहा मोहना छोड़ा को देखते ही पंचकौड़ी मिरदंगिया के मुँह से निकल पड़ा—'अपरूप रूप!' यही बात इस कहानी में दूसरे ढंग से भी कही गयी है : धूल में पड़े पत्थर को देखकर जौहरी की आँखों में एक नयी झलक झिलमिला गयी—'अपरूप रूप'! उनका कथा-साहित्य 'अपरूप रूप' के ऐसे उदाहरणों से भरा पड़ा है। इस नये सौन्दर्य-बोध के कारण ही रेणु प्रेमचन्द के बाद हिन्दी कथा-साहित्य में वह मुकाम हासिल करते हैं जो दूसरे नहीं कर पाते।

('लमही', 2020)

विजयदेव नारायण साही की कविता

विजयदेव नारायण साही ने अपने समकालीनों की तुलना में कम कविताएँ लिखीं, लेकिन अपनी गुणवत्ता में वे इतनी अलग और मौलिक हैं कि उनके बिना उस दौर के काव्य-परिदृश्य को समझा नहीं जा सकता। वे कविताएँ बहुत पहले से लिख रहे थे। पत्र-पत्रिकाओं में उनकी कविताएँ छपकर पाठकों-आलोचकों का ध्यान आकृष्ट करती थीं। लेकिन उनके पुस्तकाकार प्रकाशन के प्रति वे उदासीन रहे। पहली बार 'तीसरा सप्तक' (सं. अज्ञेय-1959) में उनकी कुछ कविताएँ हिन्दी समाज के सामने आयीं, जिन्हें लोगों ने ख़ूब पसन्द किया। उनके जीवनकाल में उनका एक ही काव्य संकलन 'मछलीघर' (1966) प्रकाशित हुआ। मरणोपरान्त 'साखी' (1982) नामक संग्रह प्रकाशित हुआ। कवि रूप में साही की कृति का मूल आधार ये दोनों काव्य संग्रह हैं। हालाँकि उनके निधन के बाद 'तीसरा सप्तक' और 'साखी' में न आ पायीं कुछ कविताओं को शामिल कर 'संवाद तुमसे' का प्रकाशन हुआ। उनके प्रारम्भिक गीतों और गजलों का एक संकलन 'आवाज़ हमारी जायेगी' शीर्षक से प्रकाशित है।

'आस्था' को अपनी कविता का आधार माननेवाले साही 'नयी कविता' को नया अर्थ-विस्तार देनेवाले कवि हैं। बौद्धिक-उड़ान एवं कबीरी अन्दाज़ के कारण अलग से पहचान लिए जाने वाले कवि के रूप में वे दिखायी पड़ते हैं। 'मछलीघर' पर विचार करते हुए कुँवर नारायण को मिल्टन के ग्रैंड स्टाइल की याद आती है और वे मानते हैं कि अंग्रेज़ी और उर्दू की क्लासिक परम्परा साही के सामने है। कुँवर जी ने लिखा है : "उनकी कविताओं में कहीं भी ग़ुस्से का छिछला प्रदर्शन नहीं है : ताक़त-लगभग हीरोइक आयामों वाली ताक़त की भव्यता है—'एक चढ़ी हुई प्रत्यंचा की तरह' उनमें वह दृढ़ता और संयम है, जिनसे महाकाव्य बनते हैं, तुरत ख़ुश या नाख़ुश करने वाली कविताओं की चंचलता नहीं। साही की यह मुद्रा इधर लिखी गयी उन तमाम कविताओं से बिल्कुल अलग है जिनमें हम

नाराज़गी और उत्तेजना को लगभग एक रूढ़ि बन जाते देखते हैं। इस सन्दर्भ में मैं समझता हूँ साही लगभग क्लासिक अनुशासन में लिखी गयी कविताओं के एकमात्र ऐसे उदाहरण हैं जिसने एक ओर अंग्रेज़ी साहित्य के क्लासिक अनुशासन की मर्यादा को स्वीकार किया तो दूसरी ओर उर्दू-फ़ारसी के श्रेष्ठतम आदर्शों को नज़र के सामने रखा। हिन्दी कविता पर उर्दू साहित्य का असर कोई नयी बात नहीं है। तमाम उर्दू शब्द, उनकी साहित्यिक परम्परा, अमीर खुसरो से लेकर अब तक हिन्दी में घुली-मिली रही। नज़ीर अकबराबादी, मीर, ग़ालिब, इक़बाल आदि की देन ने सिर्फ़ उर्दू ही नहीं हिन्दी को भी जो कुछ दिया, आज की हिन्दी कविता में उसके श्रेष्ठ उदाहरणों में साही का नाम विशेष रूप से लिया जाना चाहिए। ...उर्दू शैली साही की भाषा में व्याप्त थी। वह उनकी कविताओं के रचाव का एक ख़ास अंग है—ऊपर से चढ़ाया हुआ रंग नहीं, कविताओं के अन्दर से खिलता हुआ रंग है—इतना अलग कि उनकी कविता की एक भी पँखुरी से पहचाना जा सकता है।" इस सन्दर्भ में 'इस नगरी में रात हुई' शीर्षक चतुष्पदी को याद किया जा सकता है—

मन में पैठा चोर अँधेरा तारों की बारात हुई
बिना घुटन के बोल न निकले यह भी कोई बात हुई
धीरे-धीरे तल्ख अँधेरा फैल गया, ख़ामोशी है
आओ खुसरो लौट चलें घर, इस नगरी में रात हुई

यह अपने समय के यथार्थ को चित्रित करने का साही का अपना अन्दाज़ है जो उर्दू परम्परा की याद समेटे हुए हैं। 'विजयदेव नारायण साही' नामक विनिबन्ध में इस चतुष्पदी पर टिप्पणी करते हुए लिखा गया है : "अमीर खुसरो की तर्ज पर मात्र चार पंक्तियों में कविता समय से नाउम्मीदी का जो चित्र प्रस्तुत करती है, वह चतुष्पदी में नये ढंग का प्रयोग है जिसे बाद की नयी पीढ़ी के कई कवियों ने अपनाया है। इस कविता में मुक्तिबोध की तरह साही अपने समय में पसरे अँधेरे और उससे उपजी अदृश्य ख़ामोशी, हताशा, निराशा और घुटन को महसूस करते हैं।" मुक्तिबोध की कविता 'अँधेरे में' के साथ नामवर सिंह साही की 'अलविदा' कविता को याद करते हैं। हालाँकि सन्दर्भ यहाँ 'नाटकीय एकालाप' का है। फैंटेसी के सहारे प्रभावशाली पृष्ठभूमि तैयार की गयी है। 'अँधेरे में' और 'अलविदा' कविता में जो 'नाटकीयता का रहस्य' है, उसकी चर्चा करते हुए वे कहते हैं : "अलविदा में बुनी हुई काव्यानुभूति की तीव्रता इस बात में है कि यहाँ निर्णय लेने से ठीक पहले की मनःस्थिति के अनुभूतिगत चाँप को

शब्दों में पूरी कलात्मकता के साथ रख दिया गया है। कविता की नैतिक शक्ति इस बात में है कि निर्णय के विषय में कोई अनिश्चयात्मकता नहीं है। 'नैतिक विजन' की यह परिपक्वता ही 'अलविदा' को श्रेष्ठ कविताओं में स्थान दिलाने के लिए पर्याप्त है।"

साही की कविता में नाटकीय तत्त्व और भाषाई अलंकरण की उपस्थिति अलग से पाठक का ध्यान खींचती है। यह ख़ूबी उन्हें अपनी पीढ़ी के अन्य कवियों से अलग करती है। उनकी इस विशेषता पर टिप्पणी करते हुए कुँवर नारायण ने लिखा है : "जिस तरह साही अपनी कविताओं में नाटकीय तत्त्वों और भाषाई अलंकरण को एक बहुत ही परिष्कृत रचनात्मकता का हिस्सा बनाते हैं वह हर एक के वश की बात नहीं है। नाटकीय तत्त्वों और शब्दालंकारों के उपादानात्मक प्रयोग में अगर ज़रा भी असावधानी हो तो वह कविता के नाज़ुक तन्तुओं को बिल्कुल सुन्न कर दे सकता है। साही की कविताओं में नाटकीयता और भाषाई अलंकरण की किलाबन्दी नहीं है, कविताओं के पीछे उनकी हल्की छाप या अक्स का लहराता आभास भर रहता है जिसके ऊपर कविता लिखी हुई जान पड़ती है—जिसके नीचे दबी हुई नहीं—न जिसके बगल में ही लिखी हुई। साही की कविताओं में जो एक ख़ास तरह की दृढ़ता है उसका गारा भर क्लासिकल रहता है। लेकिन स्थापत्य साही का बिल्कुल अपना और अपने समय की या जीवन की प्रमुख समस्याओं से रगड़ खाता हुआ।"

'मछलीघर' की भूमिका में साही ने अपनी कविताओं को 'आन्तरिक एकालाप' कहा है। इससे यह भ्रम नहीं होना चाहिए कि साही की कविता में समाज निरपेक्ष होने का किसी तरह का प्रयत्न है। दरअसल साही की प्रगतिशीलता अलग तरह की है। वे कम्युनिस्ट प्रगतिशीलता के कायल नहीं हैं। उनकी प्रगतिशीलता भारतीयता के निषेध से नहीं, बल्कि उसके सकारात्मक दाय से बनती है। कुँवर नारायण के शब्दों में : "साही का समाजवाद ठीक उन्हीं अर्थों में उदारवादी था जिन अर्थों में उनकी भारतीयता रूढ़िवादी नहीं थी। साही की प्रगतिशीलता भारतीय जीवन-पद्धति का निषेध नहीं है, नये और ज़रूरी को निष्पक्षता से जाँच कर स्वीकार या अस्वीकार करने की सतर्कता है।" इसलिए उनका यह आन्तरिक एकालाप सामाजिक जीवन की विसंगतियों से पैदा हुई हलचल है। इस अर्थ में साही सहज ही मुक्तिबोध से तुलनीय हैं जिनके यहाँ 'अन्तःकरण' की बात हिन्दी कविता में सबसे अधिक है। मुक्तिबोध का 'अन्तःकरण' और साही का 'आन्तरिक एकालाप' क्या एक ही नहीं है?

'साखी' की कविताएँ अपने अलग अन्दाज़ के कारण हिन्दी कविता की एक विशिष्ट उपलब्धि-सी लगती हैं। यहाँ 'आन्तरिक एकालाप' सामाजिक स्थितियों से टकराकर एक नया रूप ग्रहण करता है। 'साखी' की कविताओं को अशोक वाजपेयी ने 'ईमान की साखी' कहा है। ऐसी 'साखी' जो अधिक भरोसे की है। इन कविताओं में नैतिकता और ईमानदारी की ऐसी आभा है जो अन्यत्र शायद ही हो! यहाँ एकालाप तो है लेकिन संवादधर्मी है। 'साखी' की कविताओं में जो संवादधर्मिता है वह साही की अपनी विशेषता है। कबीर की कविता, समाज को सम्बोधित करने का उनका तरीक़ा, लौकिक से लेकर अलौकिक तक की उनकी चिन्ता आदि को जैसे साही ने 'साखी' में उपलब्ध किया है। वैसी उपलब्धि उनके सिवा दूसरे के हिस्से शायद ही दर्ज हो! कबीर आधुनिक होकर साही के रूप में मानो हमें सम्बोधित कर रहे हों! 'प्रार्थना : गुरु कबीरदास के लिए' बहुचर्चित -बहुउद्धृत कविता है जो साही की पहचान बन गयी है। लेकिन इस संग्रह की बहुतेरी कविताएँ ऐसी हैं जो कबीरी अन्दाज़ में हमारे समय की ज़मीन पर खड़ी हैं। 'पराजय के बाद' कविता को इस सन्दर्भ में देखना चाहिए—

योद्धाओं की विशाल सेना
जब पराजित होकर लौटी
तो आपस में एक-दूसरे को
लूटती हुई लौटी।

कोई पश्चिम के रेगिस्तान में गया
कोई उत्तर की पहाड़ियों में
कोई पूरब के जंगलों में
कोई दक्खिन के पठारों में।

पराजित सेनाओं का यह लौटना आधुनिक मानव की नक़ली जीत का ऐसा उदाहरण है जिसमें हम हार कर भी जीत के भ्रम में हैं और अपनी अगली पीढ़ी को नक़ली जीत का प्रतीक सौंप रहे हैं। कविता का अन्त होता है—

इसी बीच आसेतु पृथ्वी पर
बर्बरों का राज्य हो गया
और वे अपने-अपने एकान्त में
जीत और गद्दारी के
पुराण रचते रहे।

सुनो भाई साधो
सब जग अन्धा हो गया है
मैं किसको समझाऊँ

'साधो' को सम्बोधित कविताएँ हों या अन्य कविताएँ सब जगह 'मछलीघर' का 'आन्तरिक एकालाप' अधिक सफ़ाई से संवादधर्मी हो गया है। अशोक वाजपेयी इसे 'कबीर की उक्ति भंगिमाओं का पुनराविष्कार' कहते हैं तो ठीक ही कहते हैं। कबीर को अपने समय में साधने का यह सबसे कलात्मक और बेलौस अन्दाज़ है जो सिर्फ़ साही के पास है।

कवि कबीर की कविता के प्रति आलोचक साही बहुत सकारात्मक नहीं थे। उन्हें जायसी पसन्द थे। लेकिन साही ने बुनकरों की लड़ाई लड़ी। घूम-घूमकर उनका संगठन बनाया। उनके बीच रहे। बुनकरों के संघर्ष में आकण्ठ धँसे हुए जुलाहा कबीर उनके भीतर उतरते रहे। इसलिए हमें 'साखी' में जो 'कबीर की उक्ति भंगिमाओं का पुनराविष्कार' दिखायी देता है, वह अकारण नहीं है। 'अस्पताल में' शीर्षक कविता में अस्पताल के वातावरण का चित्रण है। बीमार, डॉक्टर, दवा आदि की चर्चा है। अलग-अलग बीमारियाँ हैं और सभी मरीज़ों की अलग-अलग समस्याएँ हैं। कविता का अन्त होता है—

साधो भाई
इस अस्पताल में
सब सो रहे हैं
सहज समाधि की तरह
सब कराह रहे हैं
अनाहत नाद की तरह।

'साखी' संग्रह की कविताएँ अशोक वाजपेयी के शब्दों में : "...ऐसे आदमी को केन्द्र में प्रतिष्ठित करती हैं जिसका खुला-सजग व्यक्तित्व है, जो अपने निर्णय में अकेला भले हो पर अपने समुदाय की नियति और इतिहास से आबद्ध है और जो बहस करने को हरदम तैयार है। व्यक्ति की गरिमा और सामाजिकता में कोई द्वैत नहीं है। अपने समय के प्रश्नों और चिन्ताओं पर कविता के बाहर नहीं, कविता के अन्दर बहस कर साही ने कविता को चिन्तन और विचार की भी एक प्रामाणिक विधा के रूप में जैसे पुनर्जीवित किया है। आज के संवाद-विमुख परिवेश में यह प्रयत्न, उसकी एकान्त साहसिकता और संकल्प-शक्ति एक नया और अद्वितीय विकल्प प्रस्तुत करते हैं।"

साही के यहाँ इतिहास-बोध बहुत ही गहरा है। उनकी कविताओं में इतिहास की स्मृतियाँ बार-बार देखी जाती हैं। उन स्मृतियों को रेखांकित करते हुए साही वर्तमान के सामने खड़ा कर देते हैं। वे इतिहास के सहारे समकालीन राजनीति और जीवन के यथार्थ से साक्षात्कार करते हैं। उनके लिए इतिहास सिर्फ़ सांस्कृतिक अर्थ नहीं रखता, बल्कि राजनीतिक और सामाजिक अर्थ भी देता है। 'साखी' में उनकी एक कविता है–'सत की परीक्षा', जिसमें हमारे सांकृतिक इतिहास की अनुगूँज है। वाल्मीकि रामायण में उल्लेख है कि लंका विजय के बाद राम ने सीता की पवित्रता के सत्यापन के लिए अग्नि-परीक्षा ली थी। अग्नि-परीक्षा में खरी उतरने पर ही उन्होंने सीता को स्वीकार किया था। तब से स्त्री की अग्नि-परीक्षा होती रही है और आज भी हो रही है। हमारे समय की एक विवाहित स्त्री जिसके चरित्र पर लांछन है, अग्नि-परीक्षा के लिए लोगों के बीच बैठी है। रामायण कालीन सांस्कृतिक सन्दर्भ के साथ साही आज की स्त्री की अग्नि-परीक्षा को उठाते हैं और ऐसा नायाब अर्थ देते हैं जिसे सिर्फ़ कबीरी अर्थ कहा जा सकता है। 'सत की परीक्षा' की स्त्री कहती है–

साधो आज मेरे सत की परीक्षा है
आज मेरे सत की परीक्षा है।

बीच में आग जल रही है
उस पर बहुत बड़ा कड़ाह रखा है
कड़ाह में तेल उबल रहा है
उस तेल में मुझे सब के सामने
हाथ डालना है
साधो आज मेरे सत की परीक्षा है।

एक ओर मेरे ससुराल के लोग हैं।
बड़ी-बड़ी पाग बाँधे
ऊँचे चबूतरे पर बैठे हैं
मूँछें तरेरे हुए
भँवें ताने हुए हैं
नाक ऊँची किये हुए हैं।

आगे वर्णन है, अग्नि के समक्ष बैठा हुआ ससुराल का ब्राह्मण आरोप लगा रहा है कि उसकी छाती पर जो जड़ाऊ हार है, वह उसके कलंकित चरित्र का प्रमाण है। दूसरी ओर बैठे स्त्री के मायके वालों ने कहा कि वह हार एवं उसकी 'लहर लेती चमक' उनके पुरखों की थाती है। लेकिन उनकी बात नहीं सुनी गयी। दस-पाँच गाँव के लोग भी इकट्ठे थे, लेकिन सब चुप थे। ऐसे में स्त्री क्या करे! ससुराल वालों के रवैये को, उनके अधिकार को, परीक्षा के इस ढंग को चुनौती दी जा सकती है। लेकिन वह स्त्री चुनौती नहीं देती। उसे लगता है कि यह मायका, ससुराल और सारी बिरादरी के पुरखों की लहर लेती रोशनी के सत की परीक्षा है। वह अपना जो निर्णय सुनाती है वह हिन्दी कविता का साहीपन है—

सुनो भाई साधो सुनो
और कोई रास्ता नहीं है
मुझे अपने दोनों हाथ
इस खौलते कड़ाह में डालने ही हैं
यदि मेरी छाती पर जड़ाऊ हार की तरह चमकता
आन्दोलित प्रकाश
सचमुच मेरे हृदय का वासी हो
तो यह खौलता हुआ कड़ाह
हाथ डालने पर
गंगाजल की तरह ठण्डा हो जाय।

ऐसे ही, साधो, ऐसे ही।

नयी कविता के सन्दर्भ में प्रश्नाकुलता की बड़ी चर्चा होती है। प्रश्नाकुलता को आधुनिकता का आधार माना जाता है। साही के यहाँ अपने समकालीनों की तुलना में प्रश्नों की संख्या अधिक है। वे प्रश्नों पर भी प्रश्न उठाने वाले कवि के रूप में सामने आते हैं। उनका यह कवि रूप सबसे अलग है। 'बहस के बाद' उनकी एक दिलचस्प कविता है—

असली सवाल है कि मुख्यमन्त्री कौन होगा?
नहीं नहीं, असली सवाल है
कि ठाकुरों को इस बार कितने टिकट मिले?
नहीं नहीं, असली सवाल है
कि ज़िले से इस बार कितने मन्त्री होंगे?

इस तरह असली सवालों की लम्बी फ़ेहरिस्त है। तय नहीं है कि असली सवाल क्या है। सब अपने-अपने सवालों को असली मान रहे हैं। ऐसे में सचमुच सवाल है कि असली सवाल क्या है? कविता का अन्त करते हुए साही कहते हैं—

सुनो भाई साधो
असली सवाल है
कि असली सवाल क्या है?

'ज़िन्दगी के साथ गम्भीर हिस्सेदारी' से पैदा होने के कारण साही की कविताओं में यथार्थ की ऊपरी परत के रेखांकन से परहेज़ है। उनका सक्रिय राजनीतिक जीवन उनकी कविताओं में प्रत्यक्ष रूप से उपस्थित नहीं होता। 'साँप काटे हुए भाई से' उनकी एक बहुत ही अर्थपूर्ण कविता है। एक आदमी को ज़हरीले साँप ने काट लिया है। धीरे-धीरे वह चेतना खो रहा है। कविता की शुरुआत होती है—

मुझे दिख रहा है
दिमाग़ धीरे-धीरे पथराता जा रहा है
अब तो नसों की ऐंठन भी महसूस नहीं हो रही है
और तुम्हें सिर्फ़ एक ऐसी
मुलायम सहलाने वाली रागिनी चाहिए
जो तुम्हें इस भारीपन में आराम दे सके
और तुम्हें हल्की ज़हरीली नींद आ जाये

आगे साँप काटे हुए व्यक्ति को जगाये रखने की तरह-तरह की तरकीबें हैं। साँप का विष उतारने के लिए लोक जीवन में किये जाने वाले उपायों का जीवन्त वर्णन है। लेकिन कवि को लगता है कि ये सारे उपाय साँप काटे भाई को बचा नहीं पायेंगे। वह उसे सोने देना नहीं चाहता। कवि को उसके जगे रहने पर और उसकी जागती हुई आँखों पर अटूट भरोसा है। उसे लगता है कि अगर ऐसा हुआ तो साँप काटे भाई की चेतना लौट आयेगी—

अगर भरोसा है तो सिर्फ़ तुम्हारे
बहते हुए ख़ून
और जागती हुई आँखों का भरोसा है—
इस ख़ून को जारी रखने के लिए
सोना मत।
ओ मेरे भाई सोना मत।

हमारे समय के आदमी को जब असत्य के सर्प ने डँस लिया हो, उसकी चेतना मर रही हो तब उसे जिलाये रखने का यह आह्वान कितना विस्मयकारी है!

साही की कविता में निरन्तर एक जिज्ञासा, एक खोज, एक यात्रा और संवाद दिखायी देता है। पुराने के त्याग का आग्रह है तो 'निरुत्तर शान्ति' से परहेज़ भी है। पुराना सब कुछ छोड़ने के पश्चात् कवि के भीतर 'निरुत्तर शान्ति' किरकिराती है। 'मछलीघर' की एक कविता है 'तीर्थ तो है वही...' जिसमें तट पर खड़े कवि को बेताब लहरों का उछलना अच्छा नहीं लगता। पुराने सारे वसन धारा में बह जाते हैं और एक नया मनुष्य जन्म लेता है—

वह जो कुछ हुआ,
अब तो सत्य चाहे मिले
ढालों पर विकम्पित
घने वन की फुनगियों से झाँकता-सा
चोटियों के मौन में
कुण्ड में चुपचाप बहते हुए जल की आर्सी में
बादलों से भरे नभ को देखते ख़ामोश पक्षी में
गुज़रते हुए राही में
अकेले फूल में
पर ओ नदी! अब तुम नहीं हो तीर्थ
तीर्थ तो है बर्फ़ का उजला सरोवर वही
जिसको छोड़कर हम तुम
चले थे साथ।

जो जैसा दीखता है वह वैसा है नहीं। संसार के रिश्ते जैसे उलट-पलट गये हैं। कहा जाता है कुछ और निकलता है कुछ। यह विडम्बना कवि को परेशान करती है। 'साखी' की एक कविता है 'क्या करूँ'। संसार की इस विडम्बना पर कवि के भीतर प्रश्न ही प्रश्न हैं—

या तो मेरी आँखों को कुछ हो गया है
या अब दूर-पास के रिश्ते ही उलट गये हैं
जिसके पास जाता हूँ
पहुँचने पर छोटा दिखने लगता है
साधो भाई
अब मैं क्या करूँ?

वह जो दूर से
पृथ्वी की एक दिशा से दूसरी दिशा तक फैला हुआ
हिमालय नाम का नगाधिराज दिखता था
पास पहुँचने पर
बजाज की दूकान का गज निकला

इधर के वर्षों में कबीर का इकहरा पाठ ख़ूब हुआ है। उनके बहुआयामी कवि व्यक्तित्व से आँख मूँदकर उन्हें एक ही तरह का राजनीतिक अर्थ देने की कोशिशें ख़ूब हुई हैं। कवि कबीर पर आलोचक के रूप में साही विचार करते तो कौन-सा अर्थ सामने होता, कहना मुश्किल है। लेकिन 'साखी' की कविताओं के ज़रिये उन्होंने अपने समय में मानो कबीर को खोज लिया हो। संग्रह की अन्तिम कविता 'प्रार्थना : गुरु कबीरदास के लिए' में जिस कबीर को वे हमारे सामने रखते हैं वह नया कबीर है। इधर के वर्षों में वंचित समाज के लिए सहानुभूति की जो बाढ़ है उसकी जगह साही अन्तहीन सहानुभूति की वाणी विनम्रतापूर्वक बोलना चाहते हैं। वे ऐसे कलेजे की कामना करते हैं जो भूखों के पक्ष में खड़ा हो और निर्भय हो। इसके बाद कवि की गुरु कबीरदास से प्रार्थना है–

दो तो ऐसी निरीहता दो
कि इस दहाड़ते आतंक के बीच
फटकार कर सच बोल सकूँ
और इसकी चिन्ता न हो
कि इस बहुमुखी युद्ध में
मेरे सच का इस्तेमाल
कौन अपने पक्ष में करेगा।

यह भी न दो
तो इतना ही दो
कि बिना मरे चुप रह सकूँ

कोई भी मानेगा कि हिन्दी कविता में यह काव्य-स्वर बिल्कुल निराला और अलग है। यह हिन्दी कविता की उपलब्धि है जो साही के हाथों सम्पन्न होती है।

मात्र अपने दो संग्रहों–'मछलीघर' और 'साखी' के ज़रिये साही हिन्दी कविता का नया विन्यास रचते हैं। उनकी कविता का आन्तरिक एकालाप समाज से भी संवाद है और अपने से भी। 'साखी' में समाज को जो सम्बोधन है वह अपने को भी है। इन कारणों से साही की कविता में एक ऐसी नैतिक आभा है जो कबीर सरीखे कवियों में बड़े पैमाने पर आचरण से पैदा हुई थी।

आधुनिक हिन्दी कविता की यह नैतिक आभा अपने विस्तार में कुछ छोटी होने पर भी आधुनिक हिन्दी कविता की मूल्यवान धरोहर है।

प्रारम्भ में साही गीत लिखा करते थे। जब वे बनारस में थे तो शम्भुनाथ सिंह जैसे गीतकारों के संग-साथ का प्रभाव था कि वे भी गीत लिखते थे। छन्द और पूरे विधान के साथ वे गीत-रचना में संलग्न थे। प्रेम के गीत, समाज को जगाने वाले गीत और प्रकृतिपरक गीतों की रचना उन्होंने नये अन्दाज़ में की। नमूने के तौर पर उनके एक गीत की कुछ पंक्तियाँ देखी जा सकती हैं। 'माघ : दस बजे दिन' शीर्षक गीत में जाड़े की धूप को साही जिस निगाह से देखते हैं उससे उनकी गीत-प्रतिभा का पता चलता है–

यह धूप बहकी बहकी
कि शराब-आसमानी
ये हवाएँ सरसराती
कि अलस भरी जवानी

लो दस बजा सुबह का
झनकार एक आयी–
गति का विलास लहरा
फिर धूप मुस्कुराई
इस ज्योति के पटल पर
खुलते हुए कमल-सी
उठती हुई जवानी
बल खाई जगमगाई!

साही गीत के साथ कभी-कभी ग़ज़ल भी लिखते थे। चूँकि वे उर्दू-फ़ारसी के जानकार थे, इसलिए उनकी ग़ज़ल में उर्दू की रवानगी और उसका अनुशासन दिखायी देता है। वे 'नज़र' उपनाम से ग़ज़ल लिखते थे। नमूने के तौर पर उनकी एक छोटी-सी ग़ज़ल देखी जा सकती है–

इक उरूजो-ज़वाल देखा है
हमने दुनिया का हाल देखा है
अब सँभलता नहीं किसी के कहे
हमने दिल को सँभाल देखा है

हम उसी को 'नज़र' समझते हैं
जिसने तेरा जमाल देखा है

'सड़क साहित्य' के नाम से भी मन की मौज में साही कविताएँ लिखा करते थे। सड़क पर पैदल चलते हुए दोस्तों से गपशप में ऐसी कविताएँ जन्म लेती थीं। यह एक प्रकार का सहयोगी काव्य लेखन था जिसमें एक पंक्ति किसी मित्र की होती थी तो दूसरी साही की। सर्वेश्वर तब इलाहाबाद में रहते थे। उनके साथ 'सड़क साहित्य' के नाम पर ऐसी बहुतेरी कविताओं की रचना हुई। सर्वेश्वर का घर गली में था जो अपेक्षाकृत अच्छी थी। साही का घर सड़क पर था। सड़क टूटी हुई थी। एक दिन उसी सड़क पर शाम के वक़्त चलते हुए सर्वेश्वर का पैर गड्ढे में पड़ा। वे गिरते-गिरते बचे। उनके मुँह से एक काव्य पंक्ति फूटी—'गली भली सर्वेश्वरी साही की सड़कें न'। थोड़ी ही देर बाद साही ने अगली पंक्ति जोड़ी—'अक्ल पे पत्थर पड़ गये पथ पर पड़े भले न'। इस तरह दो पंक्ति की यह कविता बनी—

गली भली सर्वेश्वरी साही की सड़कें न,
अक्ल पे पत्थर पड़ गये पथ पर पड़े भले न।

इस तरह की बहुतेरी कविताओं की रचना हुई जो अब तक संकलित न हो पायी हैं।

लेकिन, जैसा कि कहा गया साही की कवि रूप में स्थायी कीर्ति का मूलाधार—'मछलीघर' और 'साखी' नामक उनके दो काव्य-संग्रह ही हैं।

('विजयदेव नारायण साही : रचना-संचयन' की भूमिका, 2019)

साही : एक कुजात मार्क्सवादी आलोचक

विजयदेव नारायण साही (7 अक्टूबर 1924-5 नवम्बर 1982) जितने महत्त्वपूर्ण कवि थे, उतने ही महत्त्वपूर्ण आलोचक भी। अपने आलोचनात्मक लेखन और बहसों के ज़रिये 1950 के बाद के हिन्दी माहौल को वैचारिक रूप से आन्दोलित करने में उन्होंने बड़ी भूमिका निभायी। आलोचना में उनकी मौलिक समझ और स्थापनाओं ने नयी हलचल पैदा की। जब हिन्दी में प्रगतिशील आलोचना का ज़ोर था, तब साही ने वैकल्पिक प्रगतिशीलता की देशी ज़मीन निर्मित की। उनके तर्कों और स्थापनाओं की अनदेखी किसी के लिए भी सम्भव नहीं थी।

साही ने हिन्दी आलोचना को जितना लिखकर समृद्ध किया, उतना ही अपने व्याख्यानों के ज़रिये बहसधर्मी माहौल बनाया। वे बहुभाषाविद् थे। अंग्रेज़ी, हिन्दी, उर्दू, फ़ारसी आदि भाषाओं के जानकार होने के कारण उन भाषाओं का साहित्य उनके सामने था। अंग्रेज़ी भाषा पर अधिकार के कारण देश-दुनिया में चलने वाली साहित्य सम्बन्धी बहसें उनके सामने थीं। यही कारण है कि उनका आलोचनात्मक लेखन विविध सन्दर्भों से समृद्ध है। लेकिन पुस्तकाकार प्रकाशन के प्रति उनकी लापरवाही इस क्षेत्र में भी दिखायी देती है। जिस आलोचक ने पत्र-पत्रिकाओं में हिन्दी के वैचारिक माहौल को निरन्तर आन्दोलित किया, उसकी कोई भी पुस्तक उसके जीवन काल में प्रकाशित न हो सकी। निधन के उपरान्त उनके मित्रों और पत्नी के प्रयास से 'जायसी' (1983), 'साहित्य और साहित्यकार का दायित्व' (1983), 'छठवाँ दशक' (1987), 'साहित्य क्यों' (1988) तथा 'वर्धमान और पतनशील' (1991) नामक पुस्तकें प्रकाशित हुईं। लोगों का अनुमान है कि उनका अभी और भी आलोचनात्मक लेखन है, जो पत्र-पत्रिकाओं में बिखरा पड़ा है।

साही आन्दोलनधर्मी साहित्यकार थे। वे समाजवादी आन्दोलन में अपादमस्तक डूबे हुए थे। लेकिन साहित्य के मूल्यांकन में राजनीतिक टूल्स का इस्तेमाल करने से प्रायः परहेज़ करते थे। उनके आलोचनात्मक लेखन का मुख्य

आधार भारत का सामान्य मनुष्य और साहित्य की साहित्यिकता थी। वे प्रगतिशीलों की तरह 'साहित्य में राजनीति और राजनीति में साहित्य' की बात करने के कायल नहीं थे। उन्होंने साहित्य को कभी राजनीतिक विचारों का उपनिवेश नहीं बनने दिया। मार्क्सवादी आलोचना की कम्युनिस्ट परिणति की वे आलोचना करते रहे। साहित्य का अपना प्रतिरोधी स्वर होता है। साही उसी प्रतिरोधी स्वर को रेखांकित करने का प्रयत्न करते रहे।

सत्य प्रकाश मिश्र ने साही को 'कुजात मार्क्सवादी' कहा है। राममनोहर लोहिया ने गाँधीवादियों की तीन कोटियाँ बनायी थीं—मठी गाँधीवादी, सरकारी गाँधीवादी और कुजात गाँधीवादी। लोहिया के अनुसार कुजात गाँधीवादी वे लोग थे जो गाँधीवाद का रचनात्मक विकास कर रहे थे। साही नरेन्द्रदेव की प्रेरणा से समाजवादी आन्दोलन में गये थे। नरेन्द्र देव मार्क्सवादी थे। लेकिन उनका मार्क्सवाद लोकतन्त्र की ज़मीन पर खड़ा था। उसमें भारत की परम्पराएँ समाहित थीं। साही ने मार्क्सवाद के इसी सारतत्त्व को ग्रहण किया था और उसे भारतीय ज़मीन पर प्रतिष्ठित करने का संघर्ष किया था। जब उन्हें 'कुजात मार्क्सवादी' कहा जा रहा है तो उसका आशय यही है।

साही मानते थे कि 'साहित्य का दायित्व' साहित्यकार के दायित्व से अलग नहीं है। वे साहित्यकार और साहित्य के दायित्व में फ़र्क़ नहीं करते थे। वे मानते थे कि जो दायित्व साहित्य का है वही दायित्व साहित्यकार का है। दायित्व का बोध साहित्य के भीतर निहित है। वे यह भी मानते थे कि समाज की ओर से बोलने का दायित्व लेखक का ही है। वे इस दायित्व के भीतर परिवर्तन की माँग करते हैं। अपने प्रसिद्ध व्याख्यान 'साहित्य और साहित्यकार का दायित्व' में वे कहते हैं : "...साहित्यकार को इसकी चिन्ता नहीं करनी चाहिए कि वह समाज को संगुम्फित करे। क्योंकि यह जो संगुम्फन की चिन्ता घेरती है तो जस-का-तस बने रहना देना चाहिए यह प्रतीति जगाती है।" इसका सीधा अर्थ है कि साहित्य और साहित्यकार के दायित्व में परिवर्तन निहित है। वे मानते थे कि कोई भी सामाजिक या साहित्यिक मूल्य जब बहुत अधिक चिन्ता का विषय हो जाता है तो वह 'जस-का-तस' बनाये रखने की ओर बढ़ता है। वे कहते हैं : "...समाज को जोड़े रहने के लिए हमें अपने जो परम्परागत सांस्कृतिक मूल्य हैं इन सांस्कृतिक मूल्यों का निरन्तर नया-नया आवाहन करने की ज़रूरत है।" इसी के साथ वे साहित्यकार से सम्पूर्ण चेतना के दायित्व की माँग करते हैं। इस सम्पूर्ण चेतना के अन्तर्गत वे अपनी संस्कृति के प्राणवान मूल्यों और परिवर्तन की चेतना के तनाव की बात करते हैं।

साहित्य के प्रति अपने इसी दायित्व-बोध के साथ साही 'मार्क्सवादी समीक्षा और उसकी कम्युनिस्ट परिणति' निबन्ध में उस दृष्टिकोण की तीखी आलोचना करते हैं जिसे वे कम्युनिस्ट आलोचना का नाम देते हैं। वे साहित्य को 'हथियार' बनाये जाने का विरोध करते हैं और साहित्य-चिन्तन को पार्टी लाइन के अनुकूल ढालने का भी।

साही का इतिहास-बोध वैज्ञानिकता और तर्कशीलता पर आधारित है। मानव सभ्यता के विकास को वे सामन्तवाद और पूँजीवाद के रास्ते समाजवाद की ओर अग्रसर होते हुए देखने के हिमायती हैं। इस दृष्टि से उनके प्रसिद्ध निबन्ध 'राजनीति और साहित्य' को देखा जा सकता है। वे मानते हैं कि लम्बे समय तक राजनीति पर धर्म का प्रभुत्व रहा है और उस धर्म आधारित राजनीति ने साहित्य रचना को नियन्त्रित किया है। पूँजीवाद ने इस व्यवस्था को चुनौती दी और राजनीति तथा धर्म के नियन्त्रण से बहुत हद तक साहित्य को मुक्त किया। लेकिन उनके अनुसार पूँजीवाद एक सीमा तक ही धार्मिक बन्धन को कमज़ोर करता है। उनका मानना है कि धर्म और धार्मिक भावना को तब तक समाप्त नहीं किया जा सकता जब तक वर्ग संघर्ष की स्थिति समाज में है। वे कहते हैं : "......शुद्ध वैज्ञानिक मानवीय दर्शन अपने तार्किक सामंजस्य के कारण वर्गहीन समाज का ही दर्शन होगा। अतएव एक वर्ग के द्वारा दूसरे के शोषण और समाज में चलने वाले द्वन्द्व का सामंजस्य कोई भी तार्किक सिद्धान्त या सांस्कृतिक मूल्य नहीं कर सकते। वर्ग-समाज वर्ग-मूल्यों को ही जन्म देगा। और चूँकि वर्ग-मूल्य समस्त समाज को निर्द्वन्द्व आत्मसात नहीं कर सकते, अतएव अपने अन्तिम रूप में वे कभी भी तार्किक या बुद्धिवादी नहीं हो सकते। इस द्वन्द्व को न्यायपूर्ण सिद्ध करने या इससे पलायन करने, दोनों ही के लिए बुद्धि विरोधी प्रवृत्तियों का सहारा लेना पड़ेगा। इससे स्पष्ट हो जायेगा कि क्यों पूँजीवाद धर्म को समाज से समूल नष्ट नहीं कर सकता, यद्यपि वह उसे चुनौती दे सकता और कमज़ोर कर सकता है। इससे यह भी स्पष्ट हो जायेगा कि क्यों पूँजीवादी दार्शनिक बुद्धि का सहारा लेकर चलते हुए भी अन्त में अनिवार्यतः रहस्यवादी और ईश्वरवादी या धर्मवादी हो जाते हैं।"

पूँजीवादी समाज में धर्म और साहित्य की इस सीमा के रेखांकन के साथ साही साहित्य-रचना के लिए किसी भी एकाधिकारवाद को सही नहीं मानते। वे अगर साहित्य रचना में धार्मिक नियन्त्रण की आलोचना करते हैं तो सोवियत संघ में जारी राजनीतिक तानाशाही की भी। उनका मानना था कि तानाशाही पर आधारित सोवियत साहित्य प्रचार का साधन हो सकता है, कलात्मक सौन्दर्य का नहीं।

साहित्य सम्बन्धी सही मार्क्सवादी समझ क्या है, यह स्पष्ट करते हुए साही लिखते हैं : "मार्क्सवाद साहित्य और कला को वर्ग संघर्ष में केवल प्रचार और शिक्षा का अस्त्र मात्र नहीं मानता, बल्कि वह उसे किसी वर्ग की कलात्मक, सौन्दर्यवान और मानवोचित प्रवृत्तियों की सांस्कृतिक और मानसिक प्रगति का चरम प्रतिफल भी मानता है जिसके कारण मनुष्य के इतिहास में किसी वर्ग अथवा वर्गहीन समाज का मूल्य है। जिस तरह आज राजनीति से साहित्य को अलग रखने का नारा लगाने वाले मध्यवर्गीय कलाकार प्रतिक्रियावादी हैं, उसी तरह राजनीति की तानाशाही में क़ैद कर के समस्त साहित्य को पार्टी का अस्त्र मात्र घोषित करने वाले कला के दुश्मन हैं। मार्क्स साहित्य को इन दोनों संकुचित दृष्टिकोणों से अलग समझता है। वह साहित्य को केवल पार्टी नहीं, पूरे वर्ग के सांस्कृतिक प्रयास की उत्पत्ति मानता है।" यह कहने के साथ साही सिद्धान्त और मूल्य में फ़र्क़ करते हैं। सिद्धान्त का सम्बन्ध राजनीति से है जबकि मूल्य का सम्बन्ध साहित्य और संस्कृति से है। अपने मत पर ज़ोर देने के लिए वे इटली के समाजवादी नेता इग्नेजियो सिलोन के कथन को याद करते हैं : "सिद्धान्तों के बल पर हम सम्प्रदाय स्थापित कर सकते हैं, परन्तु मूल्यों के आधार पर हम संस्कृति का निर्माण कर सकते हैं। लोकतान्त्रिक समाजवाद इस ऐतिहासिक अनुभव को भुलाकर उत्कृष्ट साहित्य की रचना नहीं कर सकता।"

साहित्य सम्बन्धी अपनी इस समझ को साही 'मार्क्सवादी समीक्षा और उसकी कम्युनिस्ट परिणति' नामक अपने प्रसिद्ध निबन्ध में विस्तार से रखते हैं। उनका मानना है कि मार्क्स और एंगल्स की साहित्य-कला सम्बन्धी धारणाएँ अच्छी हैं। लेकिन प्लेखानोव, कॉडवेल ने जो साहित्य सम्बन्धी मार्क्सवादी समझ विकसित की वह मार्क्स की मूल धारणा के विरुद्ध है। साही का विचार है कि कला में सौन्दर्य की चिन्ता छोड़कर 'प्रवृत्ति' की ओर झुकाव पैदा करने का काम बाद के मार्क्सवादी विचारकों ने किया। साही लेनिन, स्टालिन आदि की तुलना में ट्रॉटस्की की साहित्य सम्बन्धी समझ को ज़्यादा सही मानते हैं। मार्क्सवादी समीक्षा सम्बन्धी अपनी समझ को स्पष्ट करते हुए साही लिखते हैं : "मार्क्स साहित्य की एक सार्वभौमिकता की कल्पना करता है जो वर्ग हित ही नहीं, सामाजिक युग को भी पार कर के नये आनन्द की सृष्टि करता है। यह विशेषाधिकार अर्थशास्त्र, राजनीतिशास्त्र, दर्शन आदि चेतना के अन्य स्तरों को नहीं दिया गया है।" इसके आगे साही बताते हैं कि साहित्य को 'युग-युग व्यापी शक्ति' प्राप्त है। मार्क्सवादी समीक्षा की कम्युनिस्ट परिणति की आलोचना करते हुए साही लिखते हैं : "...यह हठ कि साहित्यिक कृतिकार राजनीतिक भूमिका भी ग्रहण करें,

राजनीतिक क्रियाशीलता की तुलना में कलाकृतियों को हेय समझा जाये, मार्क्सवादी साहित्यिक दृष्टि की मौलिक अथवा अनिवार्य स्थापना नहीं है। यह घटना बाद में घटी है।" कला सम्बन्धी अपनी इस समझ के समर्थन में साही ट्रॉटस्की की रचना 'साहित्य और क्रान्ति' से कई उद्धरण भी देते हैं। एक उद्धरण इस तरह है : "मार्क्सवादी प्रणाली और कलात्मक प्रणाली एक ही वस्तु नहीं है। पार्टी श्रमिक वर्ग का नेतृत्व करती है, इतिहास की विशाल गति का नहीं। कुछ ऐसे क्षेत्र हैं जिसमें पार्टी स्पष्टतः और आदेशात्मक ढंग से नेतृत्व करती है।... कला का क्षेत्र वह नहीं है जिसमें पार्टी को आदेश देने की आवश्यकता हो। कला की रक्षा करना और सहायता करना पार्टी का काम है, परन्तु नेतृत्व केवल अव्यक्त रूप से ही हो सकता है।"

साहित्य सम्बन्धी अपनी इस समझ के साथ साही ने हिन्दी रचना-संसार को आलोचना के जिस व्यावहारिक धरातल पर देखा—परखा, वह हिन्दी आलोचना का ऐसा उदाहरण है, जिसके मुकाबले दूसरा कोई नाम शायद ही मिले! अपने बहुचर्चित निबन्ध 'लघु मानव के बहाने हिन्दी कविता पर एक बहस' में उन्होंने छायावाद-युग को 'सत्याग्रह युग' की संज्ञा दी और गाँधी को 'हिन्दुस्तान की ज़िन्दगी की लय की अभिव्यक्ति' माना। वे मानते थे कि 'हिन्दी के छायावादी काव्य में सत्याग्रह युग की भारतीय अनुभूति की पूरी कथा' लगभग मौजूद है। साही ने इस तरह छायावाद की जो व्याख्या की वह बहुतेरी अन्य व्याख्याओं से सर्वथा भिन्न है। साही लिखते हैं : "जिस तरह छायावादी युग की चरम आस्था यह है कि अन्तर्जगत का सत्य और बहिर्जगत का सत्य एक ही है और दोनों में कभी भी व्यवधान नहीं पैदा हो सकता, उसी तरह उनकी मान्यता की दूसरी आधारशिला यह है कि नैतिक विजन और कल्पनाशील विजन दोनों वस्तुतः एक हैं और इन दोनों में कभी भी दरार नहीं पड़ सकती। इस प्रकार महत्त की महत्ता में एक अभूतपूर्व सहज आकर्षण शक्ति उत्पन्न हो जाती है। राष्ट्रीय संघर्ष के स्तर पर नैतिक और कल्पनाजन्य महत्ताएँ राष्ट्रीय नेतृत्व की महत्ताओं में घुलमिलकर एकाकार हो जाती हैं। छायावाद की हर रचना एक ही साथ नैतिक भी है, कल्पनात्मक भी है और राजनीतिक भी है। इससे काव्य में अर्थ और लय की गूँज-अनुगूँज की सम्भावना बहुत बढ़ जाती है। उदाहरण के लिए, प्रसाद का 'बीती विभावरी जाग री' या निराला का 'राम की शक्तिपूजा' या पन्त का 'धूम धुआँरे काजर कारे' या महादेवी का 'जाग तुझको दूर जाना' ... एक साथ ही नैतिक, कल्पनात्मक और राजनीतिक स्तरों पर झंकृत होता है।"

छायावाद का इस व्यापक आधार पर मूल्यांकन करते हुए साही ने उसमें 'दार्शनिक मुद्रा, विराट नाटकीयता और नैतिक तथा कल्पनात्मक स्वप्नलोकों का विशिष्ट अनुपात में सम्मिश्रण' देखते हुए उसकी आलोचना भी की। उनकी मुख्य स्थापना यह है कि इस सबके बावजूद छायावाद महामानव की कविता है। सामान्य मनुष्य या 'लघु मानव' की कविता नयी कविता है। साही मानते हैं कि मनुष्य की हर परिभाषा मूलतः 'सहज मनुष्य' की परिभाषा है। वे यह भी मानते हैं कि 'बारम्बार मनुष्य को बदलते हुए देश-काल में परिभाषित करना साहित्य की ज़िम्मेदारी है।' साही का यह 'सहज मनुष्य' ही उनका लघु मानव है जो नयी कविता के केन्द्र में है।

इस लघु को अपने समय की कविता में और स्पष्ट करते हुए साही ने लिखा है : "छायावाद में उसका रूप लघु की महानता का है, तीसरे दशक में लघु की महिमा का है और उसके बाद की कविता में लघु के 'महत्त्व' का है।" इसके आगे साही कहते हैं कि नयी कविता के कवि छायावाद के दार्शनिक पथ और बच्चन आदि के भावनात्मक मार्ग से होकर निकले हैं। उनकी समस्या सिर्फ़ दार्शनिक नहीं, मूलतः अनुभूति की है। अज्ञेय इसे सूत्रबद्ध करके पुरानी परम्परा से जोड़ते हैं। प्रसाद को छायावाद के केन्द्र में रखते हुए साही नयी कविता के केन्द्र में अज्ञेय को रखते हैं और लिखते हैं : "अज्ञेय का महत्त्व इस बात में है कि उन्होंने 'समरसता का दर्शन' के बजाय 'निर्वैयक्तिक अनुभूति' का प्रश्न पूछ कर एक बार फिर दर्शन को अनुभूति में घुला देने की राह निकाली, विवेक और हृदय, संकल्प और विवशता को एक नये 'योग' से बाँधा। इसीलिए, अज्ञेय हिन्दी काव्य की धारा को मोड़ते हुए-से प्रतीत होते हैं।"

साही की आलोचना का उत्कर्ष उनकी 'जायसी' नामक पुस्तक है। यह उनके आलोचनात्मक लेखन की उपलब्धि है। इस पुस्तक के ज़रिये वे नये जायसी को 'डिस्कवर' करते हैं। कवि जायसी की ऐसी सरस और आत्मीय व्याख्या हिन्दी आलोचना में अब तक देखने को न मिली थी। कहा जा सकता है कि 'जायसी' न सिर्फ़ साही की, बल्कि 1950 के बाद की सबसे बड़ी आलोचनात्मक उपलब्धि है।

जायसी को सूफ़ी कवि मानने की धारणा हिन्दी आलोचना में व्यापक रूप से फैली हुई थी। साही ने इस धारणा का खण्डन किया और उन्हें कवि के रूप में प्रतिष्ठित किया। इसी के साथ उन्होंने जायसी को हिन्दी का 'पहला विधिवत कवि' माना। वे लिखते हैं : "सबसे पहले जिस बात को अच्छी तरह मन में बैठाना ज़रूरी है, वह यह है कि जायसी हिन्दी के पहले विधिवत वरिष्ठ कवि हैं। कबीरदास श्रेष्ठ हैं : लेकिन विधिवत् कवि भी हैं, ऐसा उनका दावा नहीं है। मूलतः वे सन्त हैं। कवि होना कबीरदास के लिए लक्ष्य नहीं था।"

जायसी को साही हिन्दी का पहला विधिवत कवि तो मानते ही हैं, वे उन्हें 'आत्म-सजग' कवि भी मानते हैं। साही ने लिखा है : "जायसी केवल कवि नहीं हैं, वे आत्म-सजग कवि हैं। अपने कवि और गुणी होने का उन्हें पूरा भरोसा बल्कि गर्व है। अपने कवि और गुणी होने का ज़िक्र 'पद्‌मावत' में जायसी ने आरम्भ, मध्य और अन्त में बार-बार प्रत्यक्षतः या परोक्षतः किया है।" यह ध्यान देने की बात है कि मध्यकाल के प्रायः सभी कवियों का ज़ोर कवि कहलाने की जगह भक्त कहलाने पर है। जायसी ही हैं जिन्हें अपनी कविता पर गर्व है। साही ने 'पद्‌मावत' से इस आशय के कई काव्यांश उद्धृत किये हैं। एक दोहे को यहाँ देखा जा सकता है, जिसमें अपने कवि होने पर जायसी गर्व करते हुए दिखायी पड़ते हैं—

मुहमद कबि जो प्रेम का ना तन रकत न माँसु।
जेइं मुँह देखा तेइँ हँसा सुना तो आये आँसु।

हिन्दी के इस पहले विधिवत और आत्म-सजग कवि को किसी मतवाद के तहत देखे जाने का साही खण्डन करते हैं और उसे मनुष्यता और कविता के धरातल पर देखने का आग्रह करते हैं। साही ने अनेक तरह से जायसी के सूफ़ी होने का खण्डन किया है और उनमें 'स्वाधीन चिन्तन' के साथ 'प्रखर बौद्धिक चेतना' के लक्षण को रेखांकित किया है। साही ने लिखा है : "जायसी में अपने स्वाधीन चिन्तन और प्रखर बौद्धिक चेतना के लक्षण मिलते हैं जो गद्दियों और सिलसिलों की मीठी या सरकारी नीतियों से अलग हैं। इस अर्थ में जायसी सूफ़ी हैं तो कुजात सूफ़ी हैं।" जायसी को साही जब 'कुजात सूफ़ी' कहते हैं तो इसका आशय यह है कि जो किसी मतवाद के आग्रह से बँधा हुआ नहीं है।

साही ने जायसी को सूफ़ी माने जाने की हिन्दी आलोचना में फैली धारणा का खण्डन बहिर्साक्ष्य के आधार पर तो किया ही है, अन्तःसाक्ष्य के आधार पर भी किया है। इससे भी किसी मतवाद में जायसी के बँधे होने की धारणा का खण्डन होता है। साही ने लिखा है : "पद्‌मावत में कुछ स्थलों पर जायसी ने अपनी कविता की प्रकृति, या अपने अनुसार कविता-मात्र की प्रकृति का भी संकेत दिया है। वह दोहा, जिसमें जायसी ने कहा है कि लोगों को उनकी कविता सुनकर आँसू आये, पहले उद्धृत किया जा चुका है। इसका सीधा आशय यह है कि कविता की प्रकृति जायसी के लिए भावना के सम्प्रेषण की है। इसी तरह अन्यत्र उन्होंने कहा है कि कवि रस का भरपूर कटोरा है। कविता के अभिप्रेत प्रभाव की उपमा उन्होंने कमल की सुगन्ध से दी है जिसे दूर-दूर से भँवरे आकर प्राप्त करते हैं।

ये सभी उक्तियाँ कविता, विशेषतः पद्मावत, के केन्द्र में अनुभूति को स्थापित करती हैं, किसी मतवाद या दार्शनिक सिद्धान्त को नहीं।"

जायसी को ख़ासकर उनके 'पद्मावत' को सूफ़ी मतवाद के भीतर देखने-दिखाने की जो परम्परा रही है, उसका खण्डन करने के साथ साही 'पद्मावत' में उस 'विषाद दृष्टि' (ट्रैजिक विजन) को रेखांकित करते हैं जो उसकी रचना के केन्द्र में है। साही मानते हैं कि जायसी के समय में कई तरह के मतवाद थे। उन पर इनका कुछ असर हो सकता है। लेकिन जायसी की चिन्तनशीलता में अनुभूति का आत्मसात होना ही उसकी विशिष्टता है। साही के शब्दों में : "अपने सम्पूर्ण प्रसार में यह चिन्तनशीलता पूरी कथा में एक तरल विषाद-दृष्टि का सृजन करती है जिसमें मानवीय व्यापार के प्रति पीड़ा है, किन्तु अवसाद नहीं है; हल्का वैराग्य है, लेकिन गहरी संसक्ति भी है; तटस्थता है, लेकिन स्पष्ट नैतिक विवेक भी है। यही वह सुगन्ध है जो फूल के मरने के बाद भी नहीं मरता।"

साही मानते हैं कि हिन्दी आलोचना में ज़ोर 'पद्मावती' पर है, जबकि ज़ोर 'पद्मावत' पर होना चाहिए। 'पद्मावत' पर ज़ोर का ही नतीजा है कि जायसी साही को '20वीं शताब्दी का कवि' लगते हैं। साही ने लिखा है : "जायसी ने लिखा चाहे मध्यकाल में हो, लेकिन वस्तुतः वे 20वीं शताब्दी के कवि हैं। जबकि आचार्य रामचन्द्र शुक्ल ने उन्हें उठाकर तुलसीदास की बगल में खड़ा कर दिया।" 20वीं शताब्दी का कवि होने का अर्थ यह है कि जायसी की 'समीक्षा का विषय धर्म नहीं, मनुष्य है'। इसी कारण जायसी के भीतर 'वह गहरा विवेक' है 'जो मनुष्य की आख़िरी पीड़ा' को जानता है और 'मानुष प्रेम के बैकुण्ठी' हो जाने की अनुभूति जगाता है। साही के शब्दों में इसीलिए जायसी न समाज सुधारक हैं और न दार्शनिक और न किसी मतवाद के प्रचारक। वे शुद्ध कवि हैं, प्रेम के कवि, ऐसा प्रेम जो संसार को नये रूप में परिभाषित करता है।

'छठवाँ दशक' आलोचक साही के बहसधर्मी रूप का उदाहरण है तो 'जायसी' उनकी रचनात्मक आलोचना का पूर्ण विकास। वे आरम्भ से ही किसी वैचारिक या दार्शनिक एकाधिकारवादी प्रवृत्ति का साहित्य रचना में विरोध करते रहे और अपने आलोचना-कर्म को भी उससे मुक्त रखा। इसका श्रेष्ठ उदाहरण उनकी आलोचनात्मक कृति 'जायसी' है।

('विजयदेव नारायण साही : रचना-संचयन' की भूमिका, 2019)

नामवर सिंह : आलोचक का आत्मावलोकन

एक शेर का यह टुकड़ा नामवर सिंह अक्सर दोहराते थे : *जो सुलझ जाती है गुत्थी उसको उलझाता हूँ मैं।* यह शेर नामवर सिंह के आलोचक व्यक्तित्व की बुनियाद में है। आलोचना को अक्सर साहित्यिक गुत्थियों को सुलझाने वाली विधा माना जाता है। नामवर सिंह की आलोचना की ख़ूबी सुलझ चुकी गुत्थियों को भी नयी गुत्थियों की ओर ले जाना रहा है। वे आलोचना का धर्म गुत्थी सुलझाना नहीं, गुत्थी उलझाना मानते रहे हैं। यहाँ 'गुत्थी' से अर्थ सम्भवतः अंग्रेज़ी के 'एम्बिग्युटी', 'कॉम्प्लेक्सिटी', 'आयरनी' आदि या इन सबके मिले-जुले रूप से है। हिन्दी में इसे 'गाँठ लगाना' या 'गिरह लगाना' कहेंगे। आलोचना का काम रचना की एक गाँठ को खोलना और भविष्य के पाठक-आलोचक के लिए नयी गाँठ लगाना है। सरलीकरण के सख़्त विरोधी नामवर सिंह जिस गुत्थी को उलझाने की बात करते हैं, उसका अर्थ शायद यही है। इस कारण उनकी आलोचना निरन्तर बहस और विवाद को जन्म देती रही है।

अज्ञेय के बाद हिन्दी संसार की हलचलों के केन्द्र में नामवर सिंह ने अपनी जगह बनायी। यह पहली बार हुआ कि हिन्दी का कोई आलोचक साहित्य का केन्द्रीय व्यक्तित्व बन जाये। अज्ञेय के जीते जी उनके सामने केन्द्रीयता हासिल करना आसान नहीं था। अज्ञेय बहुमुखी प्रतिभासम्पन्न रचनाकार थे। कविता, उपन्यास, सम्पादन आदि क्षेत्रों में उन्होंने अपने युग का नेतृत्व किया था। उनका व्यक्तित्व आकर्षक था। उनका वस्त्र-विन्यास भी उनके पाठकों-प्रशंसकों के आकर्षण का विषय था। वे नागरिक रुचि के व्यक्ति थे। एक किस्म का आभिजात्य उनके व्यक्तित्व का अनिवार्य हिस्सा था। इन कारणों से हिन्दी का मध्यवर्ग उनकी ओर आकृष्ट था। उनके जीवन काल में ही ग्रामीण पृष्ठभूमि से आये नामवर सिंह हिन्दी की बौद्धिक दुनिया के आकर्षण बन गये। धोती-कुर्ता के अपने ख़ास पहरावे और बनारसी पान की अदा के साथ कवि त्रिलोचन द्वारा

'पुस्तक पकी आँखें' के विशेषण से नवाज़े गये आलोचक नामवर सिंह का हिन्दी की बौद्धिक दुनिया का केन्द्रीय व्यक्तित्व बन जाना कम आश्चर्यजनक नहीं है। यह पहली बार हुआ कि कोई आलोचक किसी नगर-क़स्बे में बोलने जाये तो उसे सुनने के लिए छात्रों-अध्यापकों के अतिरिक्त प्रबुद्ध नागरिकों की भी बड़ी भीड़ इकट्ठी हो। यह भी पहली बार हुआ कि नामवर सिंह को सुनने वालों में मार्क्सवादियों के साथ ग़ैर-मार्क्सवादी नागरिकों की एक बड़ी जमात होती थी।

नामवर सिंह ने अपने लिखे से हिन्दी भाषी जनता को जितना शिक्षित किया उससे अधिक अपने व्याख्यानों के ज़रिये उन्होंने यह काम किया। 'कविता के नये प्रतिमान' (1968) के बाद 'दूसरी परम्परा की खोज' (1982) के प्रकाशन के बीच एक लम्बा अन्तराल है। इस बीच उनकी कोई किताब नहीं आयी। लेकिन वे घूम-घूमकर आसेतु हिमालय व्याख्यान देते रहे। किताब नहीं आ रही थी और व्याख्यानों की संख्या बढ़ती जा रही थी जिसे देखते हुए विरोधियों ने व्यंग्य में उन्हें 'वाचिक परम्परा का आलोचक' कहना शुरू किया। ऐसा कहने वालों की मंशा यह होती थी कि नामवर सिंह लिखते नहीं, सिर्फ़ बोलते हैं। लेकिन आगे चलकर प्रशंसक ही नहीं, विरोधी भी यह महसूस करने लगे कि व्याख्यान भी जनता के बौद्धिक शिक्षण का एक माध्यम हैं। कवि नागार्जुन ने नामवर सिंह की भाषण-कला की प्रशंसा करते हुए और नामवर -विरोधियों को जवाब देते हुए जो कहा है वह देखने लायक है। नागार्जुन कहते हैं : "अपने देश में आम जनता तक बातों को ले जाने की दृष्टि से, पुस्तकों से दूर कर दिये गये लोगों तक विचारों को पहुँचाने के लिए लिखना जितना ज़रूरी है, उससे .ज्यादा ज़रूरी है बोलना। स्थापित (और स्थावर भी) विश्वविद्यालयों की तुलना में यह जंगम विद्यापीठ .ज्यादा ज़रूरी है। नामवर इस जंगम विद्यापीठ के कुलपति हैं। इस विद्यापीठ का कोई मुख्यालय नहीं होता। यह जगह-जगह जाकर ज्ञान का वितरण सत्र आयोजित करता है।" इधर के वर्षों में उनके व्याख्यानों के लिखित रूप जो पुस्तकाकार आये हैं उनसे पता चलता है कि उन्होंने अपने व्याख्यानों को विश्वविद्यालय और उसके बाहर की दुनिया के बीच जन-संवाद का कितना बढ़िया माध्यम बनाया। अब तक हिन्दी में यह काम कोई दूसरा आलोचक नहीं कर पाया था। इस रूप में नामवर सिंह के आलोचक व्यक्तित्व का विस्तार हुआ। वे 'पब्लिक इंटेलेक्चुअल' कहे जाने लगे।

'छायावाद' (1955) तथा 'इतिहास और आलोचना' (1957) से नामवर सिंह के आलोचक व्यक्तित्व की पहचान बनी। 'कहानी : नयी कहानी' (1964) और 'कविता के नये प्रतिमान' (1968) के ज़रिये वे आलोचक के रूप में प्रतिष्ठित हुए।

'दूसरी परम्परा की खोज' (1982) से वे हिन्दी आलोचना की बहस के केन्द्र में वर्षों तक बने रहे। 'वाद-विवाद-संवाद' (1989) के ज़रिये उन्होंने अपने विवादप्रिय आलोचक व्यक्तित्व को बनाये रखा। 'आलोचना' पत्रिका का कई दशकों तक उन्होंने सम्पादन किया और नयी आलोचनात्मक समझ का विकास किया। इन सब कामों के ज़रिये हिन्दी आलोचना को भारतीय सन्दर्भों के साथ वैश्विक साहित्यिक समझ से जोड़ने और नयी पीढ़ी के आलोचकों के बौद्धिक क्षितिज का विस्तार करने में नामवर सिंह का ऐतिहासिक योगदान है।

छायावाद को लोगों ने अबूझ पहेली बना रखा था। शान्तिप्रिय द्विवेदी, नन्ददुलारे वाजपेयी और नगेन्द्र के छायावाद सम्बन्धी लेखन के बावजूद वह हिन्दी पाठक के सामान्य बोध का हिस्सा नहीं बना था। रामविलास शर्मा के निराला सम्बन्धी लेखन से कवि निराला का महत्त्व सामने आ रहा था, छायावाद तब भी हिन्दी पाठक की समझ से लगभग बाहर था। 'छायावाद' नामक अपनी पुस्तक के ज़रिये इस नयी काव्य प्रवृत्ति को नामवर सिंह ने बड़े परिप्रेक्ष्य में रखकर देखा। छायावादी कविता में 'राष्ट्रीय जागरण का पर्याप्त आभास' देखने वाले इस युवा आलोचक ने लिखा : "छायावाद के काव्य सौन्दर्य के विवेचन से स्पष्ट है कि यह सारा सौन्दर्य व्यक्ति की स्वाधीनता की भावना से उत्पन्न हुआ है। और वह स्वाधीनता भी व्यक्ति के माध्यम से सम्पूर्ण समाज की स्वाधीनता की अभिव्यक्ति है...छायावाद की कविताएँ अपने पीछे एक विशाल परिदृश्य का पता देती हैं। छायावाद में जो सार्वभौम और शाश्वत तत्त्व दिखायी पड़ते हैं वे सौन्दर्यशास्त्र के किसी अलौकिक नियम से नहीं आये हैं। बल्कि उसके ऐतिहासिक कार्यों के ही पुरस्कार हैं।" छायावाद को भक्तिकाव्य के समान महत्त्व देते हुए नामवर सिंह ने कहा कि 'यह गौरव असाधारण' है।

नामवर सिंह की प्रगतिशील आलोचक के रूप में पहचान उनकी पुस्तक 'इतिहास और आलोचना' से बनी। वह शीतयुद्ध का ज़माना था। हिन्दी में भी प्रगतिशील और ग़ैर-प्रगतिशील जमात के बीच अन्तर्वस्तु और रूप को लेकर तीखी बहस चल रही थी। 'इतिहास और आलोचना' के अपने लेखों के ज़रिये युवा नामवर सिंह ने प्रगतिशील मोर्चे का नेतृत्त्व किया। इस किताब के कारण प्रगतिशील जमात में उन्हें व्यापक लोकप्रियता और प्रतिष्ठा मिली। लेकिन बाद के वर्षों में नयी कविता पर बात करते हुए ग़ैर-प्रगतिशील कवियों—रघुवीर सहाय, सर्वेश्वर, श्रीकान्त वर्मा आदि की कविताओं पर भी उन्होंने विचार किया तथा तनाव, विडम्बना आदि को भी कविता के मूल्यांकन में आधार बनाया। उन्होंने कविता की अन्तर्वस्तु के साथ जब उसके रूप पक्ष पर भी ज़ोर दिया तो प्रगतिशील जमात

में उनके प्रतिमान विवाद के घेरे में आ गये। 'कविता के नये प्रतिमान' की कड़ी आलोचना प्रगतिशील जमात में हुई। नामवर सिंह पर रूपवाद के आरोप लगे। उनकी यह आलोचना-पुस्तक मार्क्सवाद से उनके विचलन के रूप में देखी जाने लगी। लेकिन विचलित हुए बिना वे अपनी राह चलते रहे और ग़ैर-प्रगतिशील कवियों-कहानीकारों को भी पसन्द किये जाने के कारण बराबर विवाद के केन्द्र में रहे।

नामवर सिंह की पूरी आलोचना यात्रा नये रास्ते की खोज है। हिन्दी में जो इकहरी मार्क्सवादी समझ उस ज़माने में काम कर रही थी, उसे बदलने में मुक्तिबोध के साथ नामवर सिंह ने भी महत्त्वपूर्ण भूमिका निभायी। इस क्रम में वे रूढ़िवादी मार्क्सवादियों से टकराने में भी न हिचके और ग़ैर-मार्क्सवादी लेखकों से संवाद करने से भी उन्होंने परहेज़ नहीं किया। अपने समकालीनों में विजयदेव नारायण साही से उनका आलोचनात्मक संवाद हमेशा बना रहा तो अंग्रेज़ी के एफ़.आर. लीविस भी उनके प्रिय आलोचक थे। नामवर सिंह ने मार्क्सवादी साहित्य चिन्तकों से तो सीखा ही, ग़ैर-मार्क्सवादी साहित्य चिन्तन का भी सर्वोत्तम उनके सामने था। मुक्तिबोध की तरह ग़ैर-प्रगतिशील लेखकों की कला सम्बन्धी समझ से सीखने में उन्होंने कभी परहेज़ नहीं किया। पाब्लो नेरुदा और मुक्तिबोध जैसे मार्क्सवादी माने जाने वाले कवियों की तरह कविता में तनाव को देखने की आलोचनात्मक पहल उन्होंने की तथा कविता की परख के लिए यथार्थवाद को आत्यन्तिक रूप से आधार कभी नहीं बनाया।

नामवर सिंह मूलतः कविता के आलोचक माने जाते हैं। मित्रों, ख़ासतौर से भैरव प्रसाद गुप्त के आग्रह पर वे कहानी आलोचना के क्षेत्र में आये। लेकिन जिस संलग्नता के साथ उन्होंने कहानी समीक्षा की एक पद्धति विकसित की, उसका ऐतिहासिक महत्त्व है। नामवर सिंह के पहले कहानी समीक्षा की कोई पद्धति नहीं थी। कहानी के तत्त्वों के आधार पर समीक्षा लिखी जाती थी। नामवर सिंह ने उस यान्त्रिक विश्वविद्यालयी ढाँचे से कहानी-समीक्षा को निकाला और उसे नयी ज़मीन पर रखकर देखा। उन पर आरोप लगे कि उन्होंने कविता के आलोचनात्मक टूल्स का इस्तेमाल कहानियों के मूल्यांकन में किया है। उन्होंने काव्यात्मकता, संगीतात्मकता आदि की चर्चा की, लेकिन सबसे अधिक ज़ोर उनका 'कहानीपन' और कहानी में आते संवेदनात्मक बदलावों पर था। कहानी में नवीनता की खोज का उनका आग्रह बराबर बना रहा। इस बात की उन्होंने परवाह नहीं की कि कौन प्रगतिशील जमात का कहानीकार है और कौन नहीं। नयी कहानी पर विचार के क्रम में जहाँ निर्मल वर्मा, उषा प्रियंवदा आदि की

नवीनता को उन्होंने रेखांकित किया, वहीं बहुत से प्रगतिशील कहे जाने वाले कहानीकारों को वह महत्त्व नहीं दिया जिसकी अपेक्षा प्रगतिशील जमात को थी। नामवर सिंह की आलोचनात्मक पहल के कारण कहानी हिन्दी की प्रमुख विधा के रूप में देखी जाने लगी। ठीक ही विजयमोहन सिंह ने उन्हें 'हिन्दी कहानी का प्रथम विधिवत आलोचक' कहा है।

नामवर सिंह मानते थे कि आलोचक की असली पहचान यह है कि वह किन रचनाओं को चुनता है और उनसे किन अंशों को रेखांकित करता है। रचना के मर्म का रेखांकन किसी भी आलोचक की आलोचनात्मक समझ का प्रमाण है। यदि वह अच्छी और ख़राब रचना में फ़र्क़ नहीं करता है तो वह साहित्य सिद्धान्त की चाहे जितनी ऊँची बातें करे, वह अच्छा आलोचक नहीं माना जायेगा। इस अर्थ में आलोचक नामवर सिंह का लोहा उनके प्रतिपक्षियों ने भी माना। रामचन्द्र शुक्ल जितने बड़े साहित्य चिन्तक थे उतने बड़े रचना के मर्मी आलोचक भी थे। कविता के मार्मिक अंशों की पहचान में शुक्ल जी का जोड़ नहीं है। शुक्ल जी के बाद जिस आलोचक ने साहित्य सिद्धान्त के साथ रचना के मर्म का उद्‌घाटन किया, वे नामवर सिंह हैं। यही कारण है कि समकालीन से लेकर नयी पीढ़ी तक के रचनाकार नामवर सिंह की आलोचनात्मक राय को महत्त्व देते रहे। यह अकारण नहीं है कि तमाम विवादों के बावजूद प्रगतिशील-ग़ैर प्रगतिशील दोनों खेमों में वे आकर्षण के केन्द्र बने। यह सम्मान कोई दूसरा मार्क्सवादी आलोचक हासिल नहीं कर सका। नामवर सिंह मानते थे कि मार्क्सवादी आलोचना की सार्थकता तब है जब मार्क्सवादी विशेषण की उसे ज़रूरत न रह जाये।

नामवर सिंह अपने युग की रचनात्मक मनीषा की अगली नोक की पहचान पर बल देने वाले आलोचक हैं। वे रचना में आती नयी-से-नयी मानवीय संवेदना को रेखांकित करना आलोचक का धर्म मानते हैं। वे किसी आलोचक के निष्कर्ष को महत्त्वपूर्ण मानने की जगह उसके पीछे जो चिन्तन प्रणाली है उस पर ज़ोर देते हैं। 'समकालीन आलोचना की समस्याएँ' शीर्षक अपने एक प्रकाशित व्याख्यान में अपनी आलोचना सम्बन्धी धारणा पर प्रकाश डालते हुए उन्होंने कहा है : "...आलोचक के निष्कर्ष महत्त्वपूर्ण नहीं हुआ करते, निष्कर्ष के पीछे जो चिन्तन-प्रणाली है, वह महत्त्वपूर्ण हुआ करती है। इसके साथ ही एक और चीज़ होती है तर्क और युक्ति। तर्क और युक्ति और मूल्य प्रणाली के साथ ही किसी आलोचक की पहचान उसकी संवेदनशीलता से जानी जाती है, आँकी जाती है।" किसी कवि पर बहुत बड़ा पोथा कोई आलोचक लिख सकता है, लेकिन पूरा ग्रन्थ पढ़ने के बाद भी कभी-कभी पता नहीं लगता है कि सचमुच

इस कवि की दो पंक्तियाँ ऐसी नयी, मौलिक खोजकर उसने निकाली हों जिन पर किसी की नज़र न गयी हो। इसलिए अपने तईं मैंने आलोचना पुस्तकों के बारे में एक नुस्खा यह बना रखा है : किसी कविता की आलोचना-पुस्तक है तो उसके उद्धरणों में देखता हूँ कि उसमें वही उद्धरण तो नहीं दिये गये हैं, जो दूसरे आलोचकों ने दिये हैं, या आलोचक ने एक पंक्ति ऐसी भी उद्धृत की है, जो और पुस्तकों में नहीं है। आचार्य रामचन्द्र शुक्ल के इतिहास को जाँचना हो तो उसमें कवियों की, उदाहरण के रूप में दी हुई रचनाओं को देखिए। उससे समझ में आयेगा कि यह वह आदमी है, जो समूचे हिन्दी साहित्य से चुनकर उद्धरण रखता है। कहा भी गया है कि हिन्दी साहित्य में 'गोल्डेन ट्रेजरी' कोई तैयार नहीं की गयी, लेकिन आचार्य रामचन्द्र शुक्ल का जो इतिहास है, स्वयं हिन्दी काव्य की 'गोल्डन ट्रेजरी' है। यह अचूक पहचान है, अच्छे आलोचक की। युक्ति हो, सिद्धान्त हो, मानदण्ड हो, ज्ञान हो, विद्वता हो, सारी चीज़ें हों, लेकिन यह मूलवस्तु ग्रहणशीलता, संवेदनशीलता—यदि आलोचक में नहीं है, तो वह चाहे जितना बड़ा पण्डित हो, विद्वान हो, शोधक हो, वह आलोचक नहीं है।" यह लम्बा उद्धरण देने का एक ही तात्पर्य है कि साहित्यिक आलोचना से नामवर सिंह का जो आशय है उसे समझा जा सके।

ठसपन और अतिशय सुसंगतता आलोचक नामवर सिंह की फितरत नहीं थी। इसलिए प्रारम्भ में जिस कहानीकार निर्मल वर्मा को वे नयी कहानी के केन्द्र में रखते रहे और 'परिन्दे' को नयी कहानी का प्रथम रचनात्मक विस्फोट माना और जिसकी विषयवस्तु एवं कला की भूरि-भूरि तारीफ़ की, उसी निर्मल वर्मा की बाद की रचनात्मक परिणतियों को उन्होंने 'बाबावाद' कहकर तीखी आलोचना की। 'कविता के नये प्रतिमान' में कवि अज्ञेय उनके निशाने पर थे। लेकिन बाद के वर्षों में अज्ञेय की कविता के वे प्रशंसक हो गये। कभी जिस 'असाध्य वीणा' में उन्हें सबकुछ बासी नज़र आया था, वही 'असाध्य वीणा' उन्हें अच्छी कविता लगने लगी। अज्ञेय की 'नाच' कविता की उन्होंने अनेक गोष्ठियों में मार्मिक व्याख्या की और तनी हुई रस्सी पर चलते हुए एक नट का जो तनाव होता है उस रूपक से अज्ञेय के कवि व्यक्तित्व को जोड़ा।

जिस मुक्तिबोध को नामवर सिंह नयी कविता का केन्द्रीय और शीर्ष व्यक्तित्व साबित कर चुके थे उसी मुक्तिबोध की काव्यभाषा को लेकर बाद के वर्षों में वे प्रशंसक नहीं रह गये थे। 'दूसरी परम्परा की खोज' के ज़रिये आलोचक-इतिहासकार हज़ारी प्रसाद द्विवेदी के क्रान्तिकारी व्यक्तित्व को गढ़ने वाले नामवर सिंह ने रामचन्द्र शुक्ल की रचनावली का सम्पादन किया और महान

आलोचक के रूप में उन्हें प्रतिष्ठित किया। उन्होंने रामचन्द्र शुक्ल के इतिहास पर टिप्पणी करते हुए लिखा : "आचार्य रामचन्द्र शुक्ल का इतिहास उन ग्रन्थों में से है जिन्हें मैं नित्य पढ़ता हूँ। ...हिन्दी साहित्य का कोई विद्यार्थी यदि आचार्य रामचन्द्र शुक्ल के इतिहास को नियमित रूप से नहीं पढ़ता है, तो मैं उसे हिन्दी साहित्य का अधिकारी अध्येता नहीं मान पाता"। आचार्य शुक्ल की आलोचना की प्रशंसा करते हुए उन्होंने लिखा : "हिन्दी साहित्य का पहला व्यवस्थित इतिहास लिखने वाले, आचार्य शुक्ल अपने युग के सबसे जागरूक आलोचक थे—बल्कि वे मूलतः आलोचक ही थे। उनके 'इतिहास' का स्थायित्व उनके आलोचनात्मक मूल्यांकन के कारण है।" उनके महत्त्व पर और अधिक ज़ोर देते हुए उन्होंने लिखा : "यह हिन्दी आलोचना का सौभाग्य है कि उसकी प्रतिष्ठा एक ऐसे समालोचक द्वारा हुई, जो शुद्ध साहित्यिक आलोचक नहीं था, सिर्फ़ अलंकार और रस की मीमांसा करने वाला काव्य विवेचक नहीं था, बल्कि साहित्य को व्यापक सामाजिक सन्दर्भों में देखने वाला और साहित्य की सामाजिक सार्थकता की प्रतिष्ठा करने वाला आलोचक था। आचार्य रामचन्द्र शुक्ल दुनिया के महान आलोचकों के समान ही भारत के पहले गम्भीर समालोचक दिखायी पड़ते हैं।"

'दूसरी परम्परा की खोज' को आधार बनाकर अब जो लोग हिन्दी आलोचना में शुक्ल बनाम द्विवेदी का खेल खेलते हैं, वे खेलते रहें, अज्ञेय बनाम मुक्तिबोध का भी जो खेल खेलते हैं, वे भी खेलते रहें। नामवर सिंह हिन्दी आलोचना में बनामों के इस खेल में किधर हैं, यह कहना कठिन है। दूसरी परम्परा की खोज करना एक बात है, कबीर की प्रशंसा करना भी एक बात है, नामवर सिंह के लिए महान कवि तो तुलसीदास और महान आलोचक रामचन्द्र शुक्ल ही हैं। इसलिए उनके आलोचना-कर्म में सुसंगतता ढूँढ़ने पर उनके प्रशंसकों को निराशा हाथ लगेगी। अपनी आलोचना-यात्रा के दौरान जो आदमी आत्मावलोकन भी करे और आत्मालोचन के लिए प्रस्तुत भी रहे, वह शत-प्रतिशत सुसंगत हो भी नहीं सकता। अपनी बातचीत में इधर के वर्षों में नामवर सिंह यह स्वीकार करने लगे थे कि 'कविता के नये प्रतिमान' तक उनकी जो आलोचना-यात्रा है, उस पर शीत युद्धकालीन छाया का प्रभाव है। 'इतिहास और आलोचना' नामक अपनी पुस्तक की 'विज्ञप्ति' में 1978 में ही उनकी यह स्वीकारोक्ति आ चुकी थी : "...यह पुस्तक छठे दशक के वैचारिक संघर्ष का एक विवादमूलक दस्तावेज़ है। इस वैचारिक संघर्ष में प्रगति-विरोधी विचारों का जवाब देने में इन निबन्धों ने भी एक भूमिका अदा की थी। प्रकृति से विवादमूलक होने के कारण कुछ स्थलों पर अतिसरलीकरण और अतिरिक्त आग्रह भी मिल सकता है।"

ऐसी स्वीकारोक्ति उसी आलोचक की हो सकती है जो सुसंगतता को आत्यन्तिक रूप से ज़रूरी नहीं मानता और जो अपने को नये तथ्य और सत्य के आलोक में बदलने को तैयार रहता है।

आलोचना को वाद-विवाद-संवाद मानने वाले नामवर सिंह की आलोचनात्मक समझ के निर्माण में निस्सन्देह मार्क्सवाद की बड़ी भूमिका है। उन्होंने न सिर्फ़ मार्क्सवाद को ठीक से पढ़ा था, बल्कि दुनिया-भर के मार्क्सवादी चिन्तकों का भी अध्ययन-मनन किया था। लेकिन सब कुछ को देखने-समझने का उनका अपना नज़रिया था। वे लकीर के फ़क़ीर नहीं थे। मार्क्सवाद की अपनी समझ का उल्लेख करते हुए अपने एक प्रकाशित व्याख्यान 'कार्ल मार्क्स और साहित्य' में वे कहते हैं : "लेनिन ने मार्क्सवाद के तीन मूल स्रोतों का उल्लेख किया है...वे तीन मूल स्रोत हैं—जर्मन दर्शन, ब्रिटिश अर्थशास्त्र और फ्रेंच समाजवाद। मैं एक अरसे से यह अनुभव करता रहा हूँ कि एक चौथा स्रोत और है जिसका उल्लेख किया जाना चाहिए और यह चौथा स्रोत साहित्यिक है। मेरी दृष्टि में वह चौथा स्रोत ग्रीक ट्रेजेडी है।" ग्रीक ट्रेजेडी का प्रसिद्ध चरित्र प्रमथ्यु मार्क्स को बहुत प्रिय था। मार्क्स को ट्रेजेडी का प्रसिद्ध लेखक शेक्सपियर भी बहुत प्रिय था।

दूसरे विद्वानों की तरह नामवर सिंह भी मानते हैं कि मार्क्स ने साहित्य के बारे में जो कहा है वह बहुत महत्त्वपूर्ण है, लेकिन उतना ही महत्त्वपूर्ण है मार्क्स का वह भावबोध जो साहित्य को आत्मसात करके बना था। नामवर सिंह कहते हैं : "साहित्य से प्राप्त होने वाली यह भाव-सम्पदा है साहस, धैर्य, करुणा और क्रोध की मानवीय शक्तियाँ। जब तक मनुष्य में ये गुण न हों तब तक वह क्रान्तिकारी नहीं हो सकता...केवल विचारों से ही यदि क्रान्तिकारी बनते होते, तो अनेक व्यक्ति द्वन्द्वात्मक भौतिकवाद की पोथियों को पढ़कर, उसके जानकार बनकर क्रान्तिकारी के रूप में गली-गली मारे-मारे फिरते।" मार्क्स के निर्माण में साहित्य की भूमिका का यह उल्लेख 1983 में नामवर सिंह ने किया था। लगता है कि वे हिन्दी के उन उत्साही मार्क्सवादियों को, जो उन्हें संशोधनवादी कहते थे, नयी गाँठ लगाते हुए मार्क्सवाद का अधिक रचनात्मक पाठ सौंप रहे थे!

('वागर्थ', अप्रैल 2019)

नन्दकिशोर नवल : आधुनिक कविता के आलोचक

लिखने के लिए नन्दकिशोर नवल ने कई विधाओं में लिखा है, लेकिन वे मूलतः कविता के आलोचक हैं। कविता में भी छायावाद और उसके बाद के काव्य परिदृश्य में उनकी विशेष रुचि थी। उन्होंने निराला की कविता पर शोध-कार्य किया था। निराला की कविता का प्रभाव उनके ऊपर ऐसा पड़ा कि वह उनके रुचि-निर्माण का मुख्य आधार बन गया। वैसे उनके अध्ययन का दायरा बहुत व्यापक था। वे संस्कृत भाषा के कालिदास से लेकर अपभ्रंश के कवियों पर बात कर सकते थे। वे सरहपाद, विद्यापति, तुलसीदास, बिहारी, निराला से लेकर आधुनिक काल तक के कवियों के काव्य-वैशिष्ट्य पर समान रूप से लिखते-बोलते थे। वे यदि निराला के काव्य की अर्थ छवियों को खोलते थे तो संजय कुन्दन, राकेश रंजन आदि युवा कवियों के काव्य-वैशिष्ट्य को भी। हिन्दी कविता पर इतने विस्तार से लिखने और बातचीत करनेवाले आलोचक के रूप में नामवर सिंह के बाद सहज ही नन्दकिशोर नवल का नाम याद आता है।

नवल जी ने सूरदास, तुलसीदास, मैथिलीशरण गुप्त, दिनकर, अज्ञेय, नागार्जुन आदि पर स्वतन्त्र पुस्तकें लिखी हैं और उनकी कविता का नया मूल्यांकन प्रस्तुत करने की कोशिश की है। उन्होंने रघुवीर सहाय, कुँवर नारायण, राजकमल चौधरी, केदारनाथ सिंह आदि पर भी लम्बे-लम्बे लेख लिखे हैं। उन्होंने 'आधुनिक हिन्दी कविता का इतिहास' लिखा है और अपनी पसन्द के कवियों का मूल्यांकन किया है। 'हिन्दी कविता अभी, बिल्कुल अभी' जैसी पुस्तक भी लिखी है और आठवें दशक के प्रमुख कवियों का मूल्यांकन किया है। इसके अतिरिक्त कविता और कवियों पर लिखे हुए निबन्धों की उनकी अनेक किताबें हैं। उन्होंने 'निराला रचनावली' का तो सम्पादन किया ही है, कुछ और पुस्तकों का भी सम्पादन किया है। कुल मिलाकर यह कि नन्दकिशोर नवल ने कविता पर प्रचुर मात्रा में लेखन कार्य किया है, लेकिन आलोचक के रूप में उनकी कीर्ति का मूल आधार

'मुक्तिबोध : ज्ञान और संवेदना' तथा 'निराला : कृति से साक्षात्कार' नामक दो पुस्तकें हैं। अन्य कवियों पर उनके लिखे हुए की कोई भले अनदेखी कर जाये, लेकिन जिसकी भी रुचि निराला और मुक्तिबोध में है, उसे नवल जी की आलोचना से गुज़रना ही होगा। जिस तैयारी के साथ नवल जी ने मुक्तिबोध के कवि-मन में प्रवेश किया है और उनके काव्य-मर्म को उद्घाटित किया है, वह अपूर्व है। लिखने के लिए मुक्तिबोध पर उनके पूर्व रामविलास शर्मा, नामवर सिंह आदि ने भी लिखा है। लेकिन नवल जी ने जितने विस्तार और गहराई से मुक्तिबोध के मनस्विन रूप की खोज की है, वह मुक्तिबोध को नये रूप में हमारे सामने रखता है। इसी तरह निराला पर रामविलास शर्मा का प्रबन्धात्मक लेखन है। अन्य लोगों की लिखी हुई पुस्तकें भी हैं। लेकिन 'निराला : कृति से साक्षात्कार' के ज़रिये नवल जी ने निराला की कविताओं की जो पाठ आधारित आलोचना लिखी है, वह निराला सम्बन्धी समझ को बदलनेवाली और विकसित करनेवाली है।

नवल जी का मानना है कि 'कुछ कवि भावना के साथ ज्ञान को भी महत्त्व देते हैं, कुछ जितना भावना को महत्त्व देते हैं, उतना ज्ञान को नहीं।' इन दोनों तरह के कवियों के उदाहरण हिन्दी कविता के इतिहास में मिल जायेंगे। लेकिन नवल जी की नज़र में मुक्तिबोध ऐसे कवि थे जिनकी कविता में ज्ञान और भावना दोनों समान रूप से मौजूद हैं। नवल जी का कहना है—'मुक्तिबोध कविता में संवेदना के साथ ज्ञान को अनिवार्य मानते थे। इसी कारण उन्होंने कवि द्वारा अपने भीतर विश्व-दृष्टि विकसित करने पर बहुत बल दिया है।' नवल जी का मानना है कि मुक्तिबोध यथार्थवादी कविता के पक्षधर थे, लेकिन उन्होंने आत्मपरकता का निषेध नहीं किया है। उनके अनुसार मुक्तिबोध 'व्यक्तिबद्ध पीड़ाओं से हटकर' रची गयी कविताओं को महत्त्व देनेवाले कवि थे। मुक्तिबोध जीवन के साथ कविता का अनिवार्य सम्बन्ध मानते थे। लेकिन कविता को जीवन का इतिवृत्त बनाने के पक्ष में वे नहीं थे। नवल जी के अनुसार मुक्तिबोध का लेखन प्रगतिशील चेतना का है, लेकिन उसमें परम्परागत प्रगतिशीलता का आधार नहीं खोजा जा सकता। उनके अनुसार मुक्तिबोध बहुत ही गहरे अर्थों में राजनीतिक कवि थे। लेकिन उनकी राजनीति रोज़मर्रा की राजनीति नहीं थी। उनकी राजनीति के मूल में विश्व के शोषित-पीड़ित मनुष्य की मुक्ति का प्रश्न अन्तर्निहित है। उनकी दृष्टि व्यापक है और विश्व मानवता से प्रतिबद्ध है। इस कारण मुक्तिबोध की कविता में 'महाकाव्यात्मक औदात्य और ओजस्विता' सम्भव हो सकी है और वे हिन्दी कविता का नये रूप में विस्तार करते हैं।

रामविलास शर्मा ने अपनी पुस्तक 'नयी कविता और अस्तित्ववाद' में मुक्तिबोध की बहुत ही 'आत्मपरक' आलोचना की थी। रामविलास जी ने मुक्तिबोध को न सिर्फ़ अस्तित्ववाद से प्रभावित माना था, बल्कि उन्हें सिज़ोफ्रेनिक भी करार दिया था। नवल जी ने मुक्तिबोध का मूल्यांकन करते हुए रामविलास शर्मा का न सिर्फ़ खण्डन किया, बल्कि यह भी साबित किया कि मुक्तिबोध अस्तित्ववाद के विरोधी थे। इसी के साथ उनकी कविता की विशेषता बताते हुए नवल जी ने लिखा है : "मुक्तिबोध की कविता जिस तरह अज्ञेय की कविता की तरह 'जड़ाऊ' नहीं, उसी तरह वह नागार्जुन, केदारनाथ अग्रवाल और त्रिलोचन की कविता की तरह सरल भी नहीं। इसका एक मुख्य कारण यह है कि वह प्रायः आकार में लम्बी ही नहीं, प्रकार में जटिल भी है। इस जटिलता का कारण वह गहन वैचारिकता है, जो 'प्रसाद' और 'निराला' के बाद सिर्फ़ मुक्तिबोध में ही दिखलाई पड़ती है, न अज्ञेय में, न किसी अन्य प्रतिष्ठित प्रगतिशील कवि में ही।"

मुक्तिबोध की कविता 'अँधेरे में' की अनेक व्याख्याएँ हुई हैं। रामविलास शर्मा ने इसे कवि के विभाजित व्यक्तित्व का परिणाम माना है। वे 'अँधेरे में' को असफल कविता मानते हैं। नामवर सिंह ने 'अँधेरे में' को 'व्यक्ति अस्मिता की खोज' कहा है। लेकिन नवल जी ने इस कविता की बिल्कुल अलग व्याख्या की है। इस कविता की रचना के पीछे वे फासीवाद की मुख्य भूमिका मानते हैं। यह व्याख्या पिछली सभी व्याख्याओं से अलग है और मुक्तिबोध की इस महान कविता को सही परिप्रेक्ष्य में रखने का काम करती है। आगे चलकर नामवर सिंह ने भी नवल जी की व्याख्या को सही माना और इसकी पृष्ठभूमि में फासीवाद की आशंका से इन्कार नहीं किया।

मुक्तिबोध के प्रसंग में आत्म-संघर्ष की बहुत चर्चा होती है। उनके आत्म-संघर्ष की तरह-तरह से व्याख्याएँ हुई हैं। उनके आत्म-संघर्ष वाले पक्ष पर विचार करते हुए नवल जी ने लिखा है : "मुक्तिबोध को आत्म-संघर्ष का कवि माना जाता है। वे मध्यवर्गीय संस्कारों और सीमाओं से मुक्त होकर सर्वहारा वर्ग से तादात्म्य होना चाहते थे, लेकिन चूँकि यह काम आसान नहीं था, इसलिए वे आत्म-संघर्ष में गिरफ़्तार थे। एक तरफ़ अपने व्यक्तित्व का मोह और दूसरी तरफ़ उसके विसर्जन की आकांक्षा—इसने उन्हें विकट अन्तर्द्वन्द्व में डाल रखा था। ...हमारा निष्कर्ष यह है कि मुक्तिबोध का आत्म-संघर्ष उनका अपना संघर्ष होते हुए भी पूरे सचेत प्रगतिशील मध्यवर्गीय बुद्धिजीवी समुदाय का संघर्ष है और उसका संघर्ष होते हुए भी वह उनका अपना संघर्ष है। यह संघर्ष वस्तुतः वर्ग संघर्ष की छाया है,

जिसकी द्वन्द्वात्मकता उनके यथार्थबोध के साथ बढ़ती गयी है।" मुक्तिबोध के भीतर मौजूद इस द्वन्द्व की चर्चा नवल जी ने ठीक ही की है, लेकिन उनके यहाँ 'अन्तःकरण' की बात भी बार-बार आती है, उसकी अनदेखी अन्य लोगों की तरह नवल जी ने भी की है।

मुक्तिबोध की कविता में प्रगीतात्मक तत्त्व की नवल जी ने चर्चा की है। यह उनकी कविता की विशेषता है। नवल जी के अनुसार : "उनमें वस्तुपरकता और आत्मपरकता का जटिल संयोग देखने को मिलता है, यह तथ्य है। इस कारण उन्होंने न केवल लम्बी कविताओं की रचना की है, बल्कि छोटी कविताएँ भी अच्छी संख्या में लिखी हैं और उनकी लम्बी कविताओं में भी प्रगीतात्मक संवेदना के खण्ड पिरोये हुए हैं।" प्रगीतात्मकता के साथ विश्व-दृष्टि मुक्तिबोध की कविता का वह पक्ष है, जिस कारण उनकी कविता का विचार फलक बहुत व्यापक दिखायी देता है। मुक्तिबोध की विश्व-दृष्टि पर विचार करते हुए नवल जी ने लिखा है : "मुक्तिबोध की विश्व-दृष्टि असन्दिग्ध रूप से मार्क्सवादी थी, लेकिन यह मार्क्सवाद उनके लिए जितना पराया था, उतना ही वह उनका अपना था। वह उनके लिए कोई जड़ सूत्र या रूढ़ विचार प्रणाली तो कतई नहीं था, जो व्यक्ति की अनुभूति, कल्पना और चिन्तन शक्ति को मुक्त करने की जगह परतन्त्र बना देती है।" इसी के साथ यह कहना ज़रूरी है कि मार्क्सवादी विश्व-दृष्टि के बावजूद मुक्तिबोध कम्युनिस्ट रेजिमेंटेशन के ख़िलाफ़ थे। वे पूँजीवाद का विरोध करते थे और मार्क्सवाद में उनकी आस्था थी। प्रश्न है कि किस कम्युनिस्ट रेजिमेंटेशन के? सिर्फ़ हिन्दी में जारी रेजिमेंटेशन के या सोवियत संघ समेत अन्य कम्युनिस्ट देशों में हुई कम्युनिस्ट परिणतियों के भी? नवल जी के मुक्तिबोध सम्बन्धी लेखन में इन प्रश्नों के उत्तर प्रायः नहीं मिलते हैं।

प्रारम्भ में नन्दकिशोर नवल की आलोचना पर प्रगतिशील आलोचना ख़ासतौर से रामविलास शर्मा की आलोचना का गहरा प्रभाव था। ज़ाहिर है कि कंटेंट और फॉर्म के रूढ़ विभाजन के ज़रिये कविता को समझने की कोशिश उनकी आलोचना में मुख्य रूप से दिखायी देती है। यथार्थवादी दृष्टि से कविताओं का मूल्यांकन और उससे प्राप्त निष्कर्ष प्रायः कविता के साथ न्याय नहीं करते। कविता सम्बन्धी नवल जी की आलोचना का पूर्व पक्ष यथार्थवादी दृष्टि की सीमाओं से घिरा हुआ लगता है। लेकिन धीरे-धीरे वे इस प्रभाव से मुक्त होते हैं और उनका झुकाव पाठ केन्द्रित आलोचना की ओर होता है। उनके लेखन में यह मोड़ सोवियत संघ के पतन के बाद आता है। उनके इस आलोचनात्मक प्रयत्न का सर्वोत्तम उदाहरण 'निराला : कृति से साक्षात्कार' नामक किताब है।

इसके अतिरिक्त अन्य पुस्तकें भी हैं, जो उनके आलोचनात्मक लेखन में आये तेज़ और झटकेदार मोड़ का प्रमाण देती हैं। आगे का उनका आलोचनात्मक लेखन इसी दिशा में है। हालाँकि पाठ आधारित आलोचना की अपनी सीमाएँ हैं। उसके ज़रिये कविता के पूरे आशय को नहीं समझा जा सकता। यह बात नवल जी जानते हैं और उन्होंने यह बात स्वीकार भी की है : "पाठ आधारित आलोचना की अपनी सीमाएँ हैं। इसमें रचना की जो क्लोज स्टडी की जाती है, वह अध्येता को इसकी इजाज़त नहीं देती कि रचना को उससे हटकर, दूर स्थित होकर, सम्पूर्ण रूप में देखा जा सके। अध्येता प्रायः रचना के छोटे-छोटे और नज़दीकी ब्योरों में उलझकर रह जाता है। यह आलोचना रचना के अदृश्य पक्षों का उद्घाटन नहीं कर पाती, न ही वह आलोचक की अन्तर्दृष्टि से रचना की सर्वथा नवीन व्याख्या कर पाठकों को चमत्कृत कर पाती है।" यह स्वीकार करने के साथ नवल जी ने निराला की कुछ प्रसिद्ध कविताओं की व्याख्या की है। नवल जी का मानना है कि निराला की कविता पर कालिदास, तुलसीदास, रवीन्द्रनाथ और शेली का गहरा प्रभाव है। निराला की शब्दावली और बिम्बों से लेकर उनके भावलोक तक पर इन कवियों का प्रभाव है। लेकिन इसी के साथ यह भी सही है कि निराला ने अपने कवि-व्यक्तित्त्व का स्वतन्त्र विस्तार किया है।

'जूही की कली', 'बादल राग', 'जागो फिर एक बार', 'तुलसीदास', 'मित्र के प्रति', 'सरोज स्मृति', 'प्रेयसी', 'राम की शक्तिपूजा', 'सम्राट एडवर्ड अष्टम के प्रति' और 'वन-बेला' इन दस कविताओं की पाठ आधारित आलोचना करते हुए नन्दकिशोर नवल ने बहुत गहराई से इन कविताओं का अर्थ-सन्धान किया है। इन कविताओं की जो व्याख्याएँ उन्होंने की हैं, वे पूर्ववर्ती आलोचकों की व्याख्याओं से अलग और अधिक विश्वसनीय हैं। जैसे 'राम की शक्तिपूजा' की श्रेष्ठता का कारण नवल जी उसमें पायी जाने वाली 'नाटकीयता' को मानते हैं। उनका कहना है : "यह नाटकीयता इसकी घटनाओं में भी है, इसके चरित्रों में भी, इसके भाव में भी और इसमें प्रयुक्त संवादों की भाषा में भी। पूरी कविता एक नाटक की तरह है, जिसमें क्रम-क्रम से सारे दृश्य रंगमंच पर प्रत्यक्ष होते हैं।" इसी के साथ नवल जी इस कविता में पायी जाने वाली उदात्तता की भी चर्चा करते हैं। नवल जी का कहना है : "शक्तिपूजा पत्नी प्रेम की कविता है, जिसका एक अत्यन्त व्यापक सन्दर्भ है—आधुनिक युग में उत्पन्न जनतान्त्रिक चेतना। इसी ने इस कविता को वह सुविस्तृत भावभूमि प्रदान की है, जिससे यह अत्यन्त उदात्त हो गयी है।" अपनी व्याख्या का अन्त करते हुए नवल जी ने लिखा है : "राम की शक्तिपूजा आज खड़ी बोली की सर्वोत्कृष्ट काव्य कृति ही नहीं,

सर्वाधिक उदात्त काव्य कृति के रूप में भी मान्य है। उदात्त कृति की एक पहचान यह भी है कि भिन्न रुचि और संस्कार के व्यक्तियों के भीतर भी वह प्रखर सौन्दर्यानुभूति उत्पन्न करने में समर्थ होती है।"

हिन्दी साहित्य की विभिन्न विधाओं का इतना विकास हो चुका है कि अब किसी एक व्यक्ति के लिए अकेले इसका इतिहास लिखना सम्भव नहीं है। हिन्दी कविता का भी परिसर इतना विस्तृत हो चुका है कि एक पुस्तक के ज़रिये उसके इतिहास को किसी एक व्यक्ति द्वारा प्रस्तुत नहीं किया जा सकता। इसलिए अब समय आ गया है कि अलग-अलग कालखण्डों का और अलग-अलग विधाओं का इतिहास अलग-अलग विद्वानों द्वारा लिखा जाये। शायद इसी को ध्यान में रखते हुए नन्दकिशोर नवल ने 'आधुनिक हिन्दी कविता का इतिहास' नामक पुस्तक लिखी है, जिसमें भारतेन्दु से लेकर साठोत्तरी पीढ़ी के धूमिल तक को शामिल किया गया है। इसमें शुक्ल जी के इतिहास की तरह प्रवृत्तियों के आधार पर काल विभाजन न करके हिन्दी कविता के विकास-क्रम के आधार पर कवियों का विवेचन किया गया है। कोई चाहे तो इसे 'आधुनिक हिन्दी कविता का इतिहास' न कहकर 'आधुनिक हिन्दी कविता का विकास' कह सकता है। सही अर्थों में यह पुस्तक इतिहास न होकर आधुनिक हिन्दी कविता के विकास के पड़ावों को समझने का एक प्रयास है। साहित्य के इतिहास में इतिहासकार की रुचि के महत्त्व से इन्कार नहीं किया जा सकता। लेकिन वह रुचि कुछ कवियों को शामिल करने और कुछ कवियों को छोड़ देने की दिशा में सक्रिय दिखे तो वह इतिहास की बड़ी सीमा बन जाती है। आधुनिक हिन्दी कविता के इस इतिहास को पढ़ते हुए यह बात ध्यान में आती है।

'हिन्दी कविता : अभी, बिल्कुल अभी' नवल जी की महत्त्वपूर्ण आलोचना पुस्तक है। इसमें आठवें दशक के महत्त्वपूर्ण नौ कवियों—विनोद कुमार शुक्ल, विष्णु खरे, राजेश जोशी, मंगलेश डबराल, आलोक धन्वा, श्याम कश्यप, ज्ञानेन्द्रपति, उदय प्रकाश और अरुण कमल—की काव्य-यात्रा का अध्ययन प्रस्तुत किया गया है। हर दौर अपना आलोचक लेकर आता है। एक ही आलोचक हर पीढ़ी के साथ न्याय नहीं कर सकता। कहा जा सकता है कि नन्दकिशोर नवल आठवें दशक की कविता के विशिष्ट आलोचक हैं। यह आलोचना-पुस्तक इन कवियों का अलग-अलग काव्य संसार लेकर हमारे सामने तो आती ही है, वह हिन्दी कविता में आये नये बदलावों को भी रेखांकित करती है। जिन कवियों को नवल जी ने शामिल किया है और जिन कवियों को छोड़ दिया है, उनमें से कुछ नामों को लेकर बहस हो सकती है और कहा जा सकता है कि यह आलोचक

की निजी पसन्द है। कोई पूछ सकता है कि श्याम कश्यप क्यों शामिल किये गये हैं और वीरेन डंगवाल, गिरधर राठी क्यों छोड़ दिये गये हैं? बावजूद इसके कहा जा सकता है कि धूमिल के बाद के कवियों को और काव्य विकास को समझने में नन्दकिशोर नवल की लिखी हुई इस आलोचना का विशेष महत्त्व है।

'हिन्दी कविता : अभी, बिल्कुल अभी' में पहला निबन्ध विनोद कुमार शुक्ल पर है। धूमिल के बाद आये कवियों में विनोद कुमार शुक्ल का अलग महत्त्व है। उनकी काव्य-शैली सबसे अलग और ध्यान आकृष्ट करनेवाली है। आमतौर से माना जाता है कि वे रूपवादी कवि हैं। लेकिन नवल जी ने यह संकेत किया है कि वे प्रगतिशील कवि हैं। उनकी प्रगतिशीलता का ढाँचा केदार, नागार्जुन और त्रिलोचन वाला नहीं है। वे शमशेर और मुक्तिबोध की तरह जटिल वितान वाले कवि हैं। नामवर सिंह का एक कथन है—'यथार्थवाद कोई शैली नहीं, बल्कि जीवन-दृष्टि है'। नवल जी कहते हैं कि इसको ध्यान में रखते हुए विचार करें तो हम पायेंगे कि विनोद कुमार शुक्ल पारिभाषिक रूप से भले ही प्रगतिशील या जनवादी कवि न हों, लेकिन वे सामाजिकता के व्यापक दायरे के क़रीब है। नवल जी ने लिखा है : "सामाजिकता या सामाजिक चेतना कोई संकीर्ण वस्तु नहीं है। वह मुट्ठी बाँधकर और गला फाड़कर क्रान्तिकारी नारा लगाने में भी नहीं है। वह अत्यन्त व्यापक है, आकाश की तरह, जो हमारे भीतर भी है और बाहर भी है। वस्तुतः समाज से बाहर कुछ भी नहीं है।" इस तरह व्यापक अर्थों में विनोद कुमार शुक्ल को प्रगतिशील कवि मानते हुए नवल जी का कहना है कि उनकी प्रगतिशीलता किसी साँचे में ढली हुई नहीं है।

विष्णु खरे को नवल जी ने 'हिन्दी की प्रचलित काव्य-भाषा के फॉर्म को तोड़ने वाला कवि' कहा है। नवल जी के अनुसार भाषा के फॉर्म को तोड़ने का मतलब उसकी व्याकरणिक व्यवस्था को तहस-नहस करना नहीं है, बल्कि भाषा का नया इस्तेमाल करते हुए उस तरह कविता लिखना है, जिस तरह अब तक नहीं लिखी गयी थी। इसी के साथ नवल जी का यह भी मानना है कि खरे की कविता में यथार्थ चित्रण इतना गहरा होता है कि उन्हें फैंटेसी लिखने की ज़रूरत नहीं होती। राजेश जोशी पर लिखते हुए नवल जी ने कहा है कि धूमिल के बाद की कविता को नया अर्थ देने वाले कवियों में राजेश जोशी प्रमुख हैं। धूमिल में 'आत्मीयता का अभाव' था। राजेश की पीढ़ी 'आत्मीयता और सहजता' लेकर आयी। राजेश की कविता में एक ऐसा जादू है जिसके सौन्दर्य का विश्लेषण आलोचक के लिए चुनौती है। इसी के साथ नवल जी ने राजेश की कविता में रूमानीपन को रेखांकित किया है और कहा है—'रूमानीपन राजेश की कविता

की बहुत बड़ी ताक़त है। वह उनकी दृष्टि को धुँधलाता नहीं, बल्कि उसी के कारण उनके यथार्थ के बिम्बों में एक ताज़गी और अनुभूति में एक नवीनता सम्भव हुई है'।

मंगलेश डबराल की कविता पर विचार करते हुए नवल जी का कहना है कि 'उनमें राजेश जोशी वाली आत्मीयता और सहज सम्प्रेषणीयता नहीं है'। इसी के साथ नवल जी यह भी कहते हैं कि 'मंगलेश में चीख़ और रुदन जिस मात्रा में हैं, उस मात्रा में भूख और दुःख नहीं हैं'। मंगलेश की कविताओं में 'रक्तक्रान्ति' के दर्शन करनेवाले नवल जी तीन कारणों से मंगलेश को महत्त्वपूर्ण कवि मानते हैं—'एक कारण तो यह कि उन्होंने बड़ी सावधानी से अपनी कविताओं को विचारधारा के आरोपण से बचाया है; दूसरा कारण यह कि उन्होंने अनेक बार संकेतों से भी काम लिया है और तीसरा कारण यह कि उन्होंने कभी-कभी सबसे मुक्त होकर जीवन की कविता लिखी है, जो अपने-आप में बेजोड़ है'। आलोक धन्वा को नवल जी 'गतिशील काव्य संवेदना का कवि' मानते हैं। 'सम्प्रेषणीयता' नवल जी की नज़र में आलोक का सबसे बड़ा गुण है। पहले नवल जी मानते थे कि आलोक धन्वा की कविता में रेटॉरिक का गुण है। बाद के वर्षों में नवल जी को आलोक में रेटॉरिक की जगह सम्प्रेषणीयता का गुण दिखने लगा।

ज्ञानेन्द्रपति की कविता में 'एक ताज़गी' दिखायी देती है। इसी के साथ 'नयी भाषा, नये बिम्ब और नयी कल्पना-शक्ति के भी दर्शन होते हैं।' नवल जी के अनुसार ज्ञानेन्द्रपति की काव्य-भाषा मूलतः बिम्बात्मक है। अरुण कमल की कविता के बारे में नवल जी का कहना है : "सर्जनात्मक कल्पना के योग से उन्होंने जो बिम्ब बनाये हैं, वे मोहक तो हैं ही, इस बात का भी प्रमाण देते हैं कि उनका इन्द्रियबोध आज के कवियों में सर्वाधिक तीक्ष्ण है।" अरुण कमल को नवल जी 'स्वतन्त्र स्फुट कविताओं का कवि' कहते हैं। नवल जी यह भी कहते हैं कि 'अरुण जी बिम्ब-कुशल ही नहीं, शब्द-कुशल भी हैं'। अरुण कमल की कविता में नवल जी 'आत्मपरकता' का गुण पाते हैं। लेकिन यह आत्मपरकता 'आत्मग्रस्तता' नहीं है, जिसके कारण अरुण कमल की कविता नया प्रभाव पैदा करती है।

यूँ तो 'हिन्दी कविता : अभी, बिल्कुल अभी' में श्याम कश्यप और उदय प्रकाश पर भी लेख हैं। लेकिन आज हिन्दी कविता जिस मुकाम पर है वहाँ से देखने पर पता चलता है कि यह आलोचक की निजी पसन्द है जो आलोचक की आत्मग्रस्तता की देन है। एक समय में उदय प्रकाश की कविताओं की चर्चा थी। लेकिन बाद में कहानी उनकी मुख्य विधा हो गयी। कई अन्य कवियों की

अनदेखी करके नवल जी ने श्याम कश्यप को रखा है। इसका कारण किसी की भी समझ में शायद ही आये! नवल जी ने राजेश जोशी, उदय प्रकाश और अरुण कमल की कवित्रयी भी बनायी है, जिससे आज शायद ही कोई सहमत हो। समकालीन कविता के आलोचक के रूप में यह उनकी परख की सीमा है।

नवल जी अपनी स्थापनाओं के ज़रिये हिन्दी कविता का नैरेटिव बदलने की जगह उसके पाठ के परिप्रेक्ष्य को सही करनेवाले आलोचक हैं। उनकी आलोचना पढ़ी तो ख़ूब गयी, लेकिन हिन्दी कविता के प्रति पूर्व की धारणा को बदलने में कितनी सहायक हुई, यह कहना अभी मुश्किल है। उन्होंने हिन्दी की महत्त्वपूर्ण लम्बी कविताओं की जो त्रयी बनायी वह हमारा ध्यान खींचती है। उस त्रयी में 'राम की शक्तिपूजा', 'अँधेरे में' और 'मुक्ति प्रसंग' (राजकमल चौधरी) की इतनी गहन और आत्मीय व्याख्या नवल जी ने की है जिसे पढ़कर हिन्दी कविता के विकास का एक नया रूप पाठक के सामने उपस्थित होने लगता है।

'हिन्दी कविता : अभी, बिल्कुल अभी' के प्रारम्भ में अपने प्रिय कवि मुक्तिबोध की कुछ काव्य-पंक्तियाँ नन्दकिशोर नवल ने उद्धृत की हैं—

राहगीर को जैसे राहगीर मिल जाये,
बनजारे को गाहक,
पण्डित को लघुसिद्धान्तकौमुदी
वैसे ही तुम मिले मुझे यह काफ़ी;
भूल-चूक की माफ़ी!

क्या यह एक आलोचक की पसन्द की घोषणा है? अपनी पसन्द को लेकर क्या उसके भीतर संशय है? अपनी आलोचना पर की गयी क्या यह उनकी अपनी ही टिप्पणी है? अपनी पसन्द की आत्मपरकता का भान क्या आलोचक को ख़ुद है? ऐसी आत्मपरकता क्या वस्तुपरक आलोचना के मार्ग में बाधक नहीं है? नन्दकिशोर नवल की आधुनिक कविता पर किये गये लेखन के सन्दर्भ में ये प्रश्न उठेंगे।

('आजकल', सितम्बर 2020)

अशोक वाजपेयी : सृजनात्मक आलोचना के पक्ष में

अशोक वाजपेयी मूलतः कवि हैं। उनकी कविताएँ अपने समकालीनों में अलग तरह की हैं—ख़ासकर अपनी विषय-वस्तु में। इसके अतिरिक्त उन्होंने कविता और कवियों पर बड़ी संख्या में लेख और टिप्पणियाँ लिखी हैं। उनके कारण हिन्दी में बहस और विवाद का माहौल बना रहा है। कहा जा सकता है कि नामवर सिंह के बाद अपने वक्तव्यों और लेखों के लिए विवादों के केन्द्र में रहनेवाले अशोक पहले व्यक्ति हैं। अपने आयोजनों के ज़रिये जहाँ उन्होंने साहित्य के अलक्षित पक्षों की ओर हिन्दी समाज का ध्यान खींचा है, वहीं प्रगतिशील-जनवादी खेमे के सामने बहस की नयी चुनौतियाँ भी उछाली हैं। अज्ञेय के बाद प्रगतिशील-जनवादी मंचों की ओर से सबसे अधिक हमले अशोक वाजपेयी पर हुए हैं। हालाँकि उनसे संवाद करने में उन्होंने कभी कोताही नहीं की। हिन्दी समाज में ग़ैर-कम्युनिस्ट प्रगतिशीलता के खाली स्पेस को भरने में उन्होंने अज्ञेय, साही आदि के बाद सक्रिय भूमिका निभायी। साम्प्रदायिकता विरोधी अपने सक्रिय अभियान के कारण सत्ता को असहज करने वाले आज की तारीख़ में वे हिन्दी के सबसे बड़े कवि-लेखक हैं। भारत के 'पब्लिक इंटेलेक्चुअल' के रूप में हिन्दी समाज की ओर से बोलनेवाले कवि-लेखकों में उनकी आवाज़ सबसे ऊँची है।

साहित्य के अलावा कला, संगीत आदि पर लिखनेवाले अशोक वाजपेयी हिन्दी के ऐसे कवि-आलोचक हैं, जिनसे तुलना के लिए दूसरा नाम ढूँढ़ने के लिए देर तक सोचना पड़ता है। हिन्दी लेखकों में कला और संगीत की बारीक समझ के साथ लिखने-बोलनेवाले बहुत कम लोग हैं। अशोक वाजपेयी अधिकारपूर्वक न सिर्फ़ इन विषयों पर लिखते, बोलते हैं; बल्कि इन विधाओं से जुड़े हुए अपने आयोजनों के ज़रिये हिन्दी की एकरस हो रही अभिरुचि को नित-नवीन बनाने में भी तत्पर रहते हैं। वे साहित्य को विचारधारा का उपनिवेश बनाये जाने के विरुद्ध सतत संघर्षशील रहे हैं और इस बात पर ज़ोर देते रहे हैं कि साहित्य की

स्वायत्तता बनी रहे। उन्होंने इसके लिए लगातार बहस की है और प्रचुर मात्रा में लेखन कार्य किया है। इन कारणों से प्रगतिशील-जनवादी जमात में वे 'कलावादी', 'रूपवादी' और 'अभिजनवादी' लेखक भी कहे जाते रहे हैं। उन पर जो हमले हुए उनका एक कारण उनका भारतीय प्रशासनिक सेवा में होना भी रहा है। लेकिन इस सेवा में रहते हुए उन्होंने कवियों-लेखकों की देखरेख का जो दायित्व निभाया है, वह अनुपम है। इस काम में दक्षिण और वाम का कभी उन्होंने ध्यान नहीं रखा। विचारधारात्मक बाड़ेबन्दी से अलग हिन्दी के अच्छे कवियों-लेखकों को पसन्द करने, उनकी चिन्ता करने का काम उनका ऐसा पक्ष रहा है जो उन्हें एक ऊँचे दर्जे के साहित्य-पारखी का स्थान देता है। 'पूर्वग्रह' जैसी बहसधर्मी और सृजनधर्मी पत्रिका निकालना और उसे खुले मंच के रूप में प्रतिष्ठित करना उनके लोकतान्त्रिक मिज़ाज का उदाहरण है। एक समय में भोपाल को कला और साहित्य के सबसे सक्रिय केन्द्र के रूप में प्रतिष्ठित करने का श्रेय उन्हें जाता है। नयी प्रतिभाओं को पहचानने और उन्हें मंच देने में अशोक वाजपेयी की अग्रणी भूमिका रही है। इन सब कारणों से अशोक वाजपेयी कवि-लेखक के साथ हमारे समय के एक बड़े साहित्यिक नेता के रूप में भी दिखायी पड़ते हैं।

काव्य-रचना के साथ कविता और कवियों पर अशोक वाजपेयी ने जिस मात्रा में और जितनी तल्लीनता के साथ लिखा है, वह उन्हें बड़े आलोचक और काव्य-चिन्तक के रूप में प्रतिष्ठित करता है। कवियों और कविता पर लिखी हुई उनकी लगभग दर्जनभर पुस्तकों से गुज़रने के बाद उनके काम का महत्त्व समझ में आता है। इस रूप में वे सहज ही अज्ञेय, मुक्तिबोध, साही आदि से तुलनीय हैं। उनके समकालीन या बाद के किसी कवि ने शायद ही इतनी मात्रा में गद्य-लेखन किया हो। उन्होंने अपने आलोचनात्मक लेखन से साहित्य सम्बन्धी चिन्तन में नया जोड़ा है और कुछ नयी अवधारणाएँ दी हैं। उनकी स्थापनाओं और निष्पत्तियों से किसी का मतभेद हो सकता है, लेकिन उनकी चिन्ताओं की अनदेखी कोई नहीं कर सकता। अपने आलोचनात्मक लेखन से अशोक वाजपेयी ने हिन्दी की जड़ होती हुई और सुप्त पड़ती हुई मनीषा को बार-बार झकझोरा है और बहस करने के लिए आमन्त्रित किया है। 'फ़िलहाल', 'कुछ पूर्वग्रह', 'कविता का गल्प', 'तीसरा साक्ष्य', 'समय के सामने', ' कुछ खोजते हुए' 'पाव भर जीरे में ब्रह्मभोज', 'सीढ़ियाँ शुरू हो गयी हैं', 'कभी-कभार', 'कविता के तीन दरवाज़े' आदि लगभग एक दर्जन से ऊपर उनकी पुस्तकों से गुज़रने के बाद कोई भी व्यक्ति अशोक से बहस का आमन्त्रण ठुकरा नहीं सकता। वह उस बहस में शामिल होकर हिन्दी समाज और साहित्य की दो-चार सार्थक और बहसतलब अवधारणाएँ तो ले ही सकता है।

अपने प्रथम काव्य संग्रह 'शहर अब भी सम्भावना है' (1968) के लिए अशोक वाजपेयी को जितनी ख्याति मिली, उतनी ही प्रशंसा उनकी पहली आलोचना पुस्तक 'फ़िलहाल' (1970) की हुई। अपने आलोचनात्मक लेखों के इस संग्रह के ज़रिये अशोक वाजपेयी ने हिन्दी कविता सम्बन्धी अपने समय की बहस के सामने कुछ नये प्रश्न नये रूप में रखे। ज़ाहिर है कि हिन्दी संसार का ध्यान युवा लेखक के उस आलोचनात्मक प्रयत्न की ओर गया। ध्यान रहे कि यह वह समय था, जब साही, नामवर सिंह, रघुवीर सहाय, कुँवर नारायण, रामस्वरूप चतुर्वेदी आदि वरिष्ठ कवि-आलोचक कविता सम्बन्धी अपने लेखन से हिन्दी के माहौल को जीवन्त बनाये हुए थे। यह वह समय था जब वरिष्ठ कवि और आलोचक के रूप में अज्ञेय और रामविलास शर्मा की उपस्थिति बनी हुई थी और उनकी रचनात्मक सक्रियता दिखायी पड़ रही थी। ऐसे समय में एक युवा कवि का बहुत ही साहस भरे अन्दाज़ में अपनी आलोचना-पुस्तक लेकर आना और अपनी सार्थकता सिद्ध करना बड़ी बात थी। उस समय के किसी युवा आलोचक की किसी किताब का नाम आज याद भी नहीं आता है, लेकिन 'फ़िलहाल' का महत्त्व आज भी अपनी जगह है। साहित्य की दुनिया में रचनात्मक रूप से सक्रिय युवाओं के लिए पिछले दशकों में 'फ़िलहाल' एक ऐसी आलोचनात्मक कृति रही है जिसमें उन्हें अपना अक्स दिखायी देता है।

अशोक वाजपेयी आलोचक के रूप में सामाजिक यथार्थ के आधार पर साहित्य के मूल्यांकन के तौर-तरीक़ों के कभी समर्थक नहीं रहे। यथार्थवाद जैसे साहित्यिक प्रतिमानों से उनकी दूरी बनी रही। 'सामाजिक यथार्थ से सीधे जुड़े' साहित्य की तरफ़दारी उन्होंने कभी नहीं की। वे रचना को सामाजिक यथार्थ का उपजीव्य बनाये जाने का सतत विरोध करते रहे। आलोचना की भूमिका को रेखांकित करते हुए अशोक जी ने लिखा है : "आलोचना सिर्फ़ रचना का नहीं, उसके माध्यम से मनुष्य का ही साक्षात्कार है। और अगर रचना सामाजिक यथार्थ को अपना उपजीव्य बताती है तो उसकी प्रामाणिकता, विश्वसनीयता और वस्तुपरकता की जाँच किये बिना यह साक्षात्कार सार्थक, बल्कि पूरा भी नहीं हो सकता। हमारी समूची संस्कृति के स्वास्थ्य के लिए यह अनिवार्य है कि आलोचना रचना में सामाजिक यथार्थ को लेकर व्याप्त सरलीकरणों, रूमानियत और राजनीतिक भोलेपन और नैतिक संवेदनहीनता के विरुद्ध लगातार संघर्ष करे ताकि साहित्य में व्यक्त अनुभव, आकलन और समझ राजनीति, विज्ञान, पत्रकारिता, अर्थशास्त्र जैसे अनुशासनों के मुकाबले अवयस्क या अविश्वसनीय न माना जाये जैसा कि इन दिनों अक्सर माना जा रहा है।" इसी के साथ अशोक जी यह मानते हैं

कि सामाजिक यथार्थ से अधिक जुड़ाव के बावजूद समाज में साहित्य का स्थान हाशिये पर का हो गया है, समाज को साहित्य की बहुत चिन्ता नहीं है। इसलिए उनकी नज़र में आलोचना की ज़रूरत है। वे कहते हैं : "आलोचना की एक बुनियादी चिन्ता साहित्य को अन्य अनुशासनों के समकक्ष उसका केन्द्रीय स्थान वापस दिलाने की है और एक ऐसा माहौल और दबाव बनाये रखने की है जिसमें समकालीन रचना आज की हालत की उत्कट, वयस्क, समावेशी और वस्तुनिष्ठ पहचान बने और बनी रह सके।" (आलोचना की ज़रूरत, कुछ पूर्वग्रह, पृ. 57-58)

अपनी आलोचना पुस्तक 'फ़िलहाल' के ज़रिये अशोक वाजपेयी ने आलोचक के रूप में अपनी जो पहचान बनायी उसका मुख्य कारण था कविता के क्षेत्र में समकालीन रचनाशीलता से बातचीत। अपने समय की रचनाशीलता को जितने स्पष्ट और बेबाक ढंग से समझने और उस पर कुछ कहने का जैसा सृजनात्मक साहस उनमें दिखायी देता है, वैसा शायद ही उस समय कहीं मिले। उनका कहना है कि नयी कविता के साथ नया काव्यशास्त्र विकसित हुआ, वह पाठक को रसविभोर या आनन्दित करने वाली कविता नहीं है। उसका ज़्यादातर उद्देश्य पाठक को इस तरह विचलित करना है कि वह समकालीन सचाई को देख सके—"नयी कविता विचलित करनेवाली अन्तर्दृष्टि की कविता है। आदर्श स्थिति में वह हमारे समय में मनुष्य की हालत के हमारे अहसास और समझ को आगे बढ़ाती, मूर्त और गहरा करती है।" (फ़िलहाल, पृ. 166) इसके विपरीत 60 के बाद के वर्षों में युवा कवियों में जो उग्रता दिखायी देती है, उससे काव्य भाषा में 'पौरुष भरा खुरदुरापन और अक्खड़ता' के साथ 'प्रच्छन्न रूमानियत और कामचलाऊ-सी साहसिकता' आयी है और अस्पष्टता बढ़ी है। इस वजह से कवियों की अपनी पहचान गायब हो रही है और काव्य भाषा में एक किस्म की नामहीनता उभर रही है। यह सब कहने के बाद अशोक वाजपेयी ने लिखा : "शायद कमलेश, धूमिल, श्रीराम वर्मा, विनोद कुमार शुक्ल, ऋतुराज आदि युवा कवियों का एक महत्त्व इस बात में ही होगा कि इस नामहीनता के विरुद्ध उन्होंने भाषा को पहचान और प्रासंगिकता देने की, भाषा को अपने नाम देने की, कोशिश की है।" (वही) कहने की ज़रूरत नहीं कि अपने समय की रचनाशीलता के वैशिष्ट्य को उसकी सीमाओं और सम्भावनाशील रचनाशीलता को युवा अशोक वाजपेयी कितनी बारीक नज़र से और कितने सही ढंग से देख रहे थे। कहा जा सकता है कि साठोत्तरी कविता, जिसे अशोक युवा कविता कहते हैं, को समझने की सबसे बढ़िया आलोचना-पुस्तक 'फ़िलहाल' है जिसकी ताज़गी और बेबाक शैली आज भी साहित्य के विद्यार्थी को अच्छी लगती है।

अज्ञेय के प्रशंसक हैं अशोक वाजपेयी। लेकिन अपने समय में उनकी कवि-प्रतिभा की सीमा को खोजना और उनकी चुकती हुई प्रतिभा पर टिप्पणी करना एक युवा आलोचक के साहस का प्रमाण है। अपने बहुचर्चित निबन्ध 'बूढ़ा गिद्ध क्यों पंख फैलाये' में अज्ञेय के 'कितनी नावों में कितनी बार' काव्य-संग्रह के मुहावरे को 'उत्सवधर्मी' कहते हुए अशोक वाजपेयी ने लिखा है : "भाषा पारम्परिक बिम्बों और क्लासिकल मुद्राओं के सहारे गूँथी गयी है। काव्य संसार मिथिकल-सा है लेकिन न तो उसमें मिथकों की तात्कालिक उद्दामता है और न उसकी सघन मानवीयता। बल्कि वह एक ऐसा संसार है जिसमें मानवीय उपस्थिति क्षीण है...दरअसल अज्ञेय की दुनिया नाटकहीन और हवाई-सी हो गयी है। इसका सीधा उदाहरण उनके बिम्ब हैं : वे ज़्यादातर पारम्परिक और अविशिष्ट सामान्य हैं। उनमें न तो निजता है और न ही ठोसपन। बल्कि इस दृष्टि से सारे संग्रह में किसी तरह की ताज़गी का और, इसलिए, सारी क्लासिकल मुद्राओं के बावजूद, भाषा में किसी रचनात्मक उत्तेजना का नितान्त अभाव है।" (फ़िलहाल, पृ. 84) अज्ञेय के कवि व्यक्तित्व में 'अकेलेपन का वैभव' देखने वाले अशोक वाजपेयी की यह टिप्पणी आज किसी को भी चकित कर सकती है, लेकिन सच यही है कि बिना लाग-लपेट के तब यही कहा था।

हिन्दी में यह आम धारणा बनी हुई है और जो प्रगतिशील-जनवादी जमात की ओर से बनायी गयी है कि अशोक वाजपेयी विचार से परहेज़ करने वाले कवि हैं। सचाई क्या है? अशोक यह नहीं मानते कि 'किसी महान विचार से महान कविता' पैदा होती है। विचार से यहाँ उनका तात्पर्य 'विचार-प्रणाली' से है। आगे वे कहते हैं : "शायद बिना विचारों और विचारशीलता के कोई कविता महान नहीं हो सकती।" लेकिन वे 'विचार' को किसी 'विचार-प्रणाली' से जोड़े जाने के ख़िलाफ़ हैं। उनका कहना है कि 'कविता में विचारों का आत्यन्तिक महत्त्व नहीं है'। लेकिन इसी के साथ वे यह भी जोड़ते हैं : "...बिना विचारों के, बिना किन्हीं विचारों में जड़ जमाये, कविता निरी ऐन्द्रिक फुरफुरी या तुच्छ खिलवाड़-भर रह सकती है। विचारहीन कविता कभी भी मनुष्य की हालत की कोई सार्थक पहचान या कोई समझ उत्तेजित नहीं कर सकती।"(विचारों की विदाई, फ़िलहाल, पृ. 131-32) संक्षेप में यह कि कविता के लिए विचार ज़रूरी है, कोई विचार-प्रणाली नहीं। यह कहने के साथ अशोक वाजपेयी ने 'अकविता' को विचारहीन कविता कहा : "...युवा लेखन का एक बड़ा अंश ऐसा है जिसे विचारहीन लेखन कहा जा सकता है। निश्चय ही एक ऐसा भाग भी है जो विचारहीनता की इस नयी दकियानूसी से अलग है और ऐसे भी कई लेखक हैं जिनमें किसी हद तक दोनों

प्रवृत्तियाँ देखी जा सकती हैं। लेकिन पूरे दृश्य पर अधिक आतंक विचारहीन लेखन का है और वह सबसे मुखर है।" (वही)

अशोक वाजपेयी मुख्य रूप से समकालीन कविता के आलोचक हैं। नयी कविता से लेकर पिछली सदी के आठवें दशक तक की कविता में उनकी गहरी पैठ है। उन्होंने आलोचना लिखने का काम नयी काव्य-कृतियों की समीक्षा लिखकर शुरू किया। वे किसी आलोचक के लिए समकालीनता का बोध आवश्यक मानते हैं। लेकिन साहित्य के 'कुछ स्थायी प्रश्नों' का ज्ञान भी आलोचना के लिए ज़रूरी समझते हैं। उनका कहना है : "... कोई भी आलोचना सिर्फ़ समकालीन कृतियों या लेखकों तक सीमित रहकर अन्ततः बहुत महत्त्वपूर्ण नहीं हो सकती। हमेशा आलोचना का काम ऐसी वैचारिक संस्कृति को खोजना और बनाना है जिसमें साहित्य और साहित्य को प्रभावित करनेवाले सभी मानव-व्यापार ठीक से समझे और रखे-परखे जा सकें।" (आठवें दशक की आलोचना, कुछ पूर्वग्रह, पृ.163)। यह काम आलोचना में यदि नहीं हो रहा है तो इसका कारण अशोक की नज़र में यह है कि बहस करनेवाले और प्रश्न उठानेवाले लोग कम हो गये हैं। आलोचक यह करने की जगह 'फ़ैसला' देने लगे हैं; जबकि आलोचक को प्रश्न उठाना चाहिए। फ़ैसला देने वाली प्रवृत्ति ने 'आलोचना को अवमूल्यित कर अभिमत बना दिया' है। इसी के साथ वे यह भी कहते हैं कि वैचारिक संस्कृति में विचारों का जो 'गहरा और सार्थक टकराव' होना चाहिए, वह नहीं है। वैचारिक बहस की दृष्टि से नयी कविता का दौर अशोक वाजपेयी को अधिक सार्थक लगता है, जो सही भी है।

इन सब कारणों से मत-भिन्नता के बावजूद अशोक वाजपेयी को नामवर सिंह की आलोचना अच्छी लगती है। नामवर सिंह मार्क्सवादी थे। इसके बावजूद अशोक को उनकी आलोचना पसन्द आती है तो इसका कारण शुद्ध साहित्यिक है। अशोक लिखते हैं : "यह नहीं है कि नामवर सिंह साहित्य में अन्तर्निहित विचारधारा या राजनीति को नज़रअन्दाज़ करते हैं। 20वीं सदी में साहित्य और जीवन में हुई जद्दोजहद के बाद ऐसा करना बहुत अबोध कर्म होगा। लेकिन यह उनकी केन्द्रीय चिन्ता नहीं है। वे साहित्य को निरी विचारधारा या विचार-निरपेक्ष संरचना में रिड्यूस कर उसे आँकने के प्रलोभन से बराबर बच सके हैं।..." मार्क्सवादी आलोचक नामवर सिंह की आलोचना में जो नयापन है वह अशोक वाजपेयी को प्रिय है। मार्क्सवाद के नाम पर हिन्दी आलोचना में जो एक-सा पन है उसकी जगह नामवर सिंह की आलोचना में अशोक को ताज़गी दिखती है। उस अन्तर को स्पष्ट करते हुए उन्होंने लिखा है : "आज बहुत-सी

आलोचना जो ऐतिहासिक तर्क का सहारा लेती है, अपने व्यवहार में अनैतिहासिक है; वह नितान्त समसामयिकता से इतनी ग्रस्त है कि उसे पन्द्रह-बीस वर्षों पहले के साहित्य से भी कोई मतलब नहीं रह गया है। अलंकरण या शोभा के लिए वह भले किसी प्राचीन का उल्लेख करे पर उसकी दृष्टि समकालीनों को अपनी और गैरों की सूची बाँटने तक ही महदूद है। नामवर सिंह ने यह खेल, जो उन्हें निश्चय ही लोकप्रिय बना सकता है, खेलने से साफ़ इनकार किया है। न केवल उन्होंने हज़ारी प्रसाद द्विवेदी या प्रेमचन्द पर बिल्कुल नये ढंग से सार्थक विचार किया है, बल्कि यह हिम्मत भी दिखायी है कि रघुवीर सहाय, श्रीकान्त वर्मा या निर्मल वर्मा जैसे लेखकों के साहित्य के महत्त्व को गम्भीरता और ज़िम्मेदारी से स्वीकार किया और समझा जाये, भले ही उनकी विचारधारा से वे बिल्कुल असहमत हैं। यह रुचि और दृष्टि का अन्तर्विरोध नहीं है। यह प्रगतिशीलता में रूपवादी रुझान भी नहीं है। यह साहित्य के प्रति लीविस के स्मरणीय शब्दों में 'पिकूलियर कम्प्लीटनेस ऑफ़ रिस्पॉन्स' विकसित करना है" (नामवर सिंह, कुछ पूर्वग्रह, पृ. 184-85)।

आलोचक नामवर सिंह की बहुत-सी बातों का अशोक वाजपेयी ने कड़ा प्रतिवाद किया है, उन्हें 'अचूक अवसरवादी' भी कहा है। लेकिन उन्होंने उनके वैशिष्ट्य की प्रशंसा की है। अपने विरोधी के गुणों की प्रशंसा का संस्कार, जो एक दुर्लभ मानवीय गुण है, अशोक वाजपेयी की आलोचना और आचरण में है। वे नामवर जी को दृष्टिसम्पन्न आलोचक मानते हैं। एक विदेशी लेखक इरविंग होवे के शब्दों का इस्तेमाल करते हुए उन्होंने कहा है : "नामवर सिंह दृष्टि के बंदी नहीं, यायावर हैं।" (वही) साहित्य में शत्रुओं और मित्रों का खेमा बनाने का 'सरल-दिमागीपन' से खेला जानेवाला जो आलोचनात्मक खेल है अशोक वाजपेयी हमेशा उसके विरुद्ध हैं। वे नामवर सिंह को इसलिए भी पसन्द करते हैं कि मार्क्सवादी होने के बावजूद सरल-दिमागीपन से खेले जा रहे आलोचनात्मक खेल में नामवर सिंह शामिल नहीं हैं। नामवर सिंह की आलोचना में जो संवादधर्मी रुझान है उसकी तारीफ़ करते हुए अशोक वाजपेयी ने लिखा है : "...अगर किसी आलोचक ने हिन्दी में संवाद को आलोचना का अध्यात्म बनाया है तो नामवर सिंह ने। कृति की विशिष्टता, अद्वितीयता और वस्तुवत्ता खोजने-पहचानने के जो औज़ार नये रूपवादियों ने विकसित किये, उनका सतर्क और सक्षम इस्तेमाल करते हुए साहित्य को उसकी ऐतिहासिकता और सामाजिक पृष्ठभूमि में स्थित करने और आलोचनात्मक निर्णय को आलोचक की नैतिक और सामाजिक दृष्टि से जोड़कर देखने का काम नामवर सिंह ने किया है और हिन्दी आलोचना को सार्थक परिपक्वता दी है।" (वही, पृ. 185)

कविता के साथ सार्थक आलोचना की चिन्ता करनेवाले कवियों में प्रमुख नाम अशोक वाजपेयी का है। हिन्दी आलोचना में आये ठहराव को देखते हुए पिछली सदी के आठवें दशक में उन्होंने 'पूर्वग्रह' नाम की पत्रिका निकाली। पूर्वग्रह के प्रकाशन के मूल में अशोक की कुछ चिन्ताएँ काम कर रही थीं। पहली तो यह कि 'आठवें दशक तक आते-आते अकादमिक आलोचना अपनी सारी सार्थकता और प्रासंगिकता खो चुकी थी।' उनकी दूसरी चिन्ता थी : "धन्धई आलोचना की हालत भी कोई बेहतर न थी। नयी कविता और नयी कहानी के ज़माने में किसी हद तक यह आश्वासन था कि नयी रचना पर धन्धई आलोचक लगातार नज़र रखे हुए थे और उसके संघर्ष, उपलब्धियों और असफलताओं पर नामवर सिंह जैसे सहृदय और सक्षम आलोचक टिप्पणी करने में बराबर सक्रिय थे। पर आठवें दशक के आते तक ऐसा प्रायः एक भी आलोचक नहीं रह गया जो पूरे परिदृश्य को सहेजने और उसका विश्लेषण कर समझने को उत्सुक या तैयार हो। स्वयं नामवर सिंह दुर्भाग्य से प्रायः चुप और निष्क्रिय हो गये।" (तीसरा साक्ष्य, कुछ पूर्वग्रह, पृ. 164-65)

'अकादमिक' और 'धन्धई' आलोचना से अशोक वाजपेयी का तात्पर्य क्या है? अकादमिक से आशय शायद विश्वविद्यालय के अध्यापकों द्वारा लिखी जा रही आलोचना है जिसके श्रेष्ठ उदाहरण शायद डॉ. नगेन्द्र थे। धन्धई आलोचना से तात्पर्य शायद उस आलोचना से है जो सिर्फ़ आलोचकों द्वारा लिखी जाती है; जैसे रामचन्द्र शुक्ल, नन्ददुलारे वाजपेयी, रामविलास शर्मा, नामवर सिंह, रामस्वरूप चतुर्वेदी आदि। इस तरह धन्धई आलोचना वह हुई जो ऐसे लोगों द्वारा लिखी गयी है जिनका धन्धा ही आलोचना लिखना है, जैसे कवि का धन्धा है कविता लिखना। बहुतों को 'धन्धई' शब्द का प्रयोग ठीक नहीं लगता। शब्द-पारखी अशोक वाजपेयी ने हिन्दी आलोचना की मुख्य विरासत को यह जो नाम दिया वह प्रश्न वाचकचिह्न के घेरे में है। धन्धई की जगह यदि 'पेशेवर आलोचना' कहा जाता तो अधिक ठीक रहता, हालाँकि अर्थ दोनों का एक है। बहरहाल अकादमिक और धन्धई आलोचना से अलग उन्होंने 'सृजनात्मक आलोचना' का प्रस्ताव दिया जो उनके अनुसार आलोचना का 'तीसरा साक्ष्य' है। सृजनात्मक आलोचना लिखनेवाले वे लोग थे जो रचनाकार थे, जिन्होंने आपद्धर्म के रूप में नहीं, रचनाकार का स्वाभाविक कर्म मानकर रचना की तरह ही आलोचना-कर्म किया। ऐसे सृजनधर्मी आलोचकों की जो सूची तब अशोक वाजपेयी ने पेश की थी उसमें निर्मल वर्मा, कुँवर नारायण, मलयज, रमेशचन्द्र शाह, प्रभात कुमार त्रिपाठी आदि के नाम प्रमुख हैं। अशोक जी का मानना था कि धन्धई और अकादमिक

आलोचना ज्यादातर साहसहीन आलोचना रही है। जबकि सृजनात्मक आलोचना में 'कल्पनाशील साहस' है। उसमें 'आन्तरिकता और वैचारिक खुलापन' है। इस कारण वह 'विश्वसनीय और प्रामाणिक' लगती है। आलोचना का यह तीसरा साक्ष्य है जो 'आत्माभियोगी साक्ष्य' की तरह अधिक ज़रूरी और विश्वसनीय है, क्योंकि यह फ़ैसला नहीं देता, उसकी जगह सहानुभूति और हिस्सेदारी का सुख देता है (वही, पृ. 166-67)। अशोक वाजपेयी की इस बात से हमारी सहमति हो, यह ज़रूरी नहीं। लेकिन नामवर सिंह के बाद की हिन्दी आलोचना के बारे में उनकी राय यही है। कोई यह सवाल उठा सकता है कि नवजागरण सम्बन्धी बहस रामविलास शर्मा तक ही ठहरी हुई है या आगे भी उसका विकास हुआ है? भक्तिकाल, रीतिकाल और आधुनिक काल के बहुत-से रचनाकारों के बारे में नये तथ्य और मूल्यांकन सामने आये हैं। क्या यह काम तथाकथित सृजनात्मक आलोचना ने किया है? या इसमें कुछ भूमिका 'अकादमिक' और 'धन्धई' आलोचना की भी है?

अशोक वाजपेयी आलोचना में बनामों के खेल को नहीं पसन्द करते। प्रेमचन्द बनाम जैनेन्द्र, प्रसाद बनाम प्रेमचन्द, अज्ञेय बनाम मुक्तिबोध आदि बनामों का हिन्दी आलोचना में रामविलास शर्मा और नामवर सिंह के सौजन्य से जो सिलसिला शुरू हुआ उसमें अशोक जी की कोई रुचि नहीं है। वे अपने साहित्यिक जीवन के प्रारम्भ से अज्ञेय, शमशेर और मुक्तिबोध को नयी कविता की बृहत्त्रयी के रूप में प्रतिष्ठित करते रहे। अशोक जी का ज़ोर उनकी भिन्नता के साथ उनकी विशिष्टता की खोज पर रहा। उनका मानना है कि एक ही काव्य आन्दोलन में शामिल होने के बावजूद इन तीनों का काव्य स्वर अलग-अलग था और यही इनकी काव्यगत विशिष्टता थी। इन तीनों के वैशिष्ट्य पर प्रकाश डालते हुए अशोक जी ने लिखा है : "...अज्ञेय के यहाँ व्यक्ति की स्वाधीनता की खोज है, मुक्तिबोध के यहाँ सामाजिक मुक्ति के लिए विकलता है और शमशेर 'आत्मा का कल्पतरु' बनाना चाहते हैं। तीनों अलग-अलग साहित्य का नया शास्त्र खोजने-गढ़ने और परिभाषित करने की चेष्टा करते हैं। अज्ञेय नये व्यक्तित्व और व्यक्ति की गरिमा का आग्रह करते हैं पर यह व्यक्ति समाज-निरपेक्ष नहीं है। मुक्तिबोध नयी सामाजिकता की खोज पर बल देते हैं पर यह व्यक्ति-निरपेक्ष नहीं है। शमशेर समाज और व्यक्ति के द्वन्द्व के प्रति सजग रहकर नया सौन्दर्य प्रस्तावित करते हैं।" (कविता के तीन दरवाज़े, पृ. 11)

नयी कविता के उन तीन श्रेष्ठ कवियों का अशोक जी का यह मूल्यांकन रामविलास शर्मा, नामवर सिंह आदि से भिन्न और सकारात्मक है। इन तीनों की कुछ अन्य विशेषताओं की चर्चा करते हुए अशोक जी ने लिखा है :

"...अज्ञेय आत्मबोध और आत्मान्वेषण के कवि हैं तो मुक्तिबोध आत्मालोचन और आत्माभियोग के। शमशेर आत्मविलोपन के कवि हैं...तीनों ही विषय, भाषा, शिल्प, लय आदि में प्रयोगधर्मी हैं। अज्ञेय ने सबसे अधिक छन्द प्रयोग किये, सवैया से लेकर मुक्त छन्द तक। पर उनकी कविता ज्ञात गोत्र की कविता है : उसमें सुगठन, अदम्य विवक्षा और सही शब्द की खोज का शास्त्र विन्यस्त होता है। मुक्तिबोध की कविता गोत्रहीन कविता है—उसका पहले कोई मॉडल नहीं है। उबड़-खाबड़पन, असमाप्यता और अटपटेपन का शास्त्र उनके यहाँ रूप लेता है। शमशेर हिन्दी का गोत्र बढ़ाकर उसमें उर्दू का उत्तराधिकार भी शामिल करते हैं।" (वही, पृ. 12) इस तरह तीनों के वैशिष्ट्य को बतलाते हुए अशोक जी अज्ञेय को 'रूप' का, मुक्तिबोध को 'विरूप' का और शमशेर को 'बेहद नाज़ुक रूप' का कवि बतलाते हैं। तीनों में 'प्रश्नवाचकता' है। अशोक जी की नज़र में 'तीनों हिन्दी आधुनिकता के आलोचक-निर्माता हैं'। संक्षेप में यह कि तीनों कवियों की उपस्थिति अलग-अलग ढंग से सभ्यता समीक्षा का निर्माण करती है। ये तीनों ऐसी आधुनिकता गढ़ते हैं जो 'मुक्तिकामी' है। जिसमें मानव अस्तित्व, समाज और आत्मा की मुक्ति की चिन्ता है। (वही, पृ. 14-15)

इन तीनों में समानता और विषमता विद्यमान हैं। उन्होंने अपने रचनाकर्म के ज़रिये जो किया वह 'गहरे और समझदार अर्थ में क्रान्तिकारी' है। ये तीनों हमारे लिए ज़रूरी है। अशोक जी के शब्द हैं : "...हमारा काम उनमें से किसी एक से पूरा नहीं पड़ता : हमें अज्ञेय की कविता जैसा सुगठित वितान भी चाहिए, शमशेर की कविता जैसी सौन्दर्य की रंगभूमि भी अभीष्ट है और मुक्तिबोध की कविता जैसा खुरदुरा यथार्थ और बीहड़ स्थापत्य भी। हमारा अकेले अज्ञेय, अकेले मुक्तिबोध, अकेले शमशेर से काम नहीं चल सकता। अपने समय की सचाई और समाज को समझने, शब्द और भाषा की अपार सम्भावनाओं को खोज सकने के लिए हमें तीनों चाहिए। उनमें कोई भी दूसरे या तीसरे का स्थानापन्न नहीं है, न हो सकता है" (वही, पृ. 16)।

यह आलोचना-विवेक अपने पूर्ववर्ती आलोचकों विजयदेव नारायण साही, नामवर सिंह आदि से भिन्न है और बनामवादी आलोचना से अप्रभावित है। यही कारण है कि अज्ञेय, शमशेर और मुक्तिबोध के अतिरिक्त रघुवीर सहाय, कुँवर नारायण, साही, सर्वेश्वर, श्रीकान्त आदि कवियों को पसन्द करनेवाले अशोक वाजपेयी ने घोषित प्रगतिशील नागार्जुन, केदार, त्रिलोचन आदि को सम्मानित करने में कभी कोताही नहीं की। केदार के बारे में उनका यह कथन इस बात का प्रमाण है : "...केदारनाथ अग्रवाल की कविता इस अर्थ में सिर्फ़ आदमी की

दुनिया की कविता नहीं है, बल्कि उस भरी-पूरी दुनिया की कविता है जिसमें आदमी है, निश्चय ही केन्द्रीय, लेकिन उसके अलावा भी बहुत कुछ है। उन्होंने असाधारण पारदर्शिता, गरमाहट और सहजता के साथ इस भरे-पूरेपन को कविता में लाने की कोशिश की है।" (केदारनाथ अग्रवाल, कुछ पूर्वग्रह, पृ.180) इसी के साथ केदारनाथ अग्रवाल की कविता की एक और विशेषता बताते हुए अशोक वाजपेयी ने लिखा है : "...अपनी विनम्रता और निराकांक्षा के बावजूद केदारनाथ अग्रवाल की कविता एक तरह का सार्थक प्रगीतात्मक दृढ़ कथन है।" (वही)

अशोक वाजपेयी को कलावादी, रूपवादी आदि कहकर इस तरह प्रचारित करने की कुछ लोगों ने कोशिश की मानो वे समाज-निरपेक्ष व्यक्ति हैं। यह सही है कि अशोक जी साहित्य की स्वायत्तता के पक्षधर और साहित्य को विचारों का उपनिवेश बनाये जाने के ख़िलाफ़ हैं। स्वायतता से उनका आशय क्या है, यह उन्हीं के शब्दों में देखना चाहिए : "कविता की स्वायत्तता का आग्रह उसे राजनीति या जन-जीवन से विमुख करना नहीं है। बल्कि इस बात पर बल देना है कि कविता की सचाई दूसरे किसी माध्यम में अनुवाद की जा सकने वाली सचाई नहीं है, कि कविता का सचाई से और इसीलिए जीवन से उतना ही सीधा और समृद्धिकारी सम्बन्ध है जितना कि राजनीति का, कि कविता के लिए समकक्षता की माँग शक्ति और सत्ता के राजनीति के पक्ष में झुके सन्तुलन को चुनौती देना है, कि कविता राजनीति की तरह पर्याप्त कर्म है और कि कविता भाषा में ऐसा कुछ करती है और उसके माध्यम से जीवन में जो कि राजनीति या अन्य अनुशासन नहीं कर सकते।" (कविता का गल्प, पृ. 30)

अशोक वाजपेयी की चिन्ता के केन्द्र में हिन्दी कविता तो है ही, हिन्दी समाज भी है। वे इस बात से चिन्तित हैं कि हिन्दी अंचल में 'राज' बढ़ रहा है और 'समाज' घट रहा है। धीरे-धीरे राज के हस्तक्षेप से मुक्त समाज के जो क्षेत्र थे उन्हें 'राज' छीनता जा रहा है। अशोक जी की यह भी चिन्ता है कि महाराष्ट्र, गुजरात, केरल आदि की तरह हिन्दी अंचल में कोई सामाजिक सक्रियता नहीं है। वे इस बात से चिन्तित हैं कि हिन्दी के समाज का दायरा घट रहा है और हिन्दी का राज बढ़ रहा है। उनका कहना है कि समाज की कविता में दिलचस्पी होती है लेकिन राज की नहीं। लेकिन वे इस बात पर गर्व करते हैं कि हिन्दी समाज में किसी तरह का धार्मिक-साम्प्रदायिक लेखन सम्भव नहीं है। उनके शब्दों में : "इसे हिन्दी की जातीय परम्परा का मूल तत्त्व ही कह सकते हैं कि उसमें दृष्टियों की बहुलता का और इसलिए समभाव का सहज और निरन्तर स्वीकार है।" (कविता का गल्प, पृ. 25)

अशोक वाजपेयी ने हिन्दी आलोचना में कई पद प्रचलित किये हैं, मसलन 'साहित्य का स्वराज', 'ईश्वरविहीन आध्यात्म' आदि। उनका राजनीतिक विश्वास गाँधी और लोहिया के आसपास निर्मित हुआ है। धार्मिक सहिष्णुता, जाति-निरपेक्ष और भेदभाव रहित समाज व्यवस्था में उनका भरोसा है। उनका भरोसा भारत की बहुलता में है। वे मार्क्सवादी राजनीति और साहित्य-चिन्तन के आत्यन्तिक रूप से कायल नहीं हैं। वे किसी भी तरह की वैचारिक तानाशाही के ख़िलाफ़ हैं। विश्व सहित भारत में उदार दृष्टि पर हो रहे हमलों से वे चिन्तित हैं। वे मानते हैं कि साहित्य को किसी पार्टी में शामिल हुए बिना राजनीति की 'निगरानी' का काम करना चाहिए। साहित्य और राजनीति के सम्बन्ध पर 'पहल' पुस्तिका के रूप में प्रकाशित अपने साक्षात्कार में उनका कहना है : "...साहित्य इसलिए हर तरह की राजनीति से दूरी बरते यही उचित है—उसका काम कुछ उदार मूल्यों की ओर से राजनीति पर निगरानी रखने और जब अनीति हो तो बिना भय के बरजने का है, जैसा कि तुलसीदास ने राम से अयोध्यावासियों को सीधे सम्बोधित करते हुए कहलवाया है। तथाकथित राजनीति समय की राजनीति है, साहित्य अनन्त की राजनीति है।" अशोक वाजपेयी के इस कथन की अन्तिम पंक्ति में लोहिया के एक कथन की रचनात्मक गूँज सुनाई पड़ती है कि राजनीति अल्पकालीन धर्म है और धर्म दीर्घकालीन राजनीति। कहा जा सकता है कि वे साहित्य को दीर्घकालीन राजनीति मानने वाले कवि आलोचक हैं।

('माटी', 2020)

आलोचना इन दिनों

प्रश्न-1 : *समकालीन रचनाशीलता के समय सन्दर्भ में रचना और आलोचना के अन्तःसम्बन्धों को आप किस रूप में देखते हैं?*

उत्तर : रचना और आलोचना को साथ-साथ चलना चाहिए। क़दमताल करते हुए। लेकिन कई बार ऐसा होता नहीं। रामचन्द्र शुक्ल ने अपने पहले के साहित्य का जितना बढ़िया मूल्यांकन किया, उतना छायावाद का नहीं। छायावाद को सही परिप्रेक्ष्य में रखने का काम बाद के आलोचकों ने किया। रचना-आलोचना के सहमेल का सबसे बढ़िया उदाहरण नयी कविता के दौर में देखने को मिला। नयी कविता के रचनाकार अपनी कविता को लेकर बहुत सजग थे। उन्होंने न सिर्फ़ नये बोध की कविताएँ लिखीं; बल्कि नयी कविता को समझने-समझाने के आलोचनात्मक प्रयत्न भी किये। उसी दौर में आलोचक नामवर सिंह भी आये। रचना-आलोचना के बीच जैसी सार्थक आलोचनात्मक बहस उस दौर में हुई, वैसी फिर देखने को नहीं मिली। उस दृष्टि से आज की रचना और आलोचना के सहमेल की स्थिति बहुत उत्साहवर्धक नहीं कही जायेगी। रचनाएँ तो लिखी जा रही हैं—प्रचुर मात्रा में लिखी जा रही हैं, लेकिन अच्छी और कम अच्छी रचनाओं में फ़र्क़ करने की वैसी आलोचनात्मक जद्दोजहद नहीं दिखायी देती। सोशल मीडिया पर आनेवाली टिप्पणियों के शोर में अच्छे-बुरे का बहुत अन्तर दिखायी नहीं देता। फिर भी यह नहीं कहा जा सकता कि रचना-आलोचना में संवाद नहीं है। यदि संवाद नहीं होता तो बहुतेरे रचनाकारों के बीच से अच्छे लोग कैसे दिखायी देते। किरण सिंह और प्रवीण कुमार जैसे सार्थक कहानीकारों की जमात इस बीच उभरी है। शाजीजमाँ, सूर्यनाथ सिंह, मनीषा कुलश्रेष्ठ, रणेन्द्र आदि उपन्यासकारों ने अपनी पहचान बनायी है। उमाशंकर चौधरी, रश्मिरेखा, ज्योति चावला, अविनाश मिश्र, अदनान कफ़ील दरवेश, अरुणाभ सौरभ, अनुज लुगुन, राकेश रंजन, पवन करण, बाबुषा कोहली, अच्युतानन्द मिश्र आदि कवियों

की सम्भावनाशील पीढ़ी हमारे सामने है। आलोचना में कई नाम हैं। यह सब रचना-आलोचना के कदमताल से ही सम्भव हुआ है।

प्रश्न-2 : *20वीं शताब्दी में साहित्य की भूमिका को समाज निर्माण के उद्देश्य से जोड़कर परिभाषित करने की कोशिश विभिन्न विचारधाराओं ने की। 21वीं शताब्दी में जबकि सभी विचारधाराएँ संकटग्रस्त दिखायी देती हैं, उनके सपने टूटते हुए और दावे असफल साबित होते दिखायी दे रहे हैं। ऐसे में हिन्दी आलोचना या उसे और व्यापक अर्थ में कहें तो हिन्दी समाज की बौद्धिक चेतना के पास ऐसी कौन-सी वैचारिक भूमि है जिस पर चलकर वह इन चुनौतियों का सामना कर सकती है?*

उत्तर : बीसवीं शताब्दी में मार्क्सवाद, फ्रायडवाद आदि विचारधाराओं का व्यापक असर साहित्य के मूल्यांकन और उसकी वैचारिकी पर परिलक्षित हुआ। साहित्य मूल्यांकन के औजार इन विचारधाराओं के आधार पर बने। हिन्दी साहित्य के मूल्यांकन की ज़मीन भी इनके आधार पर तैयार हुई। आज भी बहुत-से लोग पुराने ढर्रे पर चलते दिखायी पड़ जाते हैं। लेकिन पिछली सदी में ऐसे लोग मिलते हैं जो साहित्य के मूल्यांकन में विचारधाराओं के आतंक में जीने की जगह समाज के साथ साहित्य के मूल आधारों पर ज़ोर देते रहे हैं। अंग्रेज़ी में एफ.आर. लीविस को इस रूप में याद कर सकते हैं। हिन्दी में नलिन विलोचन शर्मा, विजयदेव नारायण साही को भी इस रूप में याद किया जा सकता है। नामवर सिंह की भी परवर्ती आलोचना को इस प्रसंग में याद कर सकते हैं।

भले ही मार्क्सवाद जैसी विश्वव्यापी प्रभाव रखने वाली विचारधारा पर संकट हो और उसे ही मुक्ति की एकमात्र राह मानकर चलने वालों के सपने टूटे हुए दिखायी देते हों, देश के भीतर ही आम्बेडकर, लोहिया आदि देशी विचारकों के अनुयायियों की एक बड़ी बौद्धिक जमात है जो उनसे ऊर्जा लेती है और साहित्य समाज को बदलने का संघर्ष कर रही है। देश के विभिन्न इलाक़ों में गाँधीवादी छाते के भीतर जल, जंगल और ज़मीन के सवाल से जुड़े जो आन्दोलन चल रहे हैं वे ही चेतना के नये स्रोत बनेंगे। परिवर्तन का सपना इन छोटे-छोटे आन्दोलनों के ज़रिये पूरा हो सकता है। दुनिया सिर्फ़ बड़े आन्दोलनों और बड़ी विचारधाराओं से ही नहीं सुन्दर बनती, वह छोटे-छोटे परिवर्तनों से भी सुन्दर बनती है। वैकल्पिक समाज का मार्क्सवादी सपना टूट चुका है। लेकिन जल, जंगल और ज़मीन की चुपचाप-सी चलती हुई देश के कोने-कोने में जो लड़ाई है, वही वास्तविक परिवर्तन का और पूँजीवाद के शोषण तन्त्र का विकल्प लेकर आयेगी।

हिन्दी की नयी रचनाशीलता को इस दृष्टि से देखेंगे तो नये तरह का परिवर्तन दिखायी देगा। वीरेन्द्र जैन के 'डूब' और रणेन्द्र के 'ग्लोबल गाँव का देवता' के मूल में यही जल, जंगल और ज़मीन के नये सवाल हैं जो हिन्दी की नयी रचनाशीलता को उर्वरता प्रदान करते हैं। अनिल यादव की 'यह भी कोई देश है महाराज' जैसी नायाब कृति भी इसी बीच आयी है। आपके प्रश्न में जिस संकट की चर्चा है उसके बावजूद सार्थक रचनाएँ लिखी जा रही हैं।

प्रश्न-3 : *21वीं सदी में साहित्य, विचारधारा और सभ्यता समीक्षा के आपसी अन्तःसम्बन्ध को कैसे विवेचित-विश्लेषित किया जा सकता है?*

उत्तर : 'सभ्यता समीक्षा' पद मुक्तिबोध का दिया हुआ है। मुक्तिबोध मार्क्सवादी विचारधारा में विश्वास करते थे। उन्होंने जो समीक्षा लिखी उसे उन्होंने 'सभ्यता समीक्षा' कहा और भविष्य के आलोचकों के लिए इस 'सभ्यता समीक्षा' की राह बनायी। मुक्तिबोध की आलोचना में विचारधारा का आधार तो है लेकिन उसी के साथ वे 'अन्तःकरण' पर भी ज़ोर देते हैं। यही कारण है कि उनकी आलोचना उनके समकालीन दूसरे मार्क्सवादी आलोचकों से भिन्न है। यह भिन्नता अन्तःकरण की आवाज़ सुनने के कारण है। विचारधारा और अन्तःकरण के मेल से ही, मुक्तिबोध के अनुसार, सही रचना-आलोचना का जन्म हो सकता है। वे रचनाकार और आलोचक के 'चरित्र' और 'ईमानदारी' की बात बार-बार करते हैं। चरित्र और ईमानदारी सिर्फ़ विचारधारा से पैदा नहीं हो जाती, उसके लिए सही दृष्टि के साथ अन्तःकरण की शुद्धता भी ज़रूरी है। वे जब सभ्यता समीक्षा की बात करते हैं तो वे सिर्फ़ आलोचना की बात नहीं करते। उनके अनुसार एक रचना भी सभ्यता समीक्षा है। विचारधारा और अन्तःकरण के द्वन्द्व से सभ्यता समीक्षा का जन्म होता है।

आज जबकि साहित्य में अन्तःकरण की चर्चा न के बराबर है तो सभ्यता समीक्षा कैसे सम्भव है? मुक्तिबोध की बात करने वाले हम लोगों के पास कोई-न-कोई वैचारिक दृष्टि तो है लेकिन उस चरित्र और ईमानदारी का अभाव-सा है, जिसकी माँग मुक्तिबोध करते हैं। अन्तःकरण के अभाव में सिर्फ़ विचारधारा के आधार पर सभ्यता समीक्षा के उद्देश्य को नहीं प्राप्त किया जा सकता। इसीलिए मुक्तिबोध की साहित्यिक पसन्द में बहुत-से मार्क्सवादी कवि-कथाकार और आलोचक नहीं आते। विचारधारा, अन्तःकरण और रचना का मनोविज्ञान इन तीनों के रचनात्मक संयोग से ही 'सभ्यता समीक्षा' बनती है। मुक्तिबोध का ज़ोर इसी पर है।

प्रश्न-4 : *हिन्दी समेत दुनिया-भर की तमाम भाषाओं में उत्तर-औपनिवेशिक प्रभाव से एक मज़बूत सत्ता के रूप में विमर्शमूलक चेतना का निर्माण*

और विकास हुआ है इन विमर्शों की वर्गीय चेतना और वैचारिक प्रतिबद्धता को आप किस नज़रिये से देखते हैं?

उत्तर : विमर्शमूलक साहित्य हमारे समाज की नयी परिघटना है। उसने साहित्य की जड़ीभूत सौन्दर्याभिरुचियों और दृष्टियों का अतिक्रमण किया है और मार्क्सवादी वर्गीय चेतना की जगह लिंग आधारित, रंग आधारित, जाति आधारित, क्षेत्र आधारित भेदभावों की दीवारों पर गहरी चोट की है। उसने साहित्य के पारम्परिक मानदण्डों को चुनौती दी है। ऐसे लेखकों की प्रतिबद्धता अपने समाज और अपनी तरह के लोगों से है। वहाँ अमीरी-ग़रीबी के सवाल प्रमुख नहीं हैं जो मार्क्सवादी वर्गीय चेतना के आधार हैं। यह अपनी पहचान का साहित्य है और अपनी ओर से हस्तक्षेप का भी। विमर्शमूलक साहित्य ने नयी रचनाशीलता के गवाक्ष खोले हैं। आज कौन नहीं मानेगा कि स्त्रियों, दलितों और आदिवासियों द्वारा लिखा गया साहित्य हिन्दी की नयी रचनाशीलता का उदाहरण नहीं है? भारत के बाहर अश्वेत साहित्य को भी इसी रूप में याद करना चाहिए। निश्चित रूप से विमर्शमूलक साहित्य के अपने अन्तर्विरोध हैं। उसमें आत्मालोचना का अभाव है। उसमें आलोचनात्मकता की जगह आरोप की मात्रा अधिक है। उसके पास सामाजिक परिवर्तन की मुकम्मल दृष्टि नहीं है। वह सत्ता को बदलना चाहता है, व्यवस्था को नहीं। फिर भी खण्डित ही सही, उसने हमारी जड़ता को झकझोरा है। मुझे विश्वास है कि भविष्य में विमर्शमूलक साहित्य में निहित दृष्टि का और विस्तार होगा और उसमें नये-नये आयाम जुड़ेंगे।

प्रश्न-5 : *समकालीन हिन्दी आलोचना की युवा पीढ़ी से क्या आशा और उम्मीद है? आप उसे किस रूप में देखते हैं? ऐसे युवा आलोचकों के बारे में अपनी राय ज़ाहिर कीजिए जिनके लेखन से आपको कोई उम्मीद दिखायी देती है?*

उत्तर : समकालीन हिन्दी आलोचना को मैं निराशा की दृष्टि से नहीं देखता जिसके तहत आये दिन लोग यह फतवा देते रहते हैं कि आलोचना मर चुकी है। नामवर सिंह के बाद के आलोचकों में रमेशचन्द्र शाह, नन्दकिशोर नवल, विजय बहादुर सिंह, नन्दकिशोर आचार्य, मैनेजर पाण्डेय आदि के लेखन से हिन्दी समाज परिचित है। बाद की पीढ़ी में वीर भारत तलवार और शम्भुनाथ ने रामविलास शर्मा की नवजागरण सम्बन्धी अवधारणा को चुनौती भी दी है और विकास भी किया है। पुरुषोत्तम अग्रवाल ने कबीर सम्बन्धी आलोचना को नया परिप्रेक्ष्य दिया है। रोहिणी अग्रवाल ने कथा-आलोचना की नयी ज़मीन निर्मित की है। और भी नाम लिए जा सकते हैं। राजकुमार, कृष्ण मोहन, अनिल कुमार राय, पंकज चतुर्वेदी, बजरंग बिहारी तिवारी, विनोद तिवारी आदि की आलोचना पढ़कर मुझे

सन्तोष होता है। दलित आलोचकों में डॉ. धर्मवीर, कँवल भारती, मुकेश मानस आदि हैं। इन्होंने अपनी आलोचना से साहित्य के मूल्यांकन की नयी यात्रा तय की है, वह चाहे छोटी ही क्यों न हो! आज आलोचना साही-नामवर आदि से आगे बढ़ चुकी है। वह सिर्फ़ व्यंग्य, विडम्बना, तनाव तक ही सीमित नहीं है। उसके सामने इन प्रतिमानों की सीमाएँ स्पष्ट हो चुकी हैं। आलोचना के अभाव का रोना वे रचनाकार रोते हैं जो आलोचना को सिर्फ़ समकालीनता तक और अपने तक सीमित कर देना चाहते हैं। हर समय रामचन्द्र शुक्ल, हज़ारी प्रसाद द्विवेदी, नन्ददुलारे वाजपेयी, रामविलास शर्मा और नामवर सिंह जैसे बड़े आलोचक ही नहीं होते। अपेक्षाकृत छोटे आलोचकों की भी भूमिका साहित्य में होती है। इस समय जो लोग आलोचना लिख रहे हैं, वे आज हमें बड़े नाम भले न लगें, लेकिन वे अपने-अपने ढंग से आलोचना का ही विकास कर रहे हैं। और यह कैसे कहा जा सकता है कि आज जो लिख रहे हैं वे कल बड़े आलोचक के रूप में समादृत नहीं होंगे!

प्रश्न-6 : *हिन्दी आलोचना ने अपनी रचनात्मक लेखन की परम्परा और अपने समय की रचनाशीलता को मूल्यांकित करने, उसे विवेचित-विश्लेषित करने .ज्यादा साफ़ और स्पष्ट मुहावरे में कहूँ तो उसका पाठ-पुनःपाठ करने के लिए समयानुकूल प्रतिमान गढ़े और स्पष्ट सैद्धान्तिकी का निर्माण किया। समकालीन हिन्दी आलोचना के समक्ष क्या ऐसी किसी सैद्धान्तिकी के निर्माण की ज़रूरत आप महसूस करते हैं? अगर हाँ तो उसका स्वरूप क्या हो सकता है, अगर नहीं तो क्यों?*

उत्तर : हिन्दी आलोचना का उद्‌भव उपनिवेश काल में हुआ। आलोचकों ने हिन्दी आलोचना के निर्माण के लिए जितने आधार अपनी परम्परा से लिए उतने आधुनिक काल से भी। परम्परा और आधुनिकता के सहमेल से हिन्दी आलोचना विकसित हुई और परवान चढ़ी। साहित्य को देखने की आधुनिक दृष्टि विकसित हुई। पुरानी परम्परा का पुनर्मूल्यांकन किया गया और प्रतिमान भी गढ़े गये। लेकिन आज कबीर, सूर, तुलसी, मीरा, रैदास आदि कवियों के नये पाठ भी आये हैं और हम उन्हें उसी रूप में नहीं देख रहे हैं जिस रूप में शुक्ल, द्विवेदी, वाजपेयी, रामविलास शर्मा आदि ने देखा और दिखाया। मैं दो कवियों का उदाहरण देना चाहूँगा—रैदास और मीराबाई के जो पाठ तैयार हुए हैं वे क्या हमारी आज़ की आलोचना की उपलब्धि नहीं हैं? रीतिकाल पर सुधीश पचौरी की पुस्तक आयी है—'रीतिकाल : सेक्सुअलिटी का समारोह' यह क्या बग़ैर नयी आलोचनात्मक पहल और दृष्टि के सम्भव है? यहाँ रीतिकाव्य शुक्ल जी से

भिन्न दिखायी देता है। यहाँ नये सामाजिक सम्बन्धों का विवेचन है। यह नयी आलोचना नहीं तो और क्या है?

साहित्य को परखने की जब भी कोई बाहरी सैद्धान्तिकी आयेगी, साहित्य के पठन-पाठन और आस्वाद में बहुत फ़र्क़ नहीं पड़ेगा। साहित्य सिद्धान्तों के आत्यन्तिक दवाब में साहित्य के पठन-पाठन के मैं बहुत पक्ष में नहीं हूँ। साहित्य और समाज के मेल से साहित्य को देखने-दिखाने की पद्धति ही प्रमुख होनी चाहिए। थियरी के आधार पर साहित्य को समझने की दृष्टि तो मिलती है, लेकिन साहित्य के पाठ की एक सीमा भी बन जाती है। इसलिए आज 'आफ्टर थियरी' की भी बात हो रही है। साहित्य का सघन पाठ अपने मूल्यांकन का सही आधार स्वयं दे देता है। टेरी ईगल्टन ने अपनी पुस्तक 'हाउ टु रीड ए पोयम' में यह चिन्ता ज़ाहिर की है कि आज साहित्य के छात्र थियरी अधिक जानते हैं और साहित्य कम। इस ओर भी हमारा ध्यान जाना चाहिए।

('वागर्थ', अक्टूबर 2018 के लिए जगन्नाथ दुबे के प्रश्न)

छायावाद की अर्थवत्ता

प्रश्न-1 : *अब तक जो आलोचनात्मक चर्चा छायावाद पर हुई है, उस चर्चा की उपलब्धियाँ और सीमाएँ क्या हैं?*

उत्तरःछायावाद ने हिन्दी कविता में युगान्तर उपस्थित किया। द्विवेदी युग की इतिवृत्तात्मकता और स्थूलता को उसने सूक्ष्मता प्रदान की। उसने छन्द के बन्धन तोड़े। प्रकृति, नारी, समाज, राष्ट्र और मनुष्य को देखने का नया नज़रिया विकसित किया। सूक्ष्म भावों की अभिव्यक्ति का नया रास्ता ही नहीं खोजा, नयी काव्य-भाषा भी ईजाद की। इस तरह छायावाद नये युग का उद्घोष करने वाला काव्य आन्दोलन बना। लेकिन छायावाद की स्वीकृति आसान नहीं थी। इस पर अस्पष्टता का आरोप लगा। मुक्त छन्द की कविताओं को 'रबड़ छन्द' का नाम देकर ख़ूब उपहास किया गया। इसलिए छायावादी कविता को पाठक के बोध का हिस्सा बनाने का संघर्ष अपने लेखों से छायावादी कवियों ने किया। उसे प्रतिष्ठित करने का काम आलोचकों ने भी बड़ी तैयारी के साथ किया। नन्ददुलारे वाजपेयी, रामविलास शर्मा, नगेन्द्र, नामवर सिंह, रमेशचन्द्र शाह आदि के आलोचनात्मक प्रयत्न से छायावादी कविता को पाठक के काव्य-बोध का हिस्सा बनने में मदद मिली। उसे भारतीय नवजागरण, साम्राज्यवाद विरोध और स्वाधीन चेतना की अभिव्यक्ति वाली कविता के रूप में समझा-समझाया गया। इस आलोचनात्मक चर्चा के बिना छायावाद की स्वीकृति आसान नहीं थी। लेकिन छायावादी काव्य-भाषा का तत्सम प्रधानता की ओर झुकाव ऐसा कारक रहा जिसका प्रभाव हिन्दी कविता की भाषा पर दूर तक पड़ा। आधुनिक हिन्दी कविता में भारतेन्दु युग से लेकर द्विवेदी युग तक हिन्दी काव्य-भाषा का जो सहज प्रवाही रूप था उसके विकास में इससे बाधा पहुँची। छायावाद को लेकर जो आलोचनात्मक चर्चाएँ हुईं उनमें इस बात की प्रायः अनदेखी हुई। विजयदेव नारायण साही ने इस ऐतिहासिक तथ्य को स्वीकार किया है कि 'तार सप्तक' के कवियों को छायावादी भाषा शब्दजाल लगने लगी।

छायावाद सम्बन्धी चर्चा की एक बड़ी सीमा यह है कि उसमें प्रसाद बनाम निराला की व्यर्थ की भिड़न्त है। निराला की तुलना में प्रसाद को कमतर आँकने का जो सिलसिला मार्क्सवादी आलोचना में पहले था कमोबेश वह अब भी जारी है।

प्रश्न-2 : *छायावादी कवियों के मूल्यांकन में अब तक सबसे ज़्यादा प्रमुखता निराला को मिली। क्या यह सही था? आपके विचार क्या हैं?*

उत्तरःछायावादियों में सबसे पहले पन्त को प्रमुखता मिली। प्रसाद को भी मिली और देर-सबेर महादेवी वर्मा को भी। लेकिन निराला को समझने में थोड़ा वक़्त लगा। अन्यों की तुलना में निराला का काव्य विकास बहुआयामी था। शैली, छन्द विधान, भाषा, विषय आदि की दृष्टि से निराला सबसे अधिक वैविध्यपूर्ण थे। उनके इस गुण को जब रामविलास शर्मा जैसे प्रगतिशील आलोचक ने महत्त्व दिया, तब निराला छायावाद के सबसे बड़े व्यक्तित्व के रूप में सामने आये। निराला के काव्य की विषय-वस्तु प्रगतिशील आन्दोलन के ज़्यादा क़रीब थी। इसलिए रामविलास शर्मा की बड़ी संस्तुति के बाद प्रगतिशील जमात ने निराला को सर-माथे पर उठा लिया। प्रसाद को प्रगतिशील धारा से अलग का कवि मान लेने की समझ विकसित हुई। यद्यपि रामविलास शर्मा प्रसाद के विरोधी कभी नहीं रहे। वे उनके समर्थन में थे। मुक्तिबोध सरीखे प्रसाद के कटु आलोचकों का उन्होंने जवाब भी दिया। लेकिन उनके आलोचनात्मक प्रयत्न से शिखर कवि निराला ही बने रहे। प्रसाद और निराला छायावादी कविता के दो शिखर हैं। दोनों का कवि-मिज़ाज अलग-अलग है। वे अलग-अलग तरीक़े से हिन्दी कविता का विकास करते हैं। यह समझने की जगह दोनों को एक-दूसरे के विरोध में खड़ा करना कहीं से भी उचित नहीं है। प्रसाद की मूर्ति रहस्यवादी कवि के रूप में गढ़ने की कोशिश हुई, जबकि नन्ददुलारे वाजपेयी ने उन्हें बुद्धिवादी माना था। प्रसाद सम्बन्धी विमर्श को सही परिप्रेक्ष्य देते हुए रमेश चन्द्र शाह ने उन्हें बौद्धिक कवि माना और उनकी कविता को अनुभूति और बुद्धि के रासायनिक संश्लेषण का परिणाम बताया।

प्रश्न-3 : *प्रसाद, निराला, पन्त और महादेवी में से प्रत्येक की किसी मुख्य विशेषता और अवदान के बारे में कुछ बतायें।*

उत्तरःजानकीवल्लभ शास्त्री ने कहा है कि काव्य और दर्शन जिस क्षितिज पर मिलते हैं उसका नाम प्रसाद है। इस बात को और आगे बढ़ाते हुए कहा जा सकता है कि प्रसाद जैसा दार्शनिक मिज़ाज का कवि हिन्दी में दूसरा नहीं है। भारतीय चिन्ताधारा को आधार बनाकर लिखी गयी 'कामायनी' हिन्दी की अन्तिम प्रबन्धात्मक कृति है। विज्ञानवाद के प्रभाव में पड़कर जब पश्चिम की

उपभोक्तावादी सोच के प्रति भारतीय समाज में आकर्षण बढ़ रहा था, तब उसका प्रतिपक्ष रचकर प्रसाद ने विकास के वैकल्पिक सोच को दार्शनिक आधार दिया था। राजनीति में पश्चिमी सभ्यता का प्रतिपक्ष गाँधी तैयार कर रहे थे। छायावादी कविता में यह काम प्रसाद ने 'कामायनी' लिखकर किया। 'कामायनी' गाँधीवादी चेतना का बौद्धिक वितान है। हिन्दी कविता को कल्पना के आकाश से उतारकर मेहनतकश मज़दूर-किसान की ज़मीन पर प्रतिष्ठित करने का ऐतिहासिक काम निराला ने किया। वैविध्य का विस्तार देकर उन्होंने हिन्दी कविता की अनन्त सम्भावनाओं के क्षितिज का विस्तार किया। पन्त ने अपनी कविताओं और 'पल्लव' की भूमिका के ज़रिये छायावादी कविता की प्रस्तावना निर्मित की। अपने गीतों के ज़रिये महादेवी ने पहली बार हिन्दी कविता में स्त्री की पीड़ा और उसके सपनों को महाकाव्यात्मक वाणी दी।

प्रश्न-4 : *हिन्दी समाज में रोमांटिसिज़्म का स्तर इतना निम्न क्यों रह गया?*

उत्तरःछायावाद पर अंग्रेज़ी के रोमांटिक कवियों का प्रभाव माना गया। लेकिन अंग्रेज़ी में रोमांटिसिज़्म का जितना विकास हुआ, हिन्दी में ऐसा नहीं हो सका। छायावादी कवियों का एक आयाम भर है रोमांटिसिज़्म। जबकि उसके दूसरे साहित्यिक-सामाजिक सरोकार उससे कहीं ज़्यादा प्रभावी हैं। दूसरा कारण यह है कि हिन्दी की प्रगतिशील और उसके समानान्तर विकसित हुई आलोचना में रोमांटिसिज़्म के प्रति सम्मान भाव कभी नहीं रहा। रोमांटिसिज़्म को दोष की तरह देखे जाने की प्रवृत्ति हिन्दी में विकसित हुई। रोमांटिसिज़्म को कभी भी अच्छा और विद्रोही काव्य-गुण नहीं माना गया। ऐसे में स्वाभाविक था कि उसका विकास उस ऊँचाई तक नहीं हुआ जो अंग्रेज़ी कविता में उसने हासिल किया। एक कारण और है, अंग्रेज़ी में रोमांटिक काव्य-आन्दोलन को विकास के लिए जितना लम्बा अवकाश मिला उतना छायावादी कविता को नहीं। प्रगतिशील, प्रयोगवादी और नयी कविता ने कुछ ही वर्षों में अपने तीव्र प्रहारों से रोमांटिसिज़्म के प्रभाव को कम कर दिया और उसे जड़ पकड़ने का अवसर न मिला।

प्रश्न-5 : *हिन्दी भाषियों में अपने किसी छायावादी कवि के प्रति वैसा लगाव नहीं है जैसा कि बांग्ला भाषियों में रवीन्द्रनाथ के प्रति है।*

उत्तरःरवीन्द्रनाथ कविता के लिए नोबेल पुरस्कार पाने वाले भारत के ही नहीं, एशिया के पहले कवि हैं। इस कारण एक बांग्ला भाषी जन को उनसे जो गौरव-बोध महसूस होता है, उस तरह का गौरव-बोध हिन्दी भाषी को अपने किसी छायावादी कवि से महसूस नहीं होता। रवीन्द्रनाथ शैक्षणिक-सांस्कृतिक केन्द्र 'विश्व भारती' के संस्थापक हैं। गाँधी समेत स्वतन्त्रता संग्राम के तमाम

बड़े नेताओं का वहाँ आना-जाना था। वे 'जन गण मन अधिनायक जय हे' जैसे हमारे राष्ट्रगान के रचयिता हैं। 'एकला चलो रे' जैसा उनका गीत गाते हुए राष्ट्रपिता महात्मा गाँधी ने नोआखाली के दंगाग्रस्त इलाक़े में लोगों को अभय का मन्त्र दिया था। यह गौरव किसी छायावादी कवि को कभी नहीं मिला। कुल मिलाकर रवीन्द्रनाथ का कवि व्यक्तित्व जितना बड़ा है उतना किसी छायावादी कवि का नहीं। रवीन्द्रनाथ ने अपने समय की दुनिया देखी थी, दुनिया के बहुतेरे कवियों-लेखकों से उन्हें संवाद का अवसर मिला था। इस तरह का 'एक्सपोज़र' किसी छायावादी कवि को नहीं मिला। इस कारण उनका साहित्य-बोध, समाज-बोध और विश्व-बोध जितना व्यापक है उतने व्यापक स्तर की कल्पना हम किसी भी छायावादी कवि के साथ नहीं कर पाते। अन्तिम बात यह कि बांग्ला नवजागरण ने बांग्ला भाषी समाज में जैसा सांस्कृतिक-बोध निर्मित किया वैसा हिन्दी प्रदेश में नहीं हो सका। बंगाल में जो बौद्धिक और सांस्कृतिक वातावरण उस समय था वह हिन्दी भाषी क्षेत्र को सुलभ नहीं था।

प्रश्न-6 : *हिन्दी फ़िल्मों के जाति-धर्म से इतने अधिक ऊपर उठे रोमांटिसिज़्म के बावजूद हिन्दी समाज इतना ग़ैर-रोमांटिक और रूढ़िवादी क्यों है?*

उत्तरःइसके कई कारण गिनाये जा सकते हैं, गिनाये भी गये हैं। वे हैं—हिन्दी भाषी इलाक़े में कृषि कर्म की प्रधानता, उद्योग धन्धों का अभाव, शिक्षा का निम्न स्तर और उसका कम प्रतिशत, जनसंख्या का अधिक दबाव, स्त्रियों, दलितों, अल्पसंख्यकों आदि के प्रति सामन्ती-साम्प्रदायिक सोच, किसी बड़े समाज सुधार आन्दोलन का अभाव आदि। अयोध्या, काशी, मथुरा, हरिद्वार आदि तीर्थों की भरमार और तरह-तरह के धर्मोपदेशकों-बाबाओं की उपस्थिति ने हिन्दी भाषी लोगों को भाग्यवादी और अपरिवर्तनवादी बनाने में बड़ी भूमिका निभायी। रोमांटिक व्यक्ति और समाज रूढ़ियों को तोड़कर नये समाज का सपना देखता है। यथास्थितिवाद की गिरफ़्त में पड़ा हुआ समाज किसी रोमांटिक सपने के क़ाबिल नहीं होता। हिन्दी फ़िल्मों में जाति-धर्म से ऊपर उठकर जो कहानियाँ रोमांटिक अन्दाज़ में रची गयीं, उनका हिन्दी समाज से बहुत कुछ लेना-देना नहीं था। उन कहानियों को देखकर हिन्दी दर्शक तालियाँ तो बजाता था, लेकिन वह स्वयं वैसा नहीं था। हिन्दी फ़िल्मों पर पारसी थियेटर का गहरा प्रभाव रहा है, अभी भी है। उसका मूल उद्देश्य व्यापार करना है। वह हिन्दी समाज का वास्तविक चेहरा नहीं है। मनोरंजन उसका प्रधान उद्देश्य है। इसलिए उन हिन्दी फ़िल्मों की तुलना में हिन्दी समाज की सच्ची तस्वीर उन फ़िल्मों में सामने आयी जिन्हें सत्यजीत रे, श्याम बेनेगल आदि ने बनाया।

प्रश्न-7 : *छायावाद किस अर्थ में आज भी महत्त्वपूर्ण है?*

उत्तर : 'बच्चन' ने लिखा है कि छायावादी क़िले पर पहला गोला 'मधुशाला' ने दाग़ा था। इसका मतलब है कि नयी पीढ़ी के कवियों के लिए छायावाद राह का अवरोध था। बच्चन, दिनकर, भगवतीचरण वर्मा, नवीन आदि ने छायावादी दौर में ही कविता की अलग राह पकड़ ली थी। लेकिन प्रगतिशील, प्रयोगवादी और नयी कविता के कवियों ने छायावादी प्रभाव से हिन्दी कविता को पूरी तरह मुक्त किया और नया काव्य-बोध रचने में वे सफल हुए। यह सब तभी हुआ जब उन कवियों के लिए छायावाद महत्त्वपूर्ण नहीं रह गया। लेकिन आज छायावाद की समाप्ति के लगभग अस्सी वर्षों के बाद छायावाद की कुछ बातें आज भी महत्त्वपूर्ण लगती हैं। छायावाद पर भावप्रवणता, अतिशय कल्पनाशीलता आदि का आरोप करके कविता को बौद्धिक तेवर देने और यथार्थपरक बनाने की जो कोशिश शुरू हुई उसका फल यह हुआ कि आज हिन्दी कविता में पाठक की वैसी रुचि नहीं है, जैसी रुचि कठिन विन्यास के बावजूद छायावादी कविता में थी। छायावादी कविता मुख्य रूप से प्रगीतात्मक है। उसका यह काव्य गुण आज की कविता में आ जाये तो उसका प्रभाव क्षेत्र बढ़ जायेगा। छायावादी कवियों का कवि व्यक्तित्व समाज में समादृत था और उनकी सामाजिक प्रतिष्ठा थी, जो आज किसी कवि को हासिल नहीं है। छायावाद आज इसलिए भी महत्त्वपूर्ण लगता है कि उनके पास छन्दशास्त्र के रचनात्मक प्रयोग की सिद्ध क्षमता थी। इस कारण छायावादी कवि चाहे मुक्त छन्द में लिखे या छन्द में, हिन्दी कविता का ख़ूब क्षितिज विस्तार हुआ। आगे के वर्षों में उसका बहुत अर्थों में संकुचन होता गया। छायावादी कविता में व्यापक मानवीय सरोकार के साथ अनन्त सृष्टि के प्रति गहरा लगाव और प्रेम है। उसकी जगह आज खण्डित काव्य-दृष्टियाँ हैं जिनका सरोकार व्यापक न होकर अपने-अपने समूहों तक है।

('वागर्थ', सितम्बर 2019 के लिए डॉ. संजय जायसवाल के प्रश्न)

विविध विधाएँ

रामकथा का बहुवचनात्मक पाठ

...कमलानन्द झा की पुस्तक 'तुलसीदास का काव्य-विवेक और मर्यादा-बोध', ऐसे समय में प्रकाशित हुई है, जब तुलसीदास पर लगातार हमले हो रहे हैं। तुलसीदास की कविताओं का कुपाठ करके उन पर श्रद्धा करने वाले भी हमला कर रहे हैं और तुलसी को वर्ण-व्यवस्था समर्थक सिद्ध करने वाले या उन्हें प्रतिक्रियावादी कवि बताने वाले भी कर रहे हैं। ऐसे समय में तुलसीदास पर तर्कपूर्ण पुस्तक का प्रकाशन एक शुभ-संकेत है। यह आलोचना की एक दिलचस्प किताब है—सचमुच की आलोचना के अर्थ में। दिलचस्प इस अर्थ में कि कमलानन्द ने आलोचना में रचनात्मकता की गुंजाइश खोजी है। यह तुलसीदास पर लगातार बहस करती हुई किताब है। आजकल तुलसीदास पर लोग लिख नहीं रहे हैं, यह कहना ज़्यादा मुनासिब होगा कि तुलसीदास पर सही-सही बात करने से बच रहे हैं। यह पुस्तक तुलसीदास के काव्य-विवेक को रेखांकित करते हुए उनके मर्यादा-बोध की समीक्षा करती है।

इस किताब की एक अच्छी बात यह है कि यह न तो तेज़ाबी भाषा में लिखी गयी है और न ही तेज़ाबी शैली में। इसके विपरीत यह तर्कपूर्ण वाद-विवाद शैली में लिखी गयी है। तुलसी का अध्ययन यहाँ निर्धारित ढाँचे में नहीं किया गया है, यहाँ तुलसी को साहित्यिक के साथ सामाजिक-राजनीतिक सन्दर्भों में भी देखने की कोशिश की गयी है। सामाजिक-राजनीतिक सन्दर्भों में भी उस तरह से नहीं, जिस तरह आजकल किताब से किताब और विमर्श से विमर्श चलाने की प्रक्रिया चल रही है और साहित्य का अध्ययन करते हुए टेक्स्ट प्रायः छूट जाता है और दूसरों की कही बातों पर ही सारी बहस होती रह जाती है। सामाजिक-राजनीतिक सन्दर्भ होते हुए भी इस किताब के केन्द्र में कविता है और तुलसीदास का टेक्स्ट है। इसलिए यह किताब आज की तारीख़ में महत्त्वपूर्ण है। एक अन्य कारण से भी पुस्तक की प्रासंगिकता बढ़ जाती है। यह पुस्तक अस्मितामूलक विमर्श के

दौर में लिखी गयी है और इसमें तुलसीदास की कड़ी आलोचना भी की गयी है, लेकिन यहाँ विमर्शमूलक दबाव नहीं है, इसके बरअक्स यहाँ बहसधर्मी-चेतना है। यही कारण है कि यहाँ दृष्टि की सम्पूर्णता नज़र आती है, एक आयामिता नहीं।

इधर के वर्षों में साहित्य को पढ़ने-पढ़ाने के क्रम में टेक्स्ट पर ज़ोर कम हुआ है और साहित्य-सिद्धान्त की बातें ज़्यादा होने लगी हैं। टेरी ईगल्टन ने इस तरह की प्रवृत्ति पर चिन्ता व्यक्त की है कि हमारे विद्यार्थी कविता पर कम बात करते हैं और साहित्य-सिद्धान्त पर अधिक। इसमें दोष छात्रों का नहीं, हम शिक्षकों का है कि हमारे अध्यापन में टेक्स्ट हाशिये पर चला गया है। ऐसे समय में यह देखकर अच्छा लगता है कि कमलानन्द की यह पुस्तक टेक्स्ट के इर्द-गिर्द घूमती है। इस पुस्तक में तुलसी अध्ययन सम्बन्धी सारे मुद्दे, जटिलताएँ, विरोधाभास आदि पर गम्भीर बहस टेक्स्ट को केन्द्र में रखकर की गयी है। इस कारण पुस्तक की विश्वसनीयता बनी रहती है।

परिशिष्ट को छोड़कर कुल सात अध्यायों में यह किताब लिखी गयी है। हर अध्याय एक-एक समस्या को लेकर बहुत ही योजनाबद्ध और सिलसिलेवार ढंग से आगे बढ़ता है। पहले ही अध्याय 'तीन सौ रामायण : अर्थांतरण की महिमा' में हमारा साक्षात्कार एक ज़रूरी बहस से होता है। ए. के. रामानुजन के तीन सौ रामायण पर आधारित महत्त्वपूर्ण शोधकार्य को केन्द्र में रखकर रामकथा के एक पाठ को ही असली पाठ बना देने की राजनीति और रणनीति पर इस किताब में खुल कर बात की गयी है। अपने उक्त शोधकार्य में रामानुजन ज़ोर देकर कहते हैं कि अलग-अलग भाषाओं में, अलग-अलग समयों पर, रामायण के अलग-अलग पाठ रहे हैं। कमलानन्द झा पूरे आत्मविश्वास के साथ इस बात को प्रतिपादित करने की कोशिश करते हैं कि रामकथा का कोई एक पाठ नहीं है और कोई भी पाठ किसी भी दूसरे पाठ से कम महत्त्वपूर्ण नहीं है। कहने की आवश्यकता नहीं कि रामानुजन दक्षिण भारतीय भक्ति साहित्य के जाने-माने विद्वान रहे हैं। 15-20 साल पहले 'मानुषी' पत्रिका में उनका एक अत्यन्त महत्त्वपूर्ण साक्षात्कार प्रकाशित हुआ था जिसमें उन्होंने एक मार्के की बात यह कही थी कि भक्ति साहित्य पर बात करते हुए हमारी आदत 'सिंगुलर' में बात करने की है, जबकि भक्ति साहित्य का पूरा चरित्र 'प्लुरल' है। बहस का मुद्दा भक्ति की 'सिंगुलर' दृष्टि और 'प्लुरल' दृष्टि का है। 'तुलसीदास का काव्य-विवेक और मर्यादाबोध' पुस्तक का पूरा ज़ोर भक्ति साहित्य की इसी बहुलतावादी दृष्टि पर है। यही इस अध्ययन का वैशिष्ट्य है और इसे आगे ले जाने की ज़रूरत है। रामकथा को जैसे ही 'सिंगुलर' दृष्टि से एक पाठ में बदलने की कोशिश

की जायेगी, और उसे प्रचारित करने का प्रयास किया जायेगा, उसके साथ एक ख़ास तरह की राजनीति शुरू हो जायेगी और वह राजनीति फासिज़्म की होगी, इसमें दो राय नहीं।

पुस्तक के अन्य अध्यायों के नाम ही विषय-वस्तु के बारे में बहुत कुछ कह जाते हैं, जैसे—रामराज्य का सांस्कृतिक निहितार्थ, कलियुग और रामराज्य का अन्तर्द्वन्द्व, तुलसीदास का मर्यादाबोध बज़रिये आलोचक, रामराज्य से मोहभंग : एक साक्ष्य, आधुनिक रामकथा : रामराज्य का नया पाठ तथा रामराज्य बरअक्स मैथिली रामायण की सीता। सभी अध्याय प्रत्यक्षतः अलग-अलग किन्तु परोक्ष रूप में एक-दूसरे से जुड़े हुए हैं। वर्ण-व्यवस्था का खण्डन लेखक शुरू से अन्त तक करता है—तुलसी के सन्दर्भ में भी और रामचन्द्र शुक्ल के सन्दर्भ में भी। उसके अनुसार तुलसी भी वर्णवादी ठहरते हैं और शुक्ल जी भी। लेखक की यह स्थापना शुक्ल जी की व्यावहारिक आलोचना के आधार पर विशेषकर तुलसी के सन्दर्भ में की गयी है। लेकिन ध्यान देने की बात यह है कि शुक्ल जी ने सैद्धान्तिक और वैचारिक निबन्ध भी लिखा है और काफ़ी व्यवस्थित ढंग से लिखा है। इस दृष्टि से उनके वैचारिक निबन्धों को भी ध्यान में रखा जाना चाहिए था। अंग्रेज़ी में उनका एक लेख है जो बाद में हिन्दी में अनूदित हुआ, 'जाति व्यवस्था'। जाति की व्यर्थता को जिस तल्ख़ भाषा में उसमें प्रस्तुत किया गया है वह लेखक कमलानन्द के निष्कर्ष से उलट है। इस निबन्ध में शुक्लजी कहते हैं कि जिसे हम हिन्दू जाति कहते हैं, वह कोई एक जाति नहीं है। यहाँ न जाने कितनी जातियाँ आयीं और यहाँ आकर बस गयीं, यहीं की होकर रह गयीं। यह बात वे 1924 में कह रहे थे। 1948 में हज़ारी प्रसाद द्विवेदी 'अशोक के फूल' नामक निबन्ध में इसी बात को आगे बढ़ाते हैं कि यहाँ शक आये, हूण आये। आशय यह कि यहाँ कुछ भी विशुद्ध नहीं है। यह बात शुक्ल जी 'जाति व्यवस्था' निबन्ध में रेखांकित कर रहे हैं। शुक्लजी की व्यावहारिक आलोचना और वैचारिक-सैद्धान्तिक आलोचना में जो तनाव है, वह 'तुलसीदास का काव्य-विवेक' पुस्तक में नज़र नहीं आता।

पुस्तक का पाँचवाँ अध्याय 'रामराज्य से मोहभंग : एक साक्ष्य' है जो विलक्षण है और साथ ही बहसतलब एवं समस्यापरक भी। इस अध्याय की मूल स्थापना यह है कि तुलसीदास रामचरितमानस में जिस भव्य आदर्श रामराज्य की कल्पना करते हैं, वह 'कवितावली' और 'हनुमानबाहुक' तक आते-आते वह कल्पना टूट जाती है। रामराज्य के माध्यम से तुलसीदास वेद, वर्ण और स्त्री सम्बन्धी जिन नैतिक मानदण्डों की सिफ़ारिश करते हैं, वह उनकी बाद की रचनाओं में देखने को नहीं मिलते। 'मानस' में आदर्श में जीनेवाले, स्वप्न में जीनेवाले, रामराज्य का

सपना देखने वाले और वर्ण-व्यवस्था को पुनर्स्थापित करनेवाले जो तुलसीदास हैं, उनका 'कवितावली' में मोहभंग हो जाता है। लेखक प्रश्न शैली में उत्तर देते हुए लिखता है कि, "मानस के उत्तरकाण्ड में यहाँ से वहाँ तक रामराज्य का गुणगान किया गया है, लेकिन 'कवितावली' के उत्तरकाण्ड (जो आधे से अधिक भाग में है) में प्रसंगवश ही रामराज्य की चर्चा हुई है, क्या यह रामराज्य से तुलसी का मोहभंग नहीं है?...मानस के उत्तरकाण्ड में वर्णाश्रम को वैध ठहराने की जी-तोड़ कोशिश तुलसीदास ने की है, इसके विपरीत 'कवितावली' के उत्तरकाण्ड में ही विशेष रूप से वर्णाश्रम की इस वैधता को नकारा गया है।" (पृ. 110) इतना ही नहीं 'कवितावली' की पंक्ति उद्धृत करते हुए रामराज्य की असमंजसता को लक्षित किया है—'संकट समाज असमंजस में रामराज'। रमेश कुन्तल मेघ, बच्चन सिंह और विश्वनाथ त्रिपाठी के तुलसी सम्बन्धी अध्ययन को महत्त्वपूर्ण मानते हुए उनकी स्थापनाओं से लेखक ने अपनी सहमति जतायी है।

लेखक की इस स्थापना से यह साफ़ ध्वनित होता है कि तुलसीदास अगर महत्त्वपूर्ण हैं तो 'कवितावली' और 'हनुमानबाहुक' के आधार पर। यह विचारणीय सवाल है। यहाँ प्रश्न है कि तुलसीदास यदि महाकवि हैं तो क्या वे 'कवितावली' और 'हनुमानबाहुक' के कारण हैं? क्या यह तुलसीदास का सही-सही मूल्यांकन है? मुझे आलोचना की ऐसी समझ पर सन्देह है। तुलसी का जो भी क़द है और वे जिस बड़ाई में हैं; वे यदि महाकवि हैं तो उसमें 'रामचरितमानस' की बड़ी भूमिका है। 'मानस' की वैचारिक सीमाएँ हो सकती हैं, लेकिन तुलसी के कवित्व का शिखर 'रामचरितमानस' ही है। उस शिखर में योगदान उनकी अन्य रचनाओं का भी है। लेकिन अगर हम मानस को हटाकर तुलसी के कवित्व पर बात करते हैं तो एक तरह से हम तुलसीदास के वास्तविक महत्त्व को रिड्यूस कर रहे होते हैं, उन्हें कमतर कर रहे होते हैं।

पुस्तक रामराज्य के बहाने सामाजिक-राजनीतिक-सांस्कृतिक सरोकारों से भी मुठभेड़ करती प्रतीत होती है। लेखक ने तुलसी के रामराज्य की तुलना गाँधी के रामराज्य से की है और कहा है कि गाँधी का रामराज्य सत्य और अहिंसा का है, वहाँ वर्ण-व्यवस्था की कोई बात नहीं है। पुस्तक में अवध के किसान आन्दोलन के सन्दर्भ में बाबा रामचन्द्र भी आते हैं, यह भी आता है कि उन्होंने इस आन्दोलन में किस तरह तुलसी की रचनाओं का रचनात्मक उपयोग किया। पुस्तक में गाँधी के रामराज्य को अत्यन्त संक्षेप में चलताऊ ढंग से निपटा दिया गया है; जबकि आज के सन्दर्भ में तुलसीदास के रामराज्य की बात करते हुए रामराज्य को मेटाफर के रूप में आधुनिक राजनीति के सन्दर्भ में यदि किसी

ने रखा है तो गाँधी ने। गाँधी ने उसे एक मुहावरा बना दिया, जिसके कारण उनकी आलोचना भी हुई, प्रशंसा भी हुई और उनकी राजनीति को लोकप्रियता भी मिली। पुस्तक की भूमिका में जिस सामाजिक-राजनीतिक सन्दर्भ की बात की गयी है, उस रूप में वह सन्दर्भ पुस्तक में नहीं दिखता है।

गाँधीजी ने अपनी आत्मकथा में स्वीकार किया है कि मुझे तुलसीदास की रामायण का जो संस्कार मिला, वह जीवन-भर काम आया। गाँधी को जब-जब संकट आया उन्होंने तुलसी की रामायण से और भक्त कवियों से शक्ति ली। जिस समय हिन्दुस्तान और पाकिस्तान के सभी राजनेता जश्ने-आज़ादी मना रहे थे, गाँधी अपने चन्द साथियों के साथ नोआखोली के साम्प्रदायिक दंगे में निर्भीक होकर 'वैष्णव जन ते तेने रे कहिये' गाते हुए मोर्चे पर डटे हुए थे। गाँधीजी की प्रपौत्री मधुबेन की 1946 से 1948 तक की डायरी से पता चलता है कि ऐसा अभय गाँधी को कहाँ से मिला। यह अभय उन्हें भक्ति-काव्य से मिला, तुलसी से मिला, नरसीं मेहता से मिला। और यह अभय कब आता है और कहाँ से आता है? आपके भीतर साहस तब आता है जब आपके भीतर सत्य होता है। गाँधीजी को लगा कि साम्प्रदायिक सौहार्द ही सत्य है, इसके लिए जान भी चली जाय तो कोई बात नहीं। सामाजिक-राजनीतिक सन्दर्भ के बीच खड़े होकर तुलसी के साहित्य पर जब विचार किया जाए तो यह सन्दर्भ आना चाहिए। आम तौर पर गाँधी को तुलसी से जोड़ा तो जाता है, लेकिन उचित सन्दर्भ में जोड़ने की कोशिश कम हो पाती है। इस सन्दर्भ को जोड़ते हुए गाँधी के प्रतीकों और आशयों को समझना ज़रूरी है। तब हम समझ पाते हैं कि वे किस तरह भक्त कवियों से शक्ति ग्रहण करते हैं। तुलसी के रामराज्य और गाँधी के रामराज्य में फ़र्क़ यह है कि गाँधी के रामराज्य में श्रम-भेद नहीं है। इसलिए गाँधी मानते हैं कि श्रम-भेद ही जाति-भेद का मूल कारण है। शौचालय साफ़ करने से लेकर पोथी लिखने तक का काम जब सभी लोग करेंगे तो वर्ण-व्यवस्था अपने आप समाप्त हो जायेगी। वर्ण-व्यवस्था समाप्त करने का यह अहिंसक तरीक़ा था गाँधी का। गाँधी ने एक तरफ़ तुलसी से रामराज्य लिया तो चरखा लिया कबीर से। यह अध्यात्म और उद्योग का मणिकांचन योग है। रामराज्य के सन्दर्भ में राममनोहर लोहिया का सन्दर्भ भी महत्त्वपूर्ण है। लोहिया ने रामचरितमानस और रामराज्य पर विचार किया है। ये सारे सन्दर्भ भी पुस्तक में आने चाहिए थे।

लेखक का यह संकेत कि तुलसी के रामराज्य में कोई परिवर्तनकारी सपना नहीं है, पूर्ण सच नहीं है। इस सन्दर्भ में हिन्दी में सगुण बनाम निर्गुण पर लम्बी बहस चली। इस बहस में निर्गुण भक्त कवि ज़्यादा परिवर्तनकामी सिद्ध हुए हैं।

दादू के सन्दर्भ में इतिहासकार हरबंस मुखिया ने लिखा है कि भक्त कवियों के पास व्यवस्था के प्रति क्षोभ तो है लेकिन इस सामन्ती व्यवस्था का कोई विकल्प नहीं है। वे बुरे राजा का विकल्प अच्छे राजा में देखते हैं। तुलसीदास के पास भी बुरे राजा का विकल्प अच्छा राजा ही है। जिस राज्य में प्रजा दुखी हो, वैसा राजा तुलसीदास को भी नहीं चाहिए। तुलसीदास को आज के आन्दोलनकारी के रूप में मान कर उन पर विचार नहीं किया जा सकता है। कहने का आशय यह कि तुलसीदास अपनी रचना यात्रा में थोड़ा इधर से उधर हुए हैं ज़रूर, लेकिन उनकी यात्रा कुल मिलाकर एक अच्छे राजा की खोज ही है।

(दिनांक : 15 फरवरी 2018 को अलीगढ़ मुस्लिम विश्वविद्यालय के सभागार में इरफ़ान हबीब की अध्यक्षता में 'तुलसीदास का काव्य-विवेक और मर्यादाबोध' पुस्तक पर सम्पन्न विचार-गोष्ठी में दिये गये वक्तव्य का किंचित संशोधित-सम्पादित रूप, 'बया', अक्टूबर 2018 में प्रकाशित)

भीमराव आम्बेडकर : विचार यात्रा की पड़ताल

14 अप्रैल को डॉ. आम्बेडकर का जन्मदिन था। लॉकडाउन के कारण घर में रहने की मजबूरी थी। इसका लाभ उठाते हुए दिन-भर उनका सम्पूर्ण वाङ्मय उलटता-पलटता रहा। शाम को फ़ोन पर इतिहास के विद्वान अध्यापक, साथी और आम्बेडकर साहित्य के अध्येता डॉ. रतनलाल से बात हुई। वे दिल्ली विवि परिसर में मुझसे कुछ दूरी पर रहते हैं। सो, अक्सर हमारी मुलाक़ात होती है और हम देश-दुनिया की बहुतेरी समस्याओं पर बातचीत करते हैं। भारत के इतिहास और समाज को दलित दृष्टि से समझने में मुझे उनसे मदद मिलती है। दूसरे दिन सुबह वे मुझे एक किताब दे गये—'भीमराव आम्बेडकर : एक जीवनी'। इसके लेखक हैं क्रिस्तोफ जाफ्रलो, जो लन्दन में भारतीय राजनीति और समाजशास्त्र के प्रोफ़ेसर हैं। इस किताब का लगभग बढ़िया अनुवाद योगेन्द्र दत्त ने किया है और इसे छापा है—राजकमल प्रकाशन ने। आम्बेडकर की वैचारिक यात्रा को साफ़ ढंग से समझने में मुझे इस किताब से बहुत मदद मिली। किताब पढ़ने के बाद आम्बेडकर सम्बन्धी अपनी समझ को एक क्रम देने की कोशिश में यह किंचित लम्बी टिप्पणी तैयार हो गयी।

मेरे ऊपर जिन संन्यासियों और विचारकों-दार्शनिकों का गहरा प्रभाव है उनमें पहला नाम गौतम बुद्ध का है और दूसरा नाम स्वामी विवेकानन्द का। किशोरवय में मेरे ऊपर इन दोनों संन्यासियों का बहुत प्रभाव था। काफ़ी दिनों तक एक किस्म की धुन-सी सवार थी कि मुझे इन्हीं की तरह संन्यासी बनना है और सत्य की खोज करनी है। किस तरह का और कैसा सत्य? यह स्पष्ट नहीं था। देश-दुनिया में घूमना है और सत्य की खोज करनी है, इतना भर सोचता था। संन्यासी बनने की धुन तब कम हुई, जब मैं कुछ राजनीतिक कार्यकर्ताओं के सम्पर्क में आया। मेरे गाँव और आसपास के गाँवों में कांग्रेस पार्टी के अलावा सोशलिस्ट पार्टी का बहुत असर था। बहुत से सोशलिस्ट कार्यकर्ताओं से मैंने परिचय कर लिया था।

वे शिक्षित-अशिक्षित दोनों तरह के लोग थे। वे समाजवाद की बातें करते थे। जाति-पाँति मिटाने की बात करते थे। ग़रीबी मिटाने की बात करते थे। वे कांग्रेस पार्टी का विरोध करते थे। वे गाँधी, जेपी, लोहिया आदि की बातें करते थे। गाँधी को थोडा पढ़ा और उनका ज़बर्दस्त प्रभाव पड़ा। जेपी-लोहिया को भी थोड़ा पढ़ा और उनसे भी प्रभावित हुआ। जेपी आन्दोलन शुरू हुआ तो कॉलेज का छात्र था। पढ़ाई-लिखाई छोड़कर आन्दोलन में जी-जान से शामिल हो गया। यूनिवर्सिटी में गया तो मार्क्सवाद की थोड़ी पढ़ाई की। मार्क्सवादी मित्रों-लेखकों की सोहबत की। मार्क्सवादी शिक्षा का असर ये हुआ कि पिछला प्रभाव कुछ कम हुआ और जीवन-जगत् को देखने की खिड़की मार्क्सवाद बन गया। सोवियत संघ के पतन के बाद बहुत दिनों तक दिशाभ्रम की स्थिति बनी रही और उसका जादुई असर कुछ कम हुआ।

डॉ. भीमराव आम्बेडकर को मैं जानता तो था, किन्तु भारतीय राजनीति में उनका भी कोई बड़ा योगदान है, इस पर कभी सोचा नहीं था। इसका एक कारण यह था कि अन्य लोगों की तरह शायद मेरे मन में भी यह बात बैठ गयी थी कि उन्होंने स्वतन्त्रता आन्दोलन में भाग नहीं लिया, वे तब अंग्रेज़ों के साथ थे। सुभाष, भगत सिंह, बिनोवा भावे आदि सबको जानता था और उनके महत्त्व को स्वीकार भी करता था, किन्तु आम्बेडकर की भूमिका भारतीय संविधान की ड्राफ़्टिंग कमिटी के चेयरमैन तक दीखती थी। उनसे अधिक मैं बाबू जगजीवन राम को जानता और मानता था। उनके बारे में बहुत कुछ जानता था। मेरी नज़र में वे प्रसिद्ध स्वतन्त्रता सेनानी, अस्पृश्यों के बड़े नेता और योग्य केन्द्रीय मन्त्री थे। हम उन्हें सभाओं में सुनने जाते थे। हम देखते थे कि हमारे इलाक़े के बड़े-बड़े लोग मंच पर उनका चरण-स्पर्श कर रहे हैं। हम सुनते थे कि तत्कालीन प्रधानमन्त्री इन्दिरा गाँधी उन्हें 'बाबूजी' कहती हैं। यानी कुल मिलाकर यह कि मुझे जगजीवन राम का व्यक्तित्व आम्बेडकर की तुलना में बड़ा लगता था।

आम्बेडकर सम्बन्धी मेरी सोच में परिवर्तन हुआ 1990 के दशक में, जब तत्कालीन प्रधानमंत्री वीपी सिंह ने उन्हें 'भारत रत्न' का सम्मान दिया। उन्होंने उन्हें बार-बार 'बाबा साहेब' कह कर सम्बोधित किया। यह सम्बोधन महाराष्ट्र में और आम्बेडकर के अनुयायियों के बीच भले प्रचलित रहा हो, मेरे लिए नया था। उसके बाद कांसीराम और मायावती के नेतृत्व में उत्तर भारत में ख़ासकर उत्तर प्रदेश में दलित राजनीति का विस्तार हुआ और डॉ. आम्बेडकर दलितों के निर्विवाद प्रेरणास्रोत के रूप में सामने आये। केन्द्र सरकार समेत प्रायः सभी राज्य सरकारों ने उनके नाम पर विश्वविद्यालय खोले या पुराने विश्वविद्यालयों को नया नाम दिया।

प्रायः हर शहर में उनकी मूर्तियाँ लगीं। यह भूल-सुधार के रूप में तो हुआ ही, वोट की राजनीति के तहत भी हुआ। चाहे जिस कारण हो, लेकिन आम्बेडकर का सम्मान बढ़ा और उनके अध्ययन का नया सिलसिला शुरू हुआ। अब जिस आम्बेडकर का जन्म हुआ, वे दूसरे थे। उनको अपना सबसे बड़ा आइकन मानने वाले दलित समाज की नज़र में वे आधुनिक भारत के निर्माण में नयी भूमिका निभाने वाले नये नायक थे, जिनका महत्त्व गाँधी, नेहरू, पटेल, सुभाष आदि से कम न था।

इस तरह बुद्ध से शुरू हुई मेरी वैचारिक यात्रा में विवेकानन्द, गाँधी, जेपी-लोहिया, मार्क्स आदि के साथ एक और नाम जुड़ा डॉ. आम्बेडकर का। आप कह सकते हैं कि यह बुद्ध से बुद्ध तक की यात्रा है। हाँ, यह कुछ हद तक सही भी है, क्योंकि आम्बेडकर अन्ततः बुद्ध के ही पास गये। उनके अनुयायी उन्हें 'बोधिसत्व' कहते भी हैं, लेकिन मेरी विचार यात्रा के मेरे कई अन्य शिक्षकों में से एक शिक्षक आम्बेडकर भी हैं, जिनके ज़रिये भारत को समझने में मदद मिलती है। हाँ, 2014 के बाद अपने इन शिक्षकों में एक नाम और जुड़ गया, वह है पण्डित नेहरू का। नेहरू पर जब से वैचारिक आक्रमण तेज़ हुए हैं, मेरी दिलचस्पी उनमें बढ़ती गयी। समाजवादी पृष्ठभूमि का होने के कारण उनके प्रति मैं आदतन आलोचनात्मक था। इधर लगा कि मैं ग़लत था। बिना नेहरू के तो हम आधुनिक और लोकतान्त्रिक भारत की कल्पना ही नहीं कर सकते। बहरहाल, अपने इन शिक्षकों में मुझे सबसे अधिक रेडिकल बुद्ध, गाँधी और मार्क्स ही लगते रहे हैं और अब भी लगते हैं। उन्हीं रेडिकल लोगों में से एक बुद्ध के धर्म को स्वीकार करनेवाले आम्बेडकर ने जाति-व्यवस्था के विनाश का सबसे बड़ा राजनीतिक आन्दोलन शुरू किया। इस काम में उन्हें आंशिक सफलता मिली। भारतीय संविधान के निर्माण में अन्य साथियों के साथ उन्होंने शानदार भूमिका निभायी और दलितों को राजनीतिक और क़ानूनी अधिकार दिलाने में सफल हुए।

'भीमराव आम्बेडकर : एक जीवनी' (अंग्रेज़ी में क्रिस्तोफ़ जाफ्रालो लिखित जीवनी का योगेन्द्र दत्त द्वारा किया गया हिन्दी अनुवाद) को पढ़ते हुए बुद्ध से आम्बेडकर तक की अपनी विचार यात्रा पर भी ध्यान गया। आम्बेडकर-वाङ्मय को उलटते-पलटते हुए और उन पर लिखित साहित्य को पढ़ते हुए पहले कभी इस तरह का विचार मन में नहीं आया कि अपनी विचार यात्रा पर भी एक नज़र डालूँ। इस बार यदि ऐसा हुआ तो इसका बड़ा कारण यह है कि प्रस्तुत पुस्तक आम्बेडकर की जीवनी कम, गहन वैचारिक यात्रा अधिक है। हिन्दू धर्म से बौद्ध धर्म तक की उनकी यात्रा के साथ यह उनके गहरे वैचारिक संघर्ष की भी यात्रा है।

प्रस्तुत पुस्तक तथा आम्बेडकर-साहित्य के अन्य स्रोतों से पता चलता है कि वे अनीश्वरवादी या अधार्मिक व्यक्ति नहीं थे। साफ़ शब्दों में कहा जाये तो यह कि वे नास्तिकता को पसन्द नहीं करते थे। मानव समाज के लिए वे धर्म को ज़रूरी समझते थे। लम्बे संघर्ष और द्वन्द्व के बाद उन्होंने तय किया कि हिन्दू धर्म छोड़कर बौद्ध धर्म अपनाना है। धर्म की आवश्यकता बताते हुए 14 जनवरी 1955 को मुम्बई में अपने एक भाषण में उन्होंने कहा : "...अगर हम चन्द कम्युनिस्टों को छोड़ दें तो दुनिया में कोई भी ऐसा नहीं है जो किसी-न-किसी धर्म को न चाहता हो। सच्चा धर्म वही होता है जो सबको समान अवसरों का आश्वासन दे। बाकी सारे धर्म फर्ज़ी हैं।"(143) उनकी नज़र में ऐसा एक ही धर्म था और वह था—बौद्ध धर्म।

भारत के पराजित और कमज़ोर होने का सबसे बड़ा कारण यहाँ की जाति-व्यवस्था है। एक मनुष्य द्वारा दूसरे मनुष्य को नीच समझने और बरतने का इससे बड़ा उदाहरण दुनिया में शायद ही मिले। इसलिए बुद्ध, विवेकानन्द-गाँधी आदि सभी महापुरुषों ने इस पर चोट की। लेकिन ये सभी शोषित जातियों के नहीं थे। उनके विरोध का मतलब था, लेकिन जब आम्बेडकर ने इसे अपनी राजनीतिक-यात्रा का सबसे बड़ा मुद्दा बनाया तो उसका अर्थ और अभिप्राय बदल गया। आधुनिक भारत की राजनीति में भूचाल आ गया। इसके पहले कबीर, रैदास, चोखामेला, जोतिराव फुले आदि निम्न जातियों से आनेवाले भक्त कवियों-समाज सुधारकों ने जाति-व्यवस्था पर चोट की थी, लेकिन उनका प्रभाव सीमित था। जाति-व्यवस्था में सबसे उत्पीड़ित दलित जातियों की सामाजिक-राजनीतिक स्थिति में आमूलचूल परिवर्तन के लिए जिस बौद्धिक और राजनीतिक समझ की दरकार थी, वह उन्हें आम्बेडकर के रूप में मिली। दलितों की मुक्ति की अथक लड़ाई लड़ने वाले भारत के सबसे बड़े और प्रखर नेता के रूप में उन्हें जो प्रतिष्ठा मिली, वह किसी को न मिली थी। दलित जातियों के राजनीतिक अधिकारों की न सिर्फ़ उन्होंने लड़ाई लड़ी, बल्कि उसे क़ानूनी जामा पहनाने में भी वे सफल हुए।

महाराष्ट्र की एक अछूत 'महार' जाति में पैदा होने वाले आम्बेडकर (1891-1956) पहले दलित थे जिन्होंने पश्चिम की दुनिया में जाकर पढ़ाई की और पीएच-डी. जैसी सर्वोच्च डिग्री प्राप्त की। भारत के दलित समाज के लिए यह बहुत बड़ी उपलब्धि थी। वे अपनी डिग्री और प्रतिभा की बदौलत पश्चिमी दुनिया में सम्मानजनक नौकरी पा सकते थे, लेकिन उन्होंने ऊँची शिक्षा की समाप्ति के बाद अपना कर्मक्षेत्र भारत को बनाया। अमेरिका से लौटने के बाद बड़ौदा के राजा ने अपने यहाँ नौकरी दी। इसी बड़ौदा के राजा ने उनकी प्रतिभा

से प्रभावित होकर उन्हें ऊँची शिक्षा के लिए विदेश भेजा था। लेकिन बड़ौदा में अस्पृश्य होने के कारण उन्हें किसी ने किराये का मकान न दिया। इस कारण वे वहाँ की नौकरी छोड़कर मुम्बई लौट आये। वहाँ उन्होंने वकालत शुरू की। लेकिन वकालत के धन्धे का चलना भी आसान नहीं था। अस्पृश्य जाति का होने के कारण मुवक्किल नहीं आते थे। अन्ततः आम्बेडकर समाज-परिवर्तन के लिए प्रयत्नशील हुए।

आम्बेडकर ने महसूस किया कि जाति-व्यवस्था बहुत ही जटिल समस्या है और भारत के विकास में सबसे बड़ी बाधा है। यह मानव और मानव के बीच भेद करने वाली व्यवस्था है। एक जाति दूसरी जाति को नीच और अछूत समझती है। पूरी दुनिया में कहीं भी ऐसी व्यवस्था नहीं है जहाँ एक आदमी दूसरे आदमी को अछूत समझता हो। भारत में यह सबसे घिनौनी व्यवस्था सदियों से कायम थी। उस वर्ग से आने के कारण आम्बेडकर पूरी शिद्दत से इस बुराई को महसूस करते थे। उन्होंने जाति-व्यवस्था के विरुद्ध संघर्ष प्रारम्भ किया। लेकिन जाति-व्यवस्था को समाप्त करना आसान नहीं था। ऊपर से नीचे जातियों का जो क्रम है उन सब में भी भेद है। इसे आम्बेडकर 'परतबद्ध असमानता' कहते हैं। वे कहते हैं—"जो सर्वोच्च है उसके विरुद्ध सबकी शिकायतें हैं। उसको सभी ध्वस्त करना चाहते हैं। मगर वे आपस में कभी एकजुट नहीं होते। जो उच्च है वह उच्चतर से छुटकारा पाना चाहता है मगर कम उच्च, निम्न और निम्नतम के साथ हाथ नहीं मिलाना चाहता, क्योंकि उसे भय है कि कहीं वे भी उसके स्तर पर आकर उसके समान न हो जायें...परतबद्ध असमानता की इस व्यवस्था में कोई भी वर्ग पूरी तरह अधिकाररहित वर्ग नहीं होता सिवाय उस वर्ग के जोकि सबसे निचली पायदान पर स्थित है। बाकी सारे वर्गों के अधिकार परतबद्ध/श्रेणीबद्ध हैं। यहाँ तक कि जो निम्न है वह भी निम्नतम के मुकाबले एक सम्पन्न वर्ग है। चूँकि हर वर्ग के पास कुछ सापेक्ष अधिकार हैं इसलिए हर वर्ग उस व्यवस्था को बनाये रखना चाहता है।"(52)

डॉ. आम्बेडकर ने देखा कि यह परतबद्ध जाति-व्यवस्था दलितों के बीच भी मौजूद है। उन्होंने देखा कि अस्पृश्य भी विभाजित इकाई हैं। उनके भीतर भी अनेक जातियाँ हैं। उनकी राय बनी कि अस्पृश्य एक विभाजित समूह है। वे भी जाति-व्यवस्था से संक्रमित हैं। वे भी जाति-व्यवस्था में उतनी ही आस्था रखते हैं जितने सवर्ण हिन्दू। वे लिखते हैं : "अस्पृश्यों के बीच जाति-व्यवस्था ने परस्पर प्रतिद्वन्द्विता और ईर्ष्या को जन्म दिया है। इसने साझा कार्रवाइयों को असम्भव बना दिया है।"(53) उन्होंने देखा कि महाराष्ट्र में महार, माँग और चम्भर जो तीन

मुख्य अस्पृश्य जातियाँ हैं वे भी आपस में शादी-सम्बन्ध नहीं करतीं... ग़ैर-महार दलित जातियों के लोग आम्बेडकर को उस हद तक अपना नेता नहीं मानते थे जिस हद तक उन्हें उम्मीद थी। वे इस परतबद्ध जाति-व्यवस्था को समाप्त करना चाहते थे, लेकिन यह आसान काम न था। उन्होंने महसूस किया कि इस परतबद्ध असमानता के कारण कुलीन वर्ग के ख़िलाफ़ विद्रोह कठिन है।

डॉ. आम्बेडकर का बचपन इन्दौर में सेना की छावनी में गुज़रा था। प्रारम्भिक शिक्षा भी वहीं हुई थी। इस कारण जातिगत भेदभाव का बचपन में उन्हें कोई अनुभव नहीं हुआ। लेकिन जब वे आगे की पढ़ाई के लिए मुम्बई गये तब उसका तीखा अहसास हुआ। ऊँची शिक्षा के लिए जब वे पश्चिमी दुनिया में गये तो मुक्ति के नये माहौल से वे बहुत प्रभावित हुए। फ्रांसीसी क्रान्ति के तीन नारों—समता, स्वतन्त्रता और विश्वबन्धुत्व-का उन पर गहरा प्रभाव पड़ा। फ्रांसीसी क्रान्ति के इन नारों से वे जीवन-भर प्रभावित रहे। भारत लौटने के बाद यहाँ की जाति-व्यवस्था सामने थी। देश में अस्पृश्यों की हालत को बदलने का उनका संकल्प दृढ़ हुआ। पश्चिम जैसा बराबरी का समाज भारत में क्यों नहीं बन सकता, यह प्रश्न उनके भीतर उठने लगा। देश की राजनीतिक आज़ादी का आन्दोलन गाँधी के नेतृत्व में नये रूप में विस्तार पा रहा था। आम्बेडकर ने राजनीतिक आज़ादी से पहले सामाजिक आज़ादी का लक्ष्य अपने एजेंडे में सबसे ऊपर रखा। वे चाहते थे कि राष्ट्रीय आन्दोलन का नेतृत्व करने वाली कांग्रेस जाति-व्यवस्था की समाप्ति को भी प्राथमिकता दे। लेकिन कांग्रेस उस तरह से इसे अपना ज़रूरी एजेंडा नहीं बनाना चाहती थी, जिस तरह डॉ. आम्बेडकर चाहते थे। कांग्रेस के एजेंडे में देश की आज़ादी सबसे ज़रूरी एजेंडा थी। इसलिए आम्बेडकर कांग्रेस को सवर्ण हिन्दुओं की पार्टी और गाँधी को सवर्ण हिन्दुओं का नेता कहते रहे।

आज़ादी के आन्दोलन से आम्बेडकर के अलग रहने की यह मुख्य वजह थी। उन्हें लगता था कि अंग्रेज़ों के जाने के बाद सवर्ण हिन्दुओं का दलितों के साथ अमानवीय व्यवहार और बढ़ जायेगा। अंग्रेज़ों द्वारा प्राप्त अधिकारों के छिन जाने की भी आशंका मन में रही होगी। इस पुस्तक से अलग स्रोतों से पता चलता है कि 1930 के दशक में जब गाँधी की पहल पर मुम्बई में गाँधी से उनकी पहली मुलाक़ात हुई तो उन्होंने जानना चाहा कि जैसे चरखा कातना कांग्रेस का सदस्य होने के लिए आपने ज़रूरी बनाया, वैसे ही छुआछुत न मानने को ज़रूरी क्यों नहीं किया? गाँधी का अछूतोद्धार कार्यक्रम चल रहा था, लेकिन आम्बेडकर के लिए वह नाकाफ़ी था। गाँधी ने कहा कि उन्हें पूरे देश को ध्यान में रखना है। आम्बेडकर इस उत्तर से सन्तुष्ट नहीं थे। राष्ट्रीय आन्दोलन और गाँधी से उनकी

दूरी की मुख्य वजह यही थी। गाँधी ग़ैर-दलित हिन्दुओं के मन से छुआछूत का भेदभाव दूर करना चाहते थे। वे मन्दिर में दलितों के प्रवेश के हिमायती थे। वे चाहते थे खानपान और शादी-विवाह में जातिगत भेद की दीवारें टूट जायें। वे श्रम-भेद पर टिकी वर्णव्यवस्था को अर्थहीन बनाने के क्रम में सबके लिए शारीरिक श्रम को ज़रूरी बनाने पर ज़ोर दे रहे थे; जब कि आम्बेडकर जाति-व्यवस्था का पूरी तरह विनाश चाहते थे।

जाति का विनाश हो, यह आम्बेडकर का मुख्य एजेंडा था। कांग्रेस और गाँधी के लिए राजनीतिक आज़ादी के साथ देश को एक रखना मुख्य मुद्दा था। कांग्रेस एक ऐसा मंच थी, जहाँ दक्षिणपन्थी, वामपन्थी, मध्यमार्गी, नास्तिक और सनातनी सभी तरह के लोग थे। इस बड़ी छतरी के नीचे सभी जातियों-धर्मों के लोग इकट्ठा थे। कांग्रेस अछूतोद्धार, बुनियादी शिक्षा, चरखा, स्त्री शिक्षा आदि के साथ थी, लेकिन वह आज़ादी के लक्ष्य से भटकना नहीं चाहती थी। वह सबको साथ लेकर चलना चाहती थी। गाँधी विरुद्धों के बीच सामंजस्य बिठाकर आज़ादी के आन्दोलन को व्यापक बना रहे थे। वे मन्दिर-प्रवेश के मुद्दे पर सनातनियों का विरोध झेल चुके थे। वे सवर्ण हिन्दुओं के व्यवहार को बदलकर इस समस्या को हल करना चाहते थे। 'सामाजिक समानता और समतावादी समाज के निर्माण' के प्रति स्पष्ट राय राष्ट्रीय आन्दोलन के भीतर 1930 के दशक में बन चुकी थी। बिपिन चन्द्र और उनके अन्य इतिहासकार साथियों ने जाति उन्मूलन सम्बन्धी कांग्रेस के भीतर की मानसिकता पर प्रकाश डालते हुए लिखा है कि निचली जातियों की सामाजिक मुक्ति के लिए चलने वाले आन्दोलनों को या तो उसने सहयोगी बनाया या आत्मसात किया। गाँधी और कांग्रेस की सकारात्मक पहल का कुछ प्रभाव पड़ा, लेकिन जाति व्यवस्था का उन्मूलन नहीं हो सका। उन्होंने लिखा है : "जातीय असमानता और जातिगत उत्पीड़न के विरुद्ध संघर्ष के एक हिस्से के रूप में इसने अछूत प्रथा के उन्मूलन को 1920 के बाद अपनी एक सर्वोच्च राजनीतिक प्राथमिकता बनाया। यद्यपि गाँधीजी ने 1940 के दशक में ही जाति प्रथा के समूल नाश की वकालत की थी परन्तु यह आन्दोलन एक सशक्त जाति विरोधी विचारधारा विकसित और प्रचारित करने में असफल रहा।" (आज़ादी के बाद का भारत, तृतीय संस्करण, पृष्ठ-35) इसके बावजूद इसका एक सकारात्मक पक्ष रहा। इस आन्दोलन का हिन्दू समाज पर व्यापक प्रभाव पड़ा। अछूत समस्या की ओर हिन्दुओं के बड़े समुदाय का ध्यान गया। हालाँकि यह प्रभाव भावनात्मक अधिक था। फिर भी इस भावनात्मक बदलाव का सीमित ही सही महत्त्व तो था ही। इस भावनात्मक माहौल ने संविधान निर्माण के समय आरक्षण का प्रावधान किये

जाने के समय इस प्रस्ताव को आसानी से पास होने दिया। बिपिन और उनके साथियों ने लिखा है : "राष्ट्रीय आन्दोलनजनित भावनात्मक माहौल के कारण ही अनुसूचित जातियों और जनजातियों के लिए आरक्षण घोषित किये जाने के विरुद्ध संविधान सभा में किसी ने भी विरोध का कोई स्वर नहीं उठाया।" (वही) प्रस्तुत पुस्तक में राष्ट्रीय आन्दोलन के कारण पैदा हुए इस भावनात्मक माहौल की कोई भूमिका लेखक को नहीं दिखायी पड़ती। इसी तरह संविधान सभा में आम्बेडकर को लाने के लिए और ड्राफ्टिंग कमिटी का अध्यक्ष बनाने के लिए गाँधी और कांग्रेसियों ने जिस सर्व-समावेशी उदार मानसिकता का परिचय दिया उस पर भी प्रस्तुत पुस्तक लगभग चुप है।

जैसा कि हम जानते हैं कि कांग्रेस एक बड़ा मंच थी जिसमें विभिन्न मतों के लोग थे। गाँधी उन सबसे कई अर्थों में अलग थे। वही एक थे जो आम्बेडकर को समझते थे, अपनी पहल पर उनसे संवाद करते थे और अछूत वर्ग की पीड़ा को महसूस करते थे। आम्बेडकर को उम्मीद गाँधी से ही थी। इस पुस्तक से पता चलता है कि गाँधी को कई बार रूढ़िवादियों के सामने घुटने टेकने पड़ते थे जिस कारण आम्बेडकर ने उन पर पूरा भरोसा कभी नहीं किया। अछूत वर्ग की समस्या पर गाँधी से आम्बेडकर की अपेक्षा और रूढ़िवादियों से गाँधी के टकराव के बीच गाँधी की जो मुसीबत थी उस पर प्रकाश डालते हुए इस पुस्तक में बहुत सही आकलन प्रस्तुत किया गया है। लेखक का मत है : "...गाँधी के प्रति एक तटस्थ दृष्टि से बात करें तो दरअसल वह पहले—और एकमात्र—भारतीय राजनेता थे जिन्होंने अस्पृश्यता के उन्मूलन को स्वराज्य का केन्द्रीय तत्त्व बनाया और इसे चुनौती देने के लिए एकाग्र होकर जुटे रहे। परिणामस्वरूप कांग्रेस में बड़े पैमाने पर मौजूद रूढ़िवादी हिन्दू प्रायः उन्हें हिकारत की नज़र से देखते थे। गाँधी को उन लोगों से समझौता करना पड़ता था जिन्हें लगता था कि गाँधी ज़रूरत से ज़्यादा तेज़ दौड़ रहे हैं। दूसरी तरफ़ आम्बेडकर को लगता था कि महात्मा ज़रूरत से ज़्यादा धीमी गति से चल रहे हैं।..."

महात्मा गाँधी 'तेज़ दौड़ने' और 'धीमी गति से चलने' के आरोपों के बीच सन्तुलन बनाकर चल रहे थे। वे रूढ़िवादियों की आलोचना उन शब्दों में नहीं कर रहे थे, जिसकी अपेक्षा आम्बेडकर को थी, लेकिन गाँधी तब भी आम्बेडकर का महत्त्व पहचानने में कोई कोताही नहीं कर रहे थे। 1932-33 की बहसों के बाद गाँधी से आम्बेडकर पूरी तरह निराश थे। उस समय भी गाँधी उनका महत्त्व समझ रहे थे। प्रस्तुत पुस्तक के लेखक ने गाँधी के एक भाषण का हवाला दिया है जो उन्होंने 1934 में छात्रों को सम्बोधित करते हुए कराची में दिया था।

गाँधी ने कहा था : "(डॉ. आम्बेडकर का) बलिदान अद्वितीय है। वह अपने काम में पूरी तरह डूबे हुए हैं। वह एक सरल जीवन जीते हैं। वह चाहें तो माहवार एक से दो हज़ार रुपये कमा सकते हैं। वह चाहें तो कभी भी यूरोप में जाकर बस सकते हैं मगर वह वहाँ नहीं रहना चाहते। वह सिर्फ़ हरिजनों के कल्याण के लिए फ़िक्रमन्द हैं।" (90)

आम्बेडकर दलितों के लिए अलग निर्वाचक मण्डल चाहते थे। उन्होंने अस्पृश्यों के लिए अलग निर्वाचक मण्डल की माँग उठायी। गाँधी अलग निर्वाचक मण्डल के विरोधी थे। वे अस्पृश्यों को हिन्दू समाज के बाहर और अलग किसी भी तरह मानने के पक्ष में नहीं थे। उन्होंने अलग निर्वाचक मण्डल के मुद्दे पर अनशन कर दिया। भारी जन दबाव के कारण आम्बेडकर को झुकना पड़ा। गाँधी के साथ 'पूना समझौता' के कारण उन्हें अपनी यह माँग छोड़नी पड़ी। आज भी आम्बेडकर समर्थकों को लगता है कि दलित-हितों के विरुद्ध यह गाँधी का आम्बेडकर पर अनावश्यक दबाव था। लेकिन गाँधी को लगता था कि अलग निर्वाचक मण्डल के कारण हिन्दू समाज में अलगाव की नींव पड़ेगी। इसी के साथ उन्हें यह भी लगता होगा कि राष्ट्र अलगाव की दिशा में जायेगा। मुसलमानों के अलग निर्वाचक मण्डल के तहत आने से गाँधी को यह दिख रहा था। आगे चलकर हिन्दुस्तान से अलग होकर पाकिस्तान बना। विभाजन की भीषण तबाही दोनों मुल्कों को झेलनी पड़ी। विभाजन से उत्पन्न समस्या और जटिलता अब भी बनी हुई है। विभाजन से हिन्दू-मुसलमानों की किसी समस्या का समाधान नहीं हुआ। क्या दलितों के लिए अलग निर्वाचक मण्डल बनाने से आगे चलकर इसी तरह की तबाही की आशंका गाँधी को थी? विभाजन के समय ब्रिटिश भारत के नक़्शे पर पेंसिल से विभाजन की रेखा खींच दी गयी थी। मुस्लिम बहुल इलाक़े को पाकिस्तान बना दिया गया था। क्या ऐसा दलितों के साथ सम्भव था? आज़ादी के पूर्व जब संविधान-निर्माण की बात चल रही थी तब आम्बेडकर का कहना था कि अनुसूचित जातियाँ तभी संविधान को मंज़ूरी देंगी जब उनका अलग निर्वाचक मण्डल हो, कार्यकारिणी के भीतर उनके प्रतिनिधित्व की गारंटी हो और अनुसूचित जाति के गाँवों के लिए विशेष कराधान की व्यवस्था हो। 1944 में आम्बेडकर ने एक ब्रिटिश अधिकारी से कहा था : "अस्पृश्यों का एक छोटा-सा समूह हर गाँव में होता है। मैं इन सारे अल्पसंख्यक समूहों को मिलाकर उनको बहुसंख्यक समूह में तब्दील करना चाहता हूँ। इसका मतलब है कि बहुत बड़े पैमाने पर बसावट का काम करना होगा—आबादियों का तबादला, नये गाँवों का निर्माण। हम ये काम बख़ूबी कर सकते हैं बशर्ते हमें (अंग्रेज़ों द्वारा) यह करने की

छूट दी जाये।" (102) अलग निर्वाचक मण्डल के साथ अस्पृश्यों के बड़े पैमाने पर देशव्यापी बसावट का काम क्या व्यावहारिक था? यह आज भी अनुमान का विषय है। लेकिन उस समय डॉ. आम्बेडकर इसी दिशा में सोच रहे थे।

नवम्बर 1948 में डॉ. आम्बेडकर ने संविधान सभा के सामने संविधान की पहली रूपरेखा प्रस्तुत की। वह रूपरेखा ग्रामोन्मुख विकास नीति की जगह शहरी सभ्यता की दिशा में थी। गाँधी के अनुसार भारत की आत्मा गाँवों में बसती थी। आम्बेडकर के अनुसार गाँव 'अज्ञानता के दड़बे, संकुचित दिमागों और साम्प्रदायिकता की मोरी के अलावा' और कुछ नहीं थे। स्पष्ट है कि गाँधीवादियों और आम्बेडकर के बीच गहरे मतभेद थे। गाँधीवादी सदस्यों ने आम्बेडकर के प्रस्ताव का विरोध किया। गाँधीवादी कुटीर उद्योगों की परिकल्पना से भी आम्बेडकर सहमत नहीं थे। प्रस्तुत पुस्तक से पता चलता है कि गाँधीवादी सदस्यों के भारी दबाव के कारण ग्रामीण क्षेत्रों में सहकारिता, कुटीर उद्योगों के प्रोत्साहन की बात अनुच्छेद 31 में रखी गयी जो नीति-निर्देशक सिद्धान्तों के अन्तर्गत आता है जो राज्य सरकारों को सौंपे गये निर्देश भर हैं। इस पुस्तक के लेखक ने इसका एकमात्र श्रेय आम्बेडकर की बुद्धिमत्ता और रणनीति को दिया है। यहाँ यह याद दिलाना ज़रूरी है कि संविधान निर्माण के समय गाँधी ने नेहरू से 'हिन्द स्वराज' एक बार पढ़ लेने की बात की थी। नेहरू ने उस पुस्तक को विचार योग्य नहीं माना था। नेहरू विकास की गाँधीवादी सोच के बहुत हद तक कायल नहीं थे। विकास का जो पश्चिमी मॉडल था, कमोबेश नेहरू उसी दिशा में सोचते थे। इन प्रस्तावों पर बहस के दौरान आम्बेडकर के साथ नेहरू और उनके समर्थकों की कोई भूमिका थी या नहीं? इस मुद्दे पर प्रस्तुत पुस्तक में किसी चर्चा का उल्लेख नहीं है।

प्रस्तुत पुस्तक में संविधान-निर्माण में आम्बेडकर की मुख्य भूमिका का उल्लेख है, लेकिन 'संविधान निर्माता' जैसे किसी पद पर कोई चर्चा नहीं है। आम्बेडकर को आमतौर पर 'संविधान निर्माता' कहा जाता है। उनको अपना आइकन मानने वाले लोग भी उनको इसी रूप में याद करते हैं; जबकि आम्बेडकर के आलोचक उन्हें ड्राफ्टिंग कमिटी का अध्यक्ष भर मानते हैं। इस मसले पर मेरा मत है कि यह सही है कि कांग्रेस के सहयोग से वे संविधान सभा में आये और ड्राफ्टिंग कमिटी के अध्यक्ष बने। यह भी सही है कि ड्राफ्टिंग कमिटी के बाकी छह सदस्य भी बहुत ही क़ाबिल और अनुभवी थे। यह भी सही है कि के.एम. मुंशी के अलावा आम्बेडकर समेत ड्राफ्टिंग कमिटी के अन्य सदस्यों ने स्वतन्त्रता आन्दोलन में भाग नहीं लिया था। लेकिन उन सबकी क़ाबिलियत और ईमानदारी पर सबको भरोसा था।

संविधान के निर्माण में सबकी महत्त्वपूर्ण भूमिका है। आम्बेडकर ने संविधान निर्माण में अपने साथियों की भूमिका को स्वीकार भी किया है। लेकिन संविधान सभा की विभिन्न मसलों पर चलने वाली बहसों को धार देने में आम्बेडकर की भूमिका से कभी किसी ने इन्कार नहीं किया। आम्बेडकर बहुत पहले से, लगभग 1930 के दशक से, दलित अधिकारों के लिए लड़ रहे थे, नये भारत के लिए बननेवाले क़ानूनों की रूपरेखा को समझ रहे थे। वे संविधान सभा में पहले से थे, बंगाल से जीतकर आये थे। विभाजन के फलस्वरूप उनकी सदस्यता ख़त्म हुई थी, क्योंकि पूर्वी बंगाल पूर्वी पाकिस्तान बन गया था। तब वे कांग्रेस के सहयोग से संविधान सभा में दुबारा आये। इसी के साथ एक बात यह भी कि आम्बेडकर नहीं होते तो दलितों को जो संवैधानिक अधिकार मिले हैं, सम्भव है वे तब भी मिलते, लेकिन वे थोड़े भिन्न भी हो सकते थे। और सबसे बड़ी बात यह कि दलित समाज का अपने संविधान के प्रति जो भरोसा-सम्मान आज है वह शायद उतना भावनात्मक न होता। हमारा इतना बड़ा संविधान जितनी जल्दी मूर्त रूप ले सका, उसके मूल में ड्राफ्टिंग कमिटी के चेयरमैन आम्बेडकर की अहर्निश मेहनत थी। 'संविधान निर्माता' पद के पीछे तकनीकी अर्थ ढूँढ़ने की जगह उसके पीछे की जन-भावना से उपजे अर्थ को भी ध्यान में रखना चाहिए। जिस तरह हम गाँधी को 'राष्ट्रपिता' वल्लभ भाई पटेल को 'लौह पुरुष', सुभाषचन्द्र बोस को 'नेता जी', चितरंजन दास को 'देशबन्धु', राजेन्द्र प्रसाद को 'देश रत्न', भगत सिंह को 'शहीदे आज़म', और जयप्रकाश नारायण को 'लोकनायक' कहते हैं, उसी तरह डॉ. आम्बेडकर को 'संविधान निर्माता' कहते हैं। ये सभी पद अपने राष्ट्र निर्माताओं के लिए जनता द्वारा दिये गये और जनता द्वारा मान्य सम्मानसूचक पद हैं। 'संविधान निर्माता' पद भी भारतीय लोगों द्वारा आम्बेडकर को दिया गया सम्मान है, यह उनकी जन-भावना का प्रतीक है।

दलितों के लिए मानवोचित सम्मान तथा राजनीतिक अधिकार हासिल करना आम्बेडकर की पहली प्राथमिकता थी। वे यह भी जानते थे कि बिना आर्थिक रूप से स्वतन्त्र हुए न तो दलितों की मुक्ति की कल्पना की जा सकती है और न आधुनिक भारत की नींव रखी जा सकती है। ये सभी चीज़ें तभी प्राप्त की जा सकती हैं जब दलितों के पास राजनीतिक सत्ता हो। इसके लिए वे राजनीतिक दल की आवश्यकता महसूस करते थे। वे मानते थे कि दलितों की सारी समस्याएँ इसलिए हैं; क्योंकि उनके पास राजनीतिक सत्ता नहीं है। पहले गोलमेज सम्मलेन (1930) में उन्होंने कहा था : "...डिप्रेस्ड क्लासेज की समस्या तब तक हल नहीं हो सकती जब तक कि राजनीतिक सत्ता इस तबके

के लोगों के हाथों में नहीं आ जायेगी।" (93) इस बात को ध्यान में रखते हुए 1936 में उन्होंने अपनी राजनीतिक पार्टी–इंडीपेंडेंट लेबर पार्टी (आईएलपी) की स्थापना की। इस पार्टी में अस्पृश्य और मज़दूर थे। उन्होंने कहा कि भारतीय मज़दूर ब्राह्मणवाद और पूँजीवाद दोनों का एक साथ शिकार हैं। इस दल का उद्देश्य ब्राह्मण शाही और पूँजी शाही दोनों से एक साथ लड़ना था। मज़दूरों के बीच तब मार्क्सवादी लोग सक्रिय थे। लेकिन उन्होंने मार्क्सवादियों से अपनी पार्टी को अलग रखा। प्रस्तुत पुस्तक के लेखक का कहना है कि एक तरफ़ तो आम्बेडकर मज़दूरों के प्रतिनिधित्व का दावा कर रहे थे और दूसरी तरफ़ वे वर्ग के विश्लेषण का महत्त्व स्वीकार करने को तैयार नहीं थे और इस बात पर अड़े हुए थे कि हमारे समाज की बुनियादी इकाई जाति ही है। (96) भारत के सन्दर्भ में आम्बेडकर मार्क्सवाद की वर्ग सम्बन्धी अवधारणा से सहमत नहीं थे। इसलिए कम्युनिस्ट नेता श्रीपाद अमृत डांगे के साथ एक बार मंच साझा करने के बावजूद मार्क्सवादी पार्टी के राजनीतिक कार्यक्रमों से आईएलपी की दूरी बनी रही। आम्बेडकर की इस राजनीतिक पार्टी को बहुत कम सफलता मिली। इसके कई कारण थे। पार्टी के पास संसाधनों की कमी तो थी ही, जनाधार की भी कमी थी। उसके मुकाबले कांग्रेस पार्टी का व्यापक प्रचार और काम भी था। आम्बेडकर की स्वीकृति महाराष्ट्र की अन्य दलित जातियों में भी कम थी। अन्य दलित जातियों की नज़र में वे सिर्फ़ महारों के नेता थे। इसी के साथ इस पुस्तक से यह भी पता चलता है कि एक नेता में पार्टी को चलाने के लिए जिस लचीलेपन की ज़रूरत होती है, उसकी किंचित कमी भी उनमें थी।

अपने जीवन के अन्तिम वर्षों में आम्बेडकर एक ऐसे राजनीतिक दल की ज़रूरत महसूस करने लगे थे जो ग़रीबी और जाति को एक इकाई मानकर चल सके। अपनी मृत्यु से कुछ समय पहले 'रिपब्लिकन पार्टी ऑफ़ इंडिया' की कल्पना को वे एक शक्ल दे चुके थे। वे कम्युनिस्ट पार्टी का विकल्प तैयार करने में लगे थे। उनकी बेचैनी और सोच को इन शब्दों में देखा जा सकता है : "इसके पहले कि मैं मर जाऊँ, मुझे अपने लोगों को एक निश्चित राजनीतिक दिशा देनी चाहिए। वे हमेशा ग़रीब, उत्पीड़ित और वंचित रहे हैं। इसी कारण आज उनमें एक नयी चेतना और नया आक्रोश जन्म ले रहा है।" (107) आम्बेडकर नहीं चाहते थे कि उनके लोग कम्युनिज़्म और कम्युनिस्टों की ओर आकर्षित हों। इसलिए इन्होंने राममनोहर लोहिया, पी.के. अत्रे और एस. एम. जोशी जैसे सोशलिस्ट नेताओं से बात की और साथ काम करने की दिशा में सोच-विचार किया। समाजवादी नेता राम मनोहर लोहिया अमीरी-ग़रीबी और जाति के सवाल को बड़े पैमाने पर उठा रहे थे।

वे भी आम्बेडकर और उनके संगठन शेड्यूल कास्ट फ़ेडरेशन से सहयोग-संवाद की इच्छा रखते थे। लेकिन इसके पहले कि उन दोनों की योजना मूर्त रूप ले पाती,आम्बेडकर का निधन हो गया।

आम्बेडकर-लोहिया के प्रसंग की चर्चा इस पुस्तक में तो है ही, लोहिया के पत्र से भी इस प्रसंग का पता चलता है। 1 जुलाई 1957 को मधु लिमये को लिखे एक पत्र में लोहिया आम्बेडकर की मृत्यु पर गहरा दुःख व्यक्त करते हैं और उनका महत्त्व ऊँचे शब्दों में स्वीकार करते हैं : "...मेरे लिए डॉ. आम्बेडकर भारतीय राजनीति के बहुत बड़े आदमी थे और गाँधी को छोड़कर, उतने महान जितना कोई सबसे महान सवर्ण हिन्दू हो सकता है। इस तथ्य से मुझे हमेशा ही सान्त्वना और विश्वास मिला कि हिन्दू धर्म की जाति-व्यवस्था को एक दिन ख़त्म किया जा सकता है।" पत्र में इसके आगे लोहिया ने जगजीवन राम और आम्बेडकर की तुलना की है और आम्बेडकर को 'विद्वान, दृढ़ चरित्र वाला, साहसी और स्वतन्त्र विचारों' का व्यक्ति बताया है। ऐसा व्यक्ति जिसे 'बाहर की दुनिया के सामने स्वाभिमानी भारत के प्रतीक के रूप में प्रस्तुत किया जा सकता था'। इसके साथ लोहिया ने यह भी लिखा है : "...किन्तु वे कटु और एकान्तिक (एक्सक्लूसिव) प्रवृत्ति के थे। उन्होंने ग़ैर-हरिजनों का नेता बनने से इनकार किया। मैं पिछले 5000 साल की पीड़ा और हरिजनों पर उसके प्रभाव की कल्पना कर सकता हूँ।" लोहिया को उम्मीद थी कि एक दिन आयेगा जब 'आम्बेडकर जैसा महान भारतीय' इस स्थिति से ऊपर उठेगा और सम्पूर्ण राष्ट्र का नेतृत्व करेगा, 'किन्तु मृत्यु जल्दी आ गयी।' इसके आगे लोहिया अपने पत्र में यह भी लिखते हैं, 'लेकिन डॉ. आम्बेडकर के मॉडल में भी सुधार की ज़रूरत है।' पत्र के अन्त में आम्बेडकर के अनुसूचित जाति के अनुयायियों को ध्यान में रखते हुए वे लिखते हैं : "...मैं चाहता हूँ कि भारत की अनुसूचित जातियों को पिछले 40 वर्षों की भारतीय राजनीति के तर्कपूर्ण मूल्यांकन के लिए प्रेरित किया जाना चाहिए। मैं चाहता हूँ कि ये जातियाँ डॉ. आम्बेडकर को अपनी श्रद्धा और अनुकरण का प्रतीक बनाये रखें, उनकी स्वतन्त्रता के साथ किन्तु कटुता के बिना, उस डॉ. आम्बेडकर को जो केवल हरिजनों का ही नहीं सारे भारत का नेता बन सकता था।" (रा. म. लो. रचनावली-3, पृ. 224-25)

अफ़सोस के साथ कहना पड़ता है कि आम्बेडकर की मृत्यु से भारतीय राजनीति की एक बड़ी सम्भावना ख़त्म हो गयी। यह अनुमान का विषय है कि आम्बेडकर को पाँच-दस साल का समय और मिला होता तो क्या होता। लेकिन यह तय है कि आम्बेडकर और लोहिया के साथ आने से भारतीय राजनीति में नयी सम्भावनाओं का रास्ता खुलता। जाति-भेद के साथ वर्ग-भेद की समाप्ति

के अभियान का आधार मज़बूत होता। लोहिया बहुत ही स्वप्नदर्शी और साहसी नेता थे। स्वतन्त्रता आन्दोलन में उन्होंने दुस्साहसी योद्धा के रूप में भाग लिया था। वे जनप्रिय, ईमानदार और सादगीपूर्ण जीवन जीने वाले नेता थे। राजनीति के साथ आर्थिक, सामाजिक और सामाजिक मुद्दों पर उनकी दृष्टि बहुत साफ़ एवं रचनात्मक थी। आम्बेडकर-लोहिया के वैचारिक मेल से भारतीय राजनीति का नया अध्याय शुरू होता, सवर्णों और दलितों के बीच की कटुता कम होती। इस तरह नेहरू और कांग्रेस का सार्थक और मज़बूत विकल्प तैयार होता और साम्प्रदायिक और दक्षिणपन्थी ताक़तों को उभरने का मौक़ा नहीं मिलता।

आम्बेडकर और लोहिया दोनों ने विदेश में ऊँची शिक्षा पायी थी। दोनों डॉक्टर थे और कहलाते भी थे। एक सूट-टाई पहनता था, दूसरा धोती-कुर्ता। कोट-पैंट वाले आम्बेडकर और धोती-कुर्ता वाले लोहिया की एक साथ हाथ मिलाते हुए काश कोई तस्वीर होती और आज हम देख पाते!

आम्बेडकर की जीवन यात्रा को देखने से पता चलता है कि वे धर्म को ज़रूरी मानते थे, वे हिन्दू धर्म नहीं छोड़ना चाहते थे, लेकिन वे हिन्दुओं में समानता चाहते थे। वे नहीं चाहते थे कि ब्राह्मण, क्षत्रिय, शूद्र, दलित आदि में किसी तरह का भेदभाव हो। हिन्दू का मतलब एक इकाई हो, जातियों में विभाजित भेदभाव से भरा कोई समूह न हो। लेकिन सनातन पन्थियों को यह बात पसन्द नहीं थी। गाँधी समेत अन्य हिन्दू नेताओं की अपील का भी कोई असर सनातन पन्थियों पर नहीं हुआ। 1930 के दशक तक आते-आते आम्बेडकर को लगने लगा कि हिन्दू धर्म में सुधार सम्भव नहीं है। उन्होंने लगभग दो-ढाई दशक के मन्थन के बाद हिन्दू धर्म छोड़ने का निर्णय किया। उन्हें लगने लगा कि हिन्दू धर्म में सुधार के लिए ऊर्जा क्यों बर्बाद की जाये। उनके सामने इस्लाम, ईसाई, सिख और बौद्ध धर्म में से एक को चुनने का प्रश्न था। ईसाई धर्म और इस्लाम उनके लिए 'अभारतीय धर्म' थे। सिख धर्म और बौद्ध धर्म में किसी एक विकल्प को चुनने की समस्या आयी तो अन्ततः उन्होंने बौद्ध धर्म को चुना और अपनी मृत्यु (6 दिसम्बर, 1956) के लगभग एक महीना पहले 14 अक्टूबर, 1956 को अपने लाखों अनुयायियों के साथ नागपुर में बौद्ध धर्म की दीक्षा ली। उनका कहना था : "यह धर्म मुझे तमाम इन्सानों के लिए, उनकी खुशियों के लिए, सबके प्रति प्रेम के लिए प्रेरित करता है।" (143) उस अवसर पर उन्होंने जो बातें कहीं, उनका सार एक वाक्य में यह है : "असमानता और उत्पीड़न के प्रतीक, अपने प्राचीन धर्म को त्यागकर मेरा पुनर्जन्म हुआ है...बौद्ध धर्म ही सच्चा धर्म है और मैं ज्ञान, सद्मार्ग और करुणा तीन सिद्धान्तों के प्रकाश में जीवनयापन करूँगा।" (160)

इसके दो साल पहले 3 अक्टूबर 1954 को एक रेडियो प्रसारण में भी उन्होंने यही बातें कही थीं : "सकारात्मक दृष्टि से मेरे सामाजिक दर्शन को तीन शब्दों में समेटा जा सकता है : मुक्ति, समानता और भाईचारा। मगर, कोई भी यह न कहे कि मैंने अपना दर्शन फ्रांसीसी क्रान्ति से लिया है। बिल्कुल नहीं। मेरे दर्शन की जड़ें राजनीतिशास्त्र में नहीं, बल्कि धर्म में हैं। मैंने अपने प्रभु, बुद्ध के उपदेशों से लिया है।" (158)

प्रस्तुत पुस्तक डॉ. आम्बेडकर की विचार यात्रा को समझने में बहुत मदद करती है। उनके सम्पूर्ण वाङ्मय को देखने का जिनके पास समय नहीं है वे इस एक किताब को पढ़कर उनकी विचार यात्रा के साथ उनके जीवन-संघर्ष को सम्पूर्णता में समझ सकते हैं। अच्छी बात यह है कि इसकी रचना के मूल में आम्बेडकर के प्रति भक्ति-भाव नहीं है, शुद्ध अकादेमिक उद्देश्य है। सहानुभूति के साथ भारत के इस दलित महानायक को समझने की कोशिश करते हुए लेखक उनके जीवन और उनकी विचार यात्रा के तथ्यों की बारीकी से जाँच करता है और उनके सहारे इस पुस्तक की रचना करता है। कहने को तो यह जीवनी है, लेकिन जीवनी से अधिक यह उनकी वैचारिक जीवनी है। हिन्दी में इस तरह की जीवनी लिखने का प्रचलन नहीं है। हिन्दी में या तो भक्ति भाव का अतिरेक होता है या सहानुभूतिहीन विरोध का। हमें यह पुस्तक तथ्यों के आलोक में वस्तुपरक ढंग से आम्बेडकर की विचार यात्रा की ओर ले जाती है और उनकी और उनके समाज की मूल पीड़ा और संघर्ष से हमारा साक्षात्कार कराती है। लेकिन इसकी एक कमी यह लगती है कि यह इकहरे ढंग से डॉ. आम्बेडकर की विचार यात्रा को प्रस्तुत करती है। इसमें उस द्वन्द्व की कई जगह कमी है जो आम्बेडकर और गाँधी या आम्बेडकर और राष्ट्रीय आन्दोलन के सन्दर्भ में पैदा होते थे।

उस द्वन्द्वात्मकता की कमी के कारण भारतीय राष्ट्रीय आन्दोलन के बड़े परिप्रेक्ष्य पर लेखक की नज़र नहीं जा पाती। राष्ट्रीय आन्दोलन के पूरे परिप्रेक्ष्य को ध्यान में न रखने के कारण आम्बेडकर का वैचारिक, राजनीतिक और सामाजिक संघर्ष इकहरे रूप में हमारे सामने आता है। यदि हम राष्ट्रीय आन्दोलन के सम्पूर्ण लक्ष्य को ध्यान में रखें तो स्पष्ट होगा कि सिर्फ़ राजनीतिक आज़ादी उसका लक्ष्य नहीं था। लोकतान्त्रिक, धर्मनिरपेक्ष और समतामूलक भारत का सपना उस आन्दोलन के गर्भ में पल रहा था। राष्ट्रीय आन्दोलन का मूल्यांकन करते हुए बिपन चन्द्र और उनके साथी इतिहासकारों का कहना है : "...उपनिवेशवाद-विरोधी विचारधारा...लोकतान्त्रिक, धर्मनिरपेक्ष, सामाजिक रूप से क्रान्तिकारी, आर्थिक रूप से विकासशील... ग़रीबों के प्रति पक्षधर क्रान्तिकारी-आर्थिक रुझान के कारण

ही राष्ट्रीय आन्दोलन में यह शक्ति आयी कि वह राजनीतिक रूप से जाग्रत तथा सक्रिय जन-साधारण एवं उसकी हिस्सेदारी पर निर्भर हो जन आन्दोलन का रूप ले सका।" (भारत का स्वतन्त्रता संघर्ष, पृ. 505) क्या राष्ट्रीय आन्दोलन के घोषित लक्ष्य को ध्यान में रखे बिना आम्बेडकर के वैचारिक-सामाजिक संघर्ष पर विचार हो सकता है? समय-समय पर कांग्रेस अधिवेशनों में प्रस्ताव पारित कर स्वराज्य के जो लक्ष्य घोषित किये गये थे, आज़ाद हिन्दुस्तान के संविधान निर्माण में उनकी कोई भूमिका नहीं थी? 1930 के दशक से कांग्रेस के भीतर संविधान निर्माण की दिशा में मोतीलाल नेहरू, जवाहरलाल नेहरू, सुभाष चन्द्र बोस आदि की पहल के साथ जो प्रयास चल रहे थे, उनका कोई महत्त्व था या नहीं? अस्पृश्यता के सवाल पर गाँधी के प्रयास क्या व्यर्थ थे? क्या उन प्रयासों ने ग़ैर-दलितों की दलित सम्बन्धी सोच को बदलने या उदार या लचीला बनाने में कोई भूमिका निभायी या नहीं? आम्बेडकर की विचार यात्रा से गुज़रते हुए ये कुछ प्रश्न उठते रहे, यह प्रश्न भी उठा कि आम्बेडकर की उपस्थिति ने राष्ट्रीय आन्दोलन को कहीं प्रभावित किया या नहीं? यह भी प्रश्न उठता रहा कि इतने विराट आन्दोलन की किसी बात ने आम्बेडकर पर अपनी कोई छाप छोड़ी या नहीं?

आम्बेडकर गाँधी को हिन्दुओं का नेता कहते थे, जबकि गाँधी अपने को सभी हिन्दुस्तानियों का नेता मानते थे। वे अपनी ओर से पहल करके आम्बेडकर से संवाद की कोशिश करते रहे। उन्हें अपनी सोच से अवगत कराते रहे और उनकी सोच को समझने की कोशिश करते रहे। अस्पृश्यता के विरुद्ध गाँधी भी थे, आम्बेडकर भी। लेकिन एक द्रष्टा था, दूसरा भोक्ता। दोनों के अनुभव भिन्न-भिन्न समाजों के थे। क्या इसी कारण किसी ग़ैर-दलित का दलित मुक्ति के लिए किया गया प्रयास व्यर्थ हो जायेगा? दुनिया का इतिहास बताता है कि शोषितों के पक्ष में वे लोग भी लड़ते रहे हैं जो उस वर्ग के नहीं थे। ग्रीक माइथोलोजी का चरित्र प्रमथ्यु देवता था, मनुष्य नहीं था। देवताओं के पास अग्नि थी और अग्नि के बिना मनुष्य जाति अँधेरे में थी। उसने अपने समाज से अग्नि चुराकर मानव जाति को दी। प्रमथ्यु को देवताओं ने उसकी कड़ी सज़ा दी। उसने उस सज़ा को स्वीकार किया। मार्क्स को प्रमथ्यु का चरित्र बहुत प्रिय था। वे खुद सर्वहारा नहीं थे, लेकिन सर्वहारा के मुक्ति-दर्शन की खोज में लगे रहे। प्रमथ्यु का चरित्र दुनिया के कवियों को लुभाता रहा है। पी.बी. शेली ने 'प्रोमेथियस अनबाउंड' नाम से कविता लिखी। हिन्दी के कवि धर्मवीर भारती ने 'प्रमथ्यु गाथा' लिखी। बुद्ध भी राजन वर्ग के थे। वे शोषित या दलित वर्ग से नहीं आते थे। आम्बेडकर अन्त में उसी बुद्ध के पास गये। ऐसे उदाहरणों से दुनिया

का इतिहास भरा पड़ा है। इसलिए यह नहीं कहा जा सकता कि जो शोषित वर्ग का नहीं है, वह शोषितों की लड़ाई नहीं लड़ सकता। यदि वह ईमानदारी पूर्वक कष्ट सहने को तैयार है तो लड़ सकता है। अस्पृश्यता के ख़िलाफ़ गाँधी के संघर्ष पर नज़र डालने पर पता चलता है कि उनकी ईमानदारी में कोई शक नहीं है। 1916 में सर्वजातीय सम्मेलन में अस्पृश्यता के ख़िलाफ़ जंग की घोषणा करते हुए गाँधी ने कहा था : "यह सिर (अपने सिर की ओर इशारा करते हुए) अस्पृश्यता निवारण के लिए समर्पित है।" राष्ट्रीय आन्दोलन का नेता होने के नाते उनकी सीमाएँ ज़रूर हैं। लेकिन वे दलित हितों के लिए लड़ने वाले ईमानदार नेता लगते हैं। वे आम्बेडकर के विरोधी नहीं हैं, वे उनके पूरक हैं। आम्बेडकर ने दलितों के भीतर जो आत्मविश्वास और चेतना दी, उस महत्त्व को सभी मानते हैं। दलितों के क़ानूनी अधिकार के लिए उनका जो संघर्ष है, वह अन्यतम है। लेकिन गाँधी ने ग़ैर-दलितों के भीतर दलितों के प्रति मानवोचित व्यवहार का भाव पैदा करने की कोशिश की, उसका भी महत्त्व है। आम्बेडकर और गाँधी सरीखे संघर्ष की आज भी ज़रूरत है, क्योंकि तमाम विकास के बावजूद दलित-समाज की कई समस्याएँ बनी हुई हैं। प्रसिद्ध गाँधीवादी चन्द्रशेखर धर्माधिकारी ने कहा है : "...हरिजन उद्धार का कार्य डॉ. आम्बेडकर जी ने किया और सवर्णों के मन और दिमाग़ से अस्पृश्यता हटाने का कार्यक्रम गाँधी जी ने चलाया। ये दोनों आन्दोलन परस्पर पूरक थे।" मुझे लगता है कि उस तरह के परस्पर पूरक आन्दोलन की ज़रूरत आज भी है।

(फेसबुक पर प्रकाशित, मई 2020)

तुम्हीं से मोहब्बत, तुम्हीं से लड़ाई

(नन्दकिशोर नवल का पुण्य स्मरण)

अजीब रिश्ता रहा नन्दकिशोर नवल से। वे हमारे अध्यापक भी थे और वरिष् सहकर्मी भी। उनसे वैचारिक-साहित्यिक हमारी लड़ाइयाँ भी ख़ूब हुईं और हम एक-दूसरे से बेपनाह मोहब्बत भी की। लगभग चार दशकों के संग-साथ में अनेव चढ़ाव-उतार आये। हम एक-दूसरे को कभी पसन्द, कभी नापसन्द करते रहे एक-दूसरे की रुचियों को सराहते रहे और मज़ाक़ उड़ाते रहे। अब जबकि नहीं हैं तो लगता है कि पटना से लगाव का एक बड़ा आधार खिसक गया। व पटना जिसे वे बेहिसाब प्यार करते थे और मेरे लिए जो कभी 'सिटी ऑफ़ जॉय था। हमारे बहुत ही बेतकल्लुफ़ गुरु और साथी थे नन्दकिशोर नवल, जिन्हें या करता हूँ तो अपने जीवन का धड़कता हुआ अध्याय खुलने लगता है।

1990 और 1998 के बीच की कोई तारीख़ थी। इतना ही याद है कि नवल जी तब विश्वविद्यालय की सेवा में थे। यह भी याद है कि अप्रैल महीने का को गर्म दिन था। रात के क़रीब आठ बजे मैं और तरुण कुमार नवल जी के साथ आरा रेलवे स्टेशन के प्लेटफार्म पर खड़े थे। हम एक सेमिनार से निकले थे औ हमें पटना के लिए ट्रेन पकड़नी थी। ट्रेन के आने में एक घण्टे की देर थी। गर्म से ऊपर का एस्बेसटस और प्लेटफॉर्म तप रहे थे। ट्रेन की प्रतीक्षा और ऊपर गर्मी। हम परेशान हो उठे। तभी नवल जी ने एक ऐसी बात कही जिसके कार हम दोनों अपनी परेशानी भूल गये। उन्होंने कहा : "आप लोगों को एक बा बताना चाहता हूँ। 'निराला रचनावली' के सम्पादन के दौरान मुझे कई शहरों क यात्रा करनी पड़ी। कई बार इसी तरह के तपते हुए प्लेटफॉर्म पर रात में गमछ बिछाकर सोना पड़ा। लगता था कि मेरी पीठ जल गयी हो। जो रचनावली हिन्द संसार के सामने है उसके सम्पादन में जितने कष्ट झेलने पड़े, उनमें से एक इ तरह के प्लेटफॉर्म पर गमछा बिछाकर सोना भी था।"

'निराला रचनावली' के सम्पादन में नवल जी ने बहुत मेहनत की। प्रायः सभी रचनाओं के प्रकाशन के सन्दर्भ और समय का उल्लेख किया। रचनाओं के क्रम-निर्धारण का काम भी सावधानी के साथ किया। निराला-साहित्य के परिप्रेक्ष्य को ठीक से हिन्दी संसार के सामने रखने के लिए रचनावली की लम्बी भूमिका लिखी। मैं कह सकता हूँ कि हिन्दी में जो सुसम्पादित रचनावलियाँ हैं, उनमें 'निराला रचनावली' का ऊँचा स्थान है। नेमिचन्द्र जैन के सम्पादन में तब 'मुक्तिबोध रचनावली' निकल चुकी थी। वह भी सुसम्पादित रचनावली है। नवल जी के सामने सम्भव है कि वह आदर्श उदाहरण के रूप में रहा हो। बाद के दिनों में विजय बहादुर सिंह ने 'नंददुलारे वाजपेयी रचनावली', ओमप्रकाश सिंह ने 'रामचन्द्र शुक्ल रचनावली', और मस्तराम कपूर ने 'राममनोहर लोहिया रचनावली' के सम्पादन द्वारा आदर्श उदाहरण पेश किये। इस क्रम में सुसम्पादित अन्य रचनावलियों का भी नाम लिया जा सकता है। लेकिन हिन्दी में निकली सभी रचनावलियों को आदर्श के रूप में नहीं याद किया जा सकता। बहरहाल, नवल जी ने रचनावली के साथ कई पुस्तकों के सम्पादन में इसी आदर्श का निर्वाह किया। वे मानते थे कि मेहनत का कोई विकल्प नहीं है। सम्पादन का उद्देश्य और उसके पीछे काम करने वाली दृष्टि स्पष्ट होनी चाहिए। शायद यही कारण था कि मेरे द्वारा सम्पादित दो किताबें–'भक्ति आन्दोलन के सामाजिक आधार' और 'कल्पना का उर्वशी विवाद' उन्हें ख़ूब पसन्द आयीं।

उनकी सम्पादन-कला उनके द्वारा सम्पादित पत्रिकाओं में भी देखी गयी। पत्रिका निकालना उनका प्रिय काम था। अपने युवा काल में अपने कुछ साथियों के साथ मिलकर उन्होंने 'ध्वजभंग' नाम से एक पत्रिका निकाली थी। तब उन पर राजकमल चौधरी की संगति का असर था। भूखी पीढ़ी, नंगी पीढ़ी आदि का भी कुछ असर होगा। पटना में राजकमल के घर पर नन्दकिशोर नवल, कुलानन्द मिश्र, सिद्धिनाथ मिश्र और शिव वचन सिंह की बैठक हुई और एक पत्रिका निकालने का निर्णय लिया गया। राजकमल ने पत्रिका का नाम सुझाया-'प्रचोदयात'। राजकमल ने कहा कि गायत्री मन्त्र का यह शब्द है जिसका अर्थ होता है–प्रेरित करना, आगे बढ़ाना आदि। लेकिन नवल जी और उनके साथी राजकमल जैसे साहसी नहीं थे। उनकी राय थी कि 'ध्वजभंग' नाम से पत्रिका निकले। तब नवल जी विश्वविद्यालय के शोध छात्र थे। अपने शोध के सिलसिले में वे कुछ हफ़्तों के लिए पटना से बाहर गये। इसी बीच राजकमल चौधरी का असामयिक निधन हो गया। यह 1967 के आसपास की बात है। बाद में 'ध्वजभंग' नाम से ही पत्रिका निकली। तीन-चार अंक निकलने के बाद पत्रिका बन्द हो गयी।

'ध्वजभंग' गढ़ा हुआ नाम था, इससे कई अर्थ निकलते थे। एक अर्थ अकवितावादी संस्कार का भी था। बाद के वर्षों में 'सिर्फ़', 'धरातल', और 'उत्तरशती' का उन्होंने सम्पादन किया। नामवर सिंह के साथ सह-सम्पादक के रूप में वे 'आलोचना' से भी जुड़े। अवकाश ग्रहण के बाद उन्होंने 'कसौटी' के पन्द्रह अंक निकाले।

कुल मिलाकर यह कि पत्रिका निकालना नवल जी का प्रिय शौक़ था। अपने इस शौक़ को वे बहुत जतन से निभाते थे। रचनाओं के सम्पादन से लेकर प्रूफ रीडिंग तक का काम वे स्वयं करते थे। एक-एक शब्द की जाँच-परख करते थे। अपना बहुत-सा समय और पैसा उन्होंने पत्रिका निकालने में ख़र्च किया। क्यों किया? मुझे लगता है कि पत्रिका के ज़रिये नये रचनाकारों से जीवन्त संवाद का आकर्षण उनके भीतर प्रबल था। वे हमेशा नये रचनाकारों का संग-साथ पसन्द करते थे। वे गुरुडम के शिकार नहीं थे। उसी आदमी ने दो साल पहले एक ऐसी बात कही जो मुझे झकझोर गयी। उन्होंने पूछा कि अब आपका रिटायरमेंट क़रीब आ रहा है तो क्या करने की योजना है? मैंने कहा कि सोचा नहीं है, मन हुआ तो कोई पत्रिका निकालूँगा। उन्होंने कहा कि अपनी पसन्द के विषय पर किताब लिखिए। किसी कवि-कथाकार या आलोचक पर एकाग्र होकर काम कीजिए। अब तक यह काम आपने नहीं किया है। फुटकल लेख लिखने से कोई आलोचक नहीं बनता। पत्रिका हरगिज़ मत निकालिए। यह 'थैंकलेस जॉब' है। होशियार लेखक कभी पत्रिका नहीं निकालते हैं, जैसे ज्ञानेन्द्रपति, आलोक धन्वा और अरुण कमल। इसी के साथ यह भी कहा कि दूसरों की रचनाओं को सुधारते रहने से अच्छा है कि आदमी अपने मन का पढ़े-लिखे। मैं चकित हुआ कि यह बात वह आदमी कह रहा है जिसने जीवन-भर पत्रिकाएँ निकाली हैं। वे मुझसे, तरुण कुमार और अपूर्वानन्द से उम्मीद करते थे कि हम ख़ूब लिखें, लेकिन जब हम उनकी उम्मीदों पर खरे उतरते नहीं दिखे तो हमारी हल्की-सी आत्मीय शिकायत भी करने लगे। कहते कि बाबू साहेब को गप, अड्डेबाज़ी और भाषण से फ़ुर्सत नहीं है, तरुण जी लिखने में आलसी हैं और अपूर्वानन्द की दिलचस्पी का क्षेत्र साहित्य नहीं, राजनीति है। (वे अक्सर मुझे 'बाबू साहेब' कहते थे। उनकी देखा-देखी तरुण कुमार, अपूर्वानन्द, सत्येन्द्र सिन्हा आदि भी कभी-कभी 'बाबू साहेब' कहते थे।)

बहरहाल, नवल जी जितने समर्पित और मेहनती सम्पादक थे उससे अधिक मेहनती और समर्पित शिक्षक थे। समय से कक्षा में आना और निर्धारित विषय पर पूरे समय केन्द्रित होकर ठहर-ठहर कर बोलना उनकी आदत थी। वे हमें निराला और मुक्तिबोध की कविताएँ पढ़ाते थे। एक-एक शब्द की व्याख्या के

साथ कविता को पूरे विस्तार से खोलते थे। कविता का सामाजिक सन्दर्भ भी बतलाते थे पर सबसे पहले कविता के धरातल पर हमें ले जाते थे। छुट्टी पर जाने वाले अध्यापक की जगह पर भी वे अक्सर आ जाते थे। पटना विश्वविद्यालय में तब कोई कक्षा खाली नहीं जाती थी। हम जब उस खाली पीरियड का आनन्द उठाना चाहते, तभी नवल जी कक्षा में हाज़िर। हम तब उन्हें 'फिल अप द ब्लैंक' के नाम से याद करते। हमारे हाव-भाव से वे समझ जाते कि हम कोई गम्भीर व्याख्यान सुनने के मूड में नहीं हैं। तब वे किसी दिलचस्प साहित्यिक विषय पर बातचीत करते। एक दिन उन्होंने यह बताया कि किस लेखक-कवि का असली नाम क्या है; जैसे सूर्यकान्त त्रिपाठी 'निराला' का मूल नाम सूर्य कुमार तिवारी, सुमित्रानन्दन पन्त का गुसाईं दत्त पन्त, शान्तिप्रिय द्विवेदी का मूंछन दुबे, जैनेन्द्र कुमार का आनन्दी लाल, मलयज का भरतजी लाल श्रीवास्तव आदि-आदि। यह सब वे बता रहे थे तभी एक शरारती छात्र ने पूछा : "सर, आपका मूल नाम?" वे मुस्कुराये। लेकिन इत्मीनान से जवाब दिया : "नन्दकिशोर सिंह। लेकिन मैंने मैट्रिक का फॉर्म भरते समय अपने नाम से 'सिंह' हटाकर 'नवल' लगा लिया।" हमारे साथी ने रचनात्मक सवाल किया : 'तख़ल्लुस तो कवि लगाते हैं। आप ठहरे प्रगतिशील आलोचक?' इस बार उन्होंने उस शरारती छात्र को ठहर कर देखा और कहा : "पहले मैं कवि था। मेरा एक काव्य संग्रह छप चुका है।" उस छात्र ने कहा : "ओह, आप कवि थे! तभी तो!" नवल जी ने यह नहीं पूछा कि 'क्या तभी तो', लेकिन यह समझ गये कि छात्र पढ़ने के मूड में नहीं हैं। फिर भी पढ़ाते रहे। बाद के दिनों में भी वे आते और किसी दिलचस्प साहित्यिक विषय पर चर्चा करते। हमने भी मान लिया था कि गुरुजी लोग बिना पढ़ाये नहीं मानेंगे, सो मन मारकर पढ़ने लगे। लेकिन जहाँ चाह, वहाँ राह जैसी कहावत छात्रों ने सुन रखी थी।

असल में खाली पीरियड कम मिलते थे। दस बजे से दो बजे तक लगातार चार पीरियड होते थे। खाली पीरियड में लड़के अपनी कक्षा की लड़कियों से बात करना चाहते थे जिनकी संख्या लड़कों के बराबर ही थी। दो बजे के बाद सभी लड़कियाँ घर में अच्छी बनी रहने के लिए जल्दी घर भाग जाती थीं। देर से पहुँचने पर माता-पिता की डाँट सुननी पड़ती। छुट्टी के दिन मिलने का तो सवाल ही नहीं था। सो, लड़कों के पास अपना खाली पीरियड ही होता लड़कियों को प्रभावित करने के लिए। लेकिन नवल जी की अधिक तत्परता हमें भारी पड़ने लगी। लड़कों ने तय किया कि खाली पीरियड में हम लोग गंगा किनारे बैठेंगे जो विभाग के पीछे ही था। लेकिन एक भक्त किस्म के छात्र ने उन्हें इसकी सूचना दे दी।

गनीमत रही कि उन्होंने इस पर ध्यान न दिया। मामले की नज़ाकत शायद वे समझ गये थे।

मैं जब वहीं अध्यापक हो गया तो वे मुझे भी तैयार होकर कक्षा में जाने के लिए प्रेरित करते थे। थोड़ी भी देर होती तो वे हमें टोकते थे। कहते थे कि शिक्षक को कक्षा में समय से जाना चाहिए और निर्धारित समय और निर्धारित विषय पर बोलना चाहिए। वे यह भी बताते थे कि जो विषय अगले दिन पढ़ाना है उसकी तैयारी एक दिन पूर्व कर लेनी चाहिए। वे यह भी कहते थे कि अपने व्याख्यान का आदि और अन्त बिल्कुल सुचिन्तित होना चाहिए। यह सब मैंने कितना सीखा यह तो नहीं कह सकता, लेकिन यह कह सकता हूँ कि नवल जी इसका पालन जीवन-भर करते रहे। वे कक्षा को जितनी गम्भीरता से लेते थे उतनी ही गम्भीरता से साहित्यिक आयोजनों को भी। विभाग में जब भी वे आयोजन करते उसकी पूरी रूपरेखा गम्भीर होती। विश्वविद्यालय के बाहर प्रगतिशील लेखक संघ के बैनर तले या व्यक्तिगत रूप से भी उन्होंने जो विचार गोष्ठियाँ पटना में आयोजित कीं, उनकी बड़ी भूमिका नगर के युवाओं को प्रशिक्षित करने में रही। उन्हीं के ज़रिये उन आयोजनों में हमने नामवर सिंह के ऐतिहासिक भाषण सुने। हमने केदारनाथ अग्रवाल, शमशेर बहादुर सिंह, नागार्जुन, त्रिलोचन, अमृतलाल नागर, रघुवीर सहाय आदि को सुना और अपने को समृद्ध किया। मैं कह सकता हूँ कि नन्दकिशोर नवल जैसा सुरुचिसम्पन्न आयोजक मैंने कम देखा है।

लेकिन इसी के साथ मैं यह भी कहना चाहता हूँ कि नन्दकिशोर नवल पर प्रगतिशील लेखक संघ और कम्युनिस्ट पार्टी का ऐसा असर था कि वे अपने से भिन्न मत वालों को बर्दाश्त नहीं कर पाते थे। एक बार पटना विश्वविद्यालय की ओर से सात दिन का सेमिनार हुआ। विषय था 'लोक चेतना और हिन्दी साहित्य'। हिन्दी के तमाम छोटे-बड़े लेखक-विद्वान उसमें आमन्त्रित हुए। डॉ. नगेन्द्र ने उद्घाटन किया और समापन डॉ. नामवर सिंह ने। रमेश कुन्तल मेघ, शिव कुमार मिश्र, विष्णुकान्त शास्त्री, मैनेजर पाण्डेय, मधुरेश, सुरेन्द्र चौधरी आदि की याद मुझे है, जिन्होंने वक्ता के रूप में शिरकत की थी। ढाई-तीन सौ लोग सुबह दस बजे से शाम पाँच बजे तक वक्ताओं को सुनते थे। बीच में लंच की व्यवस्था नहीं थी। तब भी श्रोता सुनने के लिए डटे रहते। इससे इस सेमिनार की बौद्धिक गुणवत्ता का अन्दाज़ा किया जा सकता है। लेकिन अचानक एक ऐसा दृश्य उपस्थित हुआ जिसकी कल्पना किसी को नहीं थी। विष्णुकान्त शास्त्री जब लोक चेतना की आस्थामूलक व्याख्या कर रहे थे तो नवल जी का धैर्य जवाब दे गया। वे उठे और शास्त्री जी को टोकते हुए उन्होंने कहा कि यह संघ का

मंच नहीं है और हम संघ के कार्यकर्ता भी नहीं हैं, यहाँ पढ़े-लिखे लोग बैठे हैं, आदि। इसके बाद वह सत्र बाधित हो गया। बहुतों को नवल जी की यह हरकत अच्छी नहीं लगी। इसका बदला दक्षिणपन्थी सोच के विभागाध्यक्ष राम खेलावन राय ने अगले सत्र में लिया। रमेश कुन्तल मेघ जब बोल रहे थे तो लोक चेतना की उनकी जनवादी व्याख्या को राम खेलावन राय ने बीच में टोककर चुनौती दी और कहा कि यह कम्युनिस्ट पार्टी का मंच नहीं है। इसके बाद हंगामा हुआ और वह सत्र भी नष्ट हो गया। इसी तरह एक बार रघुवीर सहाय का व्याख्यान पटना प्रगतिशील लेखक संघ ने कराया। रघुवीर सहाय किस विषय पर बोले यह तो याद नहीं है, लेकिन यह याद है कि उन्होंने कहा था कि प्रगतिशील लेखक संघ एक साम्प्रदायिक संगठन है। साम्प्रदायिक संगठन से उनका आशय यह था कि जैसे पहले साधु-सन्तों के सम्प्रदाय हुआ करते थे वैसा ही यह संगठन है। उनका आशय यह भी था कि संगठन की प्रगतिशीलता सम्बन्धी समझ संकीर्ण है। नवल जी से रघुवीर सहाय की अपने संगठन की यह आलोचना बर्दाश्त नहीं हुई। धन्यवाद ज्ञापन में उन्होंने रघुवीर सहाय की 'भूरि-भूरि निन्दा' की। रघुवीर सहाय चुपचाप सुनते रहे। इसे श्रोताओं ने अच्छा नहीं माना।

कुल मिलाकर यह कि नन्दकिशोर नवल जितने अच्छे अध्यापक, सम्पादक और आयोजक थे, उतने ही 'अच्छे' असहिष्णु मनुष्य थे। जितने लोगों से उनकी पटती थी उससे अधिक लोगों से उनकी खटपट रहती थी। नवल जी लिख कर और बातचीत की अपनी टिप्पणियों से अपने दुश्मन स्वयं बनाते थे। नगर के जो भी कवि-लेखक थे उनमें कइयों से उनके सम्बन्ध शिथिल थे। कुमारेन्द्र पारसनाथ सिंह, ज्ञानेन्द्रपति, आलोक धन्वा, प्रेम कुमार मणि, नचिकेता, जितेन्द्र राठौर आदि से अबोला जैसा था। वे तब अरुण कमल की कविता पसन्द करते थे और उन्हें साथ लेकर घूमते थे। उस समय एक चतुष्पदी पटना के साहित्यिक हलके में सुनी-सुनायी जाती थी–

आलोचना की नवल शैली चली है
कुछ लोचनों को रचना खली है
कुछ पालतू हैं, बाकी फालतू हैं
भले हैं वे जिनकी दाल गली है।

कहा जाता है कि यह चतुष्पदी ज्ञानेन्द्रपति की लिखी हुई है। बाद के दिनों में अरुण कमल को नवल जी कम पसन्द करने लगे और ज्ञानेन्द्रपति तथा आलोकधन्वा उनके प्रिय हो गये। वैसे आठवें दशक के कवियों में अन्तिम दिनों में उनके सर्वाधिक प्रिय भोपाल के राजेश जोशी हो गये थे।

आयोजनों की बात चली है तो यह भी बताता चलूँ कि 1970 में नवल जी ने अपने कुछ साथियों के साथ मिलकर एक विराट युवा लेखक सम्मेलन किया। इसमें नामवर सिंह, धूमिल, वेणु गोपाल, विजेन्द्र, कुमारेन्द्र आदि लगभग पचास लेखकों ने भाग लिया। यह नवल जी की आयोजन क्षमता थी जो अत्यन्त व्यवस्थित थी। इसी के साथ यह भी बताना चाहता हूँ कि नवल जी को सुन्दर काव्य-पंक्तियाँ और शेर ख़ूब याद थे। बातचीत में सही जगह पर वे उनका प्रयोग करते थे। एक बार हम दोनों राजेन्द्र नगर स्टेडियम में सुबह घूम रहे थे। सामने से सुन्दर काया वाली स्त्री आती हुई दिखी। नज़दीक आने पर मैंने देखा कि चेचक के गहरे गड्ढों से उसके चहरे का सौन्दर्य बिगड़ गया है। मेरे मुँह से दुःखसूचक 'आह' की ध्वनि निकली। नवल जी ने मेरे दुखी होने पर एक शेर सुनाया जिसकी दूसरी लाइन याद है—'देखा है आशिक़ों ने आँखें गड़ा गड़ा कर'। मतलब यह कि चहरे पर जो गड्ढे हैं वे आशिक़ों की गहरी निगाहों के कारण बन गये हैं। उसके बाद मैं अपना दुःख भूल गया।

नवल जी का वस्त्र विन्यास बहुत सुन्दर और सुव्यवस्थित होता था। वे सूट-टाई, धोती-कुर्ता और पाजामा-कुर्ता तीन तरह की पोशाक पहनते थे। घर पर लुँगी। जाड़े में सूट और टाई तथा शेष महीनों में धोती-कुर्ता या कुर्ता-पाजामा या पैंट-शर्ट। वे जो भी पहनते कपड़े बहुत ही साफ़-सुथरे होते और उनके व्यक्तित्व पर फबते थे। उनका व्यक्तित्व अत्यन्त सुदर्शन था। जाड़े में सूट, टाई पहनकर जब वे साइकिल चलाते हुए विभाग आते थे तो बहुत लोग उत्सुकता से उन्हें देखते थे। वे टाई का नॉट बहुत बढ़िया बनाते थे। मुझे टाई का नॉट बनाना उन्होंने ही सिखलाया था। उनका व्यक्तित्व इतना चमकता हुआ रहता था कि हम लोग कहते थे कि उनकी मैडम उन्हें ठाकुर जी की बटिया की तरह धो-पोंछकर रखती हैं। इसके पीछे कारण यह था कि नवल जी घर-गृहस्थी की चिन्ता से प्रायः मुक्त रहते थे। उनकी पत्नी रागिनी शर्मा सब कुछ सँभालती थीं। यहाँ तक कि कई दफा नवल जी का दिया हुआ डिक्टेशन भी वे लेती थीं। वे सही अर्थों में नवल जी की 'सचिव-सखी-सहचरी' रहीं।

नवल जी में अनुशासन और अराजकता दोनों का अद्‌भुत मेल था। वे अपने लिखने-पढ़ने के समय में कोई कटौती नहीं करते थे। इसके चलते कई दफा उनके सम्बन्धी, मित्र और छात्र नाराज़ हो जाते थे। लेकिन कभी-कभी उनकी अराजक मस्ती देखते बनती थी। छुट्टी के दिन एक बार तरुण कुमार के साथ सुबह टहलते हुए मेरे घर आये। गपशप का सिलसिला शुरू हुआ तो लम्बा हो गया। उन्होंने मेरे घर के एक लड़के को भेजकर कचौड़ी और जलेबी मँगायी।

नाश्ता करने के बाद हम लोग फिर गपशप में जुट गये। यह क्रम तब टूटा जब एक बजे के लगभग उन्हें कई जगह खोजते हुए परेशान रागिनी शर्मा मेरे घर आयीं। तब मोबाइल का ज़माना नहीं था। और हम लोगों के घर फ़ोन भी नहीं था। इसी तरह की एक और घटना याद आती है। दो बजे जब कक्षाएँ समाप्त हो जाती थीं तो हम बैठकर साहित्य, समाज और राजनीति पर गपशप करते थे। बीच में चपरासी को भेजकर भूँजा मँगाते थे। भूँजा खाने के बाद कभी-कभी गुलाब जामुन खाने की हमारी आदत थी। यूनिवर्सिटी के बाहर लालजी की दुकान पर हम पान खाते और तब अपने-अपने घर जाते। कभी-कभी हमारी बैठक राजकमल प्रकाशन में होती। महीने-डेढ़ महीने पर हम कभी-कभी पटना की मशहूर मिठाई की दुकानों में जाते और कई तरह की मिठाइयाँ तब तक खाते रहते जब तक कि हम थक न जाते। इसी क्रम में एक बार ऐसा हुआ कि हमने मिठाइयाँ ख़ूब खा लीं। पैसे देने की बारी आयी तो किसी की जेब में पैसे नहीं थे। दुकान यूनिवर्सिटी इलाक़े में नहीं, रेलवे स्टेशन के पास थी। दुकानदार हमें बिल्कुल नहीं जानता था। नवल जी ने अपने सुदर्शन और सूट-टाई वाले व्यक्तित्व का उपयोग किया और दुकान मालिक से कहा कि हम पैसे कल भेज देंगे। दुकानदार हमें पहचानता नहीं था, लेकिन वह समझ गया कि ये यूनिवर्सिटी के विद्वान लोग हैं।

वे बहुत संयमी थे। बाहर कभी कुछ नहीं खाते थे। लेकिन कभी-कभी यह संयम ढीला पड़ता था तब अराजक रूप ले लेता था। एक बार मेरे घर हम दोनों मछली खाने बैठे। उत्साह में पाँच लोगों का हिस्सा हम दो ही खा गये। मेरे घर के बाकी लोग हमारा यह रूप देखकर मुस्कुराते रहे। उनको अचार के साथ भोजन करना पड़ा। उस अति का फल यह हुआ कि उसको पचाने के लिए मुझे चौबीस घण्टे और नवल जी को अड़तालीस घण्टे का उपवास करना पड़ा। मैडम रागिनी शर्मा ने हमारी इस आदत को हमारा देहातीपना कहा तो हमने चुपचाप मान लिया। आख़िर हम गाँव के तो थे ही। इसी तरह एक बार सोनपुर का विश्वप्रसिद्ध पशु मेला देखने का उनका मन हुआ। उनके साथ उनके आग्रह पर उनके तीन शिष्य हृषीकेश सुलभ, तरुण कुमार और गोपेश्वर सिंह तथा चौथे कवि मदन कश्यप मेला देखने गये। दो बजे से लेकर रात दस बजे तक हमने मस्ती काटी। तरह-तरह के व्यंजन चखे, तरह-तरह के कौतुक किये और तरह-तरह के पशु-पक्षी देखे। तरुण जी, सुलभ और मैंने भाँग खायी और झूले पर झूले। तरुण कुमार ने तीन सौ की एक कश्मीरी टोपी अपनी अद्‌भुत मोल तोल वाली क्षमता के बल पर दस रुपये में ख़रीदी।

धोती-कुर्ता के साथ कश्मीरी टोपी जब उन्होंने पहनी तब उनके उस रूप की प्रशंसा में हम सबने सामूहिक रूप से एक कुण्डलिया लिखी—'धोती कुर्ता टोपी में ही फबते तरुण कुमार'। वह कुण्डलिया अब भी याद है जिसका अन्त होता है इस पंक्ति से—'वस्त्र राशि में वैसे ही टी.के. की धोती'। उस दिन तरुण जी कुछ नहीं बोले, अपने ऊपर बनी कुण्डलिया का आनन्द उठाते रहे। बाद के दिनों में हमने सामूहिक रूप से पटना के साहित्यिक संसार पर बहुतेरी कुण्डलिया लिखीं जो हमारी रचनात्मक आवारगी का प्रमाण प्रस्तुत करती हैं। सब कुछ इस मेला यात्रा का आनन्ददायी रहा, लेकिन अन्त बड़ा ही तनावपूर्ण हुआ। नवल जी की ज़िद पर सोनपुर से पटना तक लगभग पचास किमी. की यात्रा रिक्शा पर करने का फ़ैसला हुआ। एक रिक्शा पर नवल जी और तरुण कुमार निकल गये। हमें रिक्शा मिलने में देर हुई। जब हम तीनों रात क़रीब दो बजे गंगा पुल से उतर रहे थे, तभी हमारा रिक्शा तेजी से नीचे गिर पड़ा। हम तीनों और रिक्शावाले को चोट तो बहुत लगी लेकिन जान बच गयी। नवल जी की मस्ती की वह रात मुझे, सुलभ और मदन कश्यप को जब भी याद आती है हमारे भीतर सिहरन-सी दौड़ जाती है।

नवल जी की साहित्यिक रुचि कई पड़ावों से होकर गुज़री थी। पहले वे उत्तर-छायावादी कवियों की भावभूमि पर कविता लिखते रहे। उसके बाद राजकमल चौधरी के संग-साथ के कारण अकविता के प्रभाव में रहे। उसके बाद नक्सलबाड़ी आन्दोलन की ओर भी घूम आये। बाद में अज्ञेय का प्रभाव उन पर रहा। प्रगतिशील लेखक संघ और भारतीय कम्युनिस्ट पार्टी की सदस्यता लेने के बाद वे प्रगतिवादी सोच के आलोचक हो गये। तब वे शमशेर, नागार्जुन, केदार, मुक्तिबोध, त्रिलोचन आदि को ख़ूब पसन्द करते थे और ग़ैर-प्रगतिशीलों को रूपवादी यानी वर्ग शत्रु मानते थे। बाद में राजेश जोशी, अरुण कमल, उदय प्रकाश आदि उनके प्रिय युवा कवि थे। आलोकधन्वा, वीरेन डंगवाल, मंगलेश डबराल आदि की ख़ूब आलोचना करते थे। उनकी नज़र में अशोक वाजपेयी तब रूपवादी कैंप के नेता थे। लेकिन एक गुणात्मक बदलाव 1990 के दशक में नवल जी में आया। इस बदलाव के मूल में सोवियत संघ का पतन एक कारण तो था ही, बड़ा कारण था नागार्जुन का विरोध। उन दिनों नागार्जुन भाकपा और प्रलेस के ख़िलाफ़ ख़ूब बोलते थे। सोवियत संघ के ख़िलाफ़ भी वे बोलते थे। नागार्जुन का यह 'राजनीतिक भटकाव' नवल जी से बर्दाश्त नहीं हुआ। वे लिखकर और बोलकर नागार्जुन की आलोचना करने लगे। उसका परिणाम यह हुआ कि नवल जी को पार्टी और संगठन से हटना पड़ा या विरोध

को देखते हुए वे ख़ुद हट गये। यही दौर था जब नवल जी प्रगतिशीलता बनाम ग़ैर-प्रगतिशीलता, कंटेंट बनाम फार्म के रूढ़ विभाजन से मुक्त हुए और पाठ केन्द्रित आलोचना की ओर मुड़े।

असल में नवल जी बीच का रास्ता नहीं जानते थे। इधर या उधर—या तो आप मित्र हैं या शत्रु। यही कारण था कि नगर के कवियों-लेखकों में से कुछ उनके मित्र थे, शेष से संवादहीनता थी। उनके छात्र रहे लेखकों में से कई लोग थे, जिनसे बातचीत बन्द थी। बलराम तिवारी, राणाप्रताप, भृगुनन्दन त्रिपाठी, कर्मेन्दु शिशिर अरविन्द कुमार, आनन्द भारती, हृषीकेश सुलभ आदि से बहुत दिनों तक मुँह फुलौवल की स्थिति रही। अपनी टिप्पणियों से दूसरों को चिढ़ाने में नवल जी का कोई जवाब नहीं था। ऐसा करके उन्हें शायद मज़ा आता था। लेकिन ऐसा करके वे अपने प्रशंसकों को खो रहे हैं, इसकी चिन्ता उन्हें नहीं थी। मेरे साथ सम्बन्धों में उतार-चढ़ाव तो आया, लेकिन मुझसे बातचीत कभी बन्द नहीं हुई। इसे मैं उनका बड़प्पन मानता हूँ। बाद में उन्होंने आगे बढ़कर सबसे सम्बन्ध ठीक किये। एक बार दिल्ली में अपूर्वानन्द के घर पर मुझे गले लगाकर रोने लगे। बोले कि आपको ठीक से मैंने देर से समझा। यह काम उन्होंने कई लोगों के साथ किया। तब भी गोपाल राय और खगेन्द्र ठाकुर से सम्बन्ध-सुधार की दिशा में कोई प्रगति नहीं हुई। उसे अपवाद कहा जायेगा। उन दोनों ने अपनी ओर से पहल की, लेकिन नवल जी का अन्त तक क्रोध शान्त नहीं हुआ।

बहरहाल, नवल जी में बदलाव आया। लेकिन शायद उन्होंने देर से यह बात समझी कि जीवन सिर्फ़ सफ़ेद और स्याह रंगों से नहीं बना है, वह अनगिनत रंगों के मेल का नाम है। इस बदलाव के बाद जो नन्दकिशोर नवल दिखायी देते हैं, वह 'उत्तर नवल पक्ष' है—जीवन में भी और अपनी आलोचना में भी। लेकिन जो भी कहा जाये, नवल जी की पूर्व पक्ष की गतिविधियों से पटना का साहित्य जगत् गुलज़ार रहता था। दूसरों को जब वे चिढ़ाते थे तो लोगों को मज़ा आता था।

नवल जी मूलतः कविता के आलोचक थे। कविता में भी छायावाद, उत्तर-छायावाद, नयी कविता और आठवें दशक की कविता पर लिखना-बोलना उनको रुचिकर लगता था। इस दौर के बहुतेरे कवियों पर उन्होंने लिखा है और कविता पढ़ने की एक पद्धति विकसित की है। 'निराला : कृति से साक्षात्कार' तथा 'मुक्तिबोध : ज्ञान और संवेदना' न सिर्फ़ नवल जी की श्रेष्ठ आलोचना पुस्तकें हैं, बल्कि हिन्दी आलोचना के विकास का श्रेष्ठ उदाहरण भी हैं। मुक्तिबोध की कविताओं की, विशेषतः 'अँधेरे में' की उन्होंने जो व्याख्या की है, वह हिन्दी आलोचना में अन्यतम है। मुक्तिबोध के किसी आलोचक के यहाँ वैसी सुन्दर

और आत्मीय व्याख्या नहीं मिलती है। उनकी मुक्तिबोध वाली किताब पढ़कर मैंने एक दिन कहा कि आपने इस किताब के ज़रिये मुक्तिबोध के 'मनस्विन रूप' की खोज की है। मेरी बात सुनकर वे देर तक मुझे देखते रहे। फिर कहा—शुक्रिया। मैंने बाद में 'मुक्तिबोध का मनस्विन रूप' शीर्षक से 'हिन्दुस्तान' अख़बार में समीक्षा लिखी। अख़बार पढ़ने के बाद वे सुबह-सुबह मेरे घर आये और देर तक बैठे रहे। उस समीक्षा की कोई चर्चा नहीं हुई। यही बात निराला की कविताओं की व्याख्या के सन्दर्भ में भी कही जा सकती है। निराला की कविता के महत्त्व की चर्चा करते हुए नवल जी ने एक ज़रूरी पक्ष की ओर हमारा ध्यान आकृष्ट किया है कि श्रेष्ठ कविता गद्य की शक्ति को आत्मसात करके चलती है। नवल जी की पाठ केन्द्रित आलोचना का एक सुन्दर उदाहरण राजकमल चौधरी की लम्बी कविता 'मुक्ति प्रसंग' की व्याख्या भी है, जिसके ज़रिये वे 'मुक्ति प्रसंग' को 'अँधेरे में' के बाद हिन्दी कविता की महत्त्वपूर्ण उपलब्धि बताते हैं। नवल जी ने अपनी पाठ केन्द्रित आलोचना के ज़रिये हिन्दी कविता के पाठक को ऐसे समय में पाठ प्रेमी बनाने का काम किया, जब देश में एक विश्वविद्यालय की कृपा से हिन्दी आलोचना में रचना का कम, साहित्य-सिद्धान्त का अधिक बोलबाला हो गया था और विदेशी साहित्य चिन्तकों के नाम गोष्ठियों में और लेखों में पटापट गिरने लगे थे।

नवल जी ऐसे आलोचक थे जिनसे कालिदास से लेकर संजय कुंदन तक की कविता पर बात की जा सकती थी। उतने बड़े फलक पर बात करने वाले आलोचक-अध्यापक आज कितने हैं! लेकिन निराला, दिनकर, अज्ञेय, मुक्तिबोध, रघुवीर सहाय, राजकमल आदि पर वे बहुत प्रेम से लिखते-बोलते थे। वे साहित्य-सिद्धान्त का प्रतिपादन करके आलोचना का नैरेटिव बदलने में विश्वास नहीं करते थे। वे रचना की नयी व्याख्या के ज़रिये नयी काव्य-रुचि का विकास करने में विश्वास करते थे। वे आलोचना से आलोचना पैदा करने के ख़िलाफ़ थे। वे 'तेज़ाबी आलोचना' लिखने वालों से कहते थे कि मूल टेक्स्ट शुरू से अन्त तक एक बार पढ़ लो, तब लिखो। रचना की व्याख्या आलोचना का व्यावहारिक पक्ष है। इसे दृष्टि से उन्होंने कभी ओझल नहीं किया।

नवल जी को पटना शहर बहुत प्रिय था। उस नगर का साहित्यिक इतिहास उनकी ज़ुबान पर था। उन्होंने अध्यापन कार्य के अलावा दूसरी कोई इच्छा नहीं पाली। वे पटना विश्वविद्यालय के हिन्दी विभाग से बहुत प्रेम करते थे। वे कहते थे कि इसे गुरुदेव नलिन विलोचन शर्मा ने बनाया है। नलिन जी की अध्यापन कला और वैदुष्य के वे कायल थे। वे बार-बार यह बताते थे कि नलिन जी

दुनिया के लिटरेरी प्रॉब्लम से अपने छात्रों को परिचित करा देते थे। नवल जी की अन्तिम इच्छा थी कि श्मशान घाट ले जाने के पूर्व उनका शव थोड़ी देर के लिए हिन्दी विभाग ले जाया जाये। उनकी यह इच्छा पूरी हुई। आजकल मेरा मन पटना विश्वविद्यालय के परिसर में, वहाँ के हिन्दी विभाग में और सामने के अशोक राजपथ पर घूम रहा है, जहाँ नवल जी के साथ हमने सबसे अधिक समय बिताया। मेरी आँखों में रिक्शा पर बैठे हुए नवल जी दिख रहे हैं। रिक्शा का हुड गिरा हुआ है और वे छाता लगाये हुए विश्वविद्यालय की ओर जा रहे हैं। लोगों को आश्चर्य होता कि यह आदमी रिक्शा पर बैठकर छाता क्यों लगाता है! या सूट-टाई में साइकिल चलाते हुए हिन्दी विभाग की ओर आते हुए नवल जी दिखायी दे रहे हैं और लोग आश्चर्य से उन्हें देख रहे हैं और सूट-टाई तथा साइकिल का सामंजस्य नहीं बिठा पा रहे हैं!

('कथादेश', सितम्बर 2020)

रेणु जी का कोना

पटना के कॉफ़ी हाउस का वह कोना यादों में अब भी झिलमिलाता है जिसे 'रेणु जी का कोना' कहा जाता था। कॉफ़ी हाउस अब नहीं है, उसकी जगह एक बड़ी-सी बिल्डिंग है जिसमें कई चमकती हुई दुकानें हैं। डाक बँगला रोड से जब भी गुज़रता हूँ तो उस जगह पर नज़र ज़रूर पड़ती है और पैर रुक-से जाते हैं। कॉफ़ी हाउस के लिए एक समय दीवानगी-सी थी। दिल में हूक-सी उठती है और एक शेर बरबस याद आता है—

ग़म से नाज़ुक ज़ब्त-ए-ग़म की बात है
ये भी दरिया है मगर ठहरा हुआ
यह इमारत तो इबादतगाह है
इस जगह एक मयकदा था क्या हुआ।

1960 के दशक में खुला था पटना में कॉफ़ी हाउस। कहा जाता है कि रेणु जी कॉफ़ी हाउस खुलने से बहुत आह्लादित थे। उद्‌घाटन के दिन वे कुछ पहले पहुँच गये थे और जब विधिवत कॉफ़ी हाउस का दरवाज़ा खुला तो भीतर बैठकर कॉफ़ी पीने वाले वे पहले ग्राहक थे। तब से कॉफ़ी हाउस शाम को पहुँचने का उनका एक सिलसिला-सा बन गया था। पटना में होते तो कॉफ़ी हाउस ज़रूर जाते।

फणीश्वरनाथ 'रेणु' के प्रथम दर्शन मैंने कॉफ़ी हाउस में ही किये थे। 1972 की बात है। कॉलेज में दाख़िला अभी लिया ही था कि 'धर्मयुग' या 'साप्ताहिक हिन्दुस्तान' या किसी अन्य पत्रिका में रेणु जी की लम्बे बालों वाली ख़ूबसूरत-सी तस्वीर छपी। यूँ तो उनकी तस्वीरें हिन्दी की पत्र-पत्रिकाओं में छपती ही रहती थीं, लेकिन उस तस्वीर ने मन मोह लिया। देवदूत-से लगते उस लेखक-से मिलने की इच्छा बलवती हो उठी। 'मैला आँचल', 'परती परिकथा', 'तीसरी कसम' आदि उनकी रचनाएँ मैं पढ़ चुका था। 'तीसरी कसम' फ़िल्म देख चुका था। उन रचनाओं और फ़िल्म का मन-मिज़ाज पर जादुई प्रभाव था। तभी ये तस्वीर आयी थी।

अपने जवारी मित्र ध्रुव प्रसाद को, जिसे हम लोग प्रायः 'धुरुप' कहते थे, मैंने एक पत्र लिखा कि मैं रेणु जी को देखना चाहता हूँ। अगले सप्ताह ध्रुव का पत्र आया कि पटना आ जाओ—तुम्हें रेणु जी के दर्शन करा दूँगा।

मैंने थोड़े पैसों का जुगाड़ किया और पहलेजा घाट जाने वाली बस से चल पड़ा। पहलेजा घाट से स्टीमर द्वारा पटना के महेन्द्रू घाट पर मैं पहुँचा। ध्रुव बहुत देर से मेरी प्रतीक्षा कर रहा था। वह मुझे लेकर पैदल ही कॉफ़ी हाउस चल पड़ा। तब मैं लगभग पहली ही बार पटना नगर को देख रहा था। मुझे ऐसा महसूस हो रहा था कि लन्दन की सड़कों पर घूम रहा हूँ। इंडियन कॉफ़ी बोर्ड द्वारा संचालित कॉफ़ी हाउस पहुँचकर बाहर सड़क पर हम खड़े हो गये जिसे डाक बँगला रोड कहा जाता है। ध्रुव ने कहा कि रेणु जी यहाँ प्रतिदिन शाम को आते हैं। हम खड़े-खड़े प्रतीक्षा करने लगे।

शायद अक्टूबर का महीना था। हम तीन बजे ही कॉफ़ी हाउस के गेट पर पहुँच गये थे। लगभग पाँच बजे तक हम खड़े रहे और देवदूत-से लगने वाले अपने प्रिय लेखक की प्रतीक्षा करते रहे। लगभग पाँच बजे एक रिक्शा रुका। उस पर सफ़ेद पाजामा और सफ़ेद कुर्ता पहने हुए रेणु जी बैठे थे। रिक्शा गेट पर रुका। रेणु जी ने रिक्शा वाले से कुछ कहा और कॉफ़ी हाउस की ओर बढ़-से चले। हम दोनों एक पान की गुमटी के पीछे छिप गये और उन्हें कॉफ़ी हाउस के भीतर जाते हुए देखते रहे। कुल एक से दो मिनट हमने उन्हें देखा और वे ओझल हो गये। उसके बाद हम देर तक उस दरवाज़े की ओर देखते रहे। कुछ देर बाद हम दोनों ने काँच के दरवाज़े से भीतर झाँक कर देखा तो रेणु जी कुछ लोगों से घिरे हुए दिखायी पड़े।

पहली बार रेणु जी के दर्शन का इतना ही अवसर मिला। आज सोचता हूँ कि हमने आगे बढ़कर उनके चरण स्पर्श क्यों नहीं किये? हमने यह क्यों नहीं कहा कि हम आपसे मिलने ही इतनी दूर से आये हैं, कि हम आपके पाठक हैं, कि हमें तो आप देवदूत-से लगते हैं—आदि-आदि? अब अनुमान करता हूँ कि हम ऐसा करते तो वे प्रसन्न होते। सम्भव है वे हमें भीतर ले जाते और हमें कॉफ़ी भी पिलाते, कुछ देर बातें भी करते। लेकिन हमने ऐसा क्यों नहीं किया? किस बात से डर रहे थे? अब सोचता हूँ तो लगता है कि हमारे भीतर आत्मविश्वास की कमी थी। तब तक हम अपने स्कूल-कॉलेज के अध्यापकों के अलावा किसी लिखने-पढ़ने वाले प्रसिद्ध आदमी से मिले नहीं थे। एक अर्थ में हमारा 'एक्सपोज़र' नहीं था। हमारे भीतर इतना भी आत्मविश्वास नहीं था कि हम अपने प्रिंसिपल से सहजतापूर्वक बात कर सकें। रेणु जी तो फिर भी रेणु जी थे!

'तीसरी कसम' फ़िल्म के लेखक रेणु जी के दर्शन का सम्मोहन जब कुछ कम हुआ तो हम ध्रुव के घर चले। घर क्या था, राजेन्द्र नगर में एक वकील साहब का गैराज था। ध्रुव के पिता भागवत प्रसाद बिहार राष्ट्रभाषा परिषद् में चपरासी थे। वे इतने कंजूस थे कि कभी जीवन में उन्होंने किराये का कमरा नहीं लिया। यों ही किसी के गैराज, किसी के बरामदे में जीवन काटते रहे। ध्रुव पढ़ता था और उन्हीं के साथ उस गैराज में रहता था। मैंने पिता-पुत्र का बनाया हुआ भोजन उसी गैराज में किया और वहीं रात काटी। रेणुजी को देख लेने के उत्साह में तब मुझे गैराज में सोना कुछ भी असहज नहीं लगा। लेकिन सुबह होने और नींद से जगने से पहले एक और घटना घटी, जिसकी चर्चा ज़रूरी है।

कॉफ़ी हाउस से लौटने और भोजन होने तक ध्रुव रेणु जी के बारे में और बहुत-सी बातें बता चुका था। बिहार राष्ट्रभाषा परिषद् का कर्मचारी होने के नाते भागवत प्रसाद का पटना के बहुत से लेखकों से परिचय था। इस नाते ध्रुव की भी थोड़ी जान-पहचान थी। परिषद् पुस्तकालय से किताबें लेने-देने में या परिषद् के किसी काम से भागवत प्रसाद का लेखकों के यहाँ आना-जाना था। किसी-किसी के यहाँ ध्रुव भी जाता था। उसके पास लेखकों के बारे में कहने को बहुत कुछ था। वे सारी बातें सुनी-सुनाई थीं, उसका अपना अनुभव बहुत कम। रेणु जी कहाँ-कहाँ जाते हैं, कॉफ़ी हाउस में रेणु जी के साथ कौन-कौन लोग बैठते हैं, कॉफ़ी हाउस से निकलने के बाद वे जहाँ पान खाते हैं, जहाँ से कोका कोला की बोतलें ख़रीदते हैं, राजेन्द्र नगर 'मैग्जीन कॉर्नर' से पत्रिकाएँ ख़रीदते हैं, देर रात तक जगते हैं और सोकर दोपहर में उठते हैं आदि-आदि। उसकी बातों में डॉ. रामवचन राय का नाम बार-बार आता। वे कॉफ़ी हाउस में रेणु जी के कोने के स्थायी सदस्य थे। वे पटना विश्वविद्यालय के अध्यापक थे और ध्रुव का उनके यहाँ आना-जाना था। मैं उनके कुछ लेख 'धर्मयुग', 'साप्ताहिक हिन्दुस्तान', 'ज्योत्सना' आदि पत्रिकाओं में पढ़ चुका था। रेणु न सही, रेणु के एक जूनियर मित्र से ही प्रत्यक्ष मिल लिया जाये और कुछ बातचीत कर ली जाये, यह ख़याल मन में आया और हम रामवचन जी से मिलने दस साढ़े दस बजे रात को निकल पड़े।

रामवचन जी तब भिखना पहाड़ी मुहल्ले में अकेले रहते थे। हम पहुँचे तो उनके घर में ताला लगा हुआ था। अगल-बगल से मालूम हुआ कि वे अकेले रहते हैं और कब घर वापस लौटेंगे कहा नहीं जा सकता। अब हम क्या करें? हमने तय किया कि बिना मिले नहीं लौटेंगे। रात के ग्यारह बज रहे थे। हमने सोचा कि आधा-पौना घण्टा में लौट आयेंगे और हम भिखना पहाड़ी की सड़क

पर गपशप करते हुए टहलते रहे। काफ़ी देर बाद लगभग एक बजे रामवचन जी हमें आते हुए दिखे। ध्रुव ने मेरा परिचय दिया और यह बतलाया कि लगभग दो घण्टे से आपके दर्शनार्थ हम यहाँ सड़क पर टहल रहे हैं। वे कुछ बोले नहीं। हमें लेकर अपने घर गये। ड्राइंग रूम में बैठाया और दो कप चाय बनायी। हम दोनों के सामने रखकर बैठ गये। एक बजे रात को धमके हम 'साहित्य प्रेमियों' के कारण वे झुँझलाये ज़रुर होंगे, लेकिन हाव-भाव से प्रकट न होने दिया। हमने रेणु जी के सम्बन्ध में कई तरह की जिज्ञासाएँ प्रकट कीं। बहुत कम बोलने वाले रामवचन जी ने न सिर्फ़ हम लोगों की जिज्ञासाओं के जवाब दिये, बल्कि और कई अन्य बातें भी बतायीं। आज जब अपने साहित्य-प्रेम नहीं, साहित्यकारों से प्रेम के बारे में सोचता हूँ तो अपनी उस दीवानगी पर हैरत होती है। इसी दीवानगी के साथ मैं बहुतेरे साहित्यकारों से मिलने जाता रहा हूँ।

1974 के जेपी आन्दोलन से पटना सहित बिहार का हर कोना आन्दोलित हो उठा था। छात्रों-नौजवानों के साथ किसानों और बुद्धिजीवियों की बड़ी जमात जेपी के साथ उठ खड़ी हुई। 'सच कहना अगर बग़ावत है तो समझो हम भी बाग़ी हैं' तथा 'हमला चाहे जैसा होगा, हाथ हमारा नहीं उठेगा' जैसे नारों से पूरा बिहार गूँजने लगा। 'जयप्रकाश का बिगुल बजा तो जाग उठी तरुणाई है, तिलक लगाने तुम्हें जवानों क्रान्ति द्वार पर आयी है' रामगोपाल दीक्षित का यह गीत प्रायः हर नुक्कड़, हर चौराहे पर सुनाई देने लगा। ऐसे ही समय में फणीश्वरनाथ 'रेणु' ने लेखकों-कलाकारों की टोली तैयार की और चौराहों-नुक्कड़ों पर व्यवस्था विरोधी कविताएँ और भाषण होने लगे। ऐसे आन्दोलनधर्मी माहौल में जो कविताएँ लिखी गयीं और सुनायी गयीं उन्हें 'नुक्कड़ कविता' कहा गया। नागार्जुन की 'इन्दु जी, इन्दु जी, क्या हुआ आपको/सत्ता के मद में भूल गयीं बाप को' जैसी कविता इसी दौर में लिखी गयी और नुक्कड़-चौराहों पर सुनायी गयी। कवि सत्यनारायण की–'जुल्म का चक्का और तबाही कितने दिन, हम पर तुम पर सर्द सियाही कितने दिन?' –इन्हीं दिनों नुक्कड़ कविता के रूप में ख़ूब प्रसिद्ध हुई। परेश सिन्हा, गोपी वल्लभ सहाय, रामवचन राय, रवीन्द्र राजहंस, बाबूलाल मधुकर आदि कवि इस दौर में अपनी नुक्कड़ कविताओं के कारण ख़ूब लोकप्रिय हुए। इस तरह के नुक्कड़ काव्य-पाठ के मुख्य प्रेरणा पुरुष फणीश्वरनाथ 'रेणु' थे। ऐसे नुक्कड़ आयोजनों में हमने कई बार रेणु जी को देखा।

एक रैली का नेतृत्व करते हुए जयप्रकाश जी पर जब पुलिस ने लाठियाँ बरसायीं तो नागार्जुन की यह कविता प्रकाश में आयी–'जयप्रकाश पर पड़ी लाठियाँ लोकतन्त्र की...' लाठी प्रहार के विरोध में होने वाली रैली में रेणु जी ने

विरोध स्वरूप अपनी पद्मश्री की उपाधि यह कहते हुए लौटा दी कि अब यह 'पापश्री' है। इस अवसर पर रेणु ने बिहार सरकार से मसिजीवी लेखकों-कलाकारों को मिलने वाला ढाई सौ या तीन सौ रुपये का मासिक वज़ीफ़ा वापस कर दिया। जनता ने नारे लगाये। हमारा सीना अपने लेखक की इस कार्यवाही से चौड़ा हो गया। हम कहने लगे कि लेखक को ऐसा ही होना चाहिए।

लेकिन रेणु जी से मिलने का मौक़ा हमें न मिला। एक बार हमने कुमार प्रशान्त को पत्र लिखा कि हम अपने ज़िले में छात्र संघर्ष समिति के आयोजन में रेणु जी को बुलाना चाहते हैं। कुमार प्रशान्त ने लिखा कि हम सीधे रेणु जी को पत्र लिखें। हमने रेणु जी को पत्र लिखा जो शायद उन्हें नहीं मिला। एक बार हथुआ (गोपालगंज) में छात्र संघर्ष समिति के आयोजन में कर्पूरी ठाकुर से भी हमने रेणु जी को बुलाने की माँग की। कुल मिलाकर यह कि रेणु जी कोई राजनीतिक नेता तो थे नहीं कि दूर-दूर तक दौरा करें, इस तरह अपने ज़िले में उन्हें बुलाने और कुछ देर उनके साथ होने का सुख नहीं मिला। सोचता था कि जब पटना जाऊँगा तो मैं भी कॉफ़ी हाउस में रेणु जी से आग्रह करके उनके आसपास बैठूँगा और उन्हें सुनूँगा। लेकिन जब मैं पटना अक्टूबर 1978 में पहुँचा तब तक रेणु जी का दुखद निधन हो चुका था। कॉफ़ी हाउस तो था और मैं कॉफ़ी हाउस जाता भी था, लेकिन–'अब न रहे वे पीने वाले, अब न रही वह मधुशाला'।

रेणु जी के अभाव में रेणु जी का कोना खाली-खाली-सा लगता था। वहाँ अब भी रामवचन राय, अख़्तर हुसैन, बजरंग सिंह, सूर्यनारायण चौधरी आदि समाजवादी जन बैठते थे। मैं आमतौर से उस टेबल पर बैठता था जहाँ कुमारेन्द्र पारसनाथ सिंह, राम निहाल गुंजन, हरिहर प्रसाद, राणा प्रताप, जितेन्द्र राठौर, नचिकेता, रंजीत वर्मा आदि कवि-साहित्यकार बैठते थे। हम पाँच बजे के आसपास कॉफ़ी हाउस पहुँचते और आठ बजे बन्द होने तक वहाँ बैठते और विभिन्न बिन्दुओं पर बात करते। बिल का भुगतान आमतौर से हरिहर प्रसाद या नचिकेता करते। हम में से कोई अन्य कभी-कभार ही करता। ऐसा क्यों होता, मैं कह नहीं सकता हूँ। लेकिन एक बड़ा कारण हमारी जेब की तंगी और उन मित्रों की उदारता होती। नचिकेता जनवादी गीत लिखते थे और हरिहर प्रसाद जनवादी कहानियाँ। वे 'प्रस्ताव' नाम से एक पत्रिका भी निकालते थे। जितेन्द्र राठौर ने केंजी मियाज़ावा नामक जापानी कवि की कविताओं का हिन्दी अनुवाद 'बसन्त और यायावर' नाम से किया था। इस कारण वे जापान भी घूम आये थे। 'ज़मीन की आग' नाम से उनका काव्य संग्रह छप चुका था। उसकी एक कविता हमारी ज़ुबान पर थी–

मुजरिम वो नहीं
जो क़ैद है
मुजरिम वो भी नहीं
जो गिरफ़्तार है
मुजरिम वो है
जो मंच पर बरकरार है।

राम निहाल गुंजन का नाम तो गीतकारनुमा है, लेकिन वे लिखते आलोचना थे। रंजीत वर्मा आलोक धन्वा की कविता 'जनता का आदमी' और 'गोली दाग़ो पोस्टर' जैसी कविताएँ लिखने की कोशिश करते। मैं उन दिनों पटना विश्वविद्यालय में एम.ए. की परीक्षा दे रहा था और पुस्तक समीक्षाएँ लिखकर अपने को आलोचक समझने के भ्रम में जी रहा था। हममें सर्वाधिक प्रतिष्ठा कुमारेन्द्र पारसनाथ सिंह की थी। उनका एक कविता संग्रह 'इतिहास का संवाद' छप चुका था और जनवादी कवियों के बीच उनका नाम आदर से लिया जाता था।

पटना नगर में खगेन्द्र ठाकुर, नन्दकिशोर नवल, अरुण कमल, रामकृष्ण पाण्डेय, परवेज अख़्तर, हंस कुमार पाण्डेय, अपूर्वानन्द आदि प्रगतिशील लेखक संघ में सक्रिय लोगों की अलग जमात थी। ये लोग कॉफ़ी हाउस प्रायः नहीं जाते थे। कभी-कभार किसी से मिलने इनमें से कोई भले चला जाये। इनका, विशेषकर खगेन्द्र ठाकुर का मानना था कि कॉफ़ी हाउस में समय बर्बाद होता है। ज्ञानेन्द्रपति का तब तक एक संग्रह छप चुका था और वे नियमित कॉफ़ी हाउस आते थे। उनके साथ अक्सर कर्मेन्दु शिशिर होते थे। ये दोनों आते, अलग कोने में बैठते, कॉफ़ी पीते और चले जाते। दूसरों से बातचीत इनकी कम होती। मुझे लगता कि ये लोग अपने को विशिष्ट समझते थे। मेरा लगना ग़लत भी हो सकता है। नागार्जुन जब कभी पटना में होते तो शाम को कॉफ़ी हाउस ज़रूर आते। उनका कोई एक टेबल या कोना नियत न था। वे थोड़ी-थोड़ी देर में कई टेबलों पर जाते, लोगों से बात करते और चले जाते। कुछ अन्य तरह के लेखकों, पत्रकारों और समाज कर्मियों की टोलियाँ थीं जो नियमित कॉफ़ी हाउस में बैठतीं और साहित्य तथा क्रान्ति के विभिन्न मुद्दों पर बात करतीं। मुझे लगता कि ये क्रान्ति पर बतियाने कॉफ़ी हाउस क्यों आते हैं। उनके बाल और दाढ़ी बढ़ी होती, पाँव में अक्सर चप्पल होते, कन्धे पर झोला। वे दो-चार की टोली में होते। उन्हें मैं क्रान्तिकारी समझता था। लेकिन उन्हें क्रान्ति करते हुए मैंने कभी नहीं देखा। वे क्रान्ति के बारे में बात करते हुए बुझ गये।

कॉफ़ी हाउस से थोड़ी दूर पर 'पारिजात प्रकाशन' था। प्रकाशन के मालिक लेखक राजनेता शंकर दयाल सिंह थे। वे पुराने साहित्यकार

कामता प्रसाद सिंह 'काम' के पुत्र थे। वे कांग्रेस के सांसद थे और दर्जनों पुस्तकों के लेखक। 'पारिजात प्रकाशन' उनका और उनसे जुड़े साहित्यकारों का अड्डा था। वे साहित्यकार, कांग्रेसी या ग़ैर-कांग्रेसी, ग़ैर-कम्युनिस्ट मिज़ाज के लेखक होते थे। शंकर दयाल जी के ठहाके प्रसिद्ध थे। कॉफ़ी हाउस से निकलने के बाद हम कभी-कभार पारिजात प्रकाशन जाते और पत्र-पत्रिकाएँ ख़रीदते। पारिजात में बैठने वाले लेखकों को हम प्रायः गम्भीरता से नहीं लेते थे। आज कह सकता हूँ कि यह हमारी अहंमन्यता थी।

राजेन्द्र नगर का वह चौराहा आज भी हमारी यादों में है जिसके किनारे एक छोटे-से फ़्लैट में लतिका जी के साथ रेणु जी रहते थे। लतिका जी उस चौराहे पर कुछ सामान लेती हुई या कहीं आती-जाती हुई कभी-कभी दिखायी पड़तीं। सामने पड़ने पर हम आदर से प्रणाम करते। वे बहुत कम बोलती थीं। कभी-कभी हम रेणु जी के बारे में कुछ पूछते, पर वे प्रायः जवाब नहीं देतीं। पटना से बाहर का कोई साहित्यकार आता तो हम उसे उस चौक पर ले जाते और वह फ़्लैट दिखाते, जिसमें रेणु जी रहते थे।

हम कुछ मित्र सोचते कि काश इस चौराहे पर रेणु जी की एक मूर्ति होती और इस जगह का नाम रेणु चौराहा होता। लेकिन हमारे चाहने से क्या होता! 1990 के बाद, जब बिहार में लालू प्रसाद की सरकार थी, इस जगह को लेकर विवाद छिड़ गया। रेणु समर्थक कुछ लोगों ने माँग की कि इस चौराहे का नाम 'रेणु चौराहा' हो। एक दूसरे ग्रुप की ओर से माँग उठी कि इस जगह का नाम 'रामावतार शास्त्री चौक' हो। रामावतार शास्त्री सी.पी.आई. के सांसद रह चुके थे। वे यादव जाति से थे। लालू यादव सरकार को सी.पी.आई. का समर्थन प्राप्त था। रेणु चौराहे की माँग जिस ग्रुप ने उठायी उसमें अधिकतर रेणु जी की जाति के लोग थे। शास्त्री जी के लिए जिन लोगों ने माँग की वे अधिकतर यादव जाति के कामरेड थे। इन दोनों गुटों से अलग प्रेम कुमार मणि जैसे साहित्यकार थे, जो चाहते थे कि रेणु जी की ही मूर्ति वहाँ लगे और उस जगह का नाम 'रेणु चौराहा' हो। लेकिन हाय रे राजनीति और जाति! जीत अन्ततः सरकारी पक्ष की हुई। रेणु समर्थक एक-दूसरे का मुँह देखते रह गये। मूर्ति वहाँ रामावतार शास्त्री की लगी और उस चौक का नामकरण उनके नाम पर हुआ। लेकिन हम जैसे लोग उसे आज भी रेणु चौराहा ही कहते हैं। लेकिन हमारे कहने से क्या! बाद में रेणु की मूर्ति क्षतिपूर्ति के तौर पर कंकड़बाग मुहल्ले में लगाई गयी। लेकिन इस इलाक़े से रेणु की सक्रियता का कोई सम्बन्ध लगभग नहीं था।

अब उस जगह पर रेणु जी की कोई याद नहीं है। लतिका जी का निधन हो चुका है। रेणु जी को पहचानने वाले आसपास के दुकानदार भी नहीं रहे।

वे भंगी औरतें भी अब नहीं रहीं जो लोहानीपुर के पहले कॉफ़ी हाउस जाते हुए रेणु जी को मिलती थीं और छठ समेत तमाम तीज-त्योहारों के प्रसाद रेणु जी को दिया करती थीं। अब सिर्फ़ हमारी स्मृतियों में कवि रवीन्द्र भारती के बताये हुए वे प्रसंग हैं कि रिक्शा से जाते हुए भंगी टोली की वे औरतें कैसे अधिकारपूर्वक प्रसाद देने के लिए रेणु को रोकती थीं और रेणु जी हाथ जोड़कर मुस्कुराते हुए प्रसाद ले लिया करते थे।

अब पटना में कुछ पुराने लोगों को छोड़ दें तो रेणु की स्मृति का कोई प्रतीक नहीं बचा है। वह चौराहा भी राजनीति और जाति की दबंगई में दूसरे के नाम हो गया। कॉफ़ी हाउस का वह कोना भी अब बहुमंजिली इमारत में तब्दील हो गया। कॉफ़ी बोर्ड का लीज़ जब ख़त्म हुआ तो उसे बचाने की प्रार्थना सरकार से पटना के साहित्यिक समाज ने की। लेकिन फणीश्वरनाथ रेणु की बैठकी का सबसे उज्ज्वल गवाह कॉफ़ी हाउस बन्द हो गया। साहित्यकार-राजनीतिज्ञ डॉ. जाबिर हुसैन के प्रयत्न से पटना आकाशवाणी के पास रेणु अतिथि गृह बना, लेकिन वह भी सरकार की उदासीनता के चलते साहित्यकारों के उपयोग में नहीं है।

कॉफ़ी हाउस में 'रेणु जी का कोना' अब भी हमारी यादों में झिलमिलाता है।

रेणु जी के निधन के कुछ महीनों बाद की एक घटना याद आती है। एक बार मैं कॉफ़ी हाउस पहुँचा तो रेणु जी वाले कोने में सोफे पर नागार्जुन बैठे दिखे। सामने कुछ पोस्टकार्ड रखे हुए थे और पत्र लिख रहे थे। गर्मी का महीना था। शाम के चार बजे थे। लेखकों का वहाँ आना अभी शुरू नहीं हुआ था। चरण स्पर्श कर मैं सामने बैठ गया। बाबा सामने के पोस्टकार्ड झोले में रखते हुए मेरी ओर मुख़ातिब हुए। शायद किसी बात न करने वाले के अभाव में वे चिट्ठी लिखकर समय काट रहे थे। मैंने पूछा कि बाबा एक दिन हमारे साथियों ने यह बात बतायी कि आप किसी दिन डाक बँगला चौराहे पर फुटपाथी होटल में ज़मीन पर बैठकर रोटी खा रहे थे। उन्होंने 'हाँ' में सिर हिलाया। मैंने वही सवाल दुहराया। जो हमारे साथियों ने कुछ दिन पहले पूछा था—'रेणु मज़दूरों के उस होटल में रोटी खाते कि नहीं?' नागार्जुन ने शान्त मन से कहा—'उस दिन भी कहा था, आज भी कह रहा हूँ। रेणु वहाँ रोटी नहीं खाते, पर वे उन लोगों के लिए गोली ज़रूर खा लेते।' यह कहने के साथ नागार्जुन ने हाथ जोड़ लिए, मानो वे रेणु की स्मृति को नमन कर रहे हों।

कौन विश्वास करेगा कि देश-विदेश के सभी हिन्दी विभागों में जिस रेणु की कोई-न-कोई कृति पढ़ाई जाती है, उसी रेणु की स्मृति का कोई कोना उस जगह नहीं है जो उनकी सक्रिय आवाजाही का गवाह था।

('मुक्तांचल', जनवरी-मार्च 2021)

राजकिशोर : पत्रकारिता की योग्य और नैतिक आवाज़

मूल्य और विचार आधारित पत्रकारिता की जो परम्परा रही, उसके सम्भवतः अन्तिम और बड़े नाम राजकिशोर थे। उनकी उपस्थिति मूल्य आधारित पत्रकारिता की याद दिलाती थी। उन्होंने मूल्यों और विचारों से कभी समझौता नहीं किया। हमारे समय में राजेन्द्र माथुर, प्रभाष जोशी और राजकिशोर हिन्दी पत्रकारिता की ऐसी त्रयी थे जिनके होने मात्र से मूल्यों और विचारों के बचे रहने का भरोसा जगता था। तीनों की अलग-अलग शैलियाँ और अन्दाज़ थे। लेकिन इसमें कोई दो राय नहीं कि इनके लिखे में हिन्दी पत्रकारिता की सबसे नैतिक और योग्य आवाज़ सुनाई देती थी। माथुर साहब और प्रभाष जोशी तो प्रतिष्ठित राष्ट्रीय दैनिकों के सम्पादक हुए और उन्हें वह सब कुछ मिला जो उन जैसे बड़े पत्रकारों को मिलना चाहिए। लेकिन इस मामले में राजकिशोर बड़भागी न रहे। वे किसी बड़े दैनिक के सम्पादक न बन सके। दैनिक पत्रों के वे सम्पादक मण्डल में ही रहे। कुछ मासिक पत्रिकाओं का सम्पादन उन्होंने ज़रूर किया। वे जिस भी पत्र में होते, सम्पादक या उप-सम्पादक के रूप में, उनके होने मात्र से उसमें एक नयी चमक आ जाती थी।

राजकिशोर कलकत्ता में जन्मे (2 मार्च 1947), पले, बढ़े और शिक्षित हुए। 1990 में राजेन्द्र माथुर के बुलावे पर दिल्ली आये 'नवभारत टाइम्स' में सहायक सम्पादक के रूप में काम शुरू किया। उसके पहले कलकत्ता के 'रविवार' साप्ताहिक और 'परिवर्तन' का वे सम्पादन कर चुके थे। इन पत्रों के ज़रिये वे दृष्टिसम्पन्न और विचारशील पत्रकार के रूप में ख्याति अर्जित कर चुके थे। लेकिन दिल्ली आये तो दिल्ली के होकर ही रहे। कलकत्ता के लिए कभी हाय-हाय नहीं किया, जैसा कि हम आमतौर पर अपनी छूटी हुई जगहों के लिए किया करते हैं। दिल्ली में अलग तरह का संघर्ष और चुनौतियाँ थीं, लेकिन यहाँ काम करने का अवसर भी था। 'नवभारत टाइम्स' से विद्यानिवास मिश्र के कार्यकाल में हटा दिये जाने के बाद उन्होंने संघर्ष भी ख़ूब किया और लिखा भी ख़ूब।

'आज के प्रश्न' शृंखला में लगभग दो दर्जन पुस्तकों का सम्पादन किया। साथ ही 'सुनन्दा की डायरी' (उपन्यास), 'एक अहिन्दू का घोषणा-पत्र', 'एक भारतीय के दुःख', 'गाँधी मेरे भीतर', 'स्त्रीत्व का दुःख' आदि महत्त्वपूर्ण पुस्तकों की रचना की। अभी बड़ी संख्या में उनका लेखन बिखरा हुआ है। इसे संकलित और प्रकाशित करने से हिन्दी की वैचारिक दुनिया समृद्ध होगी।

राजकिशोर के वैचारिक मानस के निर्माण में भारत के समाजवादी आन्दोलन, विशेषकर राममनोहर लोहिया के विचारों का गहरा प्रभाव था। लोहिया की मौलिकता और गद्य का जो खुरदुरापन था, उससे राजकिशोर का लेखकीय व्यक्तित्व बना था। वे दूसरे लोहियावादियों की तरह मार्क्स के विरोधी नहीं थे। वे मार्क्स से ज़रूरत पड़ने पर वैचारिक ऊर्जा लेते थे। लेकिन भारत के कठमुल्लावादी कम्युनिस्टों को उन्होंने कभी पसन्द नहीं किया। इधर के वर्षों में डॉ. आम्बेडकर के विचारों से वे प्रभावित हुए थे और भारतीय समाज में दलित समस्या के समाधान की दिशा में बोलने और लिखने लगे थे। लेकिन वहाँ भी वे किसी वैचारिक जड़ता को पसन्द नहीं करते थे। 'आज के प्रश्न' शृंखला में 'दलित राजनीति की समस्याएँ' नामक पुस्तक के ज़रिये उन्होंने दलित राजनीति को भी आलोचनात्मक ढंग से देखा। उन्होंने अपने सम्पादकीय में लिखा कि—"दलित राजनीति को अक्सर दलित आन्दोलन का पर्याय मान लिया जाता है। इसमें क्या शक है कि दलित आन्दोलन न होता, तो दलित राजनीति कहाँ से आती। लेकिन इसमें शक है कि दलित राजनीति दलित आन्दोलन को आगे बढ़ा रही है। महाराष्ट्र में डॉ. आम्बेडकर की जुझारू राजनीतिक परम्परा तो ख़त्म-सी हो ही चली है, उत्तर भारत में बहुजन समाज पार्टी पूरी तरह से नैतिक और वैचारिक क्षय की शिकार है। आत्म-सम्मान के लिए संघर्षरत दलित मध्यवर्ग के आन्दोलन से निकली बसपा की आकांक्षा यह थी कि पिछड़ों और अल्पसंख्यकों को अपने भीतर समेटते हुए वह भारत के वंचित शोषित बहुजन का प्रतिनिधित्व करेगी। लेकिन आज न वह केवल दलितों की पार्टी बन गयी है, बल्कि दलित राजनीति को किसी ऊँचाई पर ले जाने में असमर्थ दिखायी देती है।" राजकिशोर जी यह मानते थे कि दलित ही अपनी समस्याओं को ठीक से समझ सकते हैं, वे दलित राजनीति का भी अच्छा विश्लेषण कर सकते हैं। लेकिन इसी के साथ वे यह भी मानते थे कि दलितों के संघर्ष में ग़ैर-दलितों को भी सहकार करना चाहिए। उनका विश्वास था कि अन्य लोगों द्वारा की गयी समीक्षा के प्रकाश में दलित समुदाय अपनी राजनीति का वस्तुपरक विश्लेषण कर सकता है। इसीलिए उन्होंने अपनी किताब में दलित विचारकों के साथ ग़ैर-दलितों को भी शामिल किया।

राजकिशोर जी निरंतर लिखने वाले विचारक-पत्रकार थे। 'नवभारत टाइम्स' से हटने के बाद उनके लेखन में और गति आयी। वे हम जैसे मित्रों से भी निरन्तर लिखने की अपेक्षा करते थे। वे जिस पत्रिका से जुड़े होते थे, उसमें लिखने के लिए हमसे भी आग्रह करते थे। उनके पास विषय और शीर्षक के नयेपन की भरमार थी। वे कोई फड़कता हुआ रचनात्मक शीर्षक सुझाते और लिखने का आग्रह करते। उनके आग्रह पर कभी-कभी लिखा भी मैंने। लेकिन कभी-कभी असमर्थता भी व्यक्त की कि लिखने के लिए सन्दर्भ पुस्तकों को देखना भी ज़रूरी है और उसके लिए अभी मेरे पास समय नहीं है। वे हमें झकझोरते कि लिखना तो आनन्द का काम है, टिप्पणियाँ स्मृतियों के सहारे लिखनी चाहिए, रेफ़रेंस की ज़रूरत अकादमिक लेखन में होनी चाहिए। लिखना उनके लिए आनन्द का काम इसलिए धा कि वे लिखने को सामाजिक और बौद्धिक ऐक्टिविज़्म समझते थे।

राजकिशोर का लेखन साहित्यिक संवेदना और अस्मितामूलक विमर्शों की चेतना से लैस था। वे ग़रीबी, जाति, स्त्री, रंग आदि के प्रश्न की अनदेखी करके लिखने वाले लेखक नहीं थे। उनके लिखे में साहित्यिक सन्दर्भ भी बार-बार आते हैं जिसके कारण उनके लेखों का प्रभाव कई गुना बढ़ जाता था। वे हिन्दी के बहुपठित पत्रकार-लेखक थे। हिन्दी समेत दुनिया के अनेक लेखकों-विचारकों के सन्दर्भ उनके लेख में आते जो उनकी व्यापक अध्ययनशीलता का प्रमाण देते थे। भाषा की शुद्धता और समझ को लेकर वे बहुत आग्रहशील थे। वे अपने नज़दीकी मित्र के लेखन में भी भाषाई दोष को नज़रअन्दाज़ नहीं करते थे। वे जिस किसी नये लेखक से लिखने का आग्रह करते, यह पहले जाँच लेते कि उसकी भाषाई क्षमता कैसी है। इस अर्थ में वे पुरानी परम्परा के बहुपठित और बहुभाषी पत्रकारों की जमात के आदमी थे। उनसे जैसी भी असहमति हो, ज्ञान और भाषा की उनकी समझ से असहमति किसी की नहीं होती थी।

मित्रवत्सलता राजकिशोर के व्यक्तित्व का ऐसा गुण था जिसे नज़रअन्दाज़ नहीं किया जा सकता। मेरी एक किताब का पुस्तक मेले में लोकार्पण होना था, मैंने कहा कि आप ही उसका लोकार्पण कर दें। वे आने की मनःस्थिति में नहीं थे, लेकिन मेरे आग्रह पर आये और ख़ूब बोले भी। अगले सप्ताह एक अख़बार में 'मेले में गोपेश्वर' नाम से टिप्पणी भी लिखी जो एक तरह से मेरी किताब की समीक्षा थी। समीक्षा का यह उनका अपना ढंग था। वह साहित्यिक कम सामाजिक महत्त्व पर अधिक ज़ोर देने वाला था।

इधर के दिनों में वे समाजवादी आन्दोलन के बिखर जाने से बहुत बेचैन थे। फ़ोन पर या मिलने पर राजनीति और समाज सम्बन्धी अपनी बेचैनी भी शेयर करते थे। इसी सिलसिले में वे कई बार मेरे घर भी आये। एक बार उनके साथ विमला भाभी भी थीं। वे चाहते थे कि दिल्ली में गाँधी, लोहिया, आम्बेडकर आदि की वैचारिकी से प्रभावित जो बुद्धिजीवी हैं, जो कठमुल्ले नहीं हैं, उनका एक मंच होना चाहिए। उन्हीं की पहल पर कुछ साथियों की मदद से 'संवेदन' नाम का एक वैचारिक मंच बना जिसके ज़रिये कुछ अच्छे आयोजन हमने दिल्ली में किये। राजकिशोर जी हर आयोजन में उत्साहपूर्वक शामिल हुए। इधर के दिनों में देश और समाज में जो राजनीतिक-सामाजिक स्थितियाँ हो गयी हैं उससे वे बहुत बेचैन थे। वे कहते थे कि इन हालातों से कोई पार्टी ईमानदारीपूर्वक नहीं लड़ रही है। वे अक्सर कहते कि हम लोगों को एक नये राजनीतिक दल का गठन करना चाहिए और सही परिवर्तन के लिए संघर्ष करना चाहिए। हम उन्हें बताते कि राजनीतिक दल का गठन हम-आप जैसे बुद्धिजीवियों से सम्भव नहीं है, उसकी अनेक कठिनाइयाँ हैं, तब भी वे राजनीतिक दल बनाने की अपनी बात पर अड़े रहते थे। उनके आग्रह पर जब मुझ जैसे साथियों ने ध्यान नहीं दिया, तब उनका ज़ोर इस बात पर पड़ा कि हमें एक ऐसी वैचारिक पत्रिका निकालनी चाहिए जिसकी प्रसार संख्या ज़्यादा हो। इसके ज़रिये वे जन-सामान्य को वैचारिक रूप से समृद्ध करने का भाव रखते थे। पत्रिका का निकलना शायद सम्भव होता तब तक उनके ऊपर विपत्तियों का पहाड़ टूट पड़ा।

राजकिशोर जी की मित्रवत्सलता भी बहुत रचनात्मक होती थी। तीन साल पहले मेरे जन्मदिन से एक दिन पूर्व उन्होंने फ़ोन किया कि जन्मदिन पर मैं क्या कर रहा हूँ। मैंने जब उन्हें बताया कि मैं अपना जन्मदिन नहीं मनाता हूँ तब उन्होंने एक बहुत ही रचनात्मक सुझाव दिया। उन्होंने कहा कि कल के दिन मैं आपके साथ रहना चाहता हूँ। आप अपने किसी वैचारिक हीरो पर बोलिए। मैंने कहा कि यह सम्भव है, लेकिन तब-जब आप उपस्थित रहेंगे। मैंने कहा कि मैं राममनोहर लोहिया की संस्कृति चिन्ता पर बोलूँगा। वे सहर्ष आये और दिल्ली विश्वविद्यालय के मानसरोवर छात्रवास में हम लोग मिले। दिल्ली विश्वविद्यालय के अनेक अध्यापकों और छात्रों के बीच लोहिया की संस्कृति चिन्ता पर बात करते हुए और चाय पीते हुए उनकी अध्यक्षता में मेरा 60वाँ जन्मदिन मनाया गया। उन्होंने उस दिन एक महत्त्वपूर्ण बात कही। उन्होंने कहा कि यदि हमें अपना जन्मदिन मनाना ही है तो हमें उस दिन उस आदमी को याद करना चाहिए जिनका हमारे निर्माण में महत्त्व है।

खुरदुरापन राजकिशोर जी के व्यक्तित्व का अभिन्न हिस्सा था। रहन-सहन से लेकर बोली-बानी और लेखन सब में खुरदुरापन था। वैसा ही खुरदुरापन जैसा गाँधीयुगीन खादी में हुआ करता था। अपने लेखन और व्यक्तित्व में इसी खुरदुरे सौन्दर्य को उन्होंने जीवन-भर बनाये रखा। इसी कारण समाज का अन्तिम जन उनकी चिन्ता के केन्द्र में हमेशा रहा। लिखा तो उन्होंने कई विधाओं में लेकिन सबसे अधिक याद किया जायेगा उनका वह वैचारिक लेखन जो गाँधी, लोहिया और आम्बेडकर के जादुई स्पर्श से नयी चमक के साथ हिन्दी समाज को प्रकाशित करता रहा।

('सामयिक वार्ता', 2018)

पंकज सिंह : एक आत्मीय दोस्त

पंकज सिंह (22 दिसम्बर 1948-26 दिसम्बर 2015) से परिचय की अवधि बहुत लम्बी थी, मगर मुलाक़ातें उस अनुपात में कम हुईं। अब जबकि वे नहीं हैं, मन में बार-बार यह सवाल उठता है कि उनसे मिलने-जुलने के अवसर मैंने कम क्यों जुटाये? वे तो जब भी मिलते गर्मजोशी से भरा आत्मीय आमन्त्रण उनके होंठों पर होता। मेरे घर आने की और बैठने की जाने कितनी बार योजना बनी और धरी की धरी रह गयी। ग़मे रोज़गार की व्यस्तताएँ तो अपनी जगह थीं ही, दिल्ली का आतंककारी भूगोल भी मिलने-जुलने में बराबर बाधक रहा। कभी-कभी हमारे बीच अकारण आ गयी संवादहीनता भी एक मुख्य वजह रही होगी कि दिल्ली में रह कर भी उतना मिल नहीं पाये जितना मिलना चाहिए था। पर हमारे मिलने-जुलने की निरन्तरता भले ही कम रही हो, सम्बन्ध में आत्मीय मिठास की कमी नहीं थी। इस मिठास को बनाये रखने में जितनी भूमिका मेरी थी, उससे अधिक पंकज सिंह की थी। मैं अमूमन उन्हें 'पंकज भाई' कहता था और वे मुझे 'गोपेश्वर जी' कह कर बुलाते थे। वे उम्र में मुझसे लगभग आठ साल बड़े थे। वे मुझे 'तुम' कहते तो मुझे अधिक अच्छा लगता, लेकिन वे 'आप' से नीचे कभी नहीं आये। अक्सर हम उम्र दोस्तों को भी बेतकल्लुफ़ अन्दाज़ में 'तुम' कहकर बुलाने वाले पंकज सिंह के लिए, 'आप' के ज़रिये सम्बोधित किये जाने पर, मेरे भीतर कौतूहल मिश्रित जिज्ञासा का भाव बना रहा। इसका एक कारण शायद यह था कि आदर और आत्मीयता का सम्बन्ध होने के बावजूद मैं उनकी अन्तरंग मण्डली का सदस्य कभी नहीं रहा। हालाँकि अपने व्यवहार से यह बात उन्होंने कभी ज़ाहिर नहीं होने दी।

मुज़फ़्फ़रपुर हम दोनों का एक तरह से मायका था। हम मिलते थे, तो हमारी बातचीत में मुज़फ़्फ़रपुर ज़रूर होता था। वह उनका गृहनगर था। गृहनगर से अधिक और भी बहुत कुछ था, जहाँ उनकी खट्टी-मीठी अनेक स्मृतियाँ जुड़ी हुई थीं।

वे अब मुज़फ़्फ़रपुर में रह नहीं सकते थे, लेकिन उसे वे भूल भी नहीं पाते थे। विस्थापन के इस युग में हम सभी अपनी इस नियति को जीने के लिए अभिशप्त हैं कि जो गाँव-नगर हमारी स्मृति का बेहद आत्मीय कोना है, वहाँ हम स्थायी रूप से टिकने की स्थिति में नहीं होते और जहाँ होते हैं, वहाँ होकर भी नहीं होते हैं। मुझे लगता था कि पंकज भाई भी इस अर्थ में निर्द्वन्द्व नहीं थे। मेरे लिए मुज़फ़्फ़रपुर साहित्य की दीक्षा-भूमि है, वहाँ कॉलेज जीवन के मेरे कुछ वर्ष बीते हैं। वहीं मैंने लिखने-पढ़ने की दिशा में सोचना शुरू किया, वहाँ मेरे अनेक साहित्यिक मित्र हैं, लेकिन कभी भी मुज़फ़्फ़रपुर मेरे भावुक जुड़ाव का सबब नहीं बना। पंकज भाई की बात दूसरी थी। उस शहर का अर्थ उनके लिए मुझसे बिल्कुल भिन्न था। बावजूद इसके हम जब भी मिलते, हमारी बातचीत का एक साझा विषय मुज़फ़्फ़रपुर भी होता था। पंकज भाई के अलावा उस नगर को इस शिद्दत के साथ जीने वाला और मुझसे साझा करने वाला कोई अपना मित्र अब दिल्ली में नहीं है। उनका न होना उनके परिवार के लिए अपूरणीय क्षति तो है ही, सामाजिक-सांस्कृतिक क्षति भी है, पर निजी तौर पर मेरे लिए एक ऐसी क्षति है, जिसकी भरपाई उनके बिना सम्भव नहीं।

पंकज सिंह को मैंने पहले-पहल मुज़फ़्फ़रपुर के 'राजेन्द्र टी स्टॉल' में ही देखा था। 'राजेन्द्र टी स्टॉल' मुज़फ़्फ़रपुर के साहित्यकारों का 1970-80 के बीच एक तरह से मयकदा था। आचार्य जानकीवल्लभ शास्त्री को छोड़कर उस नगर के छोटे-बड़े प्रायः सभी साहित्यकारों की बैठक वहीं होती थी। राजेन्द्र प्रसाद सिंह, पंकज सिंह, विजयकान्त, मदन कश्यप आदि कवि-लेखक वहाँ नियमित रूप से मिलते थे। चाय के साथ बहस का जो सिलसिला चलता तो फिर समय का ध्यान नहीं रहता। साहित्य, राजनीति, क्रान्ति आदि कभी ख़त्म न होने वाली बहस के स्थायी विषय थे। कभी-कभार बहस के दौरान पंकज सिंह और विजयकान्त के बीच अप्रिय प्रसंग भी आये, पर कुल मिलाकर वह 'टी स्टॉल' मुज़फ़्फ़रपुर के साहित्यकारों के मिलने-जुलने और बहस करने का एक स्थायी अड्डा बना रहा। हर नगर-कस्बे में तब ऐसे अड्डे हुआ करते थे। ये अड्डे साहित्यकारों के मिलने-जुलने के सर्वसुलभ स्थल तो थे ही, स्वस्थ बहस का अवसर भी मुहैया कराते थे। साहित्यिक जीवन्तता के प्रतीक थे ऐसे अड्डे। बहुतेरे साहित्यकारों के निर्माण में इन अड्डों की भूमिका रही है। मुज़फ़्फ़रपुर, पटना, दिल्ली, इलाहाबाद, बनारस कहाँ नहीं थे ऐसे अड्डे। इधर के वर्षों में साहित्यिक-समाज से जीवन्तता, आपसी मेलजोल और संवाद के माहौल का क्षरण हुआ है, मुझे लगता है कि उसकी

मुख्य वजह साहित्यिक अड्डों की समाप्ति है। ऐसे अड्डे आलोचना करने और आलोचना सुनने की तमीज़ देते थे। इधर के वर्षों में आत्ममुग्धता की प्रवृत्ति में उभार का जो वीभत्स नज़ारा है, उसका एक कारण वाद-विवाद-संवाद की उस परम्परा से अपरिचय है जो साहित्यिक अड्डों के ज़रिये सहज ही नयी पीढ़ी के संस्कार का हिस्सा बन जाती थी। उस संस्कार के अभाव में हम दूसरे की बेबुनियाद-बेहिसाब आलोचना का अधिकार तो रखते हैं, बस अपनी आलोचना नहीं सुनना चाहते। ऐसी स्थिति ने हिन्दी समाज की आलोचनात्मक प्रवृत्ति और शक्ति को कमज़ोर किया है। पंकज सिंह की याद के साथ 'राजेन्द्र टी स्टॉल' की भी याद आ रही है। पंकज सिंह के कारण वह टी स्टॉल साहित्यिक अड्डा बना था या उस अड्डे ने पंकज सिंह को बनाया, मैं नहीं कह सकता, पर यह तो कह ही सकता हूँ कि उनमें जो खुलापन और वैचारिक बहसधर्मिता थी, वह 'राजेन्द्र टी स्टॉल' जैसे साहित्यिक अड्डे की देन थी।

मैं उस अड्डे का सदस्य कभी नहीं बना। इसका एक कारण वह दूसरा अड्डा था, जो मुज़फ़्फ़रपुर की साहित्यिक सक्रियता का स्थायी और बड़ा केन्द्र था। वह था आचार्य जानकीवल्लभ शास्त्री का निवास स्थान—'निराला-निकेतन'। लगभग एक एकड़ में फैले 'निराला-निकेतन' का दरवाज़ा सबके लिए खुला रहता। कॉलेज जाने के तीन-चार घण्टे छोड़ कर बाकी समय शास्त्री जी अधिकतर घर पर होते थे। उनसे मिलने का कोई नियत समय नहीं था। जिसका जब मन हो वह पहुँच जाता। शास्त्री जी से प्रायः मुलाक़ात हो ही जाती थी। वहाँ सभी विचारधाराओं के लोगों की समाही थी। 'राजेन्द्र टी स्टॉल' पर प्रायः वामपन्थी बैठते थे—वामपन्थियों में भी नक्सल आन्दोलन से प्रभावित। 'निराला-निकेतन' में कांग्रेसी, सोशलिस्ट, कम्युनिस्ट, जनसंघी सभी आते-जाते थे। वहाँ कर्पूरी ठाकुर भी कभी-कभार आते थे और सी.पी.आई. के कद्दावर नेता रामदेव शर्मा भी। यहाँ तक कि 'राजेन्द्र टी स्टॉल' के सदस्यों में से मदन कश्यप तो प्रायः नियमित 'निराला-निकेतन' आते थे। बाकी सदस्य भी आते-जाते रहते थे। कुल मिलाकर 'निराला-निकेतन' शिव की बारात की तरह था जिसमें सब तरह के 'जीव-जन्तु' शामिल थे। 'निराला-निकेतन' की बैठकी में चलने वाली बहस का दायरा प्रायः बड़ा होता था। अंग्रेज़ी, उर्दू, बांग्ला, संस्कृत आदि भाषाओं के साहित्य पर तो चर्चा होती ही, समकालीन साहित्य और राजनीति पर भी चर्चा होती। मतलब यह कि 'निराला-निकेतन' ज़्यादा खुला मंच था। मैं 'निराला-निकेतन' ही अधिक आता-जाता था। कभी किसी के साथ एकाध बार 'राजेन्द्र टी स्टॉल' गया होऊँ तो याद नहीं, लेकिन मैं

उस अड्डे पर होने वाली बहस में शामिल नहीं रहा। इस कारण पंकज सिंह से तब मेरा गहरा परिचय नहीं हो सका। जान-पहचान बस रही हम दोनों के बीच। बाद में वे मुज़फ़्फ़रपुर छोड़ कर दिल्ली और विदेश चले गये और गये तो फिर पहले की तरह की वापसी नहीं हो पायी अपने गृह-नगर में।

पंकज सिंह से रचनात्मक और आत्मीय रिश्ते की शुरुआत सन् 2000 के बाद हुई। तब मैं हैदराबाद में था। उन्होंने 'सोच' नाम से एक अनियतकालीन साहित्यिक पत्रिका निकाली थी जिसके कुछ ही अंक निकल पाये। उस पत्रिका की कुछ प्रतियाँ उन्होंने हैदराबाद में वेणु गोपाल आदि साहित्यिक मित्रों के बीच वितरण हेतु मेरे पास भेजी थीं। हमारे बीच 'सोच' को लेकर पत्र-व्यवहार भी हुआ और फ़ोन पर बातें भी होती रहीं। 'सोच' को नियमित करने और उसमें लिखने वालों का दायरा विस्तृत करने की भी बातें होतीं। मुझसे भी वे लिखने का आग्रह करते रहे। मैंने लिखने का वायदा भी किया, पर लिख नहीं सका। 'सोच' के लिए उनकी सोच तो बहुत ऊँची थी पर उसे व्यवहार में उतारना कठिन था। योजनानुसार लेखकों से लिखवा लेना हिन्दी में जितना कठिन है उतना ही कठिन है उसका प्रकाशन और वितरण। यूँ हिन्दी में साहित्यिक पत्रिका निकालना आसान नहीं, लेकिन यदि आप पीर, बावर्ची, भिश्ती, खर सब कुछ हों तो और भी कठिन है। पंकज सिंह पत्रिका को लेकर जितने कल्पनाशील थे, शायद व्यवहार पक्ष को लेकर नहीं थे। फल यह हुआ कि पत्रिका दीर्घजीवी नहीं हो पायी।

उन्हीं दिनों की बात है, दिसम्बर 2003 की, मैं हैदराबाद से दिल्ली आया हुआ था और गोमती गेस्ट हाउस में रुका हुआ था। फ़ोन पर बात हुई। हमने दूसरे दिन गेस्ट हाउस में ही मिलने की योजना बनायी ताकि 'सोच' पर विस्तृत बात हो सके। वे दूसरे दिन मिले, लेकिन बातचीत का उत्साह उनके भीतर नहीं था। उन्होंने बताया कि कल बदरी विशाल पित्ती नहीं रहे। मेरे लिए यह वज्रपात की तरह था। पित्ती जी से मेरे जुड़ाव का प्रसंग उन्हें मालूम था। मैं अपनी एक किताब के प्रकाशन की योजना से दिल्ली आया था। पाण्डुलिपि साथ थी। 'कल्पना का उर्वशी विवाद' नामक प्रकाश्य वह किताब पित्ती जी को ही समर्पित थी। उनके निधन से इतना दुःख हुआ कि बिना किसी प्रकाशक से बात किये हैदराबाद लौट गया। उस दिन 'पंकज भाई' के साथ देर तक बैठना हुआ, लेकिन हम दोनों अपनी-अपनी स्मृतियों में डूबे रहे।

जब मैं 27 सितम्बर 2004 को स्थायी रूप से रहने दिल्ली आ गया तो उनसे मिलना-जुलना कुछ आसान हो गया। दिल्ली विश्वविद्यालय में प्रोफ़ेसर

पद के लिए 23 अगस्त को इंटरव्यू हुआ था। इंटरव्यू देने के बाद मैं पटना में था, तभी पटना स्थित मेरे निवास पर पंकज सिंह का फ़ोन आया। रात के 11 बजे के क़रीब मेरे चुनाव की सूचना उन्होंने जितने उल्लास से मुझे दी, वह मुझे विस्मित करती रही। दूसरों की सफलता पर ख़ुश होने का उनका उल्लास-उत्साह मुझे भावुक-सा बनाता रहा, जैसे अपना सगा भाई छोटे भाई की किसी सफलता पर उमग उठा हो। फिर उन्होंने यह याद भी दिलाया कि मैं उस विभाग में सीधे प्रोफ़ेसर होकर आ रहा हूँ, जहाँ डॉ. नगेन्द्र, निर्मला जैन, विश्वनाथ त्रिपाठी आदि रह चुके हैं। संकेत यह था कि उस विभाग में सीधे प्रोफ़ेसर पद पर मेरा चुनाव जितना मेरे लिए गौरवपूर्ण है, उतना ही बड़ा दायित्वपूर्ण भी है। उस विभाग की गरिमा हमारे एक-एक शब्द और संकेत पर निर्भर करेगी। उनकी हौसलाअफ़ज़ाई और चेतावनी, दोनों ही बातें मुझे अच्छी लगीं। ऐसी बातें वही कर सकता है जिसके भीतर आत्मीयता की सुगन्ध भरी हुई हो।

पंकज सिंह पहले व्यक्ति थे, जिन्होंने दिल्ली में विश्वविद्यालय के बाहर मुझे वक्ता रूप में पहली बार एक मंच पर आमन्त्रित किया। जनवरी अथवा फ़रवरी 2005 की कोई तारीख़ रही होगी। राजेन्द्र प्रसाद भवन में प्रेमचन्द पर दिन-भर की उन्होंने एक गोष्ठी आयोजित की थी। दिल्ली के अधिकतर साहित्यकार उस गोष्ठी में वक्ता या श्रोता के रूप में शामिल थे। मैं यह तो नहीं कह सकता कि उस गोष्ठी में मेरा वक्तव्य अच्छा था या नहीं, लेकिन वह गोष्ठी काफ़ी बहसतलब हुई थी। मेरे लिए तो बस इतना काफ़ी था कि कुछ बड़े आलोचकों के साथ मुझे भी मंच पर बैठने का और दिल्ली के साहित्यिक समाज से इस तरह परिचित होने का अवसर मिला था। मेरे प्रति वह उनका अपरिभाषित-सा स्नेह था, जिसे उन्होंने कभी शब्दों से ज़ाहिर नहीं होने दिया।

एक बार मेरे मोबाइल पर उनका फ़ोन आया। मेरे 'हलो' कहने पर वे बहुत भड़के। उन्होंने जानना चाहा कि उनका नाम मोबाइल में फीड क्यों नहीं है? वे थोड़े ग़ुस्से में थे। उन्हें अपना नाम फीड नहीं किया जाना, नागवार गुज़रा था। मैंने उन्हें बताया कि मैं सबके नाम और नम्बर डायरी में लिख कर रखता हूँ। मैंने अपनी तकनीकी अकुशलता की असमर्थता भी पेश की, तब कहीं वे शान्त हुए। उनके उस ग़ुस्से में अपनत्व भी था कि उनका नाम तो मोबाइल में फीड होना ही चाहिए। रिंग होते ही 'हलो पंकज भाई...' के उत्तर के साथ उनका मैं फ़ोन रिसीव' करूँ, यह अपेक्षा भी रही होगी। बहरहाल, उनका ग़ुस्सा तुरन्त शान्त हो गया और वे मक़सद पर आये जिसके लिए उन्होंने फ़ोन किया था।

मेरा कोई लेख उन्होंने पढ़ा था। उस लेख में 'जनवाद' को जनतन्त्र के पर्याय के रूप में मैंने लिखा था। पंकज भाई की आपत्ति यह थी कि जनतन्त्र का पर्याय जनवाद नहीं है। जनवाद 'पीपल्स डेमोक्रेसी' के अर्थ में है जबकि जनतन्त्र 'बुर्जुआ जनतन्त्र' के अर्थ में। उन्होंने माओ का साहित्य इसके लिए पढ़ने की सलाह दी। जब मैंने कहा कि 'माओ रचनावली' मेरे पास है तो उन्होंने कहा कि उसे ध्यान से पढ़िए। मैंने 'बेचारा भला आदमी' की तरह उनकी सारी बातें मान लीं। पंकज सिंह शब्दों के प्रयोग में शुद्धता के बहुत आग्रही थे। उनकी इस आग्रही प्रकृति के चलते कभी-कभार उनका कटु विवाद भी लोगों से हो जाया करता था।

यूँ तो पंकज सिंह की पत्नी और हिन्दी की प्रसिद्ध कवयित्री सविता सिंह से भी जान-पहचान और एक स्तर पर आत्मीय सम्बन्ध हैं, लेकिन जो अनौपचारिकता पंकज भाई के साथ महसूस होती थी, उसका आनन्द दूसरा था। सब कुछ के बावजूद सविता जी से मैं औपचारिक ही रहता हूँ। हालाँकि दोनों के स्नेह की मात्रा में कोई कमी-बेशी मैंने कभी महसूस नहीं की। इसका कारण शायद यह है कि सम्बन्धों की अनौपचारिकता का सम्बन्ध समय के 'इन्वेस्टमेंट' से है। जिस व्यक्ति के साथ समय का जितना ज़्यादा 'इन्वेस्टमेंट' होता है, उसके सम्बन्ध की अनौपचारिकता और आत्मीयता का रंग ज़्यादा भरोसे का होता है। उसके साथ हम ज़्यादा खुले होते हैं। परिचय का लम्बा अन्तराल हमें कई कोणों से भिगोये रहता है। पिछले दिनों पंकज सिंह के दुःखद निधन की ख़बर जब मुझे मिली तो मैं दिल्ली से बाहर था। इधर कई महीनों से मुलाक़ात भी नहीं हुई थी। सोचता था कि जब कभी मिलना होगा तो वे न मिलने की शिकायत करेंगे। लेकिन यह क्या! वे चुपचाप चले गये। शिकायत तो शिकायत, दिल्ली से बाहर होने के कारण मैं उनके अन्तिम दर्शन भी नहीं कर सका। मेरे अफ़सोसों की फ़ेहरिस्त में एक यह भी जुड़ना था।

पंकज जी की चेतना पर नक्सलबाड़ी आन्दोलन का गहरा असर था। उनके प्रथम काव्य संग्रह 'आहटें आसपास' की कविताओं में उस विचारधारा का प्रत्यक्ष असर दीखता है। उनका दूसरा संग्रह 'जैसे पवन पानी' मुझे अधिक पसन्द था। तीसरा संग्रह पंकज सिंह के कई बार के आग्रह के बावजूद मैं पढ़ नहीं पाया। यह अफ़सोस भी बना रहेगा कि पढ़ कर मैं अपनी पसन्द-नापसन्द बता क्यों नहीं पाया।

पंकज सिंह के न होने से मेरे लिए दिल्ली थोड़ी खाली-सी हो गयी है। मैं उन्हें फिर से पाना चाहता हूँ, लेकिन समझ में नहीं आता कि कैसे! फिर उनकी कविता 'जैसे पवन-पानी' का अन्तिम हिस्सा याद आता है—

हम उन्हें पा लेंगे क्योंकि हमें उनकी ज़रूरत है
अपने पुनर्जन्म की ख़ातिर थोड़े उजाले थोड़े साफ़ आसमान
की खातिर मनुष्य के अधिकारों की ख़ातिर वे थे
वे होंगे हमारे जंगलों में बच्चों में घरों में उम्मीदों में
जैसे पवन पानी...

अलविदा भाई पंकज सिंह! हम आपको पा लेने की कोशिश करेंगे, क्योंकि हमें आपकी ज़रूरत है।

('उत्तर प्रदेश', फरवरी-अप्रैल 2016)

साहित्य का अनुवाद नहीं है सिनेमा

साहित्य और सिनेमा अभिव्यक्ति के दो माध्यम हैं। प्रभाव की दृष्टि से कौन अधिक ताक़तवर और दीर्घजीवी है, यह बताना बहुत मुश्किल नहीं है। साहित्य अभिव्यक्ति का आदिम माध्यम है, जबकि सिनेमा तकनीक आधारित बिल्कुल नया। साहित्य को सिनेमा की ज़रूरत नहीं है, कहना मुश्किल है, लेकिन सिनेमा का काम साहित्य के बिना नहीं चल सकता।

हिन्दी लेखकों में सिनेमा को लेकर कभी सम्मान भाव नहीं रहा। उनके लिए सिनेमा की दुनिया हमेशा बदनाम गली की तरह रही है। वहाँ जाने का अर्थ साहित्य के ऊँचे और पवित्र आसन से नीचे उतरना माना जाता रहा है। साहित्य का उद्‌देश्य व्यवसाय नहीं है, लेकिन सिनेमा का काम बिना व्यवसाय के चल नहीं सकता। इसलिए यह भी माना जाता है और कुछ हद तक ठीक माना जाता है कि सिनेमा में साहित्य को व्यावसायिक समझौता करना ही पड़ेगा। इसी के साथ हिन्दी समाज की सिनेमा के प्रति मानसिकता को भी ध्यान में रखना ज़रूरी है। हिन्दी समाज में नाच-नौटंकी और नृत्य-संगीत के लिए सम्मान-भाव कभी नहीं रहा। नाचने और गाने वाले कलाकारों को समाज में 'नचनिया' और 'गवैया' कहकर हिकारत भाव से देखा जाता रहा है। ख़ैर, ग्लैमर और पैसा जुड़ जाने के कारण सिनेमा के प्रति समाज का रवैया बदला है। लेकिन साहित्यकारों का सिनेमा के प्रति जो रवैया पहले था, उसमें कोई ख़ास फ़र्क़ नहीं आया है। एक माध्यम के रूप में सिनेमा की प्रतिष्ठा पूरी दुनिया समेत हिन्दी में भी बढ़ी है, लेकिन साहित्यकारों में अपने माध्यम को लेकर जो श्रेष्ठता और पवित्रता-बोध पहले था, वह कमोबेश अब भी बरक़रार है। हर कथाकार यह तो चाहता है कि उसकी कहानी पर फ़िल्म बने, कवि की इच्छा रहती है कि उसकी कविता सिनेमा में गायी जाकर जन-जन तक पहुँचे, ऐसा होता है तो वह अपने परिचय में सगर्व उसका उल्लेख भी करता है, लेकिन सीधे तौर पर उससे जुड़ने में उसे परहेज़ अब भी है।

कुल मिला कर हिन्दी समाज और साहित्य का रवैया 'गुड़ खाये और गुलगुले से परहेज़' वाली कहावत की तरह है। इसलिए पहले यदि प्रेमचन्द, भगवतीचरण वर्मा, अमृतलाल नागर, गोपाल सिंह 'नेपाली' आदि कथाकार-कवि सिनेमा में गये और फिर साहित्य की दुनिया में वापस लौट आये तो आज भी किसी कवि-लेखक में सिनेमा में जाने का उत्साहजनक उदाहरण न के बराबर ही मिलता है। जावेद अख़्तर, गुलज़ार, प्रसून जोशी आदि को स्टार की हैसियत तो प्राप्त है, लेकिन उनका स्थान साहित्य के ऊँचे और पवित्र आसन पर तो हरगिज़ नहीं है। इसका कारण क्या है? क्या साहित्य और सिनेमा का कोई सहज संवादधर्मी सम्बन्ध सम्भव नहीं? या इसमें मुख्य बाधा वह 'व्यावसायिकता' है जिसके बिना सिनेमा की दुनिया भले कायम न रह सके, साहित्य के लिए उसमें फँसना अपने को नष्ट करना है?

सिनेमा में गीत का आत्यन्तिक महत्त्व न भी माना जाये, तब भी एक कहानी की दरकार तो होती ही है। वह चाहे साहित्यिक कहानी हो या फ़िल्म को ही ध्यान में रखकर लिखी गयी मसालेदार कहानी। कहानी के साथ संवाद, पटकथा, गीत-संगीत, अभिनय, निर्देशन, छायांकन आदि कला-रूपों के कुशल संयोजन का नाम सिनेमा है, जिसमें बड़ी टीम, बड़ी पूँजी और नये-से-नये तकनीकी ज्ञान की ज़रूरत है। सिनेमा निर्माण एक सामूहिक काम है। एक फ़िल्म के असफल होने का मतलब है-बड़ी पूँजी का डूब जाना। साहित्य-सृजन का काम इससे भिन्न है। लेखक में प्रतिभा और जीवन-दृष्टि के साथ मेहनत करने की क्षमता है तो वह साहित्य-सृजन कर सकता है। कोई साहित्यिक कृति असफल होती है तो एक लेखक असफल होता है। लेखक सृजन के लिए जोख़िम उठाता है तो उसके नफ़े-नुक़सान का जिम्मेदार वह खुद होता है, लेकिन फ़िल्म निर्माण में कोई जोख़िम उठाने के पहले सौ बार क्या, हज़ार बार सोचना पड़ता है। फिर भी कुछ ऐसे फ़िल्मकार हैं जो जोखिम उठाते रहते हैं। ऐसे लोगों में कुछ सफल भी हुए हैं और कुछ बर्बाद भी।

हिन्दी सिनेमा और साहित्य का सम्बन्ध दो तरह से है। कुछ लेखक फ़िल्मों के लिए गीत-कहानी लिखने गये और फ़िल्मकारों की शर्त पर लिखते रहे और वहीं के होकर रह गये। मसलन नरेन्द्र शर्मा, शैलेन्द्र, साहिर, प्रदीप, राही मासूम रज़ा आदि। सिनेमा में जाकर इनका साहित्य सृजन कितना प्रभावित हुआ, यह तो मूल्यांकनकर्ता बतायेंगे, लेकिन इतना तय है कि इनके ज़रा से स्पर्श से सिनेमा सुन्दर ज़रूर हुआ। कुछ लेखकों की कहानी को फ़िल्मकारों ने चुना और

लेखक को भागीदार बनाकर फ़िल्म-निर्माण हुआ। फणीश्वरनाथ 'रेणु' की कहानी 'तीसरी कसम' पर इसी नाम पर शैलेन्द्र ने फ़िल्म बनायी, जिसकी पटकथा और संवाद ख़ुद रेणु ने लिखे। फ़िल्म में एक खलनायकनुमा चरित्र ठाकुर विक्रम सिंह को जोड़ा गया जो फ़िल्मी सफलता के लिए ज़रूरी माना गया। रेणु को इसके लिए तैयार होना पड़ा। लेकिन अन्त बदलने की जब बात रेणु के सामने आयी तो वे इसके लिए तैयार नहीं हुए। उन्होंने कहा कि लेखक के रूप में फ़िल्म से मेरा नाम हटा दिया जाये। फ़िल्म के अन्त में हीरामन और हीराबाई का मिलन कराकर फ़िल्म की व्यावसायिक सफलता के लिए कहानी में परिवर्तन का प्रस्ताव था। रेणु की ज़िद के कारण निर्माता शैलेन्द्र जो स्वयं गीतकार थे, मान तो गये लेकिन फ़िल्म असफल हुई। क़र्ज़ के बोझ तले दबकर शैलेंद्र की इहलीला समाप्त हो गयी। साहित्य की कसौटी पर किसी साहित्यिक कृति पर फ़िल्म बनाने की क़ीमत उनको अपनी जान गँवाकर देनी पड़ी।

कमलेश्वर और राही मासूम रज़ा दोनों कथाकार के रूप में प्रतिष्ठित होने के बाद फ़िल्मों में गये। 'आँधी' और 'मौसम' जैसी फ़िल्में कमलेश्वर के उपन्यासों पर बनीं जो याद की जायेंगी, लेकिन उनकी लिखी कोई फ़िल्म याद करने लायक नहीं याद आती। 'राम बलराम' या 'ललकार' जैसी व्यावसायिक दृष्टि से सफल उनकी लिखी फ़िल्में याद की जायेंगी क्या? 'आधा गाँव' के मशहूर लेखक राही मासूम रज़ा कोई ऐसी फ़िल्म नहीं लिख सके जो उनकी ऐतिहासिक देन मानी जाये! 'मैं तुलसी तेरे आँगन की' व्यावसायिक दृष्टि से ही सफल थी, अन्य दृष्टि से नहीं। उनकी सबसे बड़ी देन 'महाभारत' धारावाहिक के संवाद और उसकी पटकथा ही मानी जायेगी।

शरच्चन्द्र के 'देवदास' पर बहुतेरी फ़िल्में बनीं। विमल राय और संजय लीला भंसाली के ही 'देवदास' को लें। व्यावसायिक सफलता दोनों को मिली, लेकिन फ़िल्म में शरच्चन्द्र कितने थे और उसके निर्माता-निर्देशक कितने यह हम आप जानते हैं। 'शतरंज के खिलाड़ी' का अन्त सत्यजीत राय ने भी बदला था। बहुत रचनात्मक अन्त था। प्रेमचन्द के अन्त से अधिक अर्थगर्भित, लेकिन फ़िल्म व्यावसायिक दृष्टि से सफल नहीं हो सकी। 'गोदान', 'चित्रलेखा' से लेकर अनेक उपन्यासों-कहानियों पर फ़िल्में बनी हैं, जिनमें से अधिकतर असफल हुई हैं। व्यावसायिक दृष्टि से भी और कला की दृष्टि से भी। कला की दृष्टि से जो ठीक थीं भी, वे व्यवसाय की दृष्टि से पिट गयीं।

सिनेमा जब शुरू हुआ तो कहानी के लिए उसने साहित्य का सहारा लिया। दुनिया की सभी भाषाओं में शुरू के दौर में साहित्यिक कृतियों को आधार

बनाकर फ़िल्में बनीं, लेकिन धीरे-धीरे फ़िल्मों के लिए ही कहानी लिखी जाने लगी। 'शोले' जैसी पटकथा या कथा अब लिखी ही जाती हैं सिनेमा को ध्यान में रखकर। उसमें कहानी से अधिक दृश्य, एक्शन, संवाद आदि पर ज़ोर रहता है। लेकिन इसी के साथ 'पीपली लाइव', 'चक दे इंडिया' आदि फ़िल्में भी आती हैं जो अपनी यथार्थपरक कहानी के लिए ज़्यादा याद की जाती हैं।

इधर के वर्षों में तकनीक, सिनेमेटोग्राफ़ी, क्रोमा आदि की प्रमुखता ज़्यादा हो गयी है जिसमें रियलाइज़ेशन से अधिक विजुअलाइज़ेशन पर ज़ोर अधिक होता है। उसमें यथार्थ या फैंटेसी को इतने भव्य ढंग से दिखाने का चलन है कि कहानी के सहारे धीरे-धीरे चलनेवाले स्लो सिनेमा का दौर लगता है कि गुजरे ज़माने की चीज़ है। फ़िल्मों में आये इस बदलाव ने दर्शकों की रुचि पर ज़बर्दस्त प्रभाव डाला है। अब दिलीप कुमार-सुचित्रा सेन अभिनीत 'देवदास' की जगह शाहरुख़ खान और ऐश्वर्या राय अभिनीत 'देवदास' को पसन्द करने वाली पीढ़ी आ चुकी है। क्लासिक की तरह हमारे मन-मिज़ाज में जगह बना चुकी देवदास-पारो की कथा का जो भंसाली संस्करण है वह नयी पीढ़ी को अधिक पसन्द है, लेकिन उसमें शरच्चन्द्र के 'देवदास' से बड़ा 'डेविएशन' है। कुँवर नारायण का कहना है कि सिनेमा साहित्य का अनुवाद नहीं होता, किन्तु किसी क्लासिक के साथ इस तरह का बर्ताव जो उसे क्लासिक ही न रहने दे, उचित नहीं।

साहित्य और सिनेमा पर बात करते हुए गुलज़ार ने एक बार कहा था कि सिनेमा की तुलना में साहित्य का प्रभाव ज़्यादा गहरा और स्थायी होता है, एक फ़िल्म के ज़रिये हम पर जो प्रभाव पड़ता है वह कई कलाओं का होता है। इसलिए साहित्य और फ़िल्म के प्रभाव में फ़र्क़ होता है। यूँ 'टाइटैनिक' जैसी कुछ फ़िल्में अपने प्रभाव में फ़िल्म होने के बावजूद कविता होती हैं। अच्छे फ़िल्मकारों ने सिनेमा को साहित्य के क़रीब लाकर उसमें साहित्य का प्रभाव पैदा करने की कोशिश की है। इसके लिए उन्होंने जीवन के अछूते प्रसंगों को बहुत गहराई से छूने की कोशिश की है। समकालीन हिन्दी कथा साहित्य और हिन्दी सिनेमा पर इस दृष्टि से देखने पर मुझे कई बार सिनेमा आगे निकलता हुआ दिखायी देता है।

('जनसत्ता', 2016)

हिन्दी आलोचना का नैतिक पक्ष

आलोचना के नाम पर ढेरों किताबें हर साल छपती हैं, लेकिन जिसे वास्तव में आलोचना-पुस्तक कहा जा सके, वैसी पुस्तकें कम ही होती हैं। इसी तरह जिन्हें वास्तविक अर्थ में आलोचक कहा जा सके, वैसे लोग हर समय कम ही रहे हैं और आज की हिन्दी में भी कम हैं। ऐसे ही कम लोगों में एक प्रमुख नाम मैनेजर पाण्डेय का है जिनकी नयी पुस्तक 'आलोचना की सामाजिकता' वास्तविक अर्थ में आलोचना है, जो न सिर्फ़ आलोचना की सामाजिक भूमिका को स्पष्ट करती है, बल्कि हमारे समय के चौतरफ़ा वैचारिक संघर्षों के बीच सक्रिय रह कर हिन्दी आलोचना का गम्भीर विन्यास रचती है। 'शब्द और कर्म' से लेकर 'आलोचना की सामाजिकता' तक आधा दर्जन से अधिक पुस्तकों के ज़रिये हिन्दी आलोचना में उन्होंने वस्तुवादी दृष्टि का विकास किया है। इस आधार पर कहा जा सकता है कि मैनेजर पाण्डेय नामवर सिंह के बाद की पीढ़ी के सर्वाधिक जाग्रत आलोचक हैं।

वाल्टर बेंजामिन ने कहा है कि एक आलोचक अपने समय के साहित्यिक संघर्ष का रणनीतिकार होता है। इस साहित्यिक संघर्ष में पूर्ववर्ती और समकालीन रचनाशीलता का मूल्यांकन भी शामिल होता है, इतिहास दृष्टि का विकास भी और साथ ही सिद्धान्त निरूपण भी। यह काम वह आलोचक करता है, जिसके भीतर अपनी साहित्यिक परम्पराओं की मौलिक प्रतिभा विद्यमान हो, जो अपने समय के साहित्यिक संघर्ष में शामिल हो, देश-विदेश में चलने वाले वैचारिक संघर्षों का गहरा अध्येता हो और साथ ही जिसमें गहरा साहित्य विवेक हो। कहने की ज़रूरत नहीं कि अपनी आलोचना पुस्तकों के कारण मैनेजर पाण्डेय आज की हिन्दी आलोचना के साहित्यिक संघर्ष के श्रेष्ठ रणनीतिकार ठहरते हैं। उनके इसी रूप को और अधिक मज़बूती से 'आलोचना की सामाजिकता' नामक पुस्तक प्रस्तुत करती है।

पुस्तक चार खण्डों में विभाजित है : 'आलोचना का समाज' जिसमें आलोचना की सामाजिक भूमिका को रेखांकित करने वाले आठ लेख हैं, 'संस्कृति की राजनीति' जिसमें भाषा, साहित्य और संस्कृति से जुड़े आठ लेख हैं, 'कविता का समय' में हिन्दी कविता से सम्बन्धित पाँच लेख हैं और 'उपन्यास का लोकतन्त्र' में उपन्यास के स्वरूप और हिन्दी उपन्यास से सम्बन्धित पाँच लेख हैं। पुस्तक अपने पूरे कलेवर में गम्भीर और चिन्तनपरक है। नये समय-सन्दर्भ में पैदा हुए प्रश्नों से टकराती है। अपने समय-सन्दर्भ के प्रति सजग और आलोचना की वास्तविक भूमिका की बारीक पहचान रखने वाला आलोचक ही 'सामाजिक की मृत्यु' के दौर में 'आलोचना की सामाजिकता' की चिन्ता करता है और प्रस्तुत पुस्तक उसी का प्रतिफल है। मैनेजर पाण्डेय मानते हैं कि साहित्य मनुष्यता की अभिव्यक्ति है और यह मनुष्यता उसकी स्वतन्त्रता में ही पूरी तरह प्रकट होती है। 'आलोचना उसी स्वतन्त्रता का पालन-पोषण करती हुई, उसके संग-साथ चलती हुई और उसके पक्ष में लड़ती हुई सामाजिक बनती है।'

प्रस्तुत पुस्तक में आलोचना की सामाजिक भूमिका पर ज़ोर है, आलोचना की घटती सामाजिकता की चिन्ता के साथ उसके बाहरी और आन्तरिक कारणों की पड़ताल है। इसी क्रम में 'साहित्य के सौन्दर्य और कला की विशेषज्ञता का दावा करने वाले आलोचक' की, उस भूमिका की तीखी आलोचना भी है जो भूमिका वह साहित्य के सौन्दर्य-लोक में बैठ कर निभाता है। इस बात पर भी ज़ोर है कि आलोचना सिर्फ़ विश्वविद्यालय की 'साहित्यिक संस्कृति' का हिस्सा भर नहीं है। मैनेजर पाण्डेय टेरी ईगल्टन के मत से सहमत हैं कि आलोचना न तो 'साहित्य-उद्योग के जन-सम्पर्क विभाग का हिस्सा है' और न 'शिक्षा संस्थाओं का आन्तरिक मामला'। आलोचना का भी सामाजिक लक्ष्य है। मैनेजर पाण्डेय 'व्यापक समाज से और लोकमत से' अलग करके आलोचना को 'अधिकाधिक साहित्यिक और विशेषज्ञतापरक' बनाने के विरुद्ध हैं और उसे 'व्यापक वाङ्मय-विमर्श' का हिस्सा मानते हैं। इसके लिए 'आलोचक को समाज का बौद्धिक बनना होगा, (उसका) केवल साहित्य का बुद्धिजीवी होना पर्याप्त नहीं है।' इसे व्यापक सन्दर्भ से जोड़ते हुए मैनेजर पाण्डेय कहते हैं : "आलोचना की सामाजिकता की चिन्ता असल में पूँजीवाद द्वारा प्रकृति और संस्कृति के निजीकरण के प्रयत्न के विरुद्ध प्रतिरोध की चिन्ता से जुड़ी हुई है।"

आलोचना की सामाजिकता पर ज़ोर का एक अन्य कारण भी है। आज साहित्यिक कृतियाँ पाठ मानी जाती हैं, इसके साथ ही कोई भी सांस्कृतिक सर्जना पाठ है।

इससे साहित्य-संस्कृति की सीमा का विस्तार हुआ है और आलोचना के अर्थ और प्रयोजन का भी। "कुछ दशकों से हिन्दी में स्त्री लेखन, दलित लेखन और आदिवासी लेखन का जो विकास हुआ है उससे साहित्य और साहित्यिकता की पुरानी धारणाएँ और मान्यताएँ लगभग ध्वस्त हुई हैं और साहित्य की नयी सामाजिकता सामने आयी है। यह साहित्य विनोद का साधन नहीं है, वह स्वतन्त्रता के लिए बेचैन आत्मा की पुकार है।" स्वतन्त्रता की इसी आकांक्षा की पहचान आलोचना की सामाजिकता को विस्तार देती है। मैनेजर पाण्डेय मानते हैं कि कविता स्वभाव से अधिक व्यक्तिगत होती है और उपन्यास अधिक सामाजिक। इसलिए यह अकारण नहीं है कि प्रस्तुत पुस्तक का 'उपन्यास का लोकतन्त्र' वाला खण्ड अपेक्षाकृत अधिक मौलिक सर्जनात्मकता से भरा हुआ है। इसका कारण शायद यह है कि यह विधा मनुष्य की स्वतन्त्रता की आकांक्षा को वाणी देने में अधिक सक्षम है। मैनेजर पाण्डेय यहाँ उपन्यास सम्बन्धी अपना मौलिक चिन्तन प्रस्तुत करते हैं और साथ ही हिन्दी उपन्यास की सामाजिकता का ज़ोरदार मूल्यांकन करते हैं।

आलोचना की सामाजिकता पर ज़ोर का एक रूप यह भी है कि आलोचक साहित्यिक विधाओं से परे उसकी खोज साहित्य, समाज और भाषा के अन्य क्षेत्रों में भी करे। इस दृष्टि से प्रस्तुत पुस्तक के 'भोजपुरी समाज और साहित्य' शीर्षक लेख को देखा जा सकता है। इसी के साथ नयी शोध-सामग्री के आधार पर आलोचक अपने साहित्येतिहास के विकास-क्रम में सामाजिक दृष्टि से फेर-बदल भी करता है और इस तरह वह साहित्य को समाज और नयी ज़मीन की ओर ले जाता है। इस दृष्टि से 1881 में 'बिहार बन्धु' नामक पत्रिका में छपी महेश नारायण की 'स्वप्न' शीर्षक कविता को 'हिन्दी की पहली आधुनिक कविता' घोषित किया गया है और उसे मनुष्य की स्वाधीनता के स्वप्न से जोड़ा गया है।

वाल्टर बेंजामिन ने आलोचना को साहित्य का नैतिक पक्ष कहा है। इस नैतिक पक्ष का निर्वहन वह आलोचक करता है जो अवसरानुकूलता और अवसरवादिता से बचता है, आयातित साहित्यिक, वैचारिक फ़ैशनों के प्रति बालकोचित ललक नहीं रखता, जिसमें 'अस्वीकार का साहस और स्वीकार का विवेक है' और साथ ही जिसमें विकासशील साहित्य-दृष्टि है, मगर वैचारिक मतान्धता नहीं। प्रस्तुत पुस्तक से गुज़रने के बाद यह मत बनता है कि मैनेजर पाण्डेय समकालीन हिन्दी आलोचना के नैतिक पक्ष का एक पायदार नाम है। आज जबकि हिन्दी आलोचना काफ़ी हद तक उपर्युक्त देशी-विदेशी संक्रामक बीमारियों से ग्रस्त है, प्रस्तुत पुस्तक का प्रकाशन बहुत आश्वस्ति-सा है। ऐसा नहीं है कि यहाँ आलोचक के चिन्तन

और मूल्यांकन में मुझे कहीं अन्तर्विरोध नहीं दिखा और उसमें मतभेद के मुद्दे नहीं हैं। वे हैं भी, लेकिन फ़िलहाल उनकी चर्चा न करके यही कहा जा सकता है कि हिन्दी साहित्य के नैतिक पक्ष के रूप में खड़ी हिन्दी आलोचना की जो परम्परा है, उसकी यह नयी कड़ी है। यह हिन्दी आलोचना के बौद्धिक क्षितिज का विस्तार करती है।

('जनसत्ता', 6 नवम्बर 2005)

सादगी और सचाई का राग

भगवत रावत की कविताएँ पढ़ने पर, जो पहला प्रभाव पड़ता है, वह उसकी सादगी और सचाई का है। वही ताक़त उनकी कविताओं का आकर्षण बनती है। उनके नये काव्य संग्रह 'देश एक राग है' को पढ़ते हुए उनकी कविता की उस ताक़त से पुनः सामना हुआ। यह देखकर सुखद आश्चर्य हुआ कि कवि अपनी यह पूँजी अब भी बचाये हुए है। चमकदार नामों की फ़ेहरिस्त में शामिल होने की चमकदार कोशिशें यहाँ भी नहीं हैं।

'देश एक राग है' शीर्षक कविता में भगवत देश और राष्ट्र का फ़र्क़ स्पष्ट करते हैं और जो कहते हैं, उससे उनकी इस ख़ासियत से किताब खोलते ही परिचित हुआ जा सकता है : *"देश एक राग है। सुबासित-सुभाषित-सा फैलता हुआ धीरे-धीरे/स्नेहिल तरंगों की तरह बाहर से भीतर तक/भीतर से बाहर तक/स्वयं अपनी सीमाएँ लाँघता/सुगन्धित मन्द-मन्द पवन की तरह। सारी दुनिया को शीतल करता धीरे-धीरे/ सारी दुनिया का हिस्सा हो जाता है।"*

आगे 'देश' की जगह प्रयुक्त होने वाले औपचारिक शब्द 'राष्ट्र' से अपनी नापसन्दगी ज़ाहिर करते हुए कवि कहता है : "कितना भी पुराना और पवित्र रहा हो राष्ट्र शब्द का इतिहास/पर आज पता नहीं क्यों बार-बार यह शब्द एक भारी-भरकम बनायी गयी ऐसी अस्वाभाविक/डरावनी आवाज़ लगता है जो सत्ता और शक्ति के/अहंकार में न जाने किसको ललकारने के लिए उपजी है। यह कविता न सिर्फ़ अन्ध राष्ट्र के ख़तरे की ओर संकेत करती है, बल्कि 'नेशन' और 'नेशनलिज़्म' सम्बन्धी प्रचलित अवधारणा का भी प्रत्याख्यान रचती है, 'नेशन स्टेट' और 'नेशनलिज़्म' की आधुनिक बौद्धिक जुगाली की जगह 'देश' और 'देशभक्ति, का आत्मीय राग पैदा करती है।

प्रगतिशील जनवादी बौद्धिक हलके में एक वर्ग ऐसा है जो ख़ासा व्यावहारिक है। वह प्रगतिशील-जनवादी तो है, लेकिन कोई ख़तरा नहीं उठाता।

वह हवाई किस्म के मुद्दों पर बहस करता है। ऐसे मुद्दे, जिन पर बात करने से प्रगतिशील बौद्धिक छवि भी बनी रहती है और कोई जोख़िम भी नहीं उठाना पड़ता। इसके जो फ़ायदे हैं, उसका क्या कहना! ऐसे बुद्धिजीवी रूस, अमेरिका, ब्रिटेन आदि की आलोचना करते हैं। मार्क्स, लेनिन, गाँधी, नेहरू आदि की भी करते हैं। लेकिन ये भूल कर भी उन मुद्दों को नहीं उठाते, जो हमारे जीवन, हमारी सुविधा के लिए ख़तरनाक बन जायें। ऐसे लोग दुनिया-भर की बहसें करते हैं, लेकिन अपने मालिक या अफ़सर की मनमर्ज़ी के ख़िलाफ़ नहीं बोलते। बोलने की आज़ादी शीर्षक कविता में भगवत ने कहा है : *"धर्म के 'ध' के पहले धोखे से भी/'अ' मत लगा बैठना। मज़हब के 'म' पर कभी कोई निगाह तक मत डालना/...पता नहीं कब किसी आँख में किरकिरी उठे/और आपकी आँखों की रोशनी चली जाये...आलोचना करने के लिए/दुनिया जहान है तुम्हारे सामने/विरोध करने के लिए/और कितने सारे मुद्दे हैं।"*

ऐसा लिखने वाले भगवत रावत चालाक बौद्धिक चेहरों की तो ख़बर लेते ही हैं, उन चालाक चुप्पियों की भी ख़बर लेते हैं जो अपने कायर मौन को शालीनता के आवरण में ढँक कर जोख़िम भरी स्थितियों से बच निकलती हैं। 'आरती' शीर्षक अपनी कविता में भगवत 'चमकते सिक्के की तरह बीच सड़क पर पड़े किसी संवेदनशील शब्द' से बच निकलने वाले बौद्धिकों की शिनाख़्त करते हैं। ऐसे लोग समाज में पक्ष-विपक्ष, स्याह-सफ़ेद और अच्छे-बुरे के फ़र्क़ को गायब करने वाली स्थितियों के पक्षधर हैं। कविता का एक अंश यहाँ देखा जा सकता है : "यह समय युद्ध का है न शान्ति का/दिलो-दिमाग़ों की भाषा के बदलने का समय है। भाषा बदल रही है/अर्थों की ध्वनियाँ बदल रही हैं/ध्वनियों के रंग तक पहचान कर नोट किये जा रहे हैं/आपको पता नहीं कब आप/किस-किस तरह पहचाने जा रहे हैं/ऐसे में अब कुछ भी गाया नहीं जा सकता/ऐसे में कुछ भी बोला नहीं जा सकता/कुछ भी बनाया नहीं जा सकता/सिर्फ़ चुपचाप सुनो/और बिना कुछ देखे सड़क से गुज़र जाओ/या फिर चाहो तो शामिल हो जाओ चुपचाप/चौतरफ़ा फैले शोर में।"

अत्यन्त सीधे-सादे अन्दाज़ में बड़ी या छोटी सामाजिक स्थितियों या मनःस्थितियों के हालात की पहचान में भगवत न तो अपने नैतिक पक्ष को गिरवी रखते हैं और न कोई ऐसा मौक़ा मुहैया कराते हैं कि शब्दों, प्रतीकों, बिम्बों और कला की झिलमिल में उनके आशय को समझने में कोई मुश्किल हो। इसलिए सादगी के साथ उनकी कविता में ऐसी नैतिक पुकार है जो इधर की कविता

में गायब हुई है। 'नया साल' शीर्षक कविता में बड़े सादे ढंग से बिना पक्ष की चालाक बौद्धिक चुप्पियों पर व्यंग्य का हल्का ब्रश फेरते हुए जब कवि कहता है : *"कितना अच्छा रहा कि पिछले पूरे एक वर्ष में/आपको कभी किसी बात पर क्रोध नहीं आया/कितना अच्छा हुआ कि किसी भी घटना से/आया नहीं आपके रक्त में रत्ती-भर उबाल।..."* तो लगता है कि कितनी बारीक और ख़तरनाक स्थितियों में हम पहुँच चुके हैं। जनवादी या कलावादी सभी पक्षों की चालाक चुप्पियों को धीरे-धीरे बेपर्दा करती हुई यह कविता बौद्धिक समाज में नैतिक और अनैतिक के मिटते फ़र्क़ को बहुत साफ़-साफ़ बयान करती है : *"समझदारी से कायदे-क़ानूनों के भीतर सब काम करें/आने नहीं दें अपने ऊपर कोई आँच, उठने नहीं दें कोई बवाल।"*

भगवत रावत के प्रस्तुत संग्रह की कविताएँ पढ़ कर एक बात साफ़ तौर पर समझी जा सकती है कि प्रगतिशीलता, जनवाद और कलावाद का (बना-बनाया) अज्ञेय-मुक्तिबोध कालीन जो पक्ष-विपक्ष था, उसका समय बीत चुका है। और 1965-70 के बाद लगभग दो दशक तक बरक़रार उसकी जो ख़ुमारी थी, उससे भी हिन्दी कविता मुक्त है। स्थितियाँ अब उतनी स्याह-सफ़ेद नहीं रहीं। यह वह समय है, जबकि जनवाद या कलावाद के लिए कोई क़ीमत नहीं चुकानी पड़ती। भगवत की 'एक डर था' शीर्षक कविता के हवाले से कहें तो *"इतिहास में यह दुखी होने का नहीं/दुखी दिखने का समय है। अब हम सब मृत्यु के बाद का समूह गीत गा रहते हैं/इसी में सुख पा रहे हैं।"*

समूह गीत गाकर सुख पाने में और किसी मूल्य, अच्छाई, आदर्श आदि के लिए जीने-मरने के जज़्बे में जीवन जीने में फ़र्क़ है। इस फ़र्क़ पर उँगली रखने वाले कवि हैं भगवत रावत। वे किसी विषय को प्राणों की क़ीमत पर जीने और उस पर बहस करने वाले दो समयों के फ़र्क़ को ही नहीं रेखांकित करते, अपना एक पक्ष भी रखते हैं। जीवन में या साहित्य में हम सभी जीवन के दावेदार हैं, जबकि सचाई यह है कि हम मृत्यु के बाद का समूह गीत गा रहे हैं। हम चीख़-चिल्ला रहे हैं कि हमारी बहुतेरी अच्छाइयाँ और ख़ूबसूरत सपने नष्ट हो गये और हम उसकी मृत्यु पर बहस के ज़रिये स्यापा कर रहे हैं। भगवत अपनी उसी कविता में इस स्थिति का बड़ा ही मार्मिक काव्यात्मक आकलन प्रस्तुत करते हैं : *"यह था हमारे इतने आसपास/इतना सहज, इतना ख़ामोश/इतना मामूली-सा हमारे बीच/कि जानी ही नहीं उसके होने की क़ीमत/पूछा नहीं कभी उसका हालचाल/करते रहे उसका इस्तेमाल/कराते रहे बेगार सेंतमेंत में। और वह बनाता रहा हमें।*

सहृदय, उदार/चुकाई नहीं हमने कभी उसकी कोई क़ीमत/आख़िर वह स्वयं को हमारे बीच मात्र बहस के लिए/विषय की तरह/छोड़कर चला गया।"

ऐसा क्यों हुआ? इसलिए कि *"...उसने सीखी ऐसी सधी हुई भाषा जो किसी को/नाखुश नहीं करती/उसने गढ़े ऐसे नारे जिनसे न कोई/असहमत हो, न कर सके कोई विरोध/उसने अख़्तियार की ऐसी/ सधी हुई विद्रोही मुद्रा जिससे उसके शरीर पर खरोंच तक न आये/और तेवर विद्रोही का विद्रोही रहा आये।"* ऐसी क्रान्ति-मुद्राओं पर चोट करने वाले भगवत न सिर्फ़ जनवादी विषय और दृष्टि का विस्तार करते हैं, बल्कि उस पर प्रहार भी करते हैं, जिससे प्रायः प्रगतिशील-जनवादी कवि बच कर निकल जाते हैं। मेधा पाटकर के व्यक्तित्व और संघर्ष के प्रति सिर झुकाती एक कविता इस संग्रह में है तो 'हे कामरेड' भी है, जिसमें कवि बड़े ही साफ़ शब्दों में कहता है : *"दिखायी देने लगा है अब आपको भी/सिर्फ़ अपने ही बोले गये शब्दों में अर्थ/असहमति और विरोध औरों की तरह/अब आपको भी लगने लगे हैं।"* कुछ स्थितियों का बयान करने के बाद कवि प्रश्न करता है : *"अपनी एकमात्र उम्मीद की रोशनी के/पूरी तरह, बुझने के पहले कहिए तो/अब हम कहाँ जायें/कब-तक सर्वहारा की शक्ति के नाम पर/ केवल बंगाल-बंगाल चिल्लायें।"*

एक प्यारी कविता है—'खुश-फ़हमियाँ' जिसमें कवि खुशफ़हमियों में जीने की आदत को बहुत सकारात्मक तरीक़े से प्रस्तुत करता है : *"हमेशा लगता है कि एक-न-एक दिन वह आदमी ज़रूर मेरे पास आयेगा/जिसने जीवन-भर अपमानित किया मुझे।" संग्रह में 'दिल्ली' को लेकर एक सीरीज़ में लिखी गयी तेरह कविताएँ हैं, जो दिनकर, श्रीकान्त वर्मा की दिल्ली पर लिखी कविताओं से आगे की हैं : "दिल्ली का होने के लिए दिल्ली का होना ज़रूरी नहीं है/दिल्ली में होना भी ज़रूरी नहीं है...।"*

उसी तरह 'मुम्बई रेसकोर्स' लम्बी, गम्भीर और जटिल बुनावट वाली कविता है, जो ऊपर वर्णित कविताओं से भिन्न भगवत की कविता का दूसरा आख्यान है। संग्रह में कुछ ऐसी कविताएँ भी हैं जो सिर्फ़ सपाट बयान भर हैं। उसकी 'मनुष्यता' ऐसी ही कविता है : 'मनुष्यता को बचाने उन्होंने हिरोशिमा पर बम डाला......।' कविता सिर्फ़ मनुष्यता का नाम जाप और अमेरिका जैसी अन्यायी शक्ति के उल्लेख का नाम-भर नहीं है। वह क्या लिखा जाये, के साथ कैसे लिखी जाये भी है। ऐसी कविताएँ न होतीं तो संग्रह अधिक बेहतर होता।

('जनसत्ता', 8 अगस्त 2010)

लोक-जागरणवादी व्याख्या

परिचित आलोचक कृष्णदत्त पालीवाल की नयी आलोचना पुस्तक है—'भक्तिकाव्य से साक्षात्कार'। यह न सिर्फ़ उनकी, बल्कि एक अर्थ में भक्तिकाव्य सम्बन्धी आलोचना की भी नयी पुस्तक है। नयी इस अर्थ में कि रामचन्द्र शुक्ल, हज़ारी प्रसाद द्विवेदी, रामविलास शर्मा आदि आलोचकों की भक्ति काव्य की लोक जागरण सम्बन्धी मान्यताओं का इसमें जहाँ विस्तार है, वहीं उस दृष्टि का प्रत्याख्यान भी है जो भक्तिकाव्य और आन्दोलन को खण्डित दृष्टि से देखती है। पालीवाल की भक्तिकाव्य सम्बन्धी लोकवादी दृष्टि का नया आधार कुछ वे उत्तर-आधुनिक मान्यताएँ हैं जो पश्चिम की ज्ञानोदय (एनलाइटेमेंट) जनित आधुनिकता को चुनौती देती हुई अस्तित्व में आयी हैं। धर्म को सम्पूर्णता में नकारने की जगह उसके सारतत्त्व की ग्रहणशीलता का आग्रह उनकी पहली और अन्तिम आलोचकीय माँग है।

धर्म का सारतत्त्व यानी सच्ची मनुष्यता की प्रतिष्ठा का आग्रह उनकी भक्तिकाव्य सम्बन्धी आलोचना का केन्द्रीय भाव है। पश्चिम की ज्ञानोदय जनित आधुनिकता हो या मार्क्सवादी विचारधारा या अन्य कोई विचारधारा या धर्म की राजनीति करने वालों की संकीर्ण साम्प्रदायिक अतीतोन्मुख दृष्टि, भक्तिकाव्य के अध्ययन के लिए पालीवाल सबको अपर्याप्त मानते हैं और लोक दृष्टि को महत्त्व देते हैं। उनके शब्दों में : "...यूरोपीय आधुनिकता भविष्य पूजन में जीती है और स्मृति परम्परा अतीत को पोंछ कर मिटा देना चाहती है। वहाँ प्रोटेस्टेंट धर्म और यूरोपीयता को आधुनिकता का पर्याय बनाया गया। इसीलिए अरविन्द, कुमार स्वामी, विवेकानन्द, गाँधी पश्चिम की आधुनिकता से भयभीत रहे हैं। फिर हमारा भक्तिकाव्य और भक्ति आन्दोलन लोक जागरण की धुरी रहा है। उसे आज मध्ययुगीनता कहकर कैसे ठुकरा दें। जबकि हमारा मध्ययुगीन पश्चिम का मध्ययुगीन बोध है भी नहीं। यहाँ लोक प्रबल है—शास्त्र बल कमज़ोर। इसलिए भक्तिकाव्य को ब्राह्मणवादी पुरोहितवादी काव्य कहना गले नहीं उतरता।

मेरे मन में यह गूँज बराबर रही है कि पश्चिमी प्रतिमानों से चाहे वे मार्क्सवादी या मनोविश्लेषणवादी प्रतिमान हों, भक्तिकाव्य का मूल्यांकन नहीं हो सकता, न होना चाहिए।... मैं दामोदरन, सतीशचन्द्र और सुबीरा जायसवाल जैसे इतिहासकारों के भक्ति पाठ से सहमत नहीं हो सका। ज़रूरत भक्ति, भक्तिकाव्य और भक्तिशास्त्र के दमित अर्थ को टेक्स्ट के भीतर से निकालने की थी, जिस ओर अपेक्षित ध्यान नहीं दिया गया।"

भक्ति आन्दोलन और काव्य को अलग-अलग सम्प्रदायों में बाँटकर देखने की कोशिशों से अलग पालीवाल उसे एक अखण्डित प्रवाह मानते हैं। रामचन्द्र शुक्ल निर्गुण और सगुण के रूप में भक्तिकाव्य को बाँटते हैं और सगुण भक्तिकाव्य को लोकमंगलवादी घोषित करते हैं, साथ ही निर्गुण भक्तिकाव्य के प्रति अपनी नापसन्द ज़ाहिर करते हैं। इरफ़ान हबीब कबीर के निर्गुण को एकेश्वरवाद (मोनोथेइज़्म) कहते हैं और भारतीय धर्म साधना के इतिहास में इसे एक सर्वथा विलक्षण मौलिक मार्ग बताते हैं। वे सूर, तुलसी, मीरा आदि को सगुण भक्ति के खाने में रखते हैं और उन्हें सामन्ती शासक वर्ग से आया हुआ बताते हैं।

इन स्पष्ट और परस्पर विरोधी से दीखने वाले बँटवारों से अलग रामविलास शर्मा सगुण-निर्गुण सबको एक मानते हैं और दोनों के लिए एक ही नाम सन्त साहित्य प्रस्तावित करते हैं। वे जायसी को तो प्रेममार्गी कहते ही हैं, कबीर को भी ज्ञानमार्गी की जगह प्रेममार्गी कहते हैं। यह प्रेम भक्तिकाव्य का केन्द्रीय भाव है। हज़ारी प्रसाद द्विवेदी ने रामविलास शर्मा से काफ़ी पहले भक्तिकाव्य के सन्दर्भ में प्रेम को ही केन्द्रीय भाव बताया था। उन्होंने कहा है कि 'प्रेमा पुरुर्थो महान' यानी प्रेम ही सबसे बड़ा पुरुषार्थ है। यह भावना भक्तिकाव्य की आत्मा है। पालीवाल भक्तिकाव्य सम्बन्धी इस दृष्टि का विकास करते हैं। उनके शब्द हैं : "क्या यह कम आश्चर्य की बात है कि कबीर अपनी धारणाओं, प्रत्ययों, प्रतीकों, मिथकों, शब्दों से एक ऐसी प्रेम सृष्टि करते हैं जिसमें रहना धर्मपाश से मुक्त होकर रहना है।" धर्म को ललकारती आन्तरिक अनुभूति जहाँ मानव को गति देती है वहाँ सर्व-सम्प्रदायवाद और ग़ैर-सम्प्रदायवाद की धारणाएँ झूठी पड़ जाती हैं और लोक भाषा हिन्दी सभी दीवारों को तोड़कर विश्व मानव दृष्टि का मॉडल पेश करती नज़र आती है।

कबीर का रचना-कर्म धार्मिक अनुभूति को ठेलकर किनारे कर देता है और प्रेम रस केन्द्र में आ जाता है। आप इसे भक्तिकाव्य रस भी कह सकते हैं। प्रेम रस गहरे जाकर कबीर की पूरी संवेदना, काव्यानुभूति की बनावट और मनोभूमि

का एक विराट मानव संस्कार में खड़ा कर देता है। इस प्रेम रस को लोक जागरण से जोड़ते हुए कबीर प्रसंग में अपनी बात पालीवाल यों रखते हैं–"कबीर काव्य की लोकजागरणवादी ध्वनि इसी अर्थ में आज भी प्रासंगिक है कि वह समाज को टूटने के ख़तरे से बचा कर एकता और बन्धुत्व की भावना में लय कर देती है। मेल-मिलाप वाली बहुरंगी बहुधर्मी लोक संस्कृति का सच्चा भाव भी यही है।"

'भक्ति काव्य से साक्षात्कार' शीर्षक से किसी को भ्रम हो सकता है कि इसमें भक्तिकाव्य की व्याख्याएँ ही व्याख्याएँ हैं। लेकिन इसमें भक्तिकाव्य और आन्दोलन से सम्बन्धित नयी पुरानी लगभग सारी बहसें हैं। चूँकि इस पुस्तक के लेखों का रचनाकाल पिछले पचीस वर्षों में फैला है, इसलिए आवृत्ति और अन्तर्विरोध से बार-बार सामना होता है। पालीवाल कहते हैं तो कि वे सतीशचन्द्र, सुबीरा जायसवाल आदि इतिहासकारों की मान्यताओं से सहमत नहीं हैं। लेकिन जगह-जगह वे उनसे सहमत भी दिखायी देते हैं। एक समस्या पालीवाल की पूर्ववर्ती आलोचना दृष्टि के साथ इधर अर्जित उत्तर-आधुनिक दृष्टि की संगति की भी है। चूँकि लेखों के रचनाकाल का फलक काफ़ी बड़ा है और पालीवाल धीरे-धीरे आधुनिक से उत्तर-आधुनिक होते गये हैं, इसलिए उनकी आलोचना दृष्टि के विकास-क्रम में कई बार फाँक भी दिखायी देती है। फिर भी, पुस्तक गम्भीर, दिलचस्प और भक्तिकाव्य सम्बन्धी अध्ययन को विस्तार देने वाली है।

('जनसत्ता', 2007)

हिन्दी में शोध : दशा और दिशा

अक्सर यह चिन्ता व्यक्त की जाती है कि हिन्दी में शोध की दशा बहुत ही दयनीय है। हिन्दी ही क्यों, अन्य भारतीय भाषाओं बांग्ला, उर्दू, उड़िया, तेलुगु, कन्नड़, असमी, संस्कृत आदि के बारे में भी यही बात कही जाती है। निष्कर्ष यह निकलता है कि मानविकी के विषयों में अंग्रेज़ी और दर्शनशास्त्र को छोड़कर शेष विषयों की कोई विशेष हैसियत अकादमिक दुनिया में नहीं है। आम धारणा बन गयी है कि हिन्दी समेत अन्य आधुनिक भारतीय भाषाओं में एम.ए., पीएच. डी. करना बहुत आसान है। यह भी कहा जाता है कि न तो इन विषयों से एम.ए. कर चुके विद्यार्थी अकादमिक रूप से सक्षम होते हैं, न ही इनके शोध कार्य में कोई मौलिकता होती है। विश्वविद्यालय परिसर में इन विषयों की और इन विषयों से जुड़े शिक्षकों एवं छात्रों की अकादमिक हैसियत वैसी ही होती है, जैसे पुराने समय में अछूत कही जाने वाली जातियों की होती थी। इन विषयों के प्रति अकादमिक जगत् और समाज की यह धारणा क्यों है, इस पर ठहर कर विचार करने की ज़रूरत है।

संस्कृत को छोड़कर हिन्दी समेत दूसरी भारतीय भाषाओं के विश्वविद्यालयों में अनुशासन के रूप में अध्ययन-अध्यापन का इतिहास बहुत पुराना नहीं है। इलाहाबाद विश्वविद्यालय और काशी हिन्दू विश्वविद्यालय जैसे कुछेक विश्वविद्यालयों में हिन्दी आज़ादी के पूर्व पढ़ाई जाती थी। हिन्दी को अनुशासन के रूप में विकसित करने में इन विश्वविद्यालयों की बड़ी भूमिका है। आज़ादी के बाद देश के अन्य विश्वविद्यालयों में भी हिन्दी विभाग खुले और हिन्दी एक अनुशासन के रूप में प्रतिष्ठित हुई। आज देश का शायद ही कोई विश्वविद्यालय हो जहाँ हिन्दी विभाग न हो। वे चाहे दक्षिण के विश्वविद्यालय हों या उत्तर-पूर्व के। यहाँ तक कि विश्व के दूसरे देशों के बहुतेरे विश्वविद्यालयों में हिन्दी विभाग हैं और वहाँ हिन्दी विधिवत पढ़ाई जाती है। इस अभूतपूर्व विस्तार के बावजूद अपने

साठ-सत्तर वर्षों के संक्षिप्त दौर में ही अनुशासन के रूप में उच्च शिक्षा में हिन्दी गुणवत्ता की दृष्टि से पिछड़ती हुई देखी जा रही है, तो इसके कारणों पर विचार करने की ज़रूरत है।

आधुनिक समय में शिक्षा का उद्देश्य अलग है, जबकि भारतवर्ष में पहले शिक्षा का उद्देश्य अलग था। हमारे यहाँ शिक्षा का उद्देश्य ज्ञान-प्राप्ति और व्यक्तित्व का विकास था। आज शिक्षा का मतलब रोज़गार से है। वही शिक्षा अच्छी है, जो रोज़गार दिला सके। इस दृष्टि से देखें तो विश्वविद्यालयों में हिन्दी समेत अन्य आधुनिक भारतीय भाषाओं के जो विभाग हैं, उनमें पढ़ने वाले छात्रों के सामने रोज़गार के अवसर कम हैं। पहले भौतिकी, रसायन, गणित आदि शास्त्रीय विषयों को रोज़गार दिलाने की दृष्टि से महत्त्वपूर्ण माना जाता था। इसलिए इन विषयों का और इन विषयों को पढ़ने-पढ़ाने वाले छात्रों-अध्यापकों का विश्वविद्यालयों और समाज में दबदबा था। उस समय भी मेडिकल और इंजीनियरिंग के क्षेत्र ज़्यादा रोज़गारपरक थे। इसलिए ये भौतिकी, रसायन, और गणित जैसे विषयों से भी आगे थे। आज बिज़नेस मैनेजमेंट और सूचना-प्रद्योगिकी जैसे विषयों ने इन्हें भी पीछे छोड़ दिया है। शिक्षण संस्थानों में सबसे अधिक भीड़ अब इन्हीं विषयों में होती है। जो विषय जितने अधिक पैकेज के साथ जल्दी रोज़गार देता है, वह विषय समाज और शैक्षणिक जगत् में उतनी ही अधिक प्रतिष्ठा पाता है। अनुशासन के रूप में मान्य विषयों का अगर श्रेणीक्रम बनायें तो हिन्दी तथा अन्य आधुनिक भारतीय भाषाओं के विभाग सबसे निचले पायदान के अनुशासन होंगे। इसका कारण यह है कि रोज़गार दिलाने की दृष्टि से इन विषयों का क्षेत्र बहुत विस्तृत रूप में उद्घाटित नहीं हुआ है। हिन्दी जैसे विषय पढ़ने वाले छात्रों के सामने एकमात्र रोज़गार अध्यापन है। कुछ लोग पत्रकारिता में भी चले जाते हैं। हिन्दी और दूसरी भाषाओं में उच्च शिक्षा प्राप्त करने वाले छात्र एकाध अपवादों को छोड़ दें तो किसी बड़ी प्रतियोगी परीक्षा के ज़रिये कोई बड़ी हैसियत वाली नौकरी प्राप्त करते नहीं देखे जाते। हिन्दी पढ़कर यदि कोई बड़ी नौकरी में नहीं जा सकता और समाज में बड़ी हैसियत नहीं पा सकता तो स्वाभाविक रूप से समाज में उसकी हैसियत कम होगी और उन विषयों को पढ़ने वालों की भी कोई सामाजिक हैसियत नहीं होगी। यही कारण है कि हिन्दी समेत दूसरी भारतीय भाषाओं के विभागों में वही छात्र पढ़ने आते हैं, जिनका नामांकन दूसरे विषयों में नहीं होता। एक तरह से हिन्दी पढ़ने वाले छात्र, कुछेक अपवादों को छोड़कर, प्रायः पिछड़ी सामाजिक, आर्थिक और अकादमिक स्थिति के होते हैं। ऐसे छात्र प्रायः हीनताग्रन्थि के शिकार होते हैं। वे विश्वविद्यालय में अपने को मिसफिट पाते हैं।

ऐसे ही छात्रों में से कुछ लोग हिन्दी विभागों के अध्यापक बनते हैं। ऐसे छात्र-अध्यापकों के भरोसे हिन्दी शोध की जो दशा और दिशा है, वह सबके सामने है। आज हिन्दी में शोध कार्य सम्पन्न करके पीएच.डी. उपाधि धारण करने वाले नौजवानों की बड़ी संख्या है। ये बेरोज़गार डॉक्टरेट हैं। इनकी डिग्री की समाज में कोई पूछ नहीं। इनके शोध कार्य की कोई उपयोगिता भी समाज में नहीं है। इन्हीं में से कुछ सौभाग्यशाली जैसे-तैसे अध्यापकी पा जाते हैं और वे इस दिशाहीन शोध कार्य के धन्धे को आगे बढ़ाने लगते हैं। क्या ऐसे लोग भाषा-विभागों में, शोध कार्यों की दुनिया में कोई गुणात्मक परिवर्तन ला सकते हैं?

शोध का अर्थ किसी नये सत्य या तथ्य की खोज है। इस नये सत्य या तथ्य के ज़रिये साहित्य की नयी व्याख्या या नयी अवधारणा के विकास की अपेक्षा की जाती है। नये तथ्यों के उद्घाटन से साहित्य के इतिहास को नयी दिशा मिलती है। जिन शोध कार्यों के ज़रिये साहित्य के इतिहास को नयी दिशा मिले, साहित्यिक कृतियों के मूल्यांकन की नयी राह निकले, उनका तो स्वागत होना चाहिए। लेकिन बिना किसी शोध दृष्टि के नये सत्य और तथ्य से रहित सैकड़ों-हज़ारों की संख्या में जो शोध कार्य पिछले दशकों में हुए हैं, उनकी उपादेयता सन्दिग्ध है। असल में इन शोध कार्यों का उद्देश्य किसी नये सत्य या तथ्य का उद्घाटन नहीं, डिग्री हासिल करना भर है, जो शोधार्थी को रोज़गार दिला सके। जब शोध का उद्देश्य डिग्री हो जायेगा तो शोध कार्य से मौलिकता की उम्मीद नहीं की जा सकती।

ऐसा नहीं है कि हिन्दी में अच्छे शोध प्रबन्ध नहीं लिखे गये हैं। पीताम्बरदत्त बड़थ्वाल का शोध प्रबन्ध 'निर्गुण स्कूल ऑफ़ पोएट्री', कामिल बुल्के का 'रामकथा : उद्भव और विकास', कवि धर्मवीर भारती का 'सिद्ध साहित्य', शिवप्रसाद सिंह का 'सूर पूर्व ब्रजभाषा', नामवर सिंह का 'हिन्दी के विकास में अपभ्रंश का योगदान', श्रीराम शर्मा का 'दक्खिनी भाषा : उद्भव और विकास' आदि कुछ ऐसे शोध प्रबन्ध हैं, जो सहज ही याद आते हैं। इनके अतिरिक्त और भी शोध प्रबन्ध हैं जो अपनी गुणवत्ता और मौलिकता के लिए याद किये जाते हैं, लेकिन हिन्दी में जितने बड़े पैमाने पर शोध प्रबन्धों का उत्पादन हो रहा है, उसमें अच्छे शोध प्रबन्धों की संख्या बहुत थोड़ी है। हिन्दी में शोध कार्य की दुर्दशा का कारण क्या है?

इसका पहला और बड़ा कारण है शोधकार्य के ज़रिये प्राप्त डिग्री को अध्यापन की नौकरी से अनिवार्यतः जोड़ देना। मानविकी के विषयों में शोध कार्य को अध्यापकी पाने की अनिवार्य योग्यता के साथ जोड़ देना, शोध के साथ न्याय नहीं है। शोध कार्य की विशेष उपयोगिता अध्यापन करने वाले नये

अध्यापक के लिए नहीं है। एक अध्यापक का काम अपने छात्रों को साहित्य की शिक्षा देना तथा साहित्य में उनकी दिलचस्पी पैदा करना है। हाँ, कुछ विषयों के अध्यापन के लिए विशेषज्ञता की ज़रूरत पड़ती है, लेकिन यह विशेषज्ञता पीएच.डी. डिग्रीधारी अध्यापक के पास ही होगी, यह ज़रूरी नहीं। एक अध्यापक के लिए एम.ए. करने के बाद किसी क्षेत्र में विशेषज्ञता हासिल करने का सबसे अच्छा उपाय है कि उस क्षेत्र में अल्प अवधि का पाठ्यक्रम विश्वविद्यालय चलाये, जिसे एम.ए. पास अभ्यर्थी पूरा करके उस क्षेत्र में विशेष पैठ बना सके। इसके साथ ही विश्वविद्यालय अनुदान आयोग द्वारा संचालित की जाने वाली राष्ट्रीय पात्रता परीक्षा उत्तीर्ण अभ्यर्थी ही विश्वविद्यालयों और कॉलेजों में व्याख्याता पद के योग्य माने जाने चाहिए। पीएच.डी. की अनिवार्य शर्त रखकर शोध की गुणवत्ता के साथ खिलवाड़ करने का जो लापरवाह रवैया है, उसे बन्द कर देना चाहिए। मानविकी के विषयों में शोध कार्य वही लोग करें, जिनकी सचमुच की दिलचस्पी शोध कार्य में हो और जिनके पास शोध का कोई मौलिक विषय हो। बिना इच्छा और बिना मौलिक शोध-विषय के जो शोध कार्य हो रहे हैं, उनसे हिन्दी की दुनिया में कुछ भी नया नहीं जुड़ रहा है। न तो विषय-विशेषज्ञ पैदा हो रहे हैं और न ही साहित्य की किसी नयी दिशा का उद्घाटन हो रहा है।

हिन्दी विभागों में लिखे जाने वाले शोध प्रबन्धों की अगर सूची बनायी जाये तो सार्थक और मौलिक शोध प्रबन्धों की संख्या बहुत कम होगी। शोध विषयों का ऐसा अभाव दीखता है कि एक ही शीर्षक को थोड़ा हेर-फेर के साथ दर्जनों शोध प्रबन्धों के लायक मान लिया जाता है। एक समय था जब किसी रचनाकार के व्यक्तित्व और कृतित्व को शीर्षक बनाकर शोध कार्य शुरू हुए। फिर क्या था, छोटे-बड़े सभी रचनाकारों के व्यक्तित्व और कृतित्व पर धड़ल्ले से शोध कार्य होने लगे, जिसमें आधी सामग्री पूर्व के शोध प्रबन्धों की आवृत्ति होती थी। फिर किसी रचनाकार के कथ्य और शिल्प पर शोध कार्य करने की आँधी चल पड़ी। जिसे देखो वही किसी रचनाकार के कथ्य और शिल्प पर शोध कार्य कर रहा है। उसके बाद किसी रचनाकार की रचनाओं में सामाजिक चेतना, यथार्थ चेतना पर शोध कार्य करने की धूम मच गयी। इधर स्त्री चेतना या विमर्श तथा दलित चेतना और विमर्श का फ़ैशन है। इन शोध प्रबन्धों में सामाजिक चेतना और यथार्थ चेतना को समझाने में ही आधा प्रबन्ध पूरा हो जाता था। कहने की ज़रूरत नहीं कि यह कार्य पूर्व के शोध प्रबन्धों की आवृत्ति मात्र होता है। ऐसे ही लोकप्रिय शोध विषयों में से कुछ समाजशास्त्रीय अध्ययन, मनोवैज्ञानिक अध्ययन, विश्लेषणात्मक अध्ययन आदि हैं, जिनके आधार पर किसी भी रचना या रचनाकार

का अध्ययन किया जाता है। कहने की ज़रूरत नहीं कि शोध कार्य के नाम पर यह एक अकादमिक धोखाधड़ी है, जो धड़ल्ले से हिन्दी की दुनिया में चल रही है। यह भी सुनने में आता है कि बहुत सारे विश्वविद्यालयों में इन सतही और चलताऊ विषयों पर भी शोध प्रबन्ध लिखने का काम शोधार्थी नहीं करता, यह महत्त्वपूर्ण कार्य उसके शोध-निर्देशक ही अच्छी दक्षिणा लेकर सम्पन्न कर देते हैं। ऐसी स्थिति में मौलिक शोध प्रबन्धों का अभाव हो गया हो तो क्या आश्चर्य!

असल में ऊपर जिस तरह के शोध विषयों की चर्चा की गयी है, कायदे से वे शोध विषय हैं ही नहीं। वे मूल रूप से आलोचनात्मक लेखों के विषय हैं। बहुत पहले हिन्दी के प्रसिद्ध आलोचक आचार्य नलिन विलोचन शर्मा ने हिन्दी शोध की गिरती हुई दशा पर विचार किया था और कुछ महत्त्वपूर्ण सुझाव दिये थे। उन्होंने हिन्दी में तात्त्विक शोध समस्या पर विचार किया है और कहा है कि जो विषय आलोचना के हैं, उन पर शोध कार्य न करके तथ्य आधारित शोध कार्य को बढ़ावा देना चाहिए। अपने प्रसिद्ध निबन्ध 'तात्त्विक शोध समस्या' में उन्होंने तात्त्विक शोध (Fundamental Research) की समस्या पर विचार किया है और कहा है : "हिन्दी शोध की मुख्य समस्या, मेरी समझ से, तात्त्विक शोध को लेकर ही है। साहित्य में तात्विक शोध से मेरा क्या तात्पर्य है, इसे, मतभेद की सम्भावना का ध्यान रखते हुए भी, स्पष्ट करना आवश्यक है। साहित्य विषयक तात्विक शोध न तो सर्वथा अज्ञात का आविष्कार होता है, न सुपरिचित का अनुशीलन; स्वल्प-परिचित और गौण लेखकों की उपेक्षित एवं दुर्लभ कृतियों का सश्रम सम्पादन और विश्लेषण ही तात्विक शोध माना जा सकता है। हिन्दी में आज भी ऐसे असंख्य प्राचीन कवि होंगे, जिनकी कृतियों के सर्वप्रथम उद्घाटन का श्रेय सहज ही किसी को मिल सकता है। ऐसी कृतियों का प्रकाशन-मात्र भी महत्त्वपूर्ण उपादेय होगा, किन्तु उसे प्रारम्भिक शोध ही कहा जायेगा। दूसरी ओर प्रमुख प्राचीन कवियों की पुस्तकों के प्रामाणिक पाठ-निर्धारण की भी आवश्यकता हो सकती है। ...तात्विक शोध तो हिन्दी के उन कवियों पर ही किया जा सकता है जो साहित्येतिहास में युग-विशेष के गौण कवियों के रूप में अनिवार्यतः उल्लेख के योग्य भी माने जाते हैं और जिनके अध्ययन के लिए पाठ्य-सामग्री का अभाव भी बना हुआ है।"

नलिन जी ने प्रेमचन्द, निराला आदि की कृतियों में सामाजिक-चेतना या यथार्थ-चेतना जैसे विषयों पर शोध कार्य करने की जगह किसी शोधार्थी के लिए यह उपयुक्त माना है कि वह इन रचनाकारों की रचनाओं के प्रकाशन वर्ष को ही ठीक से रखने का और उसके विश्लेषण का काम करे,

तो हिन्दी शोध का ज़्यादा भला होगा। विज्ञान के विषयों की देखादेखी मानविकी के विषयों में नौकरी प्राप्त करने के लिए शोधोपाधि प्राप्त करने की जो होड़ है, उससे हिन्दी शोध की गुणवत्ता निश्चित रूप से प्रभावित हुई है। उसे स्तरीय और मौलिक बनाने का यही उपाय हो सकता है कि उसे नौकरी प्राप्त करने या प्रोन्नति पाने की अर्हता से मुक्त कर दिया जाये। शोध कार्य अन्ततः जिज्ञासु मन की सक्रियता और उसके लिए सही दिशा में किये जाने वाले श्रम का परिणाम होता है। जिनके पास न वह जिज्ञासा है और न उस जिज्ञासा के पीछे दौड़ने की संकल्प शक्ति, वे अगर शोध के क्षेत्र में आयेंगे तो निश्चित रूप से शोध का स्तर वह नहीं रहेगा जिसकी अपेक्षा की जाती है।

(2013)

जानकीवल्लभ शास्त्री से बातचीत

प्रसिद्ध कवि आचार्य जानकीवल्लभ शास्त्री से हमारी यह बातचीत उनके मुज़फ़्फ़रपुर स्थित निवास 'निराला निकेतन' में 14 सितम्बर 1990 को सम्पन्न हुई। बातचीत के लिए न तो कोई प्रश्नावली थी और न पूर्व तैयारी की गयी थी। शास्त्री जी का जीवन और साहित्य जिस तरह विस्तृत और अस्त-व्यस्त रहा है, बातचीत का स्वरूप भी लगभग वैसा ही था। 'निराला निकेतन' के खुले ओसारे में बातचीत जब शुरू हुई तो शास्त्री जी से किसी-न-किसी रूप में जुड़े बहुत सारे लोग इकट्ठे हो गये थे। 'निराला निकेतन' के बृहत्तर परिवार के अधिकांश सदस्य, जिनमें कुत्ते, बिल्ली और गायें हैं, किसी-न-किसी रूप में इस बातचीत के क्रम को तोड़ते-जोड़ते रहे। उनका खाना-पीना, शास्त्री जी से दुलार-पुचकार पाना सब इस बीच चलता रहा। गायों का रँभाना, बिल्लियों का म्याऊँ-म्याऊँ, कुत्तों का भौं-भौं, निराला निकेतन के विशाल प्रांगण के पेड़-पौधों में रहने वाले तरह-तरह के पक्षियों का कलरव भी बातचीत के साथ टेप में अंकित होता रहा। बिजली आती-जाती रही। बृहत्तर परिवार की गृहस्थी के लिए शास्त्री जी बीच-बीच में निर्देश जारी करते रहे। चाय-नाश्ता और पान उनकी धर्मपत्नी श्रीमती छाया देवी के सौजन्य से बराबर उपलब्ध रहा। 'खा-पीकर आलोचना करो तब मजा है', कहकर शास्त्री जी हमें खाने के लिए उत्साहित करते रहे...कुल मिलाकर भारी अस्त-व्यस्तता के बीच बातचीत सम्भव हो पायी। शास्त्री जी अपनी चिर-परिचित शैली में कभी अपने को बचाते, कभी आक्रामक बनाते, कभी हमारे प्रश्नों पर चुटकी लेकर ठहाके लगाते हुए हर प्रश्न का उत्तर देते गये...

गोपेश्वर सिंह–*शास्त्री जी, आपने अपने कवि-जीवन की शुरुआत संस्कृत में कविता लिखने से की थी। हम जानना चाहेंगे कि आपकी पहली कविता कौन-सी थी? अगर स्मृति में हो तो उसके बारे में बतायें।*

जानकीवल्लभ शास्त्री–मैं समझता हूँ, सन् '32 के आसपास मैंने संस्कृत में ही लिखना शुरू किया होगा। पहली कविता, जहाँ तक मुझे स्मरण है,

पं. मोतीलाल नेहरू की मृत्यु पर 'करुण लहरी' शीर्षक से लिखी थी। वह मुझे याद नहीं है, न मेरी कॉपी में है, न किसी संकलन में; क्योंकि बचपन की मेरी सारी रचनाएँ घर में किसी के न होने की वजह से मेरी छोटी बेटी और वृद्ध पिता ने मिलकर सब समाप्त कर दीं।...उसमें, जब भी ये दोनों शब्द हिन्दी के हैं—मोती और लाल, मैंने दिखाया था, भारतमाता के गले या हृदय पर रहने वाला मोती और लाल पहली बार छिन गया—भारतं माहत् जातम्। भारत भा यानी प्रभा से रहित हो गया, कुछ ऐसा भाव था। लेकिन कविता याद नहीं है। आगे चलकर जिस तरह की कविता मैंने लिखी—गीति कविता, वह पहली कविता है 'अश्रु'। मेरा जीवन मातृहीन और घर-परिवार में किसी से भी स्नेह-प्यार न होने के कारण बचपन से अश्रुमय ही रहा। मेरा सौभाग्य-दुर्भाग्य जो कहिए मेरी प्रथम अभिव्यक्ति 'अश्रु' कविता में ही हुई थी। कविता किसी संकलन के योग्य न थी, इसलिए नष्ट कर दी गयी है...अपनी एकदम प्राथमिक या आरम्भिक रचना के सम्बन्ध में कुछ भी बताने में असमर्थ हूँ।

गोपेश्वर सिंह—*'काकली' जो संस्कृत में आपका प्रथम काव्य संकलन है, उसके गीतों को देखकर लगता है कि उस पर जयदेव की शैली का प्रभाव है। तो जब 'काकली' के गीतों की रचना आप कर रहे थे, ज़ाहिर है संस्कृत की काव्य-परम्परा आपके सामने रही होगी, उसकी गीति परम्परा भी। लेकिन कविता के लिए कवि जो अन्तर्वस्तु लेता है अपने समय से, समाज से, तो अन्तर्वस्तु के बारे में आप क्या सोच रहे थे?*

जानकीवल्लभ शास्त्री—मैं सबसे पहले तो इसी का विरोध करता हूँ कि मैं कहीं से भी जयदेव से प्रभावित था। 'काकली' में मैंने एक नयी सृष्टि की है, जो संस्कृत में कभी थी ही नहीं। आज तक भी नहीं है। अभी संस्कृत के लोग पुराने ढंग के श्लोक बनाते हैं या ऋतुओं का वर्णन करते हैं या नायिका-भेद पर लिखते हैं। कुछ लच्छेदार शब्दों में, कुछ सरल शब्दों में। 'काकली' में ऐसी कविता नहीं है। उसमें 'वन्दे मातरम्' करके एक गीत है, सिनेमा की एक स्टार थीं सुलोचना, उन पर भी एक कविता है। उस युग की बहुत सारी चीज़ें, जबकि आज की तरह प्रगतिवाद आदि खुलकर सामने नहीं आया था। वह युग लगभग छायावाद का ही था। सन् '32 से '35 के बीच की रचनाएँ हैं उसमें... तो उस समय जो कुछ हिन्दी कविता में है, वह उसमें है। और वह संस्कृत की परम्परा की तो है ही नहीं। यह तो मैं आज भी दावे के साथ कह सकता हूँ। मैं किसी से प्रेरित-प्रभावित नहीं हुआ। मैंने उसमें एक शरारत अवश्य की है।

संस्कृत के पण्डित, जो बहुत ही संकुचित विचारों के हुआ करते थे, वह यह न समझें कि मैं संस्कृत की शैली की रचनाएँ नहीं कर सकता, इसलिए ऐसी कविताएँ लिखीं। इसलिए 'वाणी वंदनम्' करके कुछ श्लोक उसमें दिये हैं। उसी तरह 'गोविन्द गानम्' शीर्षक से दो गीत दिये हैं। यह दिखाने के लिए कि मैं ऐसी भी कविता लिख सकता था। लेकिन पूरी 'काकली' का जो स्वर है, वह उस युग का स्वर है, उस युग के चिन्तन, भाव-विभाव से प्रभावित है। अति आधुनिक है...

गोपेश्वर गिह–*'काकली' में जिस नवीनता की आप चर्चा कर रहे हैं, वह क्या संस्कृत परम्परा से अलग की चीज़ है?*

जानकीवल्लभ शास्त्री–*अलग की चीज़ है। वह अलग इसलिए है कि जिसको छायावादी कविता या रहस्यवादी कविता उस युग में कहते थे, उस तरह की कविताएँ हैं। छन्द भी मैंने वही लिए हैं जो हिन्दी में प्रचलित थे। संस्कृत के छन्द भी नहीं हैं।*

गोपेश्वर सिंह–*यह नवीनता सिर्फ़ शैली की है या 'कंटेंट' की?*

जानकीवल्लभ शास्त्री– 'कंटेंट' की भी नवीनता है, क्योंकि उस युग में जब मैं डूबा रहता था, तब भी वैसी ही बातें दिमाग़ में आती थीं। और सारी अभिव्यक्ति बतायेगी कि यह 'इमिटेशन' नहीं है। उस युग में ऐसा लिखा था। एक फ़ैशन था ऐसा, सो नहीं। मेरे जीवन का सारा दर्द आध्यात्मिक रूप लेकर निचुड़ गया है। इसलिए उसका 'कंटेंट' भी नया है। उसका पहला गीत है–निनादय नवीनामये वाणी वीणाम्। कहने के लिए वाणी की प्रार्थना की जा रही है। लेकिन कह रहा है नवीनां वीणां निनादय। नयी बीन बजा। वहीं से नयी की टेर शुरू हो गयी... आपको सुनकर हैरानी होगी कि मेरा यह गीत इतना प्रसिद्ध हुआ था उस युग में जितना हिन्दी में निराला जी का गीत 'वर दे वीणावादिनी, वर दे' है। संस्कृत का कोई भी फंक्शन नहीं होता था जिसमें यह न गाया जाय। सीताराम चतुर्वेदी ने कई बार नाटक खेले हैं, उसके मंगलाचरण के रूप में यह गाया था...इसको पढ़कर देखियेगा...इसका समूचा आयडिया ही आधुनिक ढंग का है। इसका कुछ भी प्राचीन परम्परा से लिया-दिया नहीं है।

गोपेश्वर सिंह–*हिन्दी में काव्य रचना की जो शुरुआत हुई...*

जानकीवल्लभ शास्त्री–हिन्दी की शुरुआत उसी समय से है। लेकिन मेरी चीज़ें पं. गयाप्रसाद शुक्ल 'स्नेही' जो द्विवेदी युग के महाकवि थे, वह 'सुकवि' नाम का पत्र निकालते थे, कानपुर से मासिक पत्र। उसमें निराला जी भी लिखते थे, बड़े-बड़े लोग लिखते थे, उसमें मेरी दर्जनों कविताएँ मिल जायेंगी। अगर किसी के पास फाइल हो।

उसमें एक-एक अंक में दो-चार-पाँच तक मेरी कविताएँ छपी हैं। सन् '32 की बात है। मेरी पहली किताब हिन्दी की 'रूप-अरूप' सन '38 में आयी। '35 में 'काकली है। लेकिन इन सब के लिखने का समय लगभग एक ही है। यह नहीं है कि कुछ दिन केवल संस्कृत लिख रहा था और कुछ दिन तक केवल हिन्दी। यह जो कहा जाता है कि निराला से परिचय के बाद मैं हिन्दी में लिखने लगा, यह ग़लत है। उसमें उतना ही है कि निराला के आने के बाद मेरा लिखने का ढर्रा बदल गया। मैं पहले जैसा लिख रहा था, उसे छोड़कर निराला जी के जो गीत छप रहे थे..., वैसा लिखने लगा, इतनी बात नयी है। उसमें 'विश्व तुम्हारी माया' जो कविता है–'रूप-अरूप' में वह निराला से परिचय के बाद का प्रथम गीत है। 'विश्व तुम्हारी माया-ज्योतिर्मय, यह अन्धकार छाया कि तुम्हारी छाया'। यह निराला से परिचय के बाद मेरा प्रथम गीत है। यह सन् '35 की रचना है।

गोपेश्वर सिंह–*'काकली' और 'रूप-अरूप' की भावभूमि क्या अलग है?*

जानकीवल्लभ शास्त्री–बहुत अलग है। अब 'काकली' में 'गयी काटने गेहूँ अम्माँ, बाप गया बेगारी में है', चाहे 'मिट्टी के हाथी घोड़े', इस तरह की भाषा मैं नहीं दे सका हूँ। वह संस्कृत में थोड़ी कठिन बात भी थी। इतनी दूर तक संस्कृत स्वीकार नहीं करती थी। ये सब चीज़ें भी 'रूप-अरूप' में है। वहाँ ऐसे 10-20 गीत भी हैं, जो निराला जी से परिचय से बाद के हैं।

मेरी ज्वाल–लाल स्वर्णिम ऐसी छाया न करो,
बादल तुम मेरे नभ में घिर-घिर फिर-फिर कर आया न करो,

यह जोशोखरोश संस्कृत को वहन करने में थोड़ी कठिनाई होती थी–ये सब चीज़ें 'रूप-अरूप' में हैं।

गोपेश्वर सिंह–*यह समय छायावाद की समाप्ति और प्रगतिवाद की शुरुआत का है।*

जानकीवल्लभ शास्त्री–उसी सन्धियुग की रचनाएँ उसमें हैं। कुछ छायावादी ढंग की, कुछ प्रगतिशील।

गोपेश्वर सिंह-निराला के दो रूप थे। आपके लिए प्रेरणास्रोत का काम कौन-सा रूप कर रहा था?

जानकीवल्लभ शास्त्री–*मुझे कहना अब कठिन है। मेरे साथ दुर्भाग्य कुछ ऐसा रहा कि अनाथ की तरह मेरा अध्ययन हुआ। कहीं जमकर पढ़ाई हुई नहीं। बहुत छोटी उम्र में मैं नौकरी करने लगा था। लाहौर चला गया। कुछ दिन लाहौर रहा। फिर रामगढ़ चला गया। दो वर्ष रामगढ़ रहा। यह सब काम मैंने पढ़ाई के दरमियान किये।*

इसलिए जमकर मैं पढ़ नहीं सका। रामगढ़ गया तो बंगालियों के बीच था। दिन-रात बंगला साहित्य की चर्चा होती थी। उसी समय रवीन्द्रनाथ ठाकुर को मैंने सबसे अधिक पढ़ा। तो उनका कुछ प्रभाव पड़ा होगा। उसी तरह दक्षिण की कविताओं का अनुवाद पढ़ा। निराला ने मुझे '35 या '36 में 'शेली ग्रन्थावली' भेंट की थी और आशीर्वाद देते हुए कहा था मैं तुम्हें इससे अच्छा कवि देखना चाहता हूँ। वे कविताएँ मैंने पढ़ीं। इसी बीच अंग्रेज़ी की परीक्षा दे रहा था तो कुछ अंग्रेज़ी की कविताएँ पढ़ीं...शेक्सपियर के नाटक वग़ैरह पढ़े...सब गड्डमड्ड हो गया। इसलिए यह कहना कि सीधे मैं किससे प्रभावित हुआ, कठिन है...इसलिए निराला का नाम लिया है। यह मेरी कमज़ोरी है, या शहजोरी, मैं कहता हूँ कि मुझ में जो भी अच्छा-बुरा है, सब निराला की देन है। हक़ीक़त यही है।

गोपेश्वर सिंह–*निराला के भी दो रूप थे...*

जानकीवल्लभ शास्त्री–निराला के सभी रूपों से मैं प्रभावित हुआ होऊँगा। जैसे 'गाथा' लिखी है। हो सकता है निराला 'कुकुरमुत्ता' लिख रहे थे, अनगढ़ चीज़ें लिख रहे थे, मेरे भी मन में हुआ हो कि मैं भी ऐसा लिखूँ। लेकिन यह सब 'अनकॉन्शस' में हुआ है। जानबूझकर नहीं। 'गाथा' पढ़कर कोई नहीं कह सकता है कि मैंने निराला का अनुकरण किया है...यह अनुकरण नहीं है। लेकिन प्रेरणा के स्रोत निराला रहे हों, ऐसा हो सकता है। निराला में जो चीज़ सबसे अच्छी लगती थी, वह उनकी विविधता ही थी। वे इतना अच्छा गीत लिख सकते थे और गा सकते थे। वे इतना अच्छा ब्लैंकवर्स लिख सकते थे...। वे छायावादी लिख सकते थे, प्रगतिवादी और प्रयोगवादी भी। ये चीज़ें मुझे प्रभावित करती थीं। चूँकि उनका साहचर्य था, इसलिए सिर्फ़ किताबों से उन्हें नहीं जाना। पढ़ते-लिखते जो देखा उसका सीधा प्रभाव पड़ा। इसलिए मैंने सोचा कि क्यों संस्कृत के कवियों या बंगला के कवियों या किसी और दूसरे का नाम लूँ। एक ही नाम लेना चाहिए कि जो कुछ है सब निराला की देन है।

गोपेश्वर सिंह–एक कवि जब रचनात्मक जीवन की शुरुआत करता है तो कुछ नयी चीज़ देना चाहता है–भाव के स्तर पर भी और भाषा के स्तर पर भी। आप जब 'रूप-अरूप' की रचनाएँ लिख रहे होंगे तो ज़ाहिर है कि इस तरह के चैलेंज रहे होंगे–कवि जानकीवल्लभ शास्त्री के सामने।...वे चैलेंज किस तरह के थे? आप उसे स्वीकार करते हुए कैसा महसूस कर रहे थे?

जानकीवल्लभ शास्त्री–मेरे सामने दो प्रकार के चैलेंज थे। मेरी बुद्धि अल्प थी। मैं संस्कृत का विद्यार्थी था। आप एक बार संस्कृत व्याकरण पढ़कर देखिए... दिमाग़ कहाँ चला जाता है-सौ साल पीछे चला जायेगा...तो दो तरह के चैलेंज थे।

लोग कहते थे कि छायावादी रचनाएँ समझ में नहीं आतीं, रचनाएँ अनगढ़ होती हैं। इससे मैंने बचने की कोशिश की है। जैसे 'रूप-अरूप' का पहला गीत है–

यह सँवार सितार आया/शारदे झंकार दे...

उस समय 'झंकार दे' प्रयोग लोगों को आश्चर्यित करने वाला लगता था... 'बाग-बाग बहार में तू डार पर पतझर आया' कुछ ऐसी लाइनें हैं। तब छायावादी कविता में 'बाग-बाग बहार' ऐसा नहीं लिखा जाता था। शुद्ध तत्सम शब्द लिखते थे...महादेवी तक यह हुआ है। यह सब मैंने किया। भाषा के स्तर पर ऐसा ज़रूर लिखा जो कम्यूनिकेबुल हो, लोग समझ सकें। यही मेरे मन में भाव था। और जिन बड़े कवियों के बारे में यह सब सोचकर मुझसे ऐसा पूछा जा रहा है कि मुक्तिबोध ने एक योजना बनायी होगी, तब रचना की; त्रिलोचन ने योजना बनायी होगी, तब रचना की; ऐसा मेरे जीवन में नहीं था। कोई योजना बनाकर या किसी चुनौती का सामना करने के लिए मैंने कुछ रचा हो, ऐसा हुआ ही नहीं। बस यों ही जो होता गया सो होता गया...बस सचाई यही है, बाकी सब बकवास है।

रेवती रमण–*निराला पर लिखते हुए आपने कहा कि उनके जीवन और साहित्य में सन्तभक्त कवियों की-सी एकरूपता थी। एक ऊँचा आदर्श तो आपके सामने ही था। यह आदर्श भी तो लेखक के संघर्ष को दिशा देता है।*

जानकीवल्लभ शास्त्री–वह केवल मुझे जीने में प्रेरणा देता था। क्योंकि मैं जिस कमरे में रहता था, उसमें ऐसे लड़के भी थे, उस युग में 300 से 500 ख़र्च करते थे। एक मैं था जिसके घर से एक पैसा नहीं आता था। लेकिन इसके लिए मैंने हीनता का अनुभव नहीं किया और सब दिन 'टॉप' करता रहा। इस कारण मेरी इज़्ज़त बनी रही। इस स्तर पर जीवन में मैं प्रेरणा पाता था। लेकिन उनका जो रामकृष्ण परमहंस, विवेकानन्द उस युग के कलकत्ते के टैगोर आदि से मिलना और उस स्तर से जो शुरुआत हुई थी, वहाँ तक तो मैं आज तक भी नहीं पहुँचा हूँ, उस युग में कहाँ पहुँचता। वहाँ से उन्होंने शुरू किया था। उनका वातावरण बहुत विकसित था और मैं एक दरिद्र विद्यार्थी की तरह रटकर लिखना शुरू कर रहा था...दोनों में फ़र्क़ होता है। विद्यार्थी जीवन से झटका देकर वे निकल गये थे...वे भी विपन्न ही थे, जब निकल गये थे, लेकिन उनका साहचर्य ही इतना ऊँचा रहा–रामकृष्ण आश्रम में वर्षों रहे। विवेकानन्द से तो नहीं उनके तमाम साथियों से उनका मिलना-जुलना हुआ–स्वामी शारदानन्द से मिलना हुआ। उसकी प्रेरणा अलग होती है। इसलिए उन्होंने उस तरह की रचनाएँ कीं। हमारी प्रेरणा के स्रोत इतने ऊँचे कभी थे ही नहीं और निराला की जो व्यक्तिगत उपलब्धि थी,

उसे मैं कैसे हथिया सकता था...जिस पीड़ा को भोग कर वे 'सरोज-स्मृति' लिखते थे या दूसरी चीज़ें, वह पीड़ा मुझे नहीं हुई, तो मैं नक़ली कविता कैसे लिख सकता था। मैंने जैसा महसूस किया वह 'सुमित्रा की शेष स्मृति' में है।...तो यह जीवन में भी अन्तर है। उनके संघर्ष का स्तर दूसरा था, मेरा दूसरा...

रेवती रमण–प्रेरणा इस रूप में जो मेरा जीवन है, मैं बिल्कुल वही लिखूँ। जीवन और लिखने में अन्तर न हो। उस समय प्रगतिशील लेखन हो रहा था...

जानकीवल्लभ शास्त्री–नहीं, इतनी तैयारी मेरी उस वक़्त नहीं थी। बाद में यह काम धीरे-धीरे हुआ होगा। शुरू में इतनी तैयारी नहीं थी। उस वक़्त मैं यही कर रहा था कि अभी जो लोग गीत लिख रहे हैं, उनको मैं लिखूँ ज़रूर। लेकिन मेरी भाषा भले गुप्त स्कूल-सी लगे, इतनी सरल हो कि आमफहम लगे। बस इतना ही प्रयास मैंने उस समय किया।

गोपेश्वर सिंह–*निराला की चर्चा करते हुए आपने बताया कि उनका संघर्ष बहुत कठिन था, इसलिए वे उस तरह की रचनाएँ भी लिख रहे थे। इससे एक निष्कर्ष यह निकलता है कि बड़ी रचना लिखने के लिए विचारों की, शैली की, भावों की, ज़रूरी है कि रचनाकार अपने जीवन में उस तरह का संघर्ष करे। आप क्या इसे ज़रूरी मानते हैं?*

जानकीवल्लभ शास्त्री–मैं इसे ज़रूरी मानता हूँ।

गोपेश्वर सिंह–*यानी सामाजिक संघर्ष भी...*

जानकीवल्लभ शास्त्री–इसी कारण मुक्तिबोध मुझे बड़े कवि नहीं लगते। लेकिन मुक्तिबोध इस कारण बड़े लगते हैं कि उन्होंने जीवन में जो संघर्ष किया है, अनुभव किया, उसी को केवल काव्य का रूप दिया। सिर्फ़ मार्क्सवाद पढ़कर लिखी हुई रचनाएँ वो नहीं हैं। आपने मुक्तिबोध को नहीं देखा होगा। मेरे तो वे मित्र थे। जब वे 'हंस' में काम करते थे त्रिलोचन के साथ। रोज़ हम लोग मिलते थे। साधारण कपड़े पहने और फुटपाथ पर से अख़बार ख़रीदते हुए वे मिलते थे। कवि सम्मेलनों में हम लोग साथ-साथ जाते थे। उनको कोई नहीं सुनता था। मैं चूँकि गाता था, इसलिए तालियाँ मिलती थीं। मैं उनको कहता था 'क्या यार'।...वे कहते थे 'इसी में मज़ा है, किसी दिन लोग समझेंगे।' शमशेर भी उन दिनों वहीं थे। वे भी उसी तरह के प्रयोग कर रहे थे। तो मेरे कहने का तात्पर्य यह है...। मैंने मुक्तिबोध और त्रिलोचन दोनों का संघर्ष देखा है। मुक्तिबोध का संघर्ष त्रिलोचन से काफ़ी गहरा है। त्रिलोचन तो बाल-बच्चेदार फटीचर टाइप के आदमी थे। एक मन्दिर में छोटा डेरा था। वहीं बनाते-खाते थे, रहते थे, बेटों को पढ़ाते थे।

कभी ट्यूशन कर लिया। 'हंस' से थोड़ा मिलता था... लेकिन मुक्तिबोध के साथ यह नहीं था। जो समय मिला उसमें अध्ययन या फिर 'हंस' का काम... 'हंस' का काम या अध्ययन। बाप से भिड़न्त, भाई से भिड़न्त, जातीय द्रोह यह शुरू से जो करते चले ऐसा कोई काम त्रिलोचन ने नहीं किया...वे दिन में ताड़ी पीने लगे थे, दारू पीने लगे थे, दुःख के मारे। मुत्तिबोध को जहाँ तक मैं जानता हूँ, शराब नहीं पीता था। उसका अपना संस्कार था। मुझे ऐसा लगता है उसके जीवन में माधुर्य का इतना अभाव था कि जिसने उससे उस तरह की कविताएँ लिखवाईं : और इनका (त्रिलोचन का) दूसरा ढंग था...त्रिलोचन 'एडजस्ट' करते थे, वह परेशान रहता था...

गोपेश्वर सिंह–*मुक्तिबोध दो स्तरों पर संघर्ष कर रहे थे। जीवन के स्तर पर और विचारों के स्तर...*

जानकीवल्लभ शास्त्री–विचारों के ही स्तर पर। जीवन में तो जो था उसे निबटा लिया उसने बलपूर्वक। नौकरी को लेकर...अन्तिम भेंट मेरी जबलपुर में हुई उनसे। वह टीचर थे किसी स्कूल में। मैं महीने-महीने भर रहता था वहाँ। रोज़ गोष्ठी होती थी। उस समय उनकी इच्छा थी कि वे प्रोफ़ेसर होते, किसी बड़े पद पर होते। महत्त्वाकांक्षाएँ ज़रूर थीं उनकी, लेकिन कभी पूरी नहीं हुईं। कभी वे सुखी नहीं हुए, जैसा मैंने जीवन में देखा। लेकिन विचारों के स्तर पर वे इतने ऊँचे उठते गये हैं कि हिन्दी में बहुत थोड़े-से लोग होंगे या होंगे ही नहीं। इस दृष्टि से मैंने माना है कि यह संघर्ष सब के जीवन में व्यक्तिगत होता है। सबका अपने-अपने ढंग का होता है। सबके प्रेरणा के कारण दूसरे-दूसरे होते होंगे। आगे चलकर जब समझदारी बढ़ जाती होगी तब उस पर किसी वाद का रंग देकर अधिक 'कम्युनिकेबल' बनाने के लिए कुछ किया जाता होगा। शुरू करता है जहाँ से आदमी, वहीं से ऐसी तैयारी से शुरुआत करता होगा, इसमें मुझे शक है।

रेवती रमण–*आप भले ऐसा कहें लेकिन आपने जो लेख लिखे हैं...*

जानकीवल्लभ शास्त्री–आपने मेरे लेख देखे कहाँ है?

रेवती रमण–*'साहित्य दर्शन'...*

जानकीवल्लभ शास्त्री–आप वह सब अंक देखिए जिसमें हम और मुक्तिबोध एक साथ छपे हुए हैं। 'हंस' का वह अंक देखिए...उस ज़माने के मेरे लेख, टिप्पणियाँ किसी संकलन में नहीं हैं। 'साहित्य-दर्शन' के लेख सन् '36 के बाद के हैं।

रेवती रमण–*लेखों को पढ़ने से स्पष्ट होता है कि आपके रचनात्मक संघर्ष में हिन्दी की जो जातीय परम्परा है, । वह कहीं-न-कहीं शामिल थी। और आपको पढ़ते हुए आपकी परम्परा की शुरुआत 35-36 से मानें यह सम्भव नहीं, उसकी जड़ें कहीं गहरे जाती हैं। आपने यूँ ही 'भक्त कवि निराला' नहीं लिखा है। उस समय निराला में जब लोग क्रान्तिकारिता ढूँढ़ रहे थे और सामाजिक-आर्थिक परिवर्तन की दिशा में उनका अध्ययन कर रहे थे, उस समय आप 'भक्त कवि निराला' लिख रहे थे। मैं समझता हूँ कि आप सोच रहे थे कि जो भक्त कवि हैं, वे सामाजिक संघर्ष की दिशा में अधिक सक्रिय हैं, वे अलग नहीं हैं।*

गोपेश्वर सिंह–*यहाँ एक प्रश्न और उठता है कि जब निराला को क्रान्तिकारी और प्रगतिशील कवि कहा जा रहा था, छायावादी अनुशासन को तोड़ चुके थे वे और आगे बढ़ चुके थे, तब आप उन्हें भक्त कवि कहते हैं तो क्या आप नकारना चाहते हैं उनकी क्रान्तिकारी चेतना को...*

रेवती रमण–*मैं इसे इस रूप में देखना चाहता हूँ, कि जो भक्त कवि हैं यानी जो झुक सकता है, वही सही जगह पर तन भी सकता है। संघर्ष वही कर सकता है जो अपनी परम्परा से जुड़ा हुआ है।*

जानकीवल्लभ शास्त्री–हाँ, यह बात है। अब विवेकानन्द जैसा क्रान्तिकारी कौन होगा? विवेकानन्द रामकृष्ण जैसे निरक्षर व्यक्ति के चरणों की धूलि कहते थे अपने को। कोई कहता कि क्या ऐसे गुरु के चक्कर में हो तो कहते थे, मैंने एक जीवन हार दिया, अभी तुम नहीं पहिचानोगे। जब उनके शिष्यों ने एतराज़ किया कि आप इतने दिन अमेरिका में रहे और आपने रामकृष्ण पर कभी भाषण नहीं दिया तो उन्होंने कहा कि भैया तुम लोग नाराज़ न हो। अभी वहाँ की मानसिकता ही ऐसी नहीं है कि मैं उनको रामकृष्ण समझाता। इतने वर्षों तक मैंने मेहनत की है, वातावरण तैयार किया है कि वे इस योग्य हुए हैं कि अब उनसे कुछ कहा जा सकता है। तब इंग्लैंड में उन्होंने पहला भाषण, वह भी अमेरिका में नहीं, इंग्लैंड में दिया–'माइ मास्टर'। मैक्समूलर से परिचय हुआ तब उन्होंने साहस किया। इस तरह एक ओर तो वे इतने आध्यत्मिक पुरुष हैं, दूसरी ओर इतने क्रान्तिकारी कि अपने को समाजवादी कहते थे। मैं कुछ ऐसी ही सन्धि पाता हूँ, निराला में भी। उनमें समाजवादिता और छायावादिता अलग-अलग समय में नहीं आयी है। आप उस समय के 'मतवाला' के अंक देखिए। आपके कोई मित्र हैं कर्मेन्दु शिशिर जो यही धन्धा करते हैं, उनसे कहिए कि निकाल कर दें। आप देखेंगे कि एक अंक में 'जूही की कली' है, दूसरे में 'जागो फिर एक बार',

तीसरे में 'विधवा', चौथे में शृंगार रस की रचनाएँ। वे सब एक समय की रचनाएँ हैं। अगर एक ही दिमाग़ में एक समय में इतने 'वाद' हो सकते हैं तो निराला में थे। लेकिन सब तो ऐसे नहीं हो सकते।

गोपेश्वर सिंह–*निराला कहते थे कि वेदान्त दर्शन सबसे मज़बूत ज़मीन है, उस पर खड़ा होकर सबसे मज़बूत रचनाएँ दी जा सकती हैं। कहने का मतलब कि निराला अपनी रचना के लिए एक दर्शन की ज़मीन तलाशते थे। निराला चूँकि आपके प्रेरणास्रोत रहे हैं, तो हम जानना चाहेंगे कि आपके लिए दर्शन की वह कौन-सी ज़मीन थी?*

जानकीवल्लभ शास्त्री–कोई नहीं। मैं दार्शनिक हूँ ही नहीं। मैं अपने को कुछ बड़ा बनाने के लिए शंकराचार्य या रामानुजाचार्य का नाम लूँ, यह मुझसे नहीं हो सकता। मुझमें एक विशेषता यह हो सकती है कि हिन्दी के कवि इन दर्शनों के बारे में बोलते हैं, उन्होंने इन दर्शनों का शायद इतिहास पढ़ा हो, मैंने वे सारे शास्त्र पढ़े हैं, मैंने उसका सांगोपांग अध्ययन किया है। लेकिन उसका रंग मुझ पर चढ़ा हो, यह कहना मेरे लिए कठिन है, यह अतिवाद होगा।

रेवती रमण–*साहित्य की कई विधाओं में लिखते हुए आपने तय किया ही होगा कि मनुष्य सर्वोपरि है।*

जानकीवल्लभ शास्त्री–मेरा इससे भी मतभेद हुआ। मेरी एक किताब है 'अवन्तिका'। इसमें एक कविता है 'चंडीदास के प्रति'। उसमें मैंने मनुष्य को सबसे बड़ा मानने से इन्कार किया है, क्योंकि चंडीदास के ज़माने में मनुष्य सर्वोपरि है यह सब चलता था। उन्होंने रानी के विछोह में लिखा है कि तुम मेरी गायत्री हो, तुम मेरी सन्ध्या हो। इसी सब को लेकर मैंने उसमें आक्षेप किया है कि अगर मनुष्य सबसे बड़ा है तो फिर तुम अपनी पत्नी को गायत्री और सन्ध्या से क्यों तूलित कर रहे हो, जो दिव्यतर शक्तियाँ हैं...मनुष्य जब बहुत विचारवान हो जाता है तो समझता है कि उसकी सृष्टि उसकी इच्छा से नहीं हुई है, उसके जीवन की गतिविधियाँ उसी के द्वारा नियोजित नहीं हो रही हैं। ऐसा कुछ मैंने उस कविता में दिखलाया है।... आजकल इधर के वर्षों में मैं मानने लगा हूँ कि मनुष्य सर्वोपरि है। लेकिन उसका यह अर्थ नहीं कि वह ब्रह्म से बड़ा है। ब्रह्म से बड़ा है मनुष्य, यह मैं नहीं मानता। मनुष्य इसलिए बड़ा है कि उसने ब्रह्म की कल्पना की है। अगर मनुष्य न होता तो ईश्वर कहाँ होता। इस अर्थ में मैं मनुष्य को बड़ा मानता हूँ। लेकिन वह ईश्वर से बड़ा है, यह मैं आज भी नहीं सोचता।

गोपेश्वर सिंह–*कविता में मनुष्य के बड़ा होने की बात जब होती है, तो इसका अर्थ होता है, मानवीयता को महत्त्व देना, मनुष्य के सुख-दुःख को सर्वोपरि मानना।*

जानकीवल्लभ शास्त्री–वहाँ आदर्श की बात होती है। इसका सबसे पहले प्रयोग व्यासदेव ने किया है–महाभारत' में–नहिं मानुषात् श्रेष्ठतरहि किंचित्...यह उनका वाक्य है। उन्होंने कहा है कि मैं तुमको गुप्त रहस्य बतलाता हूँ कि मनुष्य से बड़ा कोई नहीं है। व्यास के युग में जब यह बात कही गयी थी, तब न ये संघर्ष थे और न आधुनिक जीवन की ऊटपटाँग बातें। यह राजनीतिक चेतना का प्रभाव है जो आज इतनी हलचल है। इसके पीछे राजनीति का हाथ है। उस समय का मनुष्य राजनीतिक रूप से इतना 'कॉन्शस' होता था, मैं यह मानता ही नहीं हूँ। 'कान्शस' होता तो इतना भोला-भाला होता ही नहीं, जिस तरह के मनुष्यों के चित्रण कुछ आये हैं।

गोपेश्वर सिंह–*मतलब कि तब जीवन सरल था...*

जानकीवल्लभ शास्त्री–जीवन सरल था। जटिलता इधर की देन है। वैज्ञानिक युग की देन। तब न विज्ञान इतना विकसित था...व्यास के युग में और चंडीदास के युग में हज़ारों वर्षों का अन्तराल है। चंडीदास जब अपनी बात को कह रहा है, यह समझ कर वह नहीं कह रहा है, जो व्यास कह रहे हैं। इसलिए उसको मैं उस अर्थ में नहीं मानता, जिसको आज का भौतिकवादी अर्थकर्ता मानता है। सामाजिक-आर्थिक जो संघर्ष है मनुष्य का, उस अर्थ में वह ठीक है। लेकिन हम लोग उसे उस अर्थ में नहीं लेते। मनुष्य संसार के रहस्य को खोजने का प्रयास कर रहा है, ध्रुवतारा, मंगलतारा आदि को खोज रहा है, चूँकि यह काम दूसरा कोई जीव नहीं कर रहा, इसलिए मनुष्य को सबसे बड़ा मानता हूँ। लेकिन वह ध्रुव है या मंगल है, यह मैं नहीं मानता। वह इन्हें जानने की कोशिश कर रहा है, इसलिए बड़ा है। ध्रुव-मंगल उसकी सृष्टि नहीं हैं। वह इन्हें समझने की अधिक-से-अधिक कोशिश कर रहा है। और कोई प्राणी नहीं कर रहा।

रेवती रमण–*शुक्ल जी ने भक्ति आन्दोलन पर विचार करते हुए कहा कि शंकराचार्य ने 'ब्रह्म सत्यं जगन्मिथ्या' यह बात कही। लेकिन मध्यकालीन भक्त कवि संसार को ही सत्य मानकर चल रहे थे और...*

जानकीवल्लभ शास्त्री–अब देखिए बड़े लोगों के प्रति मुझे अश्रद्धालु मत होने दीजिए। रामचन्द्र शुक्ल को शंकराचार्य से क्या लेना-देना! शंकराचार्य उनकी शक्ति और सामर्थ्य से बहुत दूर हैं। 'ब्रह्मसत्यं जगन्मिथ्या' का उन्होंने कोई अर्थ ही नहीं समझा। शंकराचार्य ने अगर जगत् को मिथ्या माना तो उपनिषदों के

भाष्य किसके लिए बनाये? जगह-जगह शास्त्रार्थ किया, किसके लिए? अद्वैत अगर मिथ्या है तो मिथ्या के लिए यह सब क्यों? वह सिर्फ़ अनासक्ति के अर्थ में है। कोई चीज़ दुनिया में हमेशा रहने वाली है तो वह ब्रह्म है या कोई नाम दे दें। वही सत्य है। संसार की बाकी चीज़ें तात्कालिक हैं, क्षणिक हैं और वे क्षणिक के अर्थ में मिथ्या हैं। वे खाते थे कि नहीं? उन्हें भूख लगती थी कि नहीं? वे नाव पर चढ़कर नदी पार करते थे या नहीं? सब काम तो वे करते थे। संसार पारमार्थिक दृष्टि से—इस अर्थ में क्षणिक है और मिथ्या है और ईश्वर एक ऐसी सत्ता है जो हमेशा है, उनके कहने का इतना ही मतलब था।

रेवती रमण—*लेकिन संसार ने तो इसका अर्थ लगाया...*

जानकीवल्लभ शास्त्री—इसमें शंकराचार्य कहाँ अपराधी हैं? शंकराचार्य को पढ़ा कितने लोगों ने है? जैसे 'यदा यदा हि धर्मस्य' का तुलसीदास ने 'जब जब होहिं धर्म की हानि' कहा और उसी को संसार ने पकड़ लिया। शंकराचार्य ने इतना लिखा और सिर्फ़ एक लाइन को लेकर बैठ गये।

गोपेश्वर सिंह—*मैं समझता हूँ कि भक्त कवियों के माध्यम से रेवती जी दूसरी बात पूछना चाह रहे थे।*

जानकीवल्लभ शास्त्री—भक्त कवि-हिन्दी के भक्त कवि और संस्कृत के भक्त कवि दोनों दो तरह के हैं। संस्कृत के भक्तकवि जब हुए थे, तब हिन्दी में अनपढ़ कवि पैदा नहीं हुए थे। ये सब बाद के कवि हैं। इन लोगों को जातीय तिरस्कार इतना सहना पड़ा कि ये भक्त कवि हो गये। इन्होंने देखा कि संसार हमको नहीं मान रहा है तो भगवान की शरण में चले जाओ। ...समाज के द्वारा ठुकराये गये ये लोग संसार से ऊब कर भगवान की शरण में गये हैं। और संस्कृत का जो भक्ति युग है, जिसमें शंकराचार्य, जो एक ओर इतने ज्ञानी दूसरी ओर बड़े भक्त। भक्ति की उन्होंने धारा बहाई है। सबसे बड़े कवि अभिनवगुप्त हों या बड़े-बड़े दार्शनिक भक्त कवि। वह भक्ति दूसरे किस्म की है। वह न जातिहीनता के कारण है, न अनन्यशरणता के कारण। इसलिए उन्होंने यह नहीं कहा कि जात पाँत व्यर्थ है। यह सब समाज द्वारा ठुकराये हुए लोगों ने कहा।

गोपेश्वर सिंह—*नहीं, यह सब सिर्फ़ समाज द्वारा ठुकराये हुए लोगों ने ही नहीं कहा। स्वामी रामानन्द ब्राह्मण थे, उन्होंने भी भक्ति के सामने ब्राह्मण और शूद्र को एक माना। यह तो मानना होगा कि भक्ति की एक भावधारा थी जो सबको समान मानती थी।*

जानकीवल्लभ शास्त्री–गीता में तो लिख दिया कि–

शुनिचैव श्वपोकच पडिताः समदशिनः
विद्या विनय सम्पन्ने ब्राह्मणे गविहस्तिनी।

उन्होंने शूद्र ही कहा। वहाँ कुत्ता, चण्डाल और पण्डित को एक कहा। यह तो एक भाषा है। कहने का मतलब कि तब मनुष्य का मन इतना उदार हो जाता है कि छोटी-छोटी बात उसके दिमाग़ में आती ही नहीं है। इसलिए कोई पतित से पतित, जिसे उन्होंने चाण्डाल कहा, उसमें और ब्राह्मण में कोई फ़र्क़ नज़र नहीं आता है। मनुष्य के मानसिक विकास की बात है। इसका मतलब यह नहीं कि भक्त कसाई और गाय को एक ही मानते थे।

रेवती रमण–*लेकिन भावात्मक एकता तो उन्होंने कायम की।*

जानकीवल्लभ शास्त्री–भावात्मक एकता! यह काम मध्यकाल के कवियों ने किया। उनके भीतर एक क्रान्ति का भाव था। क्रान्ति का भाव इसलिए कि वे समाज के ठुकराये हुए लोग थे।

रेवती रमण–*उन्हें पढ़कर जीवन के प्रति विश्वास का भाव पैदा होता है।*

गोपेश्वर सिंह–*हम आज भी उनकी रचनाओं को पढ़ते हैं और भावविभोर होते हैं। आप भी उन्हें पसन्द करते हैं। वजह?*

जानकीवल्लभ शास्त्री–मैं इसलिए पसन्द करता हूँ कि मैं इस युग का आदमी हूँ, वेदान्ती बनकर नहीं, इस युग का आदमी बनकर जानता हूँ कि रास्ता यही है।

गोपेश्वर सिंह–*इसका मतलब यह कि वे भक्त सन्त कवि भविष्य की राह देख रहे थे।*

जानकीवल्लभ शास्त्री–अरे, नहीं भाई।...इसमें मुझे बहस नहीं करनी। मुझे यही कहना कि ये जो भक्त थे और हमारे यहाँ भक्तों की जो पुरानी परम्परा है, नारद भी भक्त थे, शिव राम के भक्त थे और राम शिव के, आपके तुलसीदास कहते हैं, यह स्तर दूसरा है। ये लौकिक स्तर पर आकर वर्णाश्रम में या ब्राह्मणों से सताये जाकर ये लोग जहाँ आये हैं और इन्होंने जो भावना पाली है, और भगवान को अर्पित कर दिया है अपने को। यही बतलाया है कि–

जात पाँत पूछै नहिं कोई
हरि को भजै सो हरि का होई।

आज यह बात अच्छी लगती है। बुरी नहीं लगती। यही रास्ता है। कहिएगा कि यह बात क्यों अच्छी लगती है मुझे? देश और काल, जिसमें मैं जी रहा हूँ, जिसकी हवा मेरे बदन में लग रही है, जिस युग का मैं अन्न खा रहा हूँ,

उसकी यह विचारधारा है। और यह दिव्यता वाली बात उस युग की बात है, जब न ऐसा राज था, न ऐसा भोजन था। उस समय के लोग दूसरे प्रकार के होते थे। इसलिए प्रहलाद की भक्ति, ध्रुव की भक्ति, नारद की भक्ति, शंकराचार्य की भक्ति और रैदास तथा कबीर की भक्ति एक नहीं है।

गोपेश्वर सिंह–*निराला और मुक्तिबोध के प्रसंग में उनके सामाजिक संघर्ष को आपने महत्त्वपूर्ण माना। वही सामाजिक संघर्ष रैदास और कबीरदास का भी है।*

जानकीवल्लभ शास्त्री–दोनों दो तरह से हैं। ये लोग कवि होकर संघर्ष कर रहे थे। उसी तरह वे सन्त होकर संघर्ष कर रहे थे। संघर्ष करते-करते न ये लोग कवि हुए हैं और न वे लोग सन्त। निराला की शुरुआत 'दो टूक कलेजे के करता' से नहीं है...........विजन वन बल्लरी' से है। लेकिन उन्होंने अपने युग को देखा चारों ओर, यह उनका रोमांटिक दृष्टिकोण या रियलिस्टिक दृष्टिकोण हो सकता है, अपने आजू-बाजू देखा...........अधिक-से-अधिक कितनों को सँभाल सकते थे, समेट सकते थे अपने में। यह शक्ति मुक्तिबोध में नहीं है। उनमें एकांगी दृष्टि है। और एक ही दृष्टि से वे समाज को, देश को, कविता को, साहित्य को देखते हैं। निराला में विविधता है। यही दोनों में फ़र्क़ है। ...रामविलास से जहाँ हमें मतभेद है वह यही कि उसने एक दृष्टि से निराला को देखा है। वही एक उनका दृष्टिकोण नहीं है। रामरतन भटनागर की भी एक पुस्तक है निराला पर, उसे भी देखना चाहिए। उसमें उन्होंने दिखलाया है...विवेकानन्द वाली परम्परा में निराला को उन्होंने रखा है। इन्होंने इतने प्रकार का साहित्य लिखा था कि सबके लिए गुंजाइश हो जाती है, मगर यहाँ नहीं। यहाँ एक ही धारा है, एक ही विचारधारा है, जिस पर वे चलते रहे। यही दोनों में अन्तर है।

गोपेश्वर सिह–*मूल प्रश्न हमारा यह था कि रचना के पीछे जो विचारदृष्टि या जीवन दृष्टि होती है वह क्या है, जिससे आपने इनकार किया।*

जानकीवल्लभ शास्त्री–रचना के पीछे वैचारिक दृष्टि या जीवन दृष्टि यह 'कॉन्शस पोएट' के लिए है। जो सावधान होकर क्यों लिखने जा रहा है या क्या देने जा रहा है, उसके लिए। मैं इतना सावधान कभी था ही नहीं, न अब हूँ।

रेवती रमण–अनायास लिखने वाले की भी एक विचारधारा होती है।

जानकीवल्लभ शास्त्री–अनायास जो मन में आया बक दिया। क्या अच्छा हुआ, क्या बुरा, भगवान जानें। हमारे जीवन में ही सबने स्पष्ट कर दिया है कि मैंने सब कूड़ा ही लिखा (हँसी)।

रेवती रमण–*एक वैचारिक अन्तः संगति तो है ही आपके साहित्य में, शुरू से लेकर आख़िर तक।*

जानकीवल्लभ शास्त्री–यह आप लोग जानिए। ये जैसा कह रहे हैं कि मुक्तिबोध ने काफ़ी तैयारी की। उस समय खण्डवा से माखनलाल चतुर्वेदी 'कर्मवीर' नाम से पत्र निकालते थे। मुक्तिबोध उसमें लिखते थे। कविता की बात छोड़िए। उसमें जो उनके नोट्स, छोटी-छोटी टिप्पणियाँ छपती थीं, उसे देखकर लगता था कि यह आदमी कितना सावधान है। क्या लिखने जा रहा है, उसको लेकर। यहाँ यह कुछ भी नहीं। 'एक चुम्बन का बँधा मन' भी मैं लिखता था, 'गयी काटने गेहूँ अम्माँ' भी लिखता था।...........मुझमें वह तारतम्य नहीं था। मुझमें वह चेतना ही नहीं थी। मैं 'कॉन्शस पोएट' नहीं हूँ।

गोपेश्वर सिंह–*नहीं, जैसे निराला ने कहा न कि मैं वेदान्त...........*

जानकीवल्लभ शास्त्री–(हँसते हुए)...........निराला जी जो लिखते थे उसके पीछे एक तर्क था। यहाँ ऐसा कुछ नहीं है।

रेवती रमण–*मुझे ऐसा लगता है कि आप जब निराला को भक्त कवि कह रहे थे, तब आपके अवचेतन में कोई-न-कोई बात रही होगी, तर्क रहा होगा।*

जानकीवल्लभ शास्त्री–निराला को जब मैं भक्त कवि कहता हूँ तो अभिप्राय सिर्फ़ इतना है कि उन्होंने भक्ति की अनेक रचनाएँ लिखीं।

रेवती रमण–*यह अनायास नहीं है।*

जानकीवल्लभ शास्त्री–उनमें? *उनमें यह अनायास है।*

रेवती रमण--*नहीं आप में अनायास नहीं होगा।*

जानकीवल्लभ शास्त्री–हाँ, दूसरे पर जब आदमी लिखेगा तो अनायास कैसे लिखेगा। पढ़कर, समझकर लिखेगा।

रेवती रमण–*भक्त कवि की एक अवधारणा तो आपकी होगी ही?*

जानकीवल्लभ शास्त्री–दिया है उसमें।...........लेकिन निराला के लायक ही दिया है। उनको हम ध्रुव-प्रहलाद की श्रेणी में नहीं ले जा सकते थे। लेकिन विवेकानन्द वाली श्रेणी में रखा है।

गोपेश्वर सिंह–*आप अपने रचनाकार जीवन का प्रेरणास्रोत निराला को मानते हैं।*

जानकीवल्लभ शास्त्री–ना। यह सब ग़लत है। ...यह मेरा एक विनोद है। जैसे मैंने अपने घर का नाम 'निराला निकेतन' रखा है, उसी तरह मेरा यह एक विनोद है। मेरी कविता के या जीवन के प्रेरणास्रोत निराला हों ऐसा नहीं है।

गोपेश्वर सिंह–*तब आप यह बताइए कि आपकी रचना का प्रेरणास्रोत क्या है?*

जानकीवल्लभ शास्त्री–कुछ भी नहीं।

गोपेश्वर सिंह–*रचना फूटेगी कैसे? रचना क्यों जन्म लेती है?*

जानकीवल्लभ शास्त्री—हाँ, यह एक प्रश्न मेरे सामने था। पहले मैं इसका जो जवाब देता था, वह इतना हास्यास्पद होगा—फिर भी बता दूँ। मैं जब छोटा था तब मेरे पिताजी ने एक चीज़ दी—तन्त्र-मन्त्र कहिए। उन्होंने कहा कि इसको करने वाला वाग्देवता का अवतार हो सकता है, उससे कम तो होगा ही नहीं। कवि सम्राट, महाकवि हो सकता है। उसका मैं बचपन से पाठ करता रहा। पहले मैं यही कहता था। लेकिन एक बात मान लो बबुआ और बात यहीं समाप्त। कुछ सोच कर, विचार कर, कुछ अद्‌भुत चमत्कार करने के लिए मैंने लिखाई-पढ़ाई नहीं की। जिस तरह का हल्का-फुल्का, ढुलमुल, यतीम, बेसिर पैर का मेरा व्यक्तित्व है, उसी तरह का मेरा साहित्य है, वैसा ही मैंने लिखा होगा। इसको मैं मिल्टन से नाता जोड़ूँ कि मैंने 'पराडाइजलास्ट' जैसी भाषा लिखी है 'राधा' में, और गीतों में जोड़ूँ कि ऐसा टैगोर ने लिखा तो यह सब अपने पर लेप चढ़ाना है। हक़ीक़त इतनी है कि मैंने यूँ ही कुछ लिखा, जिसका कोई अर्थ नहीं होता। और इसीलिए मुझे खुशी है कि इस युग ने उसकी निरर्थकता को समझा है और मुझे नकारा है। हमारे सामने रेवती जी हैं, ये जानते हैं।

गोपेश्वर सिंह—*ठीक है। न सही विचारधारा-लेकिन राधा की रचना के पीछे एक जीवन दृष्टि अवश्य होगी। जीवन की कोई महत्त्वपूर्ण अनुभूति बतलायें।*

जानकीवल्लभ शास्त्री—अगर ऐसा है तो नयी पीढ़ी का आदमी उसे पढ़े और बताये। मुझी से यह प्रश्न क्यों पूछा जा रहा है?

रेवती रमण—*सिर्फ़ संकेत लेना चाहते हैं। जैसे प्रगतिशील कवियों की चुनौती थी आपके सामने। उनकी प्रगतिशीलता देश के बाहर जाती थी अपनी जड़ें खोजने। आप भी कुछ ऐसा नहीं लिखना चाहते थे, जो बासी लगे, पुराना लगे। आप भी नया ही लिखना चाह रहे थे। प्राच्य साहित्य का आदर्श था आपके सामने, उसका स्वरूप स्पष्ट था आपके सामने। तब आपका यह कहना कि आपने यूँ ही लिख दिया..........*

जानकीवल्लभ शास्त्री—देखिए, मैं यह चाहता हूँ कि मैंने जो लिखा है, उसे दूसरे देखें और बतायें कि मैंने क्या लिखा है। मैं ही बताऊँ कि मैंने क्या लिखा है, यह बात अच्छी नहीं लगती...मैं अगर कहता कि निराला मेरे आदर्श हैं और शंकराचार्य भी और अद्वैतवाद मेरा जीवन दर्शन है, तब आप मानते कि मैं सही कह रहा हूँ। लेकिन जिस दिन मैंने शंकराचार्य को जाना, उस दिन जाना कि सिर्फ़ वही एक अद्वैतवादी थे, दूसरा पैदा नहीं हुआ...उन्होंने जो सिद्धान्त दिया है, उसे जीवन से तोड़कर नहीं देखा जा सकता है। हमारे यहाँ दर्शन और 'फ़िलासफ़ी' एक नहीं है। हम फ़िलासफी को 'वेस्टर्न थॉट' के रूप में लेते हैं,

उसे विचार मानते हैं। हमारे यहाँ का दर्शन जीवन का सम्पूर्ण आचरण है। यह बड़ा फ़र्क़ है। यहाँ शंकराचार्य यानी कोई योगीराज होकर ही यह बात बोलता है। वहाँ कांट या शापन हावर या कोई भी 'पीता-खाता' होकर भी सिद्धान्त दे सकता है। तो उसको हम विचार के रूप में भले पसन्द करते हों, हमें अच्छा लगता हो, लेकिन आचार तो वहाँ है नहीं। कर्म से उसका कोई सम्बन्ध नहीं है, यहाँ का कर्म पहले आचरण है, तब दर्शन है। 'जानत तुमहि तुमहि होई जाई' है यहाँ। इसलिए मैं अपने लिए किसी दर्शन की बात नहीं कहता। नहीं तो अद्वैतवाद मैंने पढ़ा है-सर्टिफ़िकेट है, मेडल है, आप मान लेंगे कि मैं अद्वैतवादी हूँ। मैं अगर नहीं कहता अपने को तो इसलिए कि मेरे पास आचरण नहीं है। और आचरण के बिना वह दर्शन नहीं है। निराला ने लिख दिया कि–'माया है माया है तो वे अद्वैतवादी नहीं हो गये।

रेवती रमण–*'हँसबलाका' में आपने लिखा है कि निराला अद्वैतवादी थे।*

जानकीवल्लभ शास्त्री–वह इस अर्थ में लिखा है कि वह अद्वैत के सिद्धान्त को मानते थे।

रेवती रमण–*उसका प्रभाव तो उनके मन पर था।*

जानकीवल्लभ शास्त्री–हाँ प्रभाव था। लेकिन वे अद्वैत आचरण करते थे, ऐसा मैंने कहीं नहीं लिखा है, और इसलिए उन्हें इतना कष्ट झेलना पड़ा। क्योंकि आचरण में और विचार में बहुत बड़ा फ़र्क़ हो गया है। तो विचारों के धरातल पर वे वहाँ थे लेकिन जीवन में या आचरण में नहीं थे।

रेवती रमण–*आचरण का सार इसमें मिलता है कि जो अद्वैतवादी है वह मनुष्य के प्रति घृणा का भाव नहीं रख सकता।*

जानकीवल्लभ शास्त्री–जब सबको ब्रह्ममय मान लिया तो घृणा कैसे करेगा ...मेरा तो यह विषय ही था। लेकिन मैंने उसे जीवन में उतारा नहीं, इसलिए दावा नहीं करना चाहता। मुझसे वह नहीं सधा। मैंने प्रयास किया। इसलिए ऐसा कह रहा हूँ। शंकराचार्य का दर्शन सिर्फ़ आचरण है। आप में और आप में मैं भेद न देखूँ तब न! यहाँ तो चौबीस घण्टे भेद देखता हूँ। अभी आप उठकर जाइयेगा, दस शिकायत करूँगा! तब कहाँ ब्रह्म माना? कहाँ वह मेरी दृष्टि हुई? कहाँ मुझमें उज्ज्वलता आयी? और वह उज्ज्वलता जब तक नहीं आती तब तक आप अद्वैतवादी नहीं हैं।... इस अर्थ में कहता हूँ। और नहीं तो सिद्धान्त के स्तर पर अद्वैतवाद को मानता हूँ। और किसी वाद को मानता ही नहीं।

गोपेश्वर सिंह–*एक प्रश्न जो हम पूछना चाहते हैं जिससे आप लगातार बचने की कोशिश कर रहे हैं!*

जानकीवल्लभ शास्त्री–*सो तो मैं कर रहा हूँ।*

गोपेश्वर सिंह–*'राधा' की रचना के पीछे जो जीवन दृष्टि है, वह क्या है?*

जानकीवल्लभ शास्त्री–यह एक दूसरा प्रश्न है। बात अब 'राधा' पर आ गयी।

रेवती रमण–*हम 'राधा' पर ही आना चाह रहे थे। बात ठीक से जोड़ नहीं पा रहे थे। आप लगातार अपने को बचाते रहे।*

जानकीवल्लभ शास्त्री–अभी भी बचाऊँगा ही...........देखिए 'राधा' की रचना एक बचपने से शुरू हुई। वह बचपना क्या था? जिन दिनों में रायगढ़ में रह रहा था, वहाँ एक सज्जन ने एक 'बैलेड' सुनाया। वहाँ मुकुटधर पाण्डेय हुआ करते थे। आप उनसे ज़रूर परिचित हैं। वहाँ एक कवि गोष्ठी हुई जिसमें एक आदमी ने 'बैलेड' सुनाया। एक बंगाली सज्जन ने कहा कि यह युग इतनी लम्बी कविता लिखने का नहीं है। किसी में इतना धीरज नहीं है कि इतनी लम्बी कविता कोई पढ़े। आप देखते नहीं कि छोटे-छोटे गीत लिखे जाते हैं, लघु-कथाएँ लिखी जाती हैं, बड़ी कहानियाँ भी नहीं लिखी जातीं, उपन्यास नहीं लिखे जाते, उपन्यासिकाएँ लिखी जाती हैं। ....युग बदल गया है। सब कुछ छोटा हो गया है। लघुमानव का युग है। उसी समय मैंने कहा कि तब मैं इस युग से इसी चीज़ के लिए जूझूँगा। भले लोग गालियाँ दें। लेकिन हज़ार पेज लिखने का संकल्प वहीं किया। यह लघुता वाली बात कि एक आइडिया फ्लैश किया और कुछ देर में समाप्त! अज्ञेय जी तक यह बात मानते थे। 'आँसू' के लिए उनके मन में यह अनुताप है कि इतनी देर प्रसाद जी कैसे इस भावना में रह पाये होंगे। दो चार लाइनें ही उसमें कविता है........... यह एक चैलेंज था कि मैं व्यास और वाल्मीकि वाली परम्परा से जोड़ूँगा। कोई पढ़े या न पढ़े इसका ख़याल नहीं है। मैं लिखूँगा। पहली बात। और दूसरी बात कि जिसे आप विचार कहते हैं तो मैंने तुलसीदास की शैली नहीं अपनायी–'आगे चले बहुरि रघुराई'। इसको मैंने छोड़ दिया। कथा भाग छोड़ दिया। ऐसा मैंने किया कि उसे विचारों में ही रहने दिया। केवल विचारों के द्वन्द्व का ही काव्य है 'राधा'। कोई कथा भाग नहीं है उसमें। मैंने एक काम यह किया। मैंने किसी भी भाषा में ऐसा महाकाव्य नहीं देखा है जो 'साइलोलाकी' (स्वगत कथन) में लिखा गया हो। और तीसरी बात, राधा को मैं सीता से महान नारी मानता था। सीता मर्यादा आदि दूसरे कारणों से महान हैं। लेकिन राधा मुक्त प्रेम में इतनी एकाग्र होकर किसी सती शिरोमणि से आगे है, यह मुझे दिखाना था। कृष्ण के जीवन में जो देवत्व चढ़ा दिया गया, उसे मुझे काट-छाँट कर दिखाना था। मनुष्य अपने चारित्रिक गुणों के कारण देवता हो जाय, यह अलग बात है। लेकिन मैं मनुष्य का चित्रण कर रहा हूँ।

उसके जीवन को, उत्थान-पतन को लेना है। तो 'राधा' में मैंने यही लिया। नाम सबसे पुराना, जिससे सबको चिढ़ हो जाय कि इस ज़माने में कोई 'राधा' लिख रहा है। 'चतुरी चमार' नाम जँचता है लोगों को, राधा रोमांटिक नाम है तो मैंने यह दिखलाया है कि राधा रोमांटिक नहीं है।

गोपेश्वर सिंह– *'राधा' को आधार बनाकर नलिन विलोचन शर्मा ने 'बरसाने की राधा' नाम से एक बड़ी मार्मिक कहानी लिखी है। तो ऐसा नहीं कि राधा उस समय नहीं आ रही थी।*

जानकीवल्लभ शास्त्री–मैं यह कहाँ कह रहा हूँ। 'कनुप्रिया' लिखी है धर्मवीर भारती ने। मेरा कहना सिर्फ़ इतना है कि मैंने जो लिखा, वैसा दूसरे ने नहीं लिखा। मैंने जिस रूप में कृष्ण या राधा को चित्रित किया है, वह किसी के यहाँ नहीं है। सबका अपना-अपना दृष्टिकोण है। किसी के ऊपर टी.एस. इलियट सवार था तो किसी पर कोई अन्य। 'वेस्टलैंड'-'फोर क्वार्टट्स' की शैली अपनाई भारती ने। बहुत थोड़े में अति सजेस्टिव बनाकर पेश किया। हमारे यहाँ अति विस्तार में है। तो ख़ैर...........अपने देश और काल की सारी राजनीतिक हलचल, सामाजिक हलचल, विचारों की हलचल जो अपने समय की है, वही 'मैंने 'राधा' में लिखी है। मेरी राधा हरिऔध की राधा की तरह स्वयंसेविका नहीं है। लेकिन आप पढ़कर विचारेंगे कि क्या है? उसमें मैंने जीवन के 'फेज़' को पकड़ा है। एक उम्र है जब मनुष्य ऐसा है, दूसरी उम्र में आकर ऐसा हो गया। फिर दूसरा हो गया। और किसी भी लेखक ने मुझे नहीं मालूम कि कृष्ण के जन्म से मरण तक की बातें कही हैं या नहीं? या राधा के जन्म से उनके अवसान तक की कहानी...और कही है या नहीं...तो पूरी समग्रता में जीवन को देखने का–कहाँ से शुरू होकर किन मोड़ों से गुज़रकर जीवन कहाँ पहुँचता है, मैंने दिखाने का प्रयास किया है। उसकी पृष्ठभूमि वह समसामयिक विचारधारा या स्थिति है, उसे मैंने कहीं छोड़ा नहीं है, लेकिन इसी युग में राजेन्द्र बाबू भी थे और नटवर लाल भी...तो एक समय में व्यक्ति दो तरह के हो सकते हैं, मेरी अपनी मान्यता है। उपलब्धि में पूर्णता नहीं है, पूर्णता उत्सर्ग है। यही मैंने 'राधा' में चित्रित किया है। राधा कितने उमंग से कृष्ण से मिलती है–'मैं रूप जलाकर नाम मिटाकर आयी', वही अन्त में उत्सर्ग का क्षण जब आता है तो मुस्कुराकर कहती है–

घर-घर होली की धूम-मची, घर एक किसी का जला जला
तुम मिले विश्व में गले गले, यदि एक किसी को छला छला।

तो यह जो भाव है, उसी का मैंने विकास दिखलाया है।

गोपेश्वर सिंह– *'राधा' एक प्रणय काव्य है। इस प्रणय कथा के माध्यम से जब युग की हलचलों को आप चित्रित करते हैं तो प्रेम वहाँ कौन-सा मानवीय रूप लेता है?*

जानकीवल्लभ शास्त्री–हाँ, वह एक प्रणय काव्य है। प्रेम की धारा ही जीवन को समग्रता प्रदान करती है.......... मैंने इसमें ऋतुओं की बात की है। भिन्न-भिन्न रूप में इसके भिन्न-भिन्न रूप आये हैं। प्रथम ऋतु में जिस समय प्रणय का मिलन होता है, तो सामान्य व्यक्ति उसी में उलझ जाता है। लेकिन कृष्ण जो प्रेममय हो जाते हैं, वहीं ठहर कर नहीं सोचते हैं–

राधिका जैसे मकर की चाँदनी,
भोर का भ्रम भर रही उन्मादिनी।
पर अभी निस्तब्ध आधी रात है,
मुग्ध पन्थी चल सुदूर प्रभात है।

मैंने कर्म के बृहत्तर क्षेत्र से पुकार सुनवायी। प्रणय का क्षेत्र वैयक्तिक क्षेत्र है। तुम्हारे और उसके बीच की चीज़ है। यहीं जीवन का अन्त नहीं होगा। अन्त होगा जब कर्म क्षेत्र की ओर उसका विस्तार होगा। तो वे जब कर्म क्षेत्र की ओर बढ़े तो कंस आता है जो साम्राज्यवाद-पूँजीवाद आदि का प्रतीक है। वहाँ कृष्ण समाजवादी के रूप में हैं...तब फिर जीवन में प्रलोभन आते हैं कि आपने अच्छा काम किया तो राजा बना दिया, नेता बना दिया। यह चीज़ उनके जीवन में भी आती है। फिर उन्होंने बहुत सारे प्रेम सम्बन्ध किये, बहुत शादियाँ कीं। उन सब पर मैंने आधुनिक छींटे डाले हैं। रुक्मिणी ने शादी की भाग कर, जैसे आजकल की लड़कियाँ करती हैं। 'तुम इसकी ध्वजा उठाने वाली पहली हो,' यह मैंने कृष्ण से कहलवाया है। यह सब है। लेकिन फिर युद्ध जिसे आप 'महाभारत' में प्रतीकित होना कहते है, वहाँ पर मैं रुकना नहीं चाहता हूँ। युद्ध जीवन का एक 'फेज़' हो सकता है। संघर्ष के लिए, आगे बढ़ने के लिए युद्ध अनिवार्य है... लेकिन युद्ध ही शान्ति नहीं है। युद्ध पर विराम नहीं होना चाहिए जीवन का, फिर कृष्ण के जीवन में निर्वेद आता है, जिसे आप वैराग कहिए। कृष्ण बराबर सोचता है कि मैंने सारी पुरानी परम्पराएँ ढहा दीं...उसके जीवन में ग्लानि होती है कि मैंने यह किया। लेकिन क्या किया? इससे जीवन किस निष्कर्ष पर पहुँचा? रह-रह कर उसे यह बात याद आती है कि प्रणय ही जीवन का मूल लक्ष्य होना चाहिए...इन सारे संघर्षों में से छानकर अन्तिम सर्ग में मैंने प्रणय को रखा है...वहाँ इस अवधारणा के साथ 'राधा' का अन्त होता है कि जीवन का लक्ष्य प्रेम है, मनुष्यता से प्रेम, समाज से प्रेम, सबसे प्रेम...पत्नी और

प्रियतमा का प्रेम वहाँ नहीं रह गया है। व्यापक अर्थों में प्रेम है वहाँ। युद्ध और संघर्ष में फँसकर देश को रुकना नहीं है। यह क्षणिक है। उसे आगे बढ़ना है...

गोपेश्वर सिंह–*कहा जाता है कि प्रेम के लिए युद्ध होता है...........*

जानकीवल्लभ शास्त्री–प्रेम के लिए युद्ध होता है। वह शारीरिक प्रेम के लिए युद्ध होता है। ....यहाँ तो 'रूप जलाकर नाम मिटाकर' राधा आती है। रूप की ज्वाला में जलकर भस्म हो जाने वाले साम्राज्यों का युद्ध नहीं है यहाँ। किसी मेहरुन्निसा या नूरजहाँ का प्रेम नहीं है यह...यहाँ प्रेम भौतिक अर्थ में शृंगार के अर्थ में नहीं है। यहाँ आत्मिक मिलन है प्रणय का, शारीरिक नहीं।

गोपेश्वर सिंह–*'राधा' पढ़ते हुए लगता है, कि राधा लगातार एक युद्ध लड़ रही है। एक युद्ध कृष्ण 'महाभारत' का लड़ रहे हैं–प्रेम और शान्ति के लिए। और एक युद्ध राधा लड़ रही है। 'राधा' की रचना करते वक़्त इस दुहरे युद्ध की ओर आपका ध्यान था?*

जानकीवल्लभ शास्त्री–एकदम था। दुहरे युद्ध की चर्चा है किसी सर्ग में...एक अन्तर्द्वन्द्व के रूप में, दूसरा बाह्य संघर्ष में विजयी हुआ जा सकता है। लेकिन वह विजय इतनी बड़ी चीज़ नहीं है कि उसे पाकर मनुष्य सब कुछ भूल जाय। लेकिन प्रेम अगर पा ले तो वह पूर्ण हो जाय, यही दिखलाया है। इस द्वन्द्व में से प्रेम को ऊपर किया...........

रेवती रमण–*कृष्ण युद्ध लड़ते हैं, राधा से दूर होकर। उनको इस बात का अहसास है हमेशा कि उनकी कोई बहुमूल्य चीज़ परिपूर्ण पूर्ण कहिए–खो गयी है। वे लगातार बहिर्मुखी संघर्ष में लगे हैं। लेकिन साथ ही अन्तर्मुखी प्रेम भी सक्रिय है।*

गोपेश्वर सिंह–*यानी दो स्तरों पर लड़ रहे हैं?*

जानकीवल्लभ शास्त्री–हाँ, दो स्तरों पर लड़ रहे हैं। यही मैंने दिखाना चाहा है। संग्राम जीवन के लिए अनिवार्य है। ऐसी परिस्थितियाँ पैदा हो जाती हैं कि उसे रोका नहीं जा सकता। लेकिन उस युद्ध में नेपोलियन की जीवनी पढ़ी होगी तो वह युद्ध क्षेत्र से अपनी प्रेमिका हेलेन को पत्र लिखा करता था। इससे लगता है कि राजनीतिक-सामाजिक स्थितियों के कारण क्षुब्ध मनुष्य युद्ध लड़ता होगा। लेकिन जीवन कुछ सूक्ष्म चीज़ चाहता है और वह प्रेम है। भले ही वह लौकिक प्रेम हो तो जो स्थिति राधा के साथ है वही कृष्ण के साथ..........राधा ने एक जगह कहा है कि मैंने तुम लोगों के साथ पहाड़ जैसी ज़िन्दगी गाय चराते हुए,

जंगल में लकड़ी काटते हुए पार कर दी, तुम लोगों को आश्चर्य नहीं होता है! तुम घर-परिवार बसाते रहे। मैंने कुछ नहीं किया। मैंने किसी को मालूम भी नहीं होने दिया कि मेरे भीतर क्या घटित हो रहा है।..........तो उसका भाव प्रदर्शन का नहीं है। व्रजभाषा काव्य की 'वियोगिनी नायिका' नहीं है वह कि 'निसि दिन बरसत नैन हमारे'। उसने सारा कुछ अपने भीतर अनुभव किया है। इसीलिए मैंने 'राधा' में स्वगत कथन की शैली अपनायी।...उसमें अन्तर्जगत् की चीज़ें ज़्यादा हैं।

गोपेश्वर सिंह–*तो, क्या उसमें भीतरी संघर्ष ही प्रमुख है?*

जानकीवल्लभ शास्त्री–भीतरी संघर्ष के साथ बाहरी संघर्ष भी है। बाहरी संघर्ष की कहाँ कमी है?

रेवती रमण–*मोटा-मोटी कहा जाता है कि मुक्तक में आत्माभिव्यक्ति प्रमुख होती है और प्रबन्ध में वर्णनात्मकता। लेकिन मुझे नहीं लगता कि 'राधा' उस तरह का वर्णनात्मक काव्य है, जो कवि के व्यक्तित्व से निरपेक्ष हो।*

जानकीवल्लभ शास्त्री–'राधा' में इतने सारे चरित्र हैं। ...उसमें रुक्मिणी, सत्यभामा, देवकी, उद्धव..........बहुत सारे पात्र हैं। ...सबका अलग-अलग चरित्र दिखलाया गया है...........कवि चूँकि चरित्रों के साथ हो जाता है, इसलिए वह एकदम स्वतन्त्र नहीं है आत्माभिव्यक्ति के लिए।........... एक पात्र ललिता है। ललिता ऐहिक भावनाओं वाली सखी है राधा की। वह बराबर कहती है कि वह रास-नाच के लिए हमें थोड़े कहते थे। वे हमें सिखा रहे थे इकट्ठा होना। यह व्याख्या आपको कहीं नहीं मिलेगी—पूरा भागवत पढ़ जाइए। सबसे अच्छा होता है नाच-गाने का बहाना। इसमें सभी इकट्ठा हो जाते हैं। पहले हम लोग इकठ्ठे खड़ा होना तो सीखें... इन्द्र वाली विपत्ति आयी तो सबको लिये-दिये पहाड़ उठाया।...........हमें पथ बताते गये हैं कि तुम स्वयं अपने लिए लड़ना सीखो। ये सारी बातें हैं। राधा के मरने तक ललिता से ये बातें कहलवायी हैं। वह हमेशा जीवन की एक व्याख्या लेकर चलती है। ...यही तो उसमें नयी बात है। लेकिन यह अन्तिम बात नहीं है।

गोपेश्वर सिंह–*गीतों के बारे में एक आम धारणा है कि वे जीवन की जटिल अनुभूतियों को वहन करने में सक्षम नहीं है। इसीलिए आधुनिक काल में गीतों का प्रचलन कम होता गया...........*

जानकीवल्लभ शास्त्री–जीवन की जटिलताएँ ज्यों-ज्यों बढ़ रही हैं, हृदय के उद्‌गार कम होते जा रहे हैं। गीत ज्यादातर हृदय के उद्‌गार हैं।

गोपेश्वर सिंह–*मैं मानता हूँ कि 'राधा' गीतात्मक अनुभूति का काव्य है...*

जानकीवल्लभ शास्त्री–यह मानने की बात है? मेरा अनुरोध है कि किसी के पास धैर्य हो तो एक हज़ार पेज पढ़ जाय। पढ़कर तब कोई अन्तिम धारणा बनाये। दो-चार लाइन पढ़कर नहीं...सम्भव है कि दो-चार कमज़ोर लाइनें ही पल्ले पड़ गयी हों! मैं चाहता हूँ कि मेरे या 'राधा' के बारे में निर्णय लेने के पहले कोई, यदि धैर्य हो तो, एक हज़ार लाइनें पढ़ जाय।

गोपेश्वर सिंह– *'राधा' में आधुनिक जीवन है, आधुनिक मनुष्य का संघर्ष है।*

जानकीवल्लभ शास्त्री–सब है। मैंने राधा को, कृष्ण को मनुष्य ही रहने दिया है। देवी-देवता नहीं बनाया है..........ज्वलन्त मनुष्य के रूप में चित्रित किया है।

गोपेश्वर सिंह–*तो इन समस्याओं के चित्रण के समय, 'राधा' चूँकि गीतात्मक अनुभूति का काव्य है, आपके सामने एक चुनौती रही होगी। गीतों के सम्बन्ध में बनी-बनायी धारणा यहाँ टूटती दिखायी देती है। आपने इस चुनौती को किस रूप में स्वीकार किया?*

जानकीवल्लभ शास्त्री–किस रूप में स्वीकार करना चाहिए था मुझे?

गोपेश्वर सिंह–*किस रूप में स्वीकार किया, यह तो हम आपसे जानना चाहते हैं?*

जानकीवल्लभ शास्त्री–वह तो पुस्तक में स्पष्ट है कि किस रूप में स्वीकार किया है...मैंने चुनौतियों से समझौता किया है या विद्रोह किया है, यह पुस्तक बतायेगी।

रेवती रमण–*आपने 'राधा' की प्रेरणा के बारे में जो कुछ कहा है, उससे नहीं लगता है कि 'राधा' आपकी, आन्तरिक ज़रूरत के रूप में प्रबन्ध का आकार लेकर आयी?*

जानकीवल्लभ शास्त्री–ज़रूरत इस रूप में है कि मेरे मन में एक भावना आयी थी कि मैं राधा को सीता से भी उज्ज्वलतर रूप में प्रस्तुत करूँ। लोगों का विचार था कि वह छूम-छाम करनेवाली, नाच-गान करनेवाली है। 'भागवत' में गोपियों को व्यभिचारिणी कहा गया है न..........उस सबको मैं 'सब्लिमेट' करना चाहता था। राधा में मुझे सीता से अधिक जीवन्तता दिखायी दी..........इसलिए मैंने दिखलाया है कि संसार की सर्वप्रथम प्रेमिका राधा है। सीता प्रेमिका नहीं, पत्नी है। ...तो प्रेयसी को मैंने इस रूप में चित्रित करने का प्रयास किया जिससे मालूम हो कि उस युग में भी मनुष्य के भीतर स्वच्छन्दता की इच्छा थी...

रेवती रमण–*दो जीवन दृष्टियाँ हैं–राम के रूप में और कृष्ण के रूप में।*

जानकीवल्लभ शास्त्री–जी हाँ। जी हाँ। मैंने उनमें से कोई दृष्टि नहीं ली है।

गोपेश्वर सिंह–*शास्त्री जी, 'राधा' महाकाव्य को लेकर कोई ऐसा प्रश्न जो आप लगातार सोचते रहे हैं। और सोचते रहे हों कि यह मुझसे पूछा जाता?*

जानकीवल्लभ शास्त्री–ऐसा प्रश्न केवल एक ही मेरे मन में आता है कि यह युग से हटकर बहुत पिछड़ेपन का सूचक स्वर है जो मैंने 'राधा' में उठाया है–प्रेम की कहानी आज के युग में: तो मैं सोचता हूँ कि कोई मुझसे पूछता कि ऐसा आपने क्यों किया है, तो मैं कहता कि मैंने इस युग को नहीं स्वीकारा है। इस युग में जो कुछ लिखा गया, उसे मैं साहित्य नहीं मानता, इस युग में जैसे लोग चल रहे हैं, मैं नहीं मानता कि उससे मनुष्यता का उद्धार होने वाला है। इसलिए एक मानसिक विद्रोह मेरे भीतर है। पलायन नहीं किया है कि लोगों को ले चलो वृन्दावन के युग में। 'राधा' में वह वृन्दावन भी नहीं है। लेकिन इसको मैंने नकारा है प्रकारान्तर से कि यह जो है वह मुझको पसन्द नहीं है। यही एक प्रश्न है जो मुझसे पूछा जाता तो मैं जानबूझकर चिढ़ाने के लिए ऐसा कहता।

गोपेश्वर सिंह–*ऐसा कहकर आप हिन्दी की परम्परा...*

जानकीवल्लभ शास्त्री–देखिए परम्परा आदि नहीं है। एक युग विशेष जैसे यह बीसवीं शताब्दी है। टैगोर से लेकर आज तक के कवि आ गये...........दस, बरस का युग बनाकर आप लोग बोलते हैं न, दशक वग़ैरह। मैं इस अर्थ में युग बोल रहा हूँ। पिछले कुछ दिनों में जो चीज़ें लिखी गयी हैं उन्हें मैं अत्यन्त तात्कालिक और...........महत्त्वहीन मानता हूँ। इसको मैं सीधे कहूँ...........वैसे भी मार खा ही रहा हूँ...तो लोगों को अच्छा नहीं लगेगा। इसलिए इस युग को मैंने नकारा है ऐसी चीज़ लिखकर...........

रेवती रमण–*एक प्रश्न...........*

जानकीवल्लभ शास्त्री–जब कठोर से कठोर बातें हो ही रही हैं तो पूछिए।

रेवती रमण–आपकी सौन्दर्याभिरुचि के परिष्कार में किन कवियों का योगदान है?

जानकीवल्लभ शास्त्री–मैंने तीन-चार कवियों को ही पढ़ा है–वाल्मीकि को, कालिदास को, टैगोर को और निराला को। बस इन चार के अलावा किसके बारे में कहूँ! इनमें किसी से कुछ लिया होगा तो लिया होगा।

रेवती रमण–*विदेशी कवियों को भी पढ़ा है। उर्दू कवियों को भी आप पढ़ते हैं।*

जानकीवल्लभं शास्त्री–हाँ, बहुत पढ़ा है। विशेषकर रोमांटिक पोयट्री को। उर्दू कवियों को भी पढ़ा है। लेकिन उनसे मैंने कुछ सीखा है, ऐसा कुछ नहीं है।

अगर कुछ हो तो 'राधा' में देखिएगा। इन सबको मिलाकर कुछ बना होगा, यह तो मैं मान लेता हूँ।

गोपेश्वर सिंह–*अपने समकालीनों में कोई रचनाकार ऐसा है, जिसे पढ़ते हुए आपको लगा हो कि जिस सत्य की खोज इसने की, वह मैं नहीं लिख पाया?*

जानकीवल्लभ शास्त्री–*मैंने आधुनिक साहित्य नहीं पढ़ा है। सच्ची बात यही है।*

रेवती रमण–*आपने निराला को पढ़ा है..........*

जानकीवल्लभ शास्त्री–निराला के बारे में ये थोड़े पूछ रहे हैं! ये मुक्तिबोध के बारे में पूछ रहे हैं, नागार्जुन के बारे में पूछ रहे हैं। इसलिए मैं पहले ही प्राण बचा लूँ...संघर्ष को मैं एकांगी दृष्टिकोण मानता हूँ। आज का–संघर्ष से भरा साहित्य तो तालाब में लहरें उठाने की तरह है...

गोपेश्वर सिंह–*तो क्या मार्क्सवाद भी एकांगी है?*

जानकीवल्लभ शास्त्री–नहीं मार्क्सवाद एकांगी नहीं है। हिन्दी वालों ने उसके एक पक्ष को पकड़ लिया...वह जीवन की समग्रता का दर्शन है। उस समग्रता के दर्शन को हमारे यहाँ कोई नहीं पकड़ पाया। नेहरूजी कहा करते थे कि मार्क्सवाद को समझते कितने लोग हैं...

गोपेश्वर सिंह–*मुक्तिबोध के बारे में ऐसा नहीं कहा जा सकता। उन्हें निराला की परम्परा में रखकर लोग देखते हैं...*

जानकीवल्लभ शास्त्री–आप नागार्जुन को भी देखिए, मुझे कुछ नहीं कहना।

गोपेश्वर सिंह–*नहीं, मेरी बात पूरी नहीं हुई। मैं कह रहा था कि मुक्तिबोध को निराला की परम्परा का कवि मानते हैं। लेकिन उनके सामने 'प्रसाद' चुनौती के रूप में रहे, उनकी 'कामायनी' रही। ऐसा इसलिए कि उसमें जीवन की समग्र दृष्टि दिखायी दे रही थी उन्हें।*

जानकीवल्लभ शास्त्री–प्रसाद जी को असली छायावादी या रोमांटिक कवि माना जाता था।

रेवती रमण–*प्रसाद का सर्वाधिक वस्तुनिष्ठ अध्ययन मुक्तिबोध ने किया।*

गोपेश्वर सिंह–कामायनी का जीवन दर्शन मुक्तिबोध के लिए चुनौती था।

जानकीवल्लभ शास्त्री–उन्होंने एक चुनौती के रूप में लिया है, जबाब दिया है। मैंने तो पहले ही कह दिया, मैंने किसी को चुनौती मानकर कुछ लिखा ही नहीं। इसलिए मेरे मन में कोई हलचल नहीं होती है।

रेवती रमण–*अब तक कविता के बारे में बात होती रही। आपने समानान्तर रूप से गद्य साहित्य भी लिखा है। निराला ने कहा है कि गद्य जीवन-संग्राम की भाषा है। आप इससे कहाँ तक सहमत हैं?*

जानकीवल्लभ शास्त्री–जीवन संग्राम बहुत 'वेग टर्म' है। जीवन संग्राम से क्या तात्पर्य है? कोई प्रेम के लिए लड़ रहा है, वह भी जीवन संग्राम है...'गद्य कई प्रकार का हो सकता है..........संघर्ष सिर्फ़ बाह्य संघर्ष नहीं है..........एक सिपाही जब युद्धभूमि से लौटता है शाम को तो अपने बच्चे को चूमता है। क्यों? ....इसलिए कि संघर्ष न सिर्फ़ बाह्य है और न सिर्फ़ आन्तरिक ....अन्तः संघर्ष का कारण बाह्य संघर्ष है। बिना बाह्य के अन्तःसंघर्ष नहीं होगा...अन्तःसंघर्ष है शान्ति, बाह्य संघर्ष है युद्ध। युद्ध शान्ति के लिए है। दोनों सापेक्ष हैं।

गोपेश्वर सिंह–*आपकी सबसे प्रिय चीज़ क्या है?*

जानकीवल्लभ शास्त्री–कुछ भी नहीं।

गोपेश्वर सिंह–*कोई चीज़ तो होगी जो आपको अत्यन्त प्रिय होगी।*

जानकीवल्लभ शास्त्री–मैं किसी के बिना भी जी सकता हूँ...ऐसी कोई चीज़ होगी, जिससे मुझे सन्तोष मिलता है तो वह है संगीत। संगीत जैसा आनन्द मुझे किसी चीज़ में नहीं मिलता।

('ऋतुगन्ध'-11, 1991)

साहित्य की संसद में आलोचना प्रतिपक्ष की आवाज़ है

(आलोचक गोपेश्वर सिंह से युवा समीक्षक नीरज कुमार मिश्र की बातचीत)

प्रश्न-1 : *आपकी प्रारम्भिक शिक्षा का आपकी आलोचकीय दृष्टि के विकास में क्या योगदान रहा?*

उत्तर : मेरी प्रारम्भिक शिक्षा बहुत साधारण तरीक़े से अपने पड़ोसी गाँव के प्राइमरी एवं मिडिल स्कूल में हुई। कक्षाएँ स्कूल के टूटे हुए तीन-चार कमरों में होती थीं। हम उनमें बैठ नहीं सकते थे। सो, हम सामने के बगीचे में आम या बरगद के पेड़ के नीचे बोरे पर बैठकर पढ़ते थे। हमारे शिक्षक बहुत क़ाबिल तो नहीं थे, लेकिन ईमानदार और समर्पित ज़रूर थे। उन्होंने हमें हिन्दी, गणित और अन्य विषयों की बुनियादी समझ दी और हमारा ठोस आधार तैयार किया। अपने उन गुरुओं से मैंने सादगी और काम के प्रति ईमानदारी की शिक्षा ली। वह 1960-65 का समय था। स्वतन्त्रता आन्दोलन के कुछ मूल्य हमारे सामाजिक और स्कूली वातावरण में अभी शेष थे। हम स्कूल में तकली चलाते थे और उसके गीत भी गाते थे। ये कुछ चीज़ें थीं जो प्रारम्भ में हमने सीखीं। हम अपने स्कूल में झाड़ू लगाते थे, सफ़ाई और बागवानी का काम भी करते थे। इससे मेहनत करने की आदत पड़ी और वह जीवन भर बनी रही। पढ़ने के नाम पर कोर्स की किताबें थीं। मैं कभी-कभी मेले से रामायण, महाभारत, आल्हा-ऊदल, सोरठी बिरजाभार की कहानियाँ ख़रीद कर लाता था और उन्हें हफ़्ता दस दिन में पढ़ जाता था। पढ़ने की बहुत ललक थी, लेकिन किताबें उपलब्ध नहीं थीं। सोचता हूँ कि थोड़ी सम्पन्नता होती और घर में किताबें उपलब्ध होतीं तो मेरे अध्ययन का दायरा अधिक बड़ा होता। हमें अपने पिता और चाचा लोगों के साथ खेती के काम में भी हाथ बँटाना होता था। हम पढ़ाई और खेती का काम साथ-साथ नियमित रूप से करते थे। हमें अपने खेत-बगीचा की रखवाली करनी होती थी, अपने पशुओं की देखभाल करनी होती थी। इनमें हमारी पढ़ाई का समय चला जाता था।

लेकिन हमने किताबें भले कम पढ़ी हों, समाज और लोक का अनुभव ख़ूब प्राप्त किया। मैं कह सकता हूँ कि मेरी प्रारम्भिक शिक्षा के दौरान पुस्तकों का भले अभाव रहा हो, मैंने अपने समाज के विभिन्न रूपों को बहुत नज़दीक से देखा। गाँव के भाईचारे को देखा, गाँव की ग़रीबी देखी, जाति-भेद भी देखा, स्त्रियों का उत्पीड़न भी देखा। मेरी आलोचकीय पृष्ठभूमि के निर्माण में अपनी प्रारम्भिक शिक्षा के दौरान प्राप्त इन अनुभवों का बड़ा योगदान है।

आठवीं से इंटर तक की शिक्षा गाँव से लगभग आठ-दस किलोमीटर दूर हथुआ नामक क़स्बे में हुई। वहाँ हिन्दी, अंग्रेज़ी के अख़बार आते थे। हमने अख़बार पढ़ना शुरू किया। वहाँ 'धर्मयुग' 'साप्ताहिक हिन्दुस्तान', 'दिनमान', 'सारिका' आदि पत्रिकाएँ मिलती थीं, जिन्हें मैं कभी उस क़स्बे के अपने मित्रों के घर से लेकर और कभी ख़रीदकर पढ़ने लगा। वहाँ हमारे कई शिक्षक साहित्य प्रेमी थे। वहाँ सभा-गोष्ठी होती थी। कवि सम्मेलन और मुशायरे होते थे। यद्यपि मैं विज्ञान का विद्यार्थी था। लेकिन इन साहित्यिक कार्यक्रमों के कारण मेरी समझ दूसरे ढंग से बनी। इसी के साथ मैं कहना चाहूँगा कि मेरे गाँव के आसपास और हथुआ में बड़ी तादाद में सोशलिस्ट जन थे। वे अक्सर समाजवाद की और लोहिया-जेपी की बातें करते थे। वे सत्ता-तन्त्र की आलोचना करते थे और नया समाज बनाने का सपना देखते थे। उनके आसपास उठते-बैठते हुए उन्हीं की तरह मैंने भी सपना देखना शुरू किया। मैं मानता हूँ कि आलोचना की मेरी तैयारी में उस वातावरण का भी हाथ होगा!

प्रश्न-2 : *क्या आपके घर में साहित्यिक माहौल था या आपने परम्परागत रूप से साहित्य की भी कोई शिक्षा अर्जित की? शुरू के दिनों में आपको कौन-कौन सी पत्र-पत्रिकाएँ पढ़ने में रुचिकर लगती थीं?*

उत्तर : साहित्यिक माहौल की बात तुम पूछ रहे हो तो मुझे हँसी आ रही है। मेरे पिताजी चार भाई थे। सबसे छोटे चाचा मिडिल तक पढ़े हुए थे। पिताजी दस्तख़त भर कर लेते थे। शेष दोनों चाचा वह भी नहीं। लेकिन वे लोग बड़े ही स्वाभिमानी और परदुःखकातर थे। अपने बल पर जीना, दूसरे की मदद के लिए तत्पर रहना, कमज़ोर लोगों की जोखिम उठाकर रक्षा करने का भाव उनके स्वभाव में था। वे चारों भाई बहुत ही निडर थे। अन्याय के ख़िलाफ़ वे बड़े-से-बड़े व्यक्ति से लड़ने में डरते नहीं थे। इस रूप में मेरे पिता और चाचाओं की ख्याति थी। उनका अक्खड़पन, उनका स्वाभिमान और उनकी न्यायप्रियता मुझे तब भी अच्छी लगती थी और आज भी अच्छी लगती है। मेरी माँ और मेरे घर की औरतें लोक गीतों, लोक कथाओं और लोक अनुभवों का खजाना थीं। परिश्रमी तो थीं ही।

परिवार के इस वातावरण ने मेरी चेतना के निर्माण में अवश्य ही भूमिका निभायी होगी। इतनी पढ़ाई-लिखाई के साथ आज मुझे लगता है कि मेरे भीतर जो थोड़ा अक्खड़पन, स्वाभिमान और सादगी है, वह उन्हीं की देन है।

प्रश्न-3 : *पटना, हैदराबाद और दिल्ली विश्वविद्यालय के साहित्यिक माहौल में क्या अन्तर आपको देखने को मिला? इस माहौल ने आपको कितना प्रभावित किया?*

उत्तर : पटना में 1978 में मैंने विधिवत रहना शुरू किया। रेणु जी कुछ समय पहले गुज़र चुके थे। लेकिन हवा में उनकी मौजूदगी थी। उनकी चर्चा होती। उनसे जुड़े लोगों के बीच मैं उठता-बैठता था। तब पटना के कॉफ़ी हाउस का माहौल बहुत जीवन्त था। रेणु जी जिस कोने में बैठते थे, उस कोने को हर कोई याद करता था। नागार्जुन जब पटना में रहते तो कॉफ़ी हाउस ज़रूर आते। उनके साथ हमारी बातचीत होती और हम बहुत कुछ सीखते। कॉफ़ी हाउस में त्रिलोचन, अमरकान्त, जगदीश गुप्त, विजयदेव नारायण साही आदि बाहर के साहित्यकारों को हमने देखा और उनसे बातचीत करने का सुख लिया। प्रगतिशील लेखक संघ की पटना इकाई तब बहुत सक्रिय थी। खगेन्द्र ठाकुर और नन्दकिशोर नवल के नेतृत्व में ख़ूब आयोजन होते थे। उन आयोजनों में हमने शमशेर, केदारनाथ अग्रवाल, त्रिलोचन, अमृतलाल नागर, रघुवीर सहाय, नामवर सिंह आदि लेखकों को ख़ूब सुना। कुमारेन्द्र पारसनाथ सिंह, आलोकधन्वा, ज्ञानेन्द्रपति, जितेन्द्र राठौर, नचिकेता, हरिहर प्रसाद, अरुण कमल, मदन कश्यप, कर्मेन्दु शिशिर आदि लेखकों की सक्रियता से पटना का साहित्यिक माहौल जीवन्त बना रहता था। प्रफुल्लचन्द ओझा 'मुक्त', केसरी कुमार, कुमार विमल, मधुकर गंगाधर, रामवचन राय, रवीन्द्र भारती, सत्यनारायण आदि साहित्यकारों से भी हम मिलते और कुछ-न-कुछ सीखते। तब पटना का साहित्यिक माहौल बहुत जीवन्त था। साहित्य और राजनीति के बीच इतनी दूरी न थी।

हैदराबाद में हिन्दी और हिन्दी साहित्यकारों की स्थिति भिन्न थी। नगर की सम्पर्क भाषा तो हिन्दी है, लेकिन साहित्यिक अर्थ में उसकी हैसियत तीसरे नम्बर की है। पहले नम्बर पर तेलुगु, दूसरे पर उर्दू और तीसरे नम्बर पर हिन्दी। वह बहुभाषा-भाषी नगर है। वहाँ मराठी, कन्नड़, तमिल आदि भाषा-भाषियों की भी बड़ी संख्या है और उनकी अपनी साहित्यिक सक्रियता है। हैदराबाद में हिन्दी अध्यापकों, हिन्दी अफ़सरों और हिन्दी पत्रकारों की बड़ी संख्या है। ये सभी साहित्य लिखते हैं और अपना आयोजन भी करते हैं। लेकिन वहाँ मुझे 'कल्पना' के संस्थापक-सम्पादक बदरी विशाल पित्ती और हिन्दी के प्रसिद्ध कवि

वेणु गोपाल के साथ उठने-बैठने का भरपूर अवसर मिला। दिलीप सिंह, ऋषभदेव शर्मा, कविता वाचक्नवी समेत अनेक साहित्यिक लोगों से हमारी मैत्री रही। तेलुगु के कवि ज्वालामुखी, निखिलेश्वर आदि से भी मिलने-जुलने का अवसर मिलता रहा। हिन्दी के अलावा अन्य भारतीय भाषाओं के साहित्यकारों से भी मिलने-जुलने का और उनके आयोजनों में शामिल होने का मौक़ा मिला। वहाँ मेरे साहित्यिक संस्कार और मेरी सोच का विस्तार हुआ।

दिल्ली न सिर्फ़ राष्ट्रीय राजधानी है, बल्कि यह सौभाग्य या दुर्भाग्य से हिन्दी लेखकों की भी राजधानी है। यहाँ अनेक संस्थाएँ और पत्र-पत्रिकाएँ हैं। लेखकों के बड़प्पन की मिसाल भी यहाँ देखी और उनकी सीमाएँ भी। यहाँ उत्थान के अवसर हैं तो पतन के भी। यहाँ आकर हिन्दी की बड़ी दुनिया से और बड़े लेखकों से सम्पर्क हुआ। छपने-छपाने की सुविधा मिली। बौद्धिक प्रतिस्पर्द्धा का भी आभास हुआ। लेकिन दिल्ली का आतंककारी भूगोल मेरी परेशानी का हमेशा सबब रहा। दिल्ली विश्वविद्यालय के दो परिसरों और पचासों कॉलेजों में फैली हुई हिन्दी की सक्रियता में शामिल होकर जीवन्तता का अनुभव हुआ। अब मेरी यही दुनिया है। अब दिल्ली मेरा परदेश नहीं, घर है।

प्रश्न-4 : *आपकी आलोचना महात्मा गाँधी, जयप्रकाश नारायण और लोहिया के आन्दोलनों से किस प्रकार प्रभावित हुई?*

उत्तर : गाँधी, जेपी और लोहिया से मेरा वैचारिक जुड़ाव छात्र जीवन से है। समाजवादी आन्दोलन में भी। मेरे गाँव और आसपास बहुत से सोशलिस्ट कार्यकर्ता थे। वे गाँधी, जेपी, लोहिया की बातें करते थे। वे आन्दोलन करते थे और पटना, दिल्ली में होने वाले व्यवस्था विरोधी आन्दोलनों में शामिल होते थे। वे ग़रीबी हटाने, जाति भेद को समाप्त करने, साम्प्रदायिकता के ज़हर को ख़त्म करने और विश्वबन्धुत्व की बातें करते थे। कुल मिलाकर वे नयी दुनिया और नये समाज का स्वप्न देखते थे। उनकी बातें मुझे अच्छी लगती थीं। मैं भी उनके सपनों में शामिल हो गया। उनमें से बहुत लोग जेपी, लोहिया, कर्पूरी ठाकुर, मधु लिमये आदि से व्यक्तिगत रूप से जुड़े हुए थे। वे उनके दिलचस्प किस्से सुनाते थे। 1974 में जब जेपी आन्दोलन शुरू हुआ तो मैं भी कॉलेज की पढ़ाई छोड़कर उसमें शामिल हो गया। धरना-प्रदर्शन में भाग लेने लगा, जेल गया। जयप्रकाश जी, कर्पूरी ठाकुर और अन्य समाजवादी नेताओं से मिलने का मौक़ा मिला। इस तरह मेरे सोच-विचार को बनाने में उस वातावरण की भूमिका रही। मैंने गाँधी, नरेन्द्र देव, जेपी, लोहिया, मधु लिमये आदि का साहित्य पढ़ा। आगे चलकर मैंने मार्क्सवाद और मार्क्सवादी साहित्य चिन्तन का भी अध्ययन किया।

डॉ. आम्बेडकर के लेखन के सम्पर्क में बाद में आया। उसका भी प्रभाव मेरे ऊपर गहरा पड़ा। लेकिन मैं अपने को गाँधी, जेपी और लोहिया के चिन्तन के अधिक क़रीब पाता हूँ।

प्रश्न-5 : *आप लम्बे समय तक अध्यापन से जुड़े रहे। इस अनुभव का कोई लाभ आपको साहित्यकार होने में मिला?*

उत्तर : मैं अध्यापक हूँ। इसलिए साहित्यिक आलोचना लिखता हूँ। अगर अध्यापक नहीं होता तो मैं किशन पटनायक, सच्चिदानन्द सिन्हा आदि की तरह समाज और राजनीति की आलोचना लिखता। मैं सामाजिक कार्यकर्ता के रूप में काम करना चाहता था। मेरे राजनीतिक गुरु जयप्रकाश नारायण ने मुझे यही आशीर्वाद दिया था। लेकिन मेरे परिवार की आर्थिक स्थिति ऐसी नहीं थी कि मैं सामाजिक कार्यकर्ता का जीवन जी सकूँ। मैंने अध्यापक बनना तय किया और सौभाग्य से अध्यापक हो भी गया। अध्यापक रहते हुए अपने छात्रों से साहित्यिक संवाद के दौरान मेरी आलोचना विकसित हुई। मैं मानता हूँ कि छात्रों से संवाद के कारण साहित्यिक आलोचना कर्म की ओर मेरी रुचि जाग्रत हुई। मैं मानता हूँ कि आलोचना मेरे अध्यापक जीवन की सार्थकता की खोज है। मुझे यह भी लगता है कि विश्वविद्यालय से आलोचना का अनिवार्य सम्बन्ध है। मैं यह भी मानता हूँ कि अच्छी आलोचना प्रायः अध्यापकों ने लिखी हैं। विश्वविद्यालय परिसर ने मुझे साहित्य की अनेक धाराओं से परिचित कराया और उनके पार जाने का विवेक भी दिया। छात्रों से संवाद का जो खुला अवसर विश्वविद्यालय परिसर में मुझे मिला उसने आलोचना की दिशा मेरे लिए तय कर दी। संवाद आधुनिक और जनतान्त्रिक समाज की बुनियाद है। यही संवादधर्मिता मेरे स्वभाव और आलोचना-कर्म का मूल स्वभाव है। उसे ही अभिव्यक्त और अर्जित करने में मेरी आलोचना का जन्म हुआ।

प्रश्न-6 : *यह सही है कि हिन्दी आलोचना की रचनात्मकता का दायरा दिनों-दिन बढ़ता जा रहा है। लेकिन बहुत से लोग ये कहते हैं कि हिन्दी आलोचना विश्वविद्यालयी परिसरों में सिमट कर रह गयी है। इसको आप कितना तर्कसंगत मानते हैं?*

उत्तर : इस तरह सोचना ठीक नहीं है। यह ठीक है कि आलोचना का गहरा रिश्ता विश्वविद्यालय परिसर से है। लेकिन विश्वविद्यालय परिसर नये विचारों और नये आन्दोलनों के झरोखे भी हैं। देश-दुनिया में चलने वाले आन्दोलनों और सोच-विचार का पहला झोंका विश्वविद्यालय में ही महसूस किया जाता है। तमाम वर्गों और क्षेत्रों से आने वाले छात्रों और अध्यापकों के बीच बहस और संवाद

का जो सिलसिला है उससे काटकर विश्वविद्यालय को नहीं देखा जा सकता। इस माहौल का असर साहित्य की आलोचना लिखने वाले साहित्य से जुड़े आलोचकों पर भी होता है। इधर जो हिन्दी की आलोचना विकसित हुई है, या हो रही है, वह सिर्फ़ साहित्यिकता तक सीमित नहीं है। उसमें स्त्री, दलित, आदिवासी, अल्पसंख्यक, पर्यावरण, भूमण्डलीकरण आदि के सवाल प्रमुखता से हैं।

प्रश्न-7 : *आलोचक और उसकी आलोचना के लिए पक्षधरता कितनी ज़रूरी है?*

उत्तर : आलोचना सतत प्रतिपक्ष है। उसे सदैव रचनात्मक प्रतिपक्ष की भूमिका में रहना चाहिए। इस तरह उसकी पक्षधरता स्पष्ट है। आलोचना साहित्य की संसद में प्रतिपक्ष की आवाज़ है।

प्रश्न-8 : *आलोचना किन मूल्यों-सिद्धान्तों को लेकर चलती है? इन मूल्यों में अब तक किस तरह के बदलाव आये हैं?*

उत्तर : रामचन्द्र शुक्ल ने जब लोकमंगल की बात की, रामविलास शर्मा ने जब लोकजागरण और नवजागरण की बात की, मुक्तिबोध ने जब सभ्यता समीक्षा की बात की तब आलोचना के मूल्यों के बदलने की भी बात हो रही थी। आलोचना रस, अलंकार आदि काव्यशास्त्रीय प्रतिमानों को छोड़ चुकी थी। आज जब दलित, स्त्री, आदिवासी, हाशिये का समाज, पर्यावरण आदि के प्रश्न साहित्य-मंच प्रमुखता से उठा रहे हैं। तब ज़रूरी है कि आलोचना अपने नये मूल्य विकसित करे।

प्रश्न-9 : *हिन्दी साहित्य में रचनाकार और आलोचक के बीच आप किस तरह के सम्बन्ध को ठीक मानते हैं?*

उत्तर : रचनाकार और आलोचक के व्यक्तिगत सम्बन्ध का कोई अर्थ रचना-आलोचना में नहीं है। व्यक्तिगत सम्बन्धों को जब महत्त्व मिलेगा वह रचना-आलोचना के लिए शुभ नहीं होगा। रचना-आलोचना के मध्य निरन्तर संवाद चलता रहे, यही अच्छी स्थिति होगी।

प्रश्न-10 : *साहित्य की हर विधा में अवसरवाद हावी दिखता है। आलोचना पर इस अवसरवाद का क्या प्रभाव पड़ा?*

उत्तर : भिन्न राजनीतिक धारा की सरकार आ जाने से यदि किसी आलोचक का आलोचना-कर्म प्रभावित होता है तो उसे आलोचना नहीं कहेंगे। हिन्दी के अध्यापकों को ध्यान में रखकर यह प्रश्न पूछा जा रहा है तो मैं कहना चाहूँगा कि वे सब आलोचक नहीं हैं, आलोचना का धन्धा कर रहे हैं। हिन्दी के जो महत्त्वपूर्ण आलोचक हैं, जैसे रामचन्द्र शुक्ल, रामविलास शर्मा, नलिन विलोचन शर्मा, मुक्तिबोध, विजयदेव नारायण साही आदि में अवसरवाद के लक्षण आप नहीं पायेंगे।

प्रश्न-11 : *क्या वर्तमान समय में क्लासिक की प्रासंगिकता कुछ कम हुई है? आपके अनुसार क्लासिक और समकालीनता का आपस में कोई विरोध है?*

उत्तर : क्लासिक कुछ स्थायी मानवीय मूल्यों के रक्षक होते हैं। हम समकालीन समय में क्लासिक को इसलिए पढ़ते हैं कि उनमें स्थायी मूल्यों को जान-समझ सकें और अपनी संवेदना का हिस्सा बना सकें। समकालीन समस्याओं से जूझते हुए जो मानवीय मूल्य उसमें सहायक होते हैं, निश्चित रूप से उनका और समकालीन साहित्य का रिश्ता जुड़ता है। हम रामायण की प्रशंसा करते हुए सीता के परित्याग और उनकी अग्निपरीक्षा पर समकालीन नज़रिये से विचार करते हैं। इसका मतलब यह नहीं कि रामायण में जो महत्त्वपूर्ण स्थायी मानवीय मूल्य हैं, हम उनकी अनदेखी करें।

प्रश्न-12 : *हिन्दी साहित्य के विकास में विमर्शों की किस तरह की भूमिका आप देखते हैं? किस विमर्श ने आपको सबसे ज़्यादा प्रभावित किया?*

उत्तर : हिन्दी साहित्य को नया चेहरा देने में विमर्शों की महत्त्वपूर्ण भूमिका है। उसने हमारे समय के नैरेटिव को बदल दिया है। उसने अपने नायक और प्रतिनायक खड़े किये हैं। उनका अपना सौन्दर्यशास्त्र विकसित हो रहा है। स्त्रियों, दलितों, आदिवासियों, अल्पसंख्यकों और हाशिये के समाज के लोगों द्वारा जो साहित्य रचा जा रहा है, उसने तथाकथित मुख्यधारा के साहित्य पर प्रश्नचिह्न खड़े किये हैं। हिन्दी साहित्य में इधर के वर्षों में जो कुछ रेडिकल लिखा गया है, वह इन्हीं का रचा हुआ है। विमर्शजनित साहित्य सत्ता संरचना को बदलना चाहता है। वह सत्ता में भागीदारी चाहता है। वह व्यवस्था को बुनियादी रूप से बदलने का संघर्ष नहीं करता। पिछली सदी के साहित्य और आज के विमर्शजनित साहित्य में मुझे ये मुख्य फ़र्क़ दिखायी देता है।

प्रश्न-13 : *हिन्दी कविता इस समय जिस दौर से गुज़र रही है उस पर आपके क्या विचार हैं?*

उत्तर : हिन्दी में एक तरह की कविताएँ नहीं लिखी जा रही हैं। पिछली सदी में प्रगतिशीलता बनाम ग़ैर-प्रगतिशीलता की जो बहस थी, आज उसकी कोई जगह नहीं रही। भूमण्डलीकरण के इस दौर में, यानी 1990 के बाद हमारा समाज और संसार जैसा बन रहा है, उसे नये कवियों ने कविता का विषय बनाया है। उनकी कविताओं में प्रतिरोध की जगह अपने समय की विडम्बना के चित्रण पर ज़ोर अधिक है। उसमें पुराने समय की जनवाद और कलावाद वाली फ़ौजदारी नहीं है।

प्रश्न-14 : *साहित्य का नया विद्यार्थी साहित्य से किस प्रकार संवाद करते हुए आलोचना का नया पाठ तैयार करे?*

उत्तर : साहित्य का विद्यार्थी आज कविता-कहानी को साहित्य की तरह नहीं, वैचारिक निबन्ध की तरह पढ़ने का आदी हो चुका है। इससे साहित्य की गुणवत्ता प्रभावित हुई है, साहित्य की साहित्यिकता को देखने वाली दृष्टि का ह्रास हुआ है। हमें सिर्फ़ वैचारिकता के लिए और राजनीतिक विमर्शों के लिए साहित्य को पढ़ना है तो बेहतर है कि हम मार्क्स, गाँधी, आम्बेडकर, लोहिया आदि के निबन्ध ही पढ़ें। मुझे लगता है कि वैचारिकता की रक्षा करते हुए आज के विद्यार्थी को साहित्य को साहित्य की तरह ही पढ़ना चाहिए।

प्रश्न-15 : *अभी हाल ही में आपकी आलोचनात्मक पुस्तक 'आलोचना के परिसर' प्रकाशित हुई है। आलोचना के परिसर—आपने इसका शीर्षक क्यों चुना? इस पुस्तक पर आप थोड़ा प्रकाश डालिए।*

उत्तर : शीर्षक का आशय स्पष्ट करने की कोशिश मैंने पुस्तक की भूमिका में की है। दुनिया रोज़ बन रही है, मनुष्य भी रोज़ बन रहा है, साहित्य रचना की दृष्टियाँ भी बदलती रहती हैं। इस तरह एक ही समय में कई तरह का साहित्य लिखा जाता है। एक ही समय में अज्ञेय भी लिखते हैं, नागार्जुन और मुक्तिबोध भी। क्या हम इन तीनों को जब पढ़ते हैं तो एक ही प्रतिमान लागू करते हैं? मुझे लगता है कि एक ही समय में ये तीनों अपने समय की ही कविता लिख रहे हैं। अपने समय को देखने की उनकी दृष्टियाँ मगर भिन्न हैं। उनके मूल्यांकन के लिए क्या एक ही दृष्टि काफ़ी होगी? क्या आलोचना के भिन्न परिसर की ज़रूरत नहीं है?

प्रश्न-16 : *आपकी आलोचना के क्या प्रतिमान हैं? आप किन आलोचकों से सबसे .ज्यादा प्रभावित हैं?*

उत्तर : साहित्य में साहित्यिकता की खोज साहित्य पढ़ते हुए मेरी पहली चिन्ता होती है। रचना के पीछे छिपी हुई वैचारिकता मेरे लिए दूसरे नम्बर पर है। साहित्य को देखने की यथार्थ दृष्टि मुझे पसन्द है। लेकिन यथार्थवादी नहीं। फिर कहूँ कि मैं वैचारिक निबन्धों की तरह साहित्य पढ़ने का कायल नहीं हूँ। हिन्दी के जो आलोचक मुझे पसन्द हैं, वे हैं—रामचन्द्र शुक्ल, मुक्तिबोध, नलिन विलोचन शर्मा, विजयदेव नारायण साही और नामवर सिंह। बाहर के जिन लोगों को मैंने पढ़ा उनमें टी.एस. इलियट और एफ.आर. लीविस मुझे अच्छे लगते हैं।

('ककसाड़', नवम्बर 2020)

❒❒